本书系 2016 年国家哲学社会科学基金项目"苗瑶语语音的类型学研究"（16BMZ029）资助成果

苗瑶语语音的类型学研究

谭晓平 ◎ 著

中国社会科学出版社

图书在版编目（CIP）数据

苗瑶语语音的类型学研究 / 谭晓平著. —北京：中国社会科学出版社，
2022.4
ISBN 978-7-5227-0161-5

Ⅰ. ①苗… Ⅱ. ①谭… Ⅲ. ①苗瑶语族－语音－研究 Ⅳ. ①H43

中国版本图书馆 CIP 数据核字（2022）第 073022 号

出 版 人　赵剑英
责任编辑　宫京蕾　周怡冰
责任校对　夏慧萍
责任印制　郝美娜

出　　　版　中国社会科学出版社
社　　　址　北京鼓楼西大街甲 158 号
邮　　　编　100720
网　　　址　http://www.csspw.cn
发 行 部　010-84083685
门 市 部　010-84029450
经　　　销　新华书店及其他书店

印　　　刷　北京君升印刷有限公司
装　　　订　廊坊市广阳区广增装订厂
版　　　次　2022 年 4 月第 1 版
印　　　次　2022 年 4 月第 1 次印刷

开　　　本　710×1000　1/16
印　　　张　19
字　　　数　348 千字
定　　　价　128.00 元

目　录

绪　论

第一节　学术史梳理及研究动态

作为语言类型学研究的重要课题，语音类型学旨在探讨跨语言（方言）语音系统在结构上的共性与个性。其萌芽是特鲁别茨柯伊等人对具体语言语音系统中标记现象的考察。特鲁别茨柯伊（1939）从类型学的角度将语音特征加以分类，采用有限的语音参数把音位组成一个系统[①]。语音类型学在研究方法上的飞跃则是由雅柯布森来完成的，是他为语音类型学引入了蕴含和统计概率的概念[②]。但是作为追求解释性理论的真正意义上的语音类型学的建立，应该从格林伯格的研究算起。他为该学科确立了全球性的视野，倡导演绎的方法，注重历时和共时的结合。他所编著的《人类语言的共性》（1978）的第 2 卷为语音类型学[③]。该书第一次整体地呈现了世界范围的语音分布，从而开创了语音类型学研究的新局面。

当代语音类型研究不但重视跨语言比较，而且注重调查描写更多的人类语言。随着调查样本的扩大，它涉及的研究范围更为细致深广，更加注重对语音内在动因和机制的综合考察，研究方法也日益灵活精密。学者们通过大规模的语音类型描写盘点世界语言的语音格局，拓宽了人们对语音真实状况了解的视野，发掘出更多的语音共性现象。克罗瑟斯（1978）依托 209 种语言归纳出 15 条元音共性规则[④]。但其结论还是归纳式的，研究

[①] Trubetzkoy, N. S. *Grundzüge der Phonologie*, Travaux du Cercle Linguistique de Prague 7, 1939; Christiane A. M. Baltaxe (tr.). *Principles of Phonology*. Berkeley & Los Angeles: University of California Press, 1969.

[②] [美] 雅柯布森：《语言学的系统》，载钱军编译《雅柯布森文集》，湖南教育出版社 2001 年版，第 45-51 页。

[③] Greenberg, Joseph H. *Universals of Human Language*. Stanford: Stanford University Press, 1978.

[④] Crothers, John. Typology and Universals of Vowel Systems in Greenberg, Joseph H. & Ferguson, Charles A. et al (eds.). *Universals of Human Language*, vol.2: *Phonology*. Stanford: Stanford University Press, 1978.

中忽略了取样问题的重要性。该问题直到麦迪森提出配额原则才得到较好的解决。麦迪森在取样上坚持配额原则，即在每一个小的语族中只能收入一种语言，其《语音格局》（1984）成为语音类型学研究的里程碑式的著作①。赖福吉和麦迪森合编的《世界语言的语音》（1996）根据 270 多种语言深入探讨了十个语音专题，使得语音类型学在国际语言学界有了较为坚实的立脚点②。麦迪森等学者在《世界语言结构地图册》（2005）中收录了 500 多种语言的音系数据，依据语音特征归纳了元音、辅音、声调、音节等 19 个参项的类型，并用多幅地图展示了其地理分布全貌，对世界语言语音类型研究有较为重要的推动作用③。

当代语音类型学迅速发展，汉藏语研究也越来越多地置于世界语言变异范围之内，语音类型学视野、方法、理论在中国这样一个多民族、多语言的国家得到了广泛关注。国内最早从事相关理论研究的学者当推瞿霭堂。他在《论汉藏语言的共性和类型》（1998）中选择塞擦音、声调、音节等语音参项探讨了汉藏语言共时语音类型特征，并倡导历时的类型研究，他的研究和设想为汉藏语语音类型学的建立奠定了较为坚实的理论基础④。

21 世纪以来用汉藏语事实丰富当代语音类型理论的探讨当属戴庆厦、朱晓农、刘丹青的研究。戴庆厦、朱艳华（2011）指出语音类型比较必须区分亲属型语言比较和非亲属型语言比较，亲属语言的类型学比较必须区分语言现象的同源和非同源关系，必须重视系统参照，必须谨慎判断语言接触现象⑤。朱晓农（2011）提出的音法类型学关注语音的分布格局，其演化音法学则体现了当代语音类型研究中由共时差异观照历时演变的新路向⑥。他（2014）又提出了一个声调类型学框架，通过建立普适调型库来考察调型分布，进行跨语言比较和演化研究⑦。刘丹青（2018）用库藏类型学显赫范畴的概念考察汉藏语言的音节显赫现象，揭示了汉藏语言内部音节显赫度的显著差异，指出壮侗苗瑶等东南部汉藏语言音节显赫度最高，往西往北渐次降低，位置偏东南的彝语支语言则是藏缅语中音节相对显赫

① Maddieson, Ian. *Patterns of Sounds*. Cambridge: Cambridge University Press, 1984.

② Ladefoged, Peter & Maddieson, Ian. *The Sounds of the World's Languages*. Oxford: Blackwell Publishing, 1996.

③ Maddieson, Ian. Phonology in Haspelmath, Martin & Dryer, Matthew S. et al (eds.). *The World Atlas of Language Structures*. Oxford: Oxford University Press, 2005.

④ 瞿霭堂：《论汉藏语言的共性和类型》，《民族语文》1998 年第 4 期，第 33–42 页。

⑤ 戴庆厦、朱艳华：《二十年来汉藏语系的语言类型学研究》，《云南民族大学学报》2011 年第 5 期，第 131–137 页。

⑥ 朱晓农：《语言语音学和音法学：理论新框架》，《语言研究》2011 年第 1 期，第 64–87 页。

⑦ 朱晓农：《声调类型学大要》，《方言》2014 年第 3 期，第 193–205 页。

的，汉语方言音节显赫度差异的地理态势与之基本相符①。

汉藏语语音类型学主要以汉语为研究对象。早在 20 世纪 30 年代，赵元任（1935）就开始了爆发音类型专题研究，在尚不具备先进的语音实验条件的情况下，将汉语方言的爆发音按发音方法分为十类②。不过，直到 21 世纪初该领域的成果才如雨后春笋般萌发。学者们倾向于以较大规模语料考察汉语方言共时语音类型特征，如时秀娟（2007）对元音的类型考察选取了 40 个方言点③，叶晓锋（2011）的汉语方言语音类型研究选点则高达 140 个④。另外也有结合历时演化角度进行的语音类型研究，如彭建国（2009）探讨了吴语、湘语果、假、蟹三摄元音高化链移式音变的类型学共性⑤，再如盛益民、黄河、贾泽林（2016）用类型学的方法探讨语音演变，得出了汉语方言端组字塞擦化过程中存在的两条蕴含共性并阐释了其语音机制⑥。

苗瑶语和汉语同属单音节词根语言，因此汉语的研究方法和结论给苗瑶语研究提供了许多可资参考的范畴视角。不仅如此，从类型学角度对汉语语音性质的探讨还带来了对苗瑶语特殊语音现象的新认识。如龙关布努语中类似吴语的"清音浊流"塞音实属气声（蒙有义 2013）⑦，又如吴语、闽语部分方言中的先喉塞音实为内爆音，藻敏、金门瑶语中也发现了这种内爆音（龙国贻 2009）⑧。但是，国内语音类型学研究尚存在对汉藏语系语言事实重视不够的特点，导致所提取的有些语音类型学规则不能概括汉藏语的语言事实。

苗瑶语具有独特的类型，在中国乃至世界语言宝库之中占有重要地位。对于丰富的苗瑶语语音资源表现出的规律、特点及共性，目前已经有一些初步的认识。黄行（2007）在《中国语言的类型》中概述了苗瑶语语音结构类型特征⑨。这项涵括 129 种语言的广义类型学研究全面揭示了中国境内语言的语音共性和个性，视野开阔，见解敏锐。其中有关苗瑶语的研究并

---

① 刘丹青：《汉藏语言的音节显赫及其词汇语法表征》，《民族语文》2018 年第 2 期，第 3—21 页。

② 赵元任：《中国方言当中爆发音的种类》（1935），载吴宗济、赵新那编《赵元任语言学论文集》，商务印书馆 2002 年版，第 443—448 页。

③ 时秀娟：《汉语方言元音格局的实验研究》，博士学位论文，南开大学，2005 年。

④ 叶晓锋：《汉语方言语音的类型学研究》，博士学位论文，复旦大学，2011 年。

⑤ 彭建国：《吴语、湘语主元音链变类型比较》，《中国语文》2009 年第 5 期，第 454—461 页。

⑥ 盛益民、黄河、贾泽林：《汉语方言中古端组声母塞擦化的蕴含共性及解释》，《语言研究》2016 年第 1 期，第 26—35 页。

⑦ 蒙有义：《布努语气声分析》，《民族语文》2013 年第 5 期，第 77—81 页。

⑧ 龙国贻：《瑶语中的内爆音》，《民族语文》2009 年第 5 期，第 35—39 页。

⑨ 黄行：《中国语言的类型》，载孙宏开、胡增益、黄行主编《中国的语言》，商务印书馆 2007 年版，第 44—94 页。

非基于亲属型类型学比较视角，因此尚未开展苗瑶语语言（方言）之间的语音共性、个性以及音变类型的探讨。李云兵（2015）提出苗瑶语有四种连读变调类型，发现其与名词性短语句法结构的语序类型高度一致，变调是苗瑶语重音韵律结构的表现形式。其结论揭示了变调的真正原因，深具洞见[①]。不过目前类似研究尚不多见，苗瑶语语音类型考察尚待系统地开展。有鉴于此，我们将以苗瑶语为依托，对其语音的类型及普遍性特征进行综合的探讨，以期用更全面坚实的研究成果对汉藏语语音类型学研究作出一定的贡献。

第二节　研究价值与意义

苗瑶语是汉藏语系中一个具有鲜明语音类型特征的语族。目前国内外对苗瑶语的地位归属等问题尚存争议，对苗瑶语的个案研究也只有为数不多的专著。基于类型学视角利用其语音资源开展的研究尚不多见。因此，本书将在语音类型学理论的指导下，重新审视和梳理苗瑶语语音系统及其分布状况，从共时分布模式中获得追踪其历时演变的有益线索，通过对苗瑶语语音结构的比较分析归纳其语音共性，并在与其他汉藏语言以及世界语言进行跨语言比较的基础上，进一步探讨其共性特征和个性差异，发掘深层蕴含规律，阐释其语音个性。我们研究的主要意义有如下四点：

（1）有助于解答苗瑶语族是否属于汉藏语系这一重要问题。当前民族团结、保护少数民族文化已经成为我国非常重要、紧迫的现实问题。凝结民族传统、信仰与法则的语言是其使用者的象征，语言的不同决定了认知世界方式的差异，因此，苗瑶语语音类型研究可为"汉藏同源"的族源关系提供新的证据。

（2）有助于苗瑶语语音类型特征及普遍现象的探讨。苗瑶语是语音类型研究的一种不可或缺的样本，对其语音类型的概括性描写和跨语言比较，可以为汉藏语语音类型学理论的建设提供实证依据，对我国南方少数民族语音类型研究具有一定的理论借鉴意义。

（3）有助于深化苗瑶语音变研究。本书所发掘的语音蕴含共性可以揭示苗瑶语语音发展的条件和所受的限制，从而从历时的角度重新审视音变规律，并预测可能出现的音变模式；从实证方式得到的语音普遍规则能够解释苗瑶语音变规律，对于苗瑶语古音构拟有较重要的参考意义；对苗瑶语音变类型的探讨，可以为重构其音变历程提供依据，丰富音变类型的研究。

---

① 李云兵：《论苗瑶语中的连读变调》，《民族语文》2015年第3期，第23—40页。

（4）有助于苗瑶语族的语支分类。全方位的语音类型分析将使苗瑶语各语言（方言）之间的关系显现出不同的层次，较全面地反映各语言（方言）之间的亲疏、远近关系，为解决苗瑶语语支归类问题提供语音方面的重要依据。

第三节　研究目的与方法

本书以语音类型学的理论方法为依据，在考察 30 种苗瑶语语言或方言样本语音系统的基础上，探讨苗瑶语语音类型特征及其多样性，以加深对苗瑶语总体特征及其内部差异的认识；揭示表现各异的苗瑶语诸语言背后蕴含的语音普遍共性和局域共性，合理阐述共性特征所蕴含的内在规律，并用共性研究成果来解释语音"特例"，从个性背后看出共性；弄清苗瑶语语音类型特征究竟如何影响其历史音变的路径和方向，从共时的分布模式中追踪语音现状的历史来源，构拟出一系列反映音变规律的演变链，寻求其历史音变类型及其与汉藏语其他语言的关系。

本书主要运用统计分析法、比较法、音变链图示法来开展研究。

统计分析法主要在研究语音共时特征时采用。我们将对 30 个代表点共时层面的语音材料加以归纳总结，并通过多样化的统计方法减少地域方法的不平衡。然后建立一个容纳辅音、元音、声调、音节等信息的语音参考数据库。参照相关汉藏语言语音数据库，运用计算机技术对语音数据进行整理、统计以及量化分析，以穷尽的语料、实证的方法概括苗瑶语语音总体特征，探讨不同音素之间的蕴含关系。部分音系数据使用 Python 进行统计。以统计数据为依托，我们采用 Microsoft Office Excel 制作书中的数据地图，展示语音特征的地理分布。

比较法包括共时比较法和历史比较法。前者用于苗瑶语内部语言或方言的比较以及与汉藏语言、世界语言的跨语言比较，以此对共时语音类型特征进行合理、科学的解释。后者用于探讨历史音变过程中所存在的共性。我们难以依据调查报告中呈现的音系来判断某个语言或方言是否发生了音变，因此将通过语言或方言的比较，同时参照苗瑶语古音构拟以及苗瑶民族的渊源，来判断到底发生了何种音变，从而解释音变的基本规律。

音变链图示法用于历史音变的探讨。通过排比语音发展不平衡的现象，寻找、确立音变链，即苗瑶语语言（方言）之间存在的不同特点所反映出来的音变关系。把不同语言（方言）所呈现的语音特征进行有机串联，从而展示不同语音特点在历史音变中所处的地位，标明音变的方向，寻求相关语言（方言）在语音演变中的共性和个性。

第四节　语料来源

在语音类型研究中，语言取样难题给研究者带来诸多困扰。在苗瑶语等汉藏语相关研究中也存在语言取样的代表性与说服力问题。麦迪森（1984）在其《语音格局》的汉藏语系语言取样中，将苗瑶语作为一个小的语族，按配额原则收入了一种语言，即瑶语（Yao），其声母系统如下[①]：

p		t		c	k	ʔ
ph		th		ch	kh	
b		d		ɟ	g	
			ts			
			tsh			
			dz			
	f					h
			s			
m		n		ɲ	ŋ	
m̥		n̥		ɲ̥	ŋ̥	
			l			
			l̥			
			j			w
			j̥			ʍ [②]

其语音系统中的单元音共有 8 个，即：[i]、[e]、[æ]、[a]、[aː]、[u]、[o]、[ɔ]。

观察瑶语语言样本的音系，可以发现，相较于苗语，因受汉语影响而发生变异的瑶语，其语音类型上的典型性降低，虽然拥有清鼻音、清边音、长短元音，但具有苗瑶语语音特色的鼻冠音、先喉塞音、小舌音、卷舌音等语音参项缺失，难以全面凸显苗瑶语的语音类型特征。另外，麦迪森所选的汉语方言代表点数量也不太均衡。其语言样本共有 7 个，但其中包括两种闽方言样本：福州话（Fuchow）、厦门话（Amoy），未见湘语代表点[③]。

国内苗瑶语相关语音类型研究主要有两种采样方式。一种撷取《中国的语言》（2007）中收录的 7 种语言：苗语、布努语、巴哼语、炯奈语、勉

---

① Maddieson, Ian. *Patterns of Sounds*. Cambridge: Cambridge University Press, 1984: 354.

② [ʍ]一般指唇—软腭擦音，有时因气流微弱而被看作是清近音。该音系中的[ʍ]为清近音。

③ Maddieson, Ian. *Patterns of Sounds*. Cambridge: Cambridge University Press, 1984: 176.

语、畲语、巴那语①。除了优诺语阙如之外，这些语言采样大致反映了苗瑶语的谱系分类。由于作为语音类型研究基础的语言采样库要保证一定的语言数量，苗瑶语语言样本尚需在语言以及方言层面上进一步扩充。还有一种选取《汉藏语同源词研究》数据检索系统中的 14 种语言或方言，即苗语养蒿话、苗语吉卫话、苗语先进话、苗语石门坎话、苗语青岩话、苗语高坡话、苗语宗地话、苗语复员话、苗语枫香话、巴哼语、炯奈语龙华话、瑶语金秀话、布努语大化话、畲语陈湖话。该数据检索系统旨在追溯汉藏语同源关系，因此并未遵循类型学取样的配额原则。其采样方式在样本数量上有所扩充，选用了苗语的 9 种方言，苗语方言代表点所占比例偏高，其余 5 种语言并未扩充，且语言采样中仍未包含巴那语、优诺语语音材料。

苗瑶语族语言内部差异纷繁复杂，一般将其划分为苗语支和瑶语支，但对畲语的语支归属尚有争议。近年来，随着调查研究的深入，大多数学者认为畲语属苗语支（李云兵 2018）②。因此，本书将畲语列入苗语支。据陈其光《苗瑶语文》（2013）一书的研究，用通感确定通解度，苗瑶语可以划分为 11 种语言，即罗泊河苗语、川黔滇苗语、湘西苗语、黔东苗语、巴哼语、布努语、巴那语、优诺语、畲语、炯奈语、瑶语③。我们在苗语支、瑶语支的 11 种语言中选取具有均衡代表性和较大覆盖面的 30 个语言或方言代表点，全面考察苗瑶语语音类型特征。选自《苗瑶语文》（2013）的代表点最多，共有 18 个，即石板寨苗语、高寨苗语、上坝苗语、高坡苗语、宗地苗语、石门坎苗语、下坳苗语、小章苗语、凯棠苗语、菜地湾苗语、尧告苗语、河坝苗语、七百弄布努语、西山布努语、瑶麓布努语、中排巴那语、黄落优诺语、龙华炯奈语。为了更全面地体现内部方言划分，凸显语音特征跨语言分布上的显著趋势，我们参照《苗语东部方言土语比较》（2004）④、《汉藏语同源词研究（二）》（2001）⑤、《优诺语研究》（2007）⑥、《巴哼语研究》（1997）⑦、《炯奈语研究》（2002）⑧、《中国的语言》（2007）⑨、《瑶

①　孙宏开、胡增益、黄行主编：《中国的语言》，商务印书馆 2007 年版，第 1486–1602 页。

②　李云兵：《苗瑶语比较研究》，商务印书馆 2018 年版，第 21 页。

③　陈其光：《苗瑶语文》，中央民族大学出版社 2013 年版，第 22–25 页。

④　杨再彪：《苗语东部方言土语比较》，民族出版社 2004 年版。

⑤　丁邦新、孙宏开主编：《汉藏语同源词研究（二）》，广西民族出版社 2001 年版。

⑥　毛宗武、李云兵：《优诺语研究》，民族出版社 2007 年版。

⑦　毛宗武、李云兵：《巴哼语研究》，上海远东出版社 1997 年版。

⑧　毛宗武、李云兵：《炯奈语研究》，中央民族大学出版社 2002 年版。

⑨　孙宏开、胡增益、黄行主编：《中国的语言》，商务印书馆 2007 年版。

族勉语方言研究》(2004)①补充了 12 个代表点，即吉卫苗语、腊乙坪苗语、小寨优诺语、滚董巴哼语、文界巴哼语、虎形山巴哼语、六巷炯奈语、嶂背畲语、江底勉语、梁子勉语、东山勉语、大坪勉语。由于苗瑶语 11 种语言下辖方言分布的不均衡性以及现有田野调查材料的多寡，难以完全按照配额原则取样，如巴那语以及受汉语方言强烈冲击的畲语内部差别不大，语音类型基本无异，重复统计反而减弱其价值，故仅各列一个代表点。

苗语支代表点共有 26 个②，其所属语言和地理位置具体如下：

罗泊河苗语

石板寨苗语：贵州省黔东南苗族侗族自治州凯里市大风洞乡石板寨村

高寨苗语：贵州省贵阳市开阳县高寨苗族布依族乡

川黔滇苗语

上坝苗语：云南省红河哈尼族彝族自治州屏边苗族自治县上坝

高坡苗语：贵州省贵阳市高坡苗族乡

宗地苗语：贵州省安顺市紫云苗族布依族自治县宗地乡

石门坎苗语：贵州省毕节市威宁彝族回族苗族自治县石门坎

湘西苗语

吉卫苗语：湖南省湘西土家族苗族自治州花垣县吉卫镇

下坳苗语：广西壮族自治区河池市都安县下坳镇

腊乙坪苗语：湖南省湘西土家族苗族自治州花垣县腊乙坪

小章苗语：湖南省湘西土家族苗族自治州泸溪县小章乡

黔东苗语

凯棠苗语：贵州省黔东南苗族侗族自治州凯里市凯棠乡

菜地湾苗语：湖南省怀化市靖州苗族侗族自治县

尧告苗语：广西壮族自治区柳州市融水苗族自治县尧告村

河坝苗语：贵州省黔东南苗族侗族自治州麻江县河坝

巴哼语

文界巴哼语：广西壮族自治区柳州市三江侗族自治县文界乡

滚董巴哼语：贵州省黔东南苗族侗族自治州黎平县滚董乡

虎形山巴哼语：湖南省邵阳市隆回县虎形山乡

布努语

七百弄布努语：广西壮族自治区河池市大化瑶族自治县七百弄乡

---

① 毛宗武：《瑶族勉语方言研究》，民族出版社 2004 年版。

② 由于调查时间较早，少数代表点的地名因行政区划的调整有所变动。为了绘制语言地图，我们根据调查者的描述重新对相关代表点进行了定位。

西山布努语：广西壮族自治区河池市巴马瑶族自治县

瑶麓布努语：贵州省黔南布依族苗族自治州荔波县瑶麓村

优诺语

小寨优诺语：广西壮族自治区桂林市龙胜各族自治县和平乡柳田村小寨

黄落优诺语：广西壮族自治区桂林市龙胜各族自治县和平乡柳田村黄落

炯奈语

龙华炯奈语：广西壮族自治区来宾市金秀瑶族自治县龙华村

六巷炯奈语：广西壮族自治区来宾市金秀瑶族自治县六巷村

巴那语

中排巴那语：湖南省邵阳市城步苗族自治县中排

畲语

嶂背畲语：广东省惠州市博罗县横河乡嶂背

瑶语支代表点共有 4 个。瑶语支仅有瑶语，瑶语也叫"勉语"，这些代表点均属勉语，其所属方言和地理位置具体如下：

勉方言

江底勉语：广西壮族自治区桂林市龙胜各族自治县江底乡

金门方言

梁子勉语：云南省红河哈尼族彝族自治州河口瑶族自治县梁子乡

标敏方言

东山勉语：广西壮族自治区桂林市全州县东山瑶族乡

藻敏方言

大坪勉语：广东省清远市连南瑶族自治县大坪乡

　　在讨论某些专题时，出现现有语言样本难以全面体现相关语音特征的情况。为了弥补这种不足，本书进行了适当的抽样调查，补充了一些能较好体现苗瑶语类型特征的材料。基于对选定的语言样本的遵从，补充语言样本所体现的语音特征尽量放在脚注中，极少数放在正文中的也会加以说明。

　　为了更好地彰示苗瑶语音系配置共性特征和个性差异之全貌，我们将苗瑶语与中国境内同属汉藏语系的藏缅语、侗台语、汉语进行对比，必要时将比较范围拓宽至中国境内的阿尔泰语系语言、南岛语系语言、南亚语系语言、印欧语系语言。在此基础上，我们还将苗瑶语与世界语言进行跨语言比较。汉语语料主要参照叶晓锋（2011）选取的 140 种汉语方言样本[①]，藏缅语、侗台语语料来自孙宏开等（2007）主编的《中国的语言》中的 46 种藏缅语与 21 种侗台语，中国境内其他非汉藏语系语言的语料也出自该书。

[①] 叶晓锋：《汉语方言语音的类型学研究》，博士学位论文，复旦大学，2011 年。

世界语言语料主要来自麦迪森（1984）在《语音格局》中所收集的 317 种世界语言样本。在分析苗瑶语辅音、元音、声调、音节等的分布特征时，还参考了麦迪森等学者在《世界语言结构地图册》语音部分中选取的 500种左右语言样本[①]。

汉语、世界语言的选点从略。46 种藏缅语为：藏语支藏语、门巴语、白马语、仓洛语，彝语支彝语、傈僳语、拉祜语、哈尼语、基诺语、纳西语、堂郎语、末昂语、桑孔语、毕苏语、卡卓语、柔若语、怒苏语、土家语、白语，景颇语支景颇语、独龙语、格曼语、达让语、阿侬语、义都语、崩尼—博嘎尔语、苏龙语、崩如语，缅语支阿昌语、载瓦语、浪速语、仙岛语、波拉语、勒期语，羌语支羌语、普米语、嘉戎语、木雅语、尔龚语、尔苏语、纳木依语、史兴语、扎坝语、贵琼语、拉坞戎语、却域语。

21 种侗台语包括壮语、布依语、傣语、临高语、标话、侗语、水语、仫佬语、毛南语、莫语、佯僙语、拉珈语、茶洞语、黎语、村语、仡佬语、布央语、普标语、拉基语、木佬语、蔡家话。《中国的语言》（2007）一书将布干语也列入侗台语中。布干语又称布赓语，实属南亚语系越芒语族语言，因此布干语不计入侗台语统计数据。

书中相关语料的统计数据，凡未标明出处者，均为我们依据以上参考语料统计而来。

第五节　术语、缩写词及符号说明

书中库存（inventory）一词的使用频率颇高。据《现代语言学词典》（2002）[②]，该术语指一种语言中属于某一平面或描写领域的全部语项无序次的列举。"inventory" 一词目前有库存、库藏、总藏、条目、清单等多种译法，我们一律采用"库存"这一译名。书中引用的 UPSID 为 UCLA Phonological Segment Inventory Database 的缩写，指由麦迪森领衔建立的美国洛杉矶加利福尼亚大学音位音段库存数据库。书中引用的 WALS 的全称为 The World Atlas of Language Structures，指《世界语言结构地图册》，我们主要参照地图册中由麦迪森负责编写的语音结构部分。

目前，学界对调音部位的命名各有不同。国内语音学界一般按照主动发音器官来进行描述，其中舌位是最重要的指标。国外语音学界则多从被

---

① 世界语言结构在线地图册网址为 http://wals.info，Martin Haspelmath 等学者以此为基础在 2005 年编写出版了 *The World Atlas of Language Structures*。为方便引用，本文相关的数据源于此书。

② [英] 戴维·克里斯特尔：《现代语言学词典》，沈家煊译，商务印书馆 2002 年版，第 190 页。

动发音器官的角度来命名，如唇、齿、腭等的位置。为了便于与世界语言语音研究成果相比较，我们依据《国际语音学会手册》（2008）[①]的命名以及《语音学》（朱晓农　2010）[②]的中文对应译名。以下为具体的命名和译名：labial（双唇音）、labio-dental（唇齿音）、inter-dental（齿间音）、dental/alveolar（齿/龈音）、palato-alveolar（龈后音）、alveolo-palatal（龈腭音）、retroflex（卷舌音）、palatal（硬腭音）、velar（软腭音）、uvular（小舌音）、pharyngeal（咽音）、glottal（喉音）（朱晓农　2010）[③]。

关于不同调音方式的肺气流辅音，本书主要参考朱晓农《语音学》（2010：18）中的翻译方式，采用以下译名：塞音（plosive）、鼻音（nasal）、塞擦音（affricate）、颤音（trill）、擦音（fricative）、边擦音（lateral fricative）、近音（approximant）、边近音（lateral approximant）。

世界语言中存在相当多的汉藏语言中未见或少见的音位，它们涉及气流机制、次要发声动作、次要调音特征等。本书采纳的译名亦源自朱晓农《语音学》（2010：230），具体译名为：喷音（ejectives）、咝音（clicks）、内爆音（implosives）、长辅音（long consonants）、前置送气音塞音（preaspirated plosives）、弛声（slack voice）、气浊声（breathy voice）、嘎裂声（laryngealized voice）、张声（fortis voice）、软腭化音（velarized voice）、咽化音（pharyngealized voice）。

在书中的跨语言比较中，大量涉及苗瑶语语言或方言采样、藏缅语语言或方言样本、侗台语语言或方言样本、汉语方言样本、世界语言样本。为节省篇幅，行文中统一简称为苗瑶语、藏缅语、侗台语、汉语、世界语言。需要特别说明的是，简称"世界语言"并非指世界上现存的六千多种语言，更与"世界语（Esperanto）"无关。它代表的是麦迪森在 UPSID、WALS 中收录的世界语言样本。

本书涉及大量中国境内民族语言以及世界语言样本，其语音系统的音位存在相当多的附加特征。我们主要依据孙宏开、江荻（2004）的标准来标注这些附加特征[④]，具体标注方式如下：

世界语言中出现的喷音一般在辅音右上方加"'"标示，如喷音性擦音[s']。汉语中的送气音有在辅音右上方加"'"的标示方法，如[p']。为了避免混淆，

---

① 国际语音学会编：《国际语音学会手册》，江荻译，上海教育出版社 2008 年版。

② 朱晓农：《语音学》，商务印书馆 2010 年版。

③ 朱晓农：《语音学》，商务印书馆 2010 年版，第 132 页、第 354–356 页。

④ 孙宏开、江荻：《描写中国语言使用的国际音标及附加符号》，《民族语文》2004 年第 1 期，第 47–52 页。

本书送气辅音一律在辅音符号后加[h]①，如[ph]；世界语言中的前置送气音则在辅音符号前方加上标的[h]，如前置送气擦音[ʰs]。

世界语言中的嘎裂化辅音表示嘎裂化的"˷"放在辅音下方，如嘎裂化擦音[s̰]。清化鼻音中表示清化的符号在上行字母中置于辅音的下方，如[m̥]、[n̥]、[ŋ̥]等，在下行字母中则置于辅音的上方，如[ŋ̊]、[ɲ̊]；自成音节辅音在音标下加短竖线表示，如[m̩]。

另外，由于汉藏语系民族语言中有大量汉语借词，有些音位仅在汉语借词中出现，我们一律在这些音位的左上方加注星号"*"，如[*y]。表示构拟的古音类时也在音类左上方加注星号"*"，并加以特别说明。

关于讨论蕴含关系时所用的逻辑学符号，本书用"⊃"表示"蕴含"，用"∩"表示"和"，用"∪"表示"或者"。

---

① 送气符号的位置与气流强弱有关，强送气一般置于辅音之后平标，弱送气则以辅音角标标示。由于缺乏实验语音学证据，本书不区分这两种情况。

第一章　苗瑶语辅音的类型学研究

第一节　辅音库存

在苗瑶语 30 种语言采样的单辅音库存（consonant inventories）中，肺气流辅音种类繁多。依据国际音标表（修订至 2018 年），苗瑶语有 6 种调音方式的辅音：塞音（plosive）、鼻音（nasal）、边近音（lateral approximant）、边擦音（lateral fricative）、擦音（fricative）、近音（approximant）[①]。

需要指出的是，苗瑶语塞擦音、送气音发达。依据陈其光（2010）的研究，塞擦音、送气音可视为单辅音，它们发音时只是气流较强，除阻变缓，并未增加调音部位[②]。塞擦音、送气音在国际音标表中被处理为复辅音，因此苗瑶语辅音次类数目实际上超过了 6 种类别。苗瑶语单辅音库存的总体分布情况如表 1.1.1 所示：

表 1.1.1　　　　　　　　　　苗瑶语单辅音库存总表

			p		t		ʈ	ȶ	c	k	q	ʔ
塞音	清	不送气	p		t		ʈ	ȶ	c	k	q	ʔ
		清送气	ph		th		ʈh	ȶh	ch	kh	qh	
		浊送气	pɦ		tɦ					kɦ	qɦ	
	浊	不送气	b		d		ɖ	ȡ	ɟ	g	ɢ	
		清送气	bh		dh		ɖh		ɟh	gh	ɢh	
		浊送气	bɦ		dɦ		ɖɦ			gɦ	ɢɦ	

[①] 据陈其光《汉语苗瑶语比较研究》（载丁邦新、孙宏开主编：《汉藏语同源词研究（二）》，广西民族出版社 2001 年版，第 141 页），腊乙坪苗语中颤音[r]的实际音值为[ɹ]。在语言样本之外，据鲜松奎《新苗汉词典》（四川民族出版社 2000 年版，第 7 页），大南山苗语的声母系统中也出现了[r]音位。鉴于颤音是一种较为特别的音，苗瑶语中颤音的性质以及现代苗瑶语中是否有颤音等问题尚待进一步研究，且语言样本中颤音仅在一个代表点中出现，本书不将腊乙坪苗语中的颤音纳入苗瑶语辅音库存，而是按其实际音值将它归入近音类。

[②] 陈其光：《苗瑶语文》，中央民族大学出版社 2013 年版，第 50 页。

续表

塞擦音	清	不送气			tθ	ts	tʃ	tɬ	tʂ	tɕ				
		清送气			tθh	tsh	tʃh	tɬh	tʂh	tɕh				
		浊送气								tɕɦ				
	浊	不送气			dð	dz			dʐ	dʑ				
		清送气				dzh			dʐh					
		浊送气				dzɦ			dʐɦ	dʑɦ				
鼻音	清	不送气	m̥			n̥			ɳ̥			ŋ̊		
		清送气	m̥h			n̥h								
	浊	不送气	m			n			ɳ	ȵ		ŋ		
		浊送气	mɦ			nɦ				ȵɦ		ŋɦ		
边近音	清	不送气						l̥	ɭ̥					
		清送气						l̥h			ʎ̥			
	浊	不送气						l	ɭ		ʎ			
		浊送气						lɦ						
边擦音	清	不送气						ɬ						
		清送气						ɬh						
擦音	清	不送气	ʍ	f	θ	s	ʃ		ʂ	ɕ/ʐ̥	ç	x	χ	h
		清送气		fh		sh				ɕh		xh		
	浊	不送气		v	ð	z			ʐ	ʑ		ɣ	ʁ	ɦ
		浊送气		vɦ		zɦ			ʐɦ	ʑɦ		ɣɦ		
近音	清	不送气									ɥ̊			
	浊	不送气					ɹ				j/ɥ	w		
		浊送气									jɦ			

　　在表 1.1.1 中，唇—软腭擦音[ʍ]寄存于双唇音栏目，唇—腭近音[ɥ]置于硬腭音栏目，唇—软腭近音[w]放在软腭音栏目中，腭前清化浊擦音[ʐ̥]与腭前清擦音[ɕ]并置于不送气清擦音栏目。依据朱晓农（2010）①，边塞擦音的调音部位涉及齿/龈、龈后。由于齿/龈、龈后两个栏目已有相应塞擦音[ts]、

① 朱晓农：《语音学》，商务印书馆 2010 年版，第 197 页。

[tʃ]，因此，我们在龈后音后单列一栏来安放[tɬ]、[tɬh]。

我们考察的单辅音以出现在声母位置的辅音为准[①]，高频辅音入选的标准控制在 75%以上。30 种苗瑶语语言样本中出现了 120 种辅音。最为常见的塞音、塞擦音、擦音为[p t k ph th s kh h ts tsh f]，其出现频率均在 80%以上，全部为清辅音；最为常见的鼻音为[m n ŋ ɳ]，其出现频率也在 80%以上；最为常见的边音为[l]，其出现频率为 96.7%。其余辅音的出现频率按降序依次为：[tɕ tɕh v ɕ z ʑ ʔ ɬ q qh w m̥ n̥ ɳ̊ ŋ̊ t ʂ z x z j b d g th dz dʑ ɣ ŋ tɬ tɬh ȵ̊ ð θ ɡ̊ sh χ tθ tʂ t d̥ m̥ ᵐb m̥ n̥ tʂh dh c ch tʃ tʃh fh ɕh xh ʁ ɦ mɦ nɦ ɳɦ ŋɦ lɦ ɥ vɦ bh dh gh th ɡh dzh dʑh ʎ ȵ̥ tθh dz d̥ð ɭ l̥ tɬ̥h ʃ ç ç̊ ɥ̊ w zɦ zʑɦ zɦ ɣɦ pɦ tɦ kɦ qɦ bɦ dɦ dʑɦ ɡɦ ɕɦ dzɦ dʑɦ dzɦ tɕɦ jɦ ɻ]。

除了上述单辅音之外，苗瑶语语言样本中还存在复辅音以及介于复辅音、单辅音之间的带先喉塞音、鼻冠音的辅音以及腭化、唇化辅音。依据朱晓农（2010）的处理方式，[ʔl]、[ʔm]之类的音为先喉塞协同发音，部分[ʔp]、[ʔt]之类的音实为内爆音，带先喉塞的辅音以及内爆音均属于发声态中的张声；带鼻冠音的辅音属同部位不同调音方式的复合辅音，如鼻冠塞音始于鼻音，终于同部位塞音；腭化、唇化辅音指带有次要调音特征（〔+腭化〕、〔+圆唇化〕）的辅音[②]。上述 3 类辅音均为复杂辅音，是处于单辅音和复辅音之间的过渡类，与[pl]、[mz]之类的复辅音有所不同。这些辅音我们将在本章其他小节中介绍。

为了观察苗瑶语辅音库存在汉藏语言中的地位，我们统计了其他汉藏语言辅音库存的分布情况。考察的单辅音同样以出现在声母位置的辅音为准，高频辅音入选的标准同样控制在 75%以上。

46 种藏缅语语言样本中出现了 84 种辅音。最为常见的塞音、塞擦音、擦音为[p t k s ts ph th kh tsh ɕ tɕ x f tɕh h]，这些清辅音的出现频率均在 80%以上；最为常见的鼻音为[m n ŋ ɳ]，其出现频率在 78%以上；最为常见的边音为[l]，其出现频率为 92.5%。其余辅音的出现频率按降序依次为：[j b d g z dz dʑ ɣ tʂ w tʂh v ʂ z ɬ dʑh h tʃ tʃh ʑ ʂ ʒ ʔ r q qh m̥ n̥ dʒ ŋ̊ ɽ ȵ ɳ ʁ c ɢ sh χ ch ɕh ɟ cɕ ɟj ȵ̥ l̥ ʃh ɴ ɸ ʈ th dn̥ ɳ̊ ʐ ɻ l̥ kh fh xh ʃh çh j]。

21 种侗台语语言样本中出现了 66 种辅音。最为常见的塞音、塞擦音、擦音为[k t f p s ph th h ts ʔ kh]，它们的出现频率均在 75%以上，且全部为清辅音；最为常见的鼻音为[m ŋ n ɳ]，其出现频率均在 80%以上；最为常见的

---

① 麦迪森（1984）考察世界语言辅音库存时仅计入位于音节之首的单辅音。为了便于跨语言比较，本节讨论的辅音仅限声母位置的单辅音。

② 朱晓农：《语音学》，商务印书馆 2010 年版，第 104 页、207 页、219 页。

边音为[l]，其出现频率为 95.2%。其余辅音的出现频率按降序依次为：[tsh j ɕ v b w z d tɕ ɣ tɕh q qh m̥ n̥ ŋ̊ ɲ̊ t th x g c ch l̥ z θ z ʁ ɬ r bɦ dfɦ ç m̥h n̥h ŋ̊h ɲ̊h ʂ fɦ ɬ ɬh j dʐ dʑ tʂ tʂh dz tθ ð ʍ]。

140 种汉语语言样本中总共出现了 58 种辅音。最为常见的塞音、塞擦音、擦音、近音为[t k j ts s p kh ph th tsh f]，它们的出现频率均在 83% 以上，其中多数为清辅音；最为常见的鼻音为[m ŋ n]，其出现频率在 94.3% 以上；最为常见的边音为[l]，其出现频率为 93.6%。其余辅音的出现频率按降序依次为：[h ɕ tɕ tɕh v ŋ̊ w x z b g d dz dʑ ʂ tʂ tʂh fɦ z n tʃ tʃh ɣ ʃ ɬ ʐ dʐ ɓ ɗ bh dh dzh gh pf pfh dzh ʒ hfɦ c ch ç ɻ θ]。

为了将苗瑶语等汉藏语言与世界语言进行比较，我们统计了世界语言辅音库存的概况。高频辅音入选的频率要求同样控制在 75% 以上。317 种世界语言中出现的辅音为 273 种[①]。其中的长辅音、喷音、咽音、前置送气塞音等辅音未见于汉藏语语言样本。我们仅展示其高频辅音的分布情况。最为常见的塞音、擦音、近音为[t k s j p w]，其中[t]的出现频率最高，为 97.5%，[w]的出现频率相对较低，为 75.1%，它们多数为清辅音；最为常见的鼻音为[n m]，其中[n]的出现频率最高，为 99.4%，[m]的出现频率稍低，为 94.3%；最为常见的边音为[l]，其出现频率为 76%。

数据显示，苗瑶语辅音库存数量虽不及世界语言庞大，但在汉藏语系中处于领先地位，其种类大大超过藏缅语、侗台语，两倍于汉语。苗瑶语为何拥有较为丰富的单辅音库存呢？

首先，相较于其他汉藏语言，苗瑶语塞音、塞擦音、鼻音、边音、边擦音、擦音乃至近音的发声类型更为复杂，其中，送气音尤为发达。其塞音、塞擦音系统中的清音、浊音都有不送气、清送气、浊送气三种类型。清鼻音、清边音、送气擦音在汉藏语系中已属罕见，更为有趣的是，其鼻音、边音、擦音系统中的清音存在不送气、清送气的对立，浊音则为不送气、浊送气对立。边擦音出现不送气、清送气的对立，近音则为浊不送气、浊送气、清的三分模式。

其次，一些辅音调音部位繁多。擦音调音部位高达 11 种，鼻音调音部位多达 6 种，边音调音部位有齿/龈、卷舌、硬腭 3 种。

最后，苗瑶语中存在一些具有高度辨识性的独特辅音。这些辅音主要出现在苗语支语言中，有小舌音、硬腭音、卷舌音以及唇—软腭擦音[ʍ]。

---

① 在麦迪森（1984）收录的一些带附加特征如次要发声动作、次要调音特征的辅音中，有些类别是否属于单辅音存在争议。我们暂且将嘎裂化辅音、气化或弛化辅音计入，排除鼻化、咽化、软腭化以及腭化、唇化辅音。带鼻冠音的辅音也不进入单辅音行列。

我们从上述数据的比较当中也可窥见苗瑶语等汉藏语言最为核心的辅音库存与世界语言的相同与不同之处。

第一，苗瑶语等汉藏语言的高频边音库存与世界语言一致，最为常见的边音均为[l]。汉藏语中[l]的分布率普遍在 90%以上，高于世界语言的分布率，其中以苗瑶语的分布率为最高。

第二，苗瑶语等汉藏语言的高频鼻音库存与世界语言的共性为[m]、[n]的出现频次均较高，区别则在于[ŋ]、[ɳ]的高频出现。在世界语言样本中，[ŋ]、[ɳ]均不属于高频鼻音，其出现频率分别为 52.7%、33.8%。在汉藏语言样本中，[ŋ]的出现频率均在 85%以上，[ɳ]在苗瑶语、藏缅语、侗台语中的出现频率在 75%到 80%之间，在汉语中则仅为 50.7%。[ŋ]、[ɳ]无疑是汉藏语言颇具特色的高频鼻音库存。

第三，在高频擦音库存中，汉藏语言的共性是对[s]、[f]、[h]的偏好，其中，[h]唯有汉语未入选高频库存。相较而言，世界语言中仅有[s]属于高频擦音。

第四，在高频塞音库存中，[p]、[t]、[k]为共性，苗瑶语等汉藏语言中的[ph]、[th]、[kh]在世界语言中不属于高频塞音之列。

第五，在高频塞擦音库存中，苗瑶语、藏缅语、汉语都拥有[ts]、[tsh]，侗台语只有[ts]，藏缅语[tɕ]、[tɕh]也跻身高频行列。世界语言中未出现高频塞擦音，其出现频次最高的塞擦音为[tʃ]，但其出现频率只有 44.5%。苗瑶语等汉藏语言的高频塞擦音库存远比世界语言丰富。

第六，世界语言中出现了两个高频近音[w]、[j]，在汉藏语言中，唯有汉语出现一个高频近音[j]，苗瑶语等其他汉藏语言的近音都未能进入高频行列。

辅音库存中的辅音在构筑各语言或方言音系之时又呈现怎样的特征呢？

首先看苗瑶语的情况。苗瑶语内部不同的语言或方言之间单辅音库存的分布差异较大。统计结果显示，30 种语言样本之中，嶂背畲语单辅音库存最少，只有 17 个单辅音，最多的是石门坎苗语，单辅音库存高达 71 个。苗瑶语各代表点单辅音的分布情况见表 1.1.2。

表1.1.2　　　　　　　　　　　　　　苗瑶语单辅音库存

苗语支	单辅音数目	平均数	优诺语	小寨 23 黄落 20	21.5
罗泊河苗语	石板寨 34 高寨 37	35.5	炯奈语	龙华 28 六巷 24	26
川黔滇苗语	上坝 34 高坡 35 宗地 29 石门坎 71	42.3	巴那语	中排 29	29
湘西苗语	吉卫 51 下坳 62 腊乙坪 69 小章 37	54.8	畲语	嶂背 17	17
黔东苗语	凯棠 33 菜地湾 23 尧告 32 河坝 31	29.8			**34.7**
巴哼语	文界 38 滚董 25 虎形山 28	30.3	**瑶语支**	单辅音数目	平均数
布努语	七百弄 39 西山 24 瑶麓 30	31	勉语	江底 31 梁子 21 东山 33 大坪 18	**26.3**

　　苗语支单辅音平均值最高，为34.7个，其中湘西苗语的平均值高达54.8个，川黔滇苗语的平均值也有42.3个。这与苗语支语言辅音系统复杂的发声类型以及繁多的调音部位有关。其塞音、塞擦音、擦音、鼻音、边音、近音发声类型繁复，存在大量的弛声。其中，塞音的发声类型多达7种，塞擦音为6种。辅音涉及的调音部位为12种。苗语支中的嶂背畲语较为特别，其发声类型仅限清、清送气、浊，弛声消失无踪，其塞音、塞擦音都只有清音，调音部位仅有5种，辅音数目低至17个，远低于苗语支其他语言的辅音库存值。

　　瑶语支语言辅音的发声类型以及调音部位少于苗语支语言。其语言采样中仅出现少量弛声，无卷舌音、小舌音，因此其辅音平均值少于苗语支语言，为26.3个。

　　苗瑶语音系中的单辅音库存数量在世界语言中处于何种水平呢？我们将以麦迪森（2005）在WALS音系部分第一个参项（辅音库存）中设置的标准为参照来进行考察①。

　　在麦迪森所统计的562种语言中，辅音库存最少的Rotokas语仅有6个辅音（p、t、k、b、d、g），辅音库存最多的是!Xóõ语，数量高达122个，两者的差距竟达20倍之多。为了考察世界语言辅音库存的分布特点，麦迪

---

　　① 此处考察的辅音仅限声母位置的单辅音。

森以辅音的数量为依据，将世界语言分为以下 5 类：

　　（1）"少（small）"类，辅音数量为 6—14 个；

　　（2）"偏少（moderately small）"类，辅音数量为 15—18 个；

　　（3）"平均（average）"类，辅音数量为 19—25 个；

　　（4）"偏多（moderately large）"类，辅音数量为 26—33 个；

　　（5）"多（large）"类，辅音数量为 34 个或 34 个以上。

　　562 种语言中属于"少"类的语言为 91 个，其占比为 16.2%；属于"偏少"类的有 121 个，其占比为 21.5%；属于"平均"类的是 181 个，其占比为 32.2%；属于"偏多"类的有 116 个，其占比为 20.6%；属于"多"类的为 53 个，其占比为 9.4%。世界语言辅音数量以"平均"类占优势[①]。

　　按照以上标准，苗瑶语语言样本中单辅音库存类型的分布情况如表 1.1.3 所示：

表 1.1.3　　　　　　　　　　**苗瑶语单辅音库存类型**

	"多"类	"偏多"类	"平均"类	"偏少"类
苗语支（26 种）	11	8	6	1
瑶语支（4 种）	0	2	1	1
总计	11	10	7	2
比率（%）	36.7	33.3	23.3	6.7

　　表 1.1.3 数据显示，苗瑶语两个语支中存在"多"类、"偏多"类、"平均"类、"偏少"类 4 种类型，未出现"少"类。

　　苗语支语言单辅音系统普遍繁复，其平均值达到了世界语言"多"类的标准。它以"多"类为主，同时还出现了"偏多"类、"平均"类、"偏少"类。其中，"偏少"类仅见于单辅音系统最为简单的嶂背畲语。

　　瑶语支语言以"偏多"类排在前列，单辅音数量达到了世界语言"偏多"类的标准。此外，瑶语支语言中还出现了"平均"类、"偏少"类。

　　总的来说，苗瑶语单辅音数量相对较多，整个语族辅音库存的平均值为 33.6 个，接近世界语言"多"类的标准。

　　根据以上数据，我们在地图上进行了标注。苗瑶语辅音库存类型的分布情况如图 1.1.1 所示：

---

　　① Maddieson, Ian. Consonant Inventories in Haspelmath, Martin & Dryer, Matthew S. et al (eds.). *The World Atlas of Language Structures*. Oxford: Oxford University Press, 2005: 10。

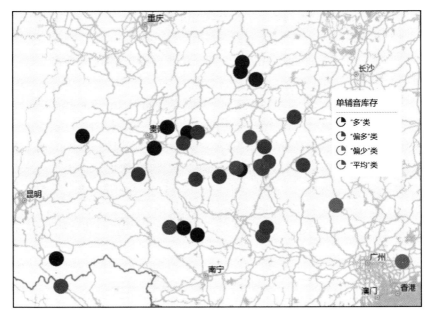

图 1.1.1　苗瑶语辅音库存类型的地理分布

从行政辖域的角度看图 1.1.1 中苗瑶语各代表点辅音库存的地理分布情况，我们可以发现，辅音库存属于"多"类的代表点大多位于贵州省以及湖南省。属于"偏多"类的代表点多集中在广西壮族自治区、贵州省。属于"平均"类的代表点主要集中在广西壮族自治区。属于"偏少"类的代表点仅分布在广东省。

从语支的角度观察，单辅音数量属于"多"类的均为地理位置在整个苗瑶语族中居北的苗语支语言，主要出现在罗泊河苗语、川黔滇苗语、湘西苗语中，有石板寨苗语、高寨苗语、上坝苗语、高坡苗语、石门坎苗语、吉卫苗语、下坳苗语、腊乙坪苗语、小章苗语、文界巴哼语、七百弄布努语 11 个代表点，其占比为 36.7%，远远高于世界平均水平（9.4%）。

属于"偏多"类的语言在苗语支以及地理位置在南偏西的瑶语支中均有分布，共有 10 个代表点，即苗语支宗地苗语、凯棠苗语、尧告苗语、河坝苗语、虎形山巴哼语、瑶麓布努语、中排巴那语、龙华炯奈语，瑶语支江底勉语、东山勉语。属于"偏多"类的语言的占比（33.3%）高于世界平均水平（20.6%）。

属于"平均"类的代表点共有 7 个，即苗语支菜地湾苗语、滚董巴哼语、西山布努语、小寨优诺语、黄落优诺语、六巷炯奈语，瑶语支梁子勉语。苗瑶语"平均"类的占比（23.3%）低于世界语言平均水平

（32.2%）。

　　属于"偏少"类的代表点仅有两个，即苗语支嶂背畲语、瑶语支大坪勉语，其占比仅有 6.7%。它们的地理位置在整个苗瑶语族中居东。

　　在苗瑶语语言采样中，"多"类、"偏多"类的占比接近，以"多"类排在首位。"平均"类排在第三，"偏少"类的占比最低。总的来说，苗瑶语单辅音库存数量在地理分布上由北到南、由西到东逐渐减少，即存在从内陆向沿海渐次减少的趋势。

　　麦迪森（2005）考察了 WALS 中 562 种语言辅音库存的地理分布情况，发现亚洲地区中大于辅音平均库存的语言集中在东南亚[①]。那么，中国境内汉藏语言中大于辅音平均库存的语言又是如何分布的呢？据我们的统计，汉藏语言中辅音库存的分布情况如表 1.1.4 所示：

表 1.1.4　　　　　汉藏语单辅音库存类型　　　　单位：%

语言系属＼类型	"多"类	"偏多"类	"平均"类	"偏少"类	"少"类
藏缅语	43.5	28.3	26.1	2.2	0
侗台语	9.5	42.9	28.6	19.1	0
苗瑶语	36.7	33.3	23.3	6.7	0
汉语	0	24.3	45.7	29.3	0.7

　　依据表 1.1.4，藏缅语辅音库存各类型的占比按降序依次为："多"类＞"偏多"类＞"平均"类＞"偏少"类，以"多"类占优势，辅音库存最多的是扎坝语（53 个），最少的是崩尼—博嘎尔语（19 个）；侗台语之序列为："偏多"类＞"平均"类＞"偏少"类＞"多"类，以"偏多"类居首，辅音库存最多的是普标语（37 个），最少的是傣语（16 个）；苗瑶语之序列为："多"类＞"偏多"类＞"平均"类＞"偏少"类，"多"类排在首位，辅音库存最多的是石门坎苗语（71 个），最少的是嶂背畲语（17 个）；汉语之序列为："平均"类＞"偏少"类＞"偏多"类＞"少"类，以"平均"类为主，辅音库存最多的代表点为常熟话（33 个），最少的是新会话（13 个）。

　　上述数据显示，大于辅音平均库存的语言普遍分布在中国境内的汉藏

---

① Maddieson, Ian. Consonant Inventories in Haspelmath, Martin & Dryer, Matthew S. et al (eds.). *The World Atlas of Language Structures*. Oxford: Oxford University Press, 2005: 11。

语言之中，其单辅音数量符合麦迪森的考察所得到的基本分布趋势。其中，藏缅语的辅音库存最为复杂，"多"类、"偏多"类的占比高达 71.8%。苗瑶语次之，"多"类、"偏多"类的占比为 70%。再次为侗台语，"多"类、"偏多"类的占比为 52.4%。汉语大于辅音平均库存的占比在汉藏语中最低，它只出现"偏多"类，其占比为 24.3%。

第二节　塞　音[①]

一　塞音系统的构成

塞音是苗瑶语辅音系统中最为常见的音类，单塞音在单辅音库存中所占的比例高达 30.8%。如果加上带鼻冠音、先喉塞音的塞音，腭化、唇化塞音以及带-l、-ɭ、-r、-ɹ、-z、-ʐ 等后置辅音的塞音，那么，塞音类声母在 30 种苗瑶语语言样本声母库存中所占的比例高达 43.6%。

苗瑶语塞音体系极为丰富，其中最有特色的当属鼻冠塞音。它与同部位的无鼻冠的塞音相配，鼻冠音的部位总是与后随塞音一致，鼻冠塞音的清与浊、送气与否、与声调的配列关系均由塞音决定而与鼻冠音无关，塞音是其主要成分。基于鼻冠塞音在苗瑶语音系中的重要地位，我们将其计入塞音库存（plosive inventories）。下面我们分别探讨苗瑶语无鼻冠塞音系统、鼻冠塞音系统的构成。

苗瑶语塞音库存中一共出现 93 个无鼻冠的塞音，包括以下 4 种类型：

（1）单塞音，共 37 个，占总数的 39.8%；

（2）腭化、唇化塞音，共 30 个，占总数的 32.3%；

（3）带先喉塞音的塞音，一共两个，占总数的 2.2%；

（4）带-l、-ɭ、-r、-ɹ、-z、-ʐ 等后置辅音的塞音，一共 24 个，占总数的 25.8%。

最大塞音库存见于吉卫苗语，高达 39 个。最小塞音库存见于西山布努语，仅有 9 个。苗瑶语塞音平均数目为 18 个。其中，苗语支为 17.2 个，瑶语支为 23.8 个。苗瑶语塞音数量为 11—21 个的语言或方言较多，占总数的 80%。

如果仅计苗瑶语单塞音库存的话，最大库存见于吉卫苗语，为 24 个，最小库存出现在小寨优诺语、六巷炯奈语、嶂背畲语、大坪勉语之中，为 6

---

① 本节主要内容已以《苗瑶语塞音系统的类型学考察》为题发表于《中央民族大学学报》2017 年第 1 期，第 127–134 页，收入本书时有所增改。

个。苗瑶语单塞音的平均值为 9.8 个，其中，苗语支的平均值为 10 个，瑶语支的平均值为 8.8 个。

苗瑶语单塞音音位数量为 6—11 个的语言或方言较多，占总数的 80%。苗瑶语单塞音库存的频次和比率如表 1.2.1 所示：

表 1.2.1　　　　　　　　　　苗瑶语单塞音库存

单塞音	p	t	k	ph	th	kh	ʔ	q	qh	ʈ	b	d	g
频次	30	30	30	28	28	27	19	16	16	9	8	8	8
比率(%)	100	100	100	93.3	93.3	90	63.3	53.3	53.3	30	26.7	26.7	26.7

单塞音	ʈh	ɢ	ɖ	ʈ	ɖ	ɖh	c	ch	bh	dh	gh	th	ɢh
频次	8	3	2	2	2	2	2	2	1	1	1	1	1
比率(%)	26.7	10	6.7	6.7	6.7	6.7	6.7	6.7	3.3	3.3	3.3	3.3	3.3

单塞音	pɦ	tɦ	kɦ	bɦ	dɦ	gɦ	ɖɦ	qɦ	ɢɦ	ɟ	ɟh
频次	1	1	1	1	1	1	1	1	1	1	1
比率(%)	3.3	3.3	3.3	3.3	3.3	3.3	3.3	3.3	3.3	3.3	3.3

表 1.2.1 显示，[p]、[t]、[k]的出现频率最高，均为 100%，是苗瑶语最常见的塞音。次常见的为[ph]、[th]、[kh]，其出现频率在 90% 以上。再次是[ʔ]、[q]、[qh]、[ʈ]、[b]、[d]、[g]、[th]，其出现频率都超过了 26%。其余塞音的出现频率都较低。

苗瑶语塞音库存中还出现了大量腭化、唇化塞音[①]，总数高达 30 个，如表 1.2.2 所示：

[①] 瑶语腭化、唇化音的记录有其特殊的历史背景，一些腭化、唇化音实为介音。瑶语 i-、u-介音多来自古后置辅音*-l、*-r，其来源与声母的关系更加密切，一般被处理为带-j 的腭化声母或带-w 的唇化声母。瑶语中还出现既唇化又腭化的塞音、擦音，如江底勉语 khwjin²⁴ "劝"、东山勉语 hwjɔ³³ "蚯蚓"，这牵涉到它们是否可以还原为双介音 ui-的问题。遍查《瑶族勉语方言研究》中的 21 个代表点，仅有石口勉语、牛尾寨勉语标音系采用腭化、唇化来处理介音，这两个代表点不在我们的语言样本之列。鉴于以上原因，我们暂且沿用这种处理方法。

表 1.2.2 苗瑶语腭化、唇化塞音库存

腭化、唇化塞音	pj	kw	tj	phj	khw	thj	kj	khj	bj	dj
频次	21	20	20	18	18	17	12	10	7	6
比率（%）	70	66.7	66.7	60	60	56.7	40	33.3	23.3	20
腭化、唇化塞音	gw	qw	qwh	tw	thw	ɡj	dw	pw	ɢw	bw
频次	6	6	5	4	4	4	2	2	2	1
比率（%）	20	20	16.7	13.3	13.3	13.3	6.7	6.7	6.7	3.3
腭化、唇化塞音	ɡhw	ɢhw	ɡwj	pɦj	ʈw	ʈhw	ɖw	kɦw	kwj	khwj
频次	1	1	1	1	1	1	1	1	1	1
比率（%）	3.3	3.3	3.3	3.3	3.3	3.3	3.3	3.3	3.3	3.3

表 1.2.2 显示，苗瑶语出现频率最高的腭化、唇化塞音是[pj]、[kw]、[tj]，均超过了 66.7%。其次是[phj]、[khw]、[thj]，其出现频率在 56.7%以上。再次是[kj]、[khj]、[bj]、[dj]、[gw]、[qw]，它们的出现频率都在 20%以上。

上述腭化、唇化塞音广泛分布在 77%的苗语支代表点以及瑶语支所有代表点中。在苗语支瑶麓布努语、小寨优诺语、黄落优诺语、中排巴那语、龙华炯奈语、六巷炯奈语、嶂背畲语中，除喉塞音外，其他塞音都有相应的腭化、唇化塞音，其中库存最多的是中排巴那语，其腭化、唇化塞音高达 12 个。另外，吉卫苗语中出现了少见的唇化小舌塞音，文界巴哼语拥有带浊送气的唇化塞音。在瑶语支江底勉语、东山勉语中，其塞音皆有相应的腭化、唇化塞音，其库存数目高达 18 个，江底勉语中还出现了既唇化又腭化的塞音，如[kwj]、[khwj]、[gwj]、[hwj]。

苗瑶语腭化、唇化塞音不同调音部位的出现频次依次为：双唇（50 次）、软腭（49 次）、齿/龈（45 次）、小舌（14 次）、龈腭（3 次）。双唇、齿/龈塞音更易于腭化，小舌、龈腭、软腭塞音则呈现圆唇化趋势。鉴于它们在现代塞音格局中的高频倾向和历时塞音格局中的功能倾向，陈其光（2001）将[pj]、[phj]、[bj]、[khw]、[kj]、[khj]、[gw]纳入其构拟的古苗瑶语音系之中[①]。

带先喉塞音的塞音十分罕见，仅在苗语支西山布努语中出现两个先喉

---

① 书中苗瑶语语音的历史来源依据陈其光（《汉语苗瑶语比较研究》，载丁邦新、孙宏开主编《汉藏语同源词研究（二）》，广西民族出版社 2001 年版，第 188–276 页）构拟的古苗瑶语音系。

塞塞音。[ʔp]、[ʔt]的出现频率均为 1 次，实为内爆音。该类塞音仅限双唇、齿/龈部位，尚未发现软腭部位先喉塞塞音。

苗瑶语语言采样中还存在带-l、-ḷ、-r、-ɹ、-z、-ʐ 等后置辅音的塞音，其数量多达 24 个，如表 1.2.3 所示[①]：

表 1.2.3　　　　　　　　　苗瑶语带后置辅音塞音库存

塞音复辅音	pl	phl	kl	khl	bl	ql	qhl	tl	dl	gl	pḷ	pr
频次	10	8	3	3	2	2	2	1	1	1	1	1
比率（%）	33.3	26.7	10	10	6.7	6.7	6.7	3.3	3.3	3.3	3.3	3.3

塞音复辅音	phr	pɹ	phɹ	bɹ	bhɹ	qɹ	qhɹ	pz	phz	pʐ	dlj	klw
频次	1	1	1	1	1	1	1	1	1	1	1	1
比率（%）	3.3	3.3	3.3	3.3	3.3	3.3	3.3	3.3	3.3	3.3	3.3	3.3

由于苗瑶语塞音复辅音中的后置辅音逐渐演变为腭化、唇化成分或失落，上述塞音复辅音的分布相对狭窄，集中在罗泊河苗语、川黔滇苗语、湘西苗语、布努语、炯奈语以及勉语金门方言、标敏方言中[②]。石板寨苗语库存数目最多，高达 8 种。出现频次较高的是：[pl]（10 次）、[phl]（8 次）、[kl]/[khl]（各 3 次）。其塞音调音部位的出现频次依次为：双唇（30 次）、软腭（8 次）、小舌（6 次）、齿/龈（2 次），双唇部位占有明显优势，其余部位的出现频次相对较低。其后置辅音以齿/龈部位为主。塞音复辅音的构成非常规整，其排列服从响度顺序原则，为弱—强型，即响度较强的边音、颤音、近音或擦音后置于塞音。对古今苗瑶语塞音系统的比较显示，在历史演变中，塞音复辅音中响度较强的辅音一般先失落。

苗瑶语鼻冠塞音系统的构成也比较复杂。鼻冠塞音集中在苗语支的 14 个代表点中，即石板寨苗语、高寨苗语、上坝苗语、高坡苗语、宗地苗语、石门坎苗语、下坳苗语、腊乙坪苗语、文界巴哼语、虎形山巴哼语、七百弄布努语、瑶麓布努语、龙华炯奈语、六巷炯奈语，它们占样本总数的 46.7%。鼻冠塞音

---

① [prh]转写为[phr]。

② 语言样本之外，勉语勉方言中也有带后置辅音的塞音分布。

在同一部位有两次调音，始于鼻音，终于同部位的塞音（朱晓农 2010）[1]，其构成规则为：如果塞音之前有鼻冠音，它们必须跟后面的塞音保持调音部位相同。苗瑶语鼻冠塞音系统中共出现 56 个鼻冠塞音，包括 3 种类型：

（1）鼻冠塞音（27 个），占总数的 48.2%；

（2）腭化、唇化鼻冠塞音（15 个），占总数的 26.8%；

（3）带-l、-ɭ、-z、-ʐ等后置辅音的鼻冠塞音（14 个），占总数的 25%。

苗瑶语鼻冠塞音库存最大的为石板寨苗语，其数目高达 27 个。宗地苗语鼻冠塞音库存最小，仅有 9 个。14 个代表点鼻冠塞音的平均值是 14.8 个。鼻冠塞音为 10—13 个的代表点最多，共有 8 个，其占比为 57.1%。

鼻冠塞音的库存数量以第一种类型为多，其占比将近样本总数的一半。它的出现频次与比率如表 1.2.4 所示：

表 1.2.4　　　　　　　　　　苗瑶语鼻冠塞音库存[2]

鼻冠塞音	mp	nt	ŋk	mph	nth	ŋkh	Nq	ɳʈ	Nqh
频次	14	14	14	11	11	11	8	8	8
比率（%）	46.7	46.7	46.7	36.7	36.7	36.7	26.7	26.7	26.7
鼻冠塞音	ɳʈh	mb	nd	ɳɖ	ŋg	NG	mp̬	mpɦ	mbɦ
频次	7	3	3	3	3	3	1	1	1
比率（%）	23.3	10	10	10	10	10	3.3	3.3	3.3
鼻冠塞音	ntɦ	ndɦ	ɳɖɦ	ŋkɦ	ŋgɦ	Nqɦ	NGɦ	ɲc	ɲhc
频次	1	1	1	1	1	1	1	1	1
比率（%）	3.3	3.3	3.3	3.3	3.3	3.3	3.3	3.3	3.3

在上述苗瑶语鼻冠塞音中，出现频次较高的为：[mp]/[nt]/[ŋk]（各 14 次）、[mph]/[nth]/[ŋkh]（各 11 次）、[Nq]/[ɳʈ]/[Nqh]（各 8 次）、[ɳʈh]（7 次）。其中，[mp]、[nt]、[ŋk]在 14 个代表点中皆有分布。

腭化、唇化鼻冠塞音在苗瑶语中也是比较常见的，如表 1.2.5 所示：

---

① 朱晓农：《语音学》，商务印书馆 2010 年版，第 207 页。

② 石板寨苗语、高寨苗语、上坝苗语等代表点中有少数异部位鼻冠塞音，如[nq]、[ŋG]、[nt]、[nth]。其实，它们也是同部位的，如鼻冠音[ŋ]含[ŋ]、[N]两个变体，因音位处理而统一标为[ŋ]。本书在统计时，一律转写为同部位鼻冠塞音。

表 1.2.5　　　　　　　　　苗瑶语腭化、唇化鼻冠塞音库存①

腭化、唇化鼻冠塞音	mpj	ŋkw	mphj	ntj	ŋkj	nthj	ɴqw	mbj
频次	9	7	5	5	4	3	3	2
比率（%）	30	23.3	16.7	16.7	13.3	10	10	6.7
腭化、唇化鼻冠塞音	ɴGw	ŋkhj	ŋkhw	mpw	mpɦj	ntw	ɴqhw	
频次	2	2	2	1	1	1	1	
比率（%）	6.7	6.7	6.7	3.3	3.3	3.3	3.3	

腭化鼻冠塞音的出现频率略高于唇化鼻冠塞音，其中的塞音以清塞音为主，浊塞音比较少见。在石板寨苗语、高寨苗语、下坳苗语、文界巴哼语、虎形山巴哼语、七百弄布努语、瑶麓布努语、龙华炯奈语、六巷炯奈语中，出现了[mpj]（9 次）、[mphj]/[ntj]（各 5 次）、[ŋkj]（4 次）、[nthj]（3 次）、[mbj]/[ŋkhj]（各 2 次）、[mpɦj]（1 次）等 8 个腭化鼻冠塞音。其中，双唇部位的出现频次较高。

唇化鼻冠塞音仅有 7 个，其出现频次较低，以软腭部位居多。在石板寨苗语、高寨苗语、宗地苗语、虎形山巴哼语、七百弄布努语、瑶麓布努语、龙华炯奈语、六巷炯奈语中，[ŋk]/[ŋkw]、[ŋkh]/[ŋkhw]、[ɴq]/[ɴqw]、[ɴG]/[ɴGw]存在少见的非圆唇与圆唇的对立，以[ŋkw]（7 次）的出现频次为最高。六巷炯奈语中还出现罕见的[mp]/[mpw]、[nt]/[ntw]的对立。

带-l、-ʎ、-r、-z、-ʐ 等后置辅音的鼻冠塞音在苗瑶语中相对比较少见，共有 14 个，其分布地域狭窄，仅见于石板寨苗语、高寨苗语、上坝苗语、高坡苗语、宗地苗语、腊乙坪苗语、六巷炯奈语。其频次和比率如表 1.2.6 所示②：

表 1.2.6　　　　　　　　　苗瑶语带后置辅音的鼻冠塞音库存

带后置辅音的鼻冠塞音	mpl	mphl	mbl	ɴGl	ŋkl	mpz	mpʐ
频次	8	4	2	2	2	1	1
比率（%）	26.7	13.3	6.7	6.7	6.7	3.3	3.3
带后置辅音的鼻冠塞音	mbz	mpʎ	mpr	mphr	ndl	ndɦl	ɴql
频次	1	1	1	1	1	1	1
比率（%）	3.3	3.3	3.3	3.3	3.3	3.3	3.3

---

① [mphj]/[mpjh]、[nthj]/[ntjh]、[ŋkhj]/[ŋkjh]一律合并为[mphj]、[nthj]、[ŋkhj]。

② [mprh]转写为[mphr]。

　　如表 1.2.6 所示，苗瑶语语言采样中带后置辅音的鼻冠塞音以[mpl]（8次）、[mphl]（4 次）的出现频次较高。从调音部位的角度来看，鼻冠音、塞音以双唇部位占绝对优势，后置辅音则以齿/龈部位为多。从发声类型的角度来看，决定带后置辅音鼻冠塞音性质的塞音以清声为主。从鼻冠塞音与后置辅音组合的角度来看，鼻冠塞音与-l 的组合最为常见，-l̡、-r、-z、-z̡等后置辅音的出现频次极低，其中，后置辅音[r]的实际音值为[ɹ]。

二　塞音系统的调音部位

　　苗瑶语塞音库存中出现了国际音标表中 7 种调音部位的塞音。如果加上汉藏语言中较为常见的龈腭塞音的话，共有 8 种调音部位的塞音。以下为各调音部位的出现频率：

表 1.2.7　　　　　　　　　　　　苗瑶语塞音的调音部位

	双唇	齿/龈	龈腭	卷舌	硬腭	软腭	小舌	喉[①]
苗语支（26 种）	26	26	0	9	2	26	16	19
瑶语支（4 种）	4	4	2	0	0	4	0	0
频次	30	30	2	9	2	30	16	19
比率（%）	100	100	6.7	30	6.7	100	53.3	63.3

　　双唇塞音、齿/龈塞音、软腭塞音的出现频率均为 100%，为高频塞音，分布在所有的代表点中。

　　喉塞音、小舌塞音的出现频率均超过了 50%，为中频塞音，主要分布在苗语支语言中。其中，小舌塞音分布在罗泊河苗语、川黔滇苗语、湘西苗语、黔东苗语与巴哼语中，彼此的对应关系明显，应该是古苗瑶语的遗留。在其他代表点中，小舌清塞音主要沿着*q>k、*qh>kh 的演变路径，变为软腭清塞音，如黄落优诺语、西山布努语、嶂背畲语、中排巴那语、江底勉语。还有少数代表点中的小舌浊塞音发生擦化音变，如石板寨苗语小舌浊塞音的演变路径为*ɢ>ʁ，再如大坪勉语、梁子勉语、东山勉语小舌浊塞音的演变路径为*ɢ>h。

　　卷舌塞音、龈腭塞音、硬腭塞音比较少见，为低频塞音，属于语音创新现象。卷舌塞音分布在罗泊河苗语、川黔滇苗语、湘西苗语和布努语中，

---

① 喉塞音在塞音系统中地位特殊，它伴有超音段的发声态特征，属于发声和调音之间的过渡音类，但鉴于其在苗瑶语音系中的重要地位，我们仍将其纳入调音部位的统计之中。

源自古带-r 后置辅音的齿/龈塞音。龈腭塞音仅见于瑶语支梁子勉语、东山勉语，来自古齿/龈、软腭塞音的龈腭音化。硬腭塞音分布在湘西苗语的两个代表点中，即吉卫苗语、腊乙坪苗语，主要源自古软腭塞音的硬腭音化。

苗瑶语塞音调音部位组合模式较为复杂，其组合类型如表 1.2.8 所示：

表 1.2.8　　　　　　　　苗瑶语塞音调音部位的组合类型

		双唇	齿/龈	软腭	喉	小舌	卷舌	龈腭	硬腭	频次	比率（%）
3 套	类型 3	+	+	+						5	16.7
4 套	类型 4.1	+	+	+	+					5	16.7
	类型 4.2	+	+	+				+		2	6.7
	类型 4.3	+	+	+			+			3	10
5 套	类型 5.1	+	+	+	+	+				6	20
	类型 5.2	+	+	+		+		+		2	6.7
6 套	类型 6.1	+	+	+	+	+	+			5	16.7
	类型 6.2	+	+	+	+	+			+	1	3.3
7 套	类型 7	+	+	+	+	+	+		+	1	3.3

纵观上述 9 种组合类型，以类型 5.1 的出现频次最高，有高坡苗语、小章苗语、凯棠苗语、菜地湾苗语、尧告苗语、河坝苗语 6 个代表点。其次是类型 3、类型 4.1、类型 6.1。类型 3 有小寨优诺语、六巷炯奈语、嶂背畲语、江底勉语、大坪勉语 5 个代表点。类型 4.1 见于西山布努语、瑶麓布努语、中排巴那语、黄落优诺语、龙华炯奈语。类型 6.1 分布在石板寨苗语、高寨苗语、上坝苗语、石门坎苗语、下坳苗语中。其他组合类型相对较少，其出现频率按降序依次为：类型 4.3（文界巴哼语、滚董巴哼语、虎形山巴哼语）>类型 4.2（梁子勉语、东山勉语）、类型 5.2（宗地苗语、七百弄布努语）>类型 6.2（吉卫苗语）、类型 7（腊乙坪苗语）。3—6 套调音部位的组合相加高达 29 个，占总数的 96.7%。由此可见，苗瑶语塞音系统的调音部位以 3—6 个为主，其中出现频率最高的是[双唇+齿/龈+软腭+小舌+喉]的组合。

观察苗瑶语最常见的 4 种类型的内部构成情况，可以发现调音部位少的类型是调音部位多的类型的真子集。类型 3 由双唇、齿/龈、软腭塞音构成。类型 4.1 在类型 3 的基础上加上了喉塞音。类型 5.1 在类型 4.1 的基础上再加上小舌塞音。类型 6.1 在类型 5.1 的基础上扩充卷舌塞音。这 4 种最常见类型恰好展示了苗瑶语塞音系统的演变路径。根据陈其光的构拟，古苗瑶语有双唇、齿/龈、软腭、小舌、喉5套塞音。它们在类型5.1中得到较好保留。类型6.1是类型5.1的扩充，其带-r后置辅音的齿/龈塞音发生卷舌化现象。分布较广的类型4.2因这种古老类型中的小舌塞音演变为软腭塞音而来。喉塞音的进一步脱落衍生了分布最广的类型3。

　　苗瑶语塞音系统调音部位的分布具有很强的地域性，其调音部位数目及其平均数如表1.2.9所示：

表1.2.9　　　　　　　　苗瑶语塞音调音部位数目及其平均值

苗语支	调音部位数目	平均数	优诺语	小寨3 黄落4	3.5
罗泊河苗语	石板寨6 高寨6	6	炯奈语	龙华4 六巷3	3.5
川黔滇苗语	上坝6 高坡5 宗地5 石门坎6	5.5	巴那语	中排4	4
湘西苗语	吉卫6 下坳6 腊乙坪7 小章5	6	畲语	嶂背3	3
黔东苗语	凯棠5 菜地湾5 尧告5 河坝5	5			4.8
巴哼语	文界4 滚董4 虎形山4	4	瑶语支	调音部位数目	平均数
布努语	七百弄5 西山4 瑶麓4	4.3	勉语	江底3 梁子4 东山4 大坪3	3.5

　　在苗语支语言采样中，其塞音的调音部位多达7种，调音部位的组合类型有8种之多，其调音部位组合的最大值为7种，如腊乙坪苗语[双唇+齿/龈+卷舌+硬腭+软腭+小舌+喉]的组合。苗语支调音部位的平均值为4.8种，高于瑶语支的平均值。其中，罗泊河苗语、川黔滇苗语、湘西苗语、黔东苗语调音部位普遍较多，罗泊河苗语、湘西苗语塞音调音部位的平均值高达6个，塞音及其他辅音较为复杂的调音部位是其相对简单的韵母系统和声调系统的补偿。优诺语、炯奈语、畲语调音部位相对较少，调音部位的组合类型也只有两种，即[双唇+齿/龈+软腭]的组合和[双唇+齿/龈+软腭+喉]的组合。其中，嶂背畲语的调音部位限于双唇、齿/龈、软腭。地处广东省惠州市博罗县的嶂背畲语受到博罗客家话的深度影响，其塞音调音部位组合与博罗客家话塞音[双唇+齿/龈+软腭+喉]的组合（甘春妍2011）[①]接近，

---

① 甘春妍：《博罗畲语研究》，南开大学出版社2011年版，第27页。

来自客家话的借词可能影响了其塞音系统调音部位的变化。

　　瑶语支语言样本中塞音的调音部位仅有双唇、齿/龈、软腭、龈腭，其组合类型只有两种，即［双唇+齿/龈+软腭］的组合和［双唇+齿/龈+软腭+龈腭］的组合。其调音部位组合的最大值为 4 种，出现在梁子勉语、东山勉语中。瑶语支调音部位的平均值为 3.5 种，低于苗语支调音部位的平均值。瑶语支语言的韵母系统和声调系统较为复杂，因此无须通过调音部位的复杂化来维持声母的区别性功能。

　　将苗瑶语 30 种语言样本中的塞音数据在地图上标注，我们得到其调音部位数量的分布图。苗瑶语族语言大体上苗语支分布在北，瑶语支在南偏西。从地理分布态势来看，苗瑶语塞音调音部位的数量由北到南、从西往东呈现逐步递减之势，如图 1.2.1 所示：

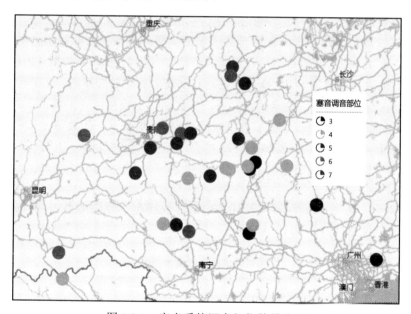

图 1.2.1　塞音系统调音部位数量分布

　　苗瑶语鼻冠塞音系统中的塞音仅出现双唇、齿/龈、卷舌、硬腭、软腭以及小舌这 6 个调音部位。塞音系统中出现频次较低的龈腭塞音以及较为特殊的喉塞音在鼻冠塞音系统中没有出现。双唇部位出现频次最高，为 69 次。其余部位按降序依次为软腭（47 次）、齿/龈（41 次）、小舌（37 次）、卷舌（19 次）、硬腭（2 次）。总而言之，鼻冠塞音系统的调音部位以双唇、软腭、齿/龈、小舌为主。苗瑶语鼻冠塞音系统调音部位的组合类型及其出现频率如表 1.2.10 所示：

表 1.2.10　　　　　　　　苗瑶语鼻冠塞音调音部位组合类型

		双唇	齿/龈	软腭	小舌	卷舌	硬腭	频次	比率（%）
3 套	类型 3	+	+	+				3	10
4 套	类型 4.1	+	+	+	+			3	10
	类型 4.2	+	+	+		+		2	6.7
5 套	类型 5	+	+	+	+	+		5	16.7
6 套	类型 6	+	+	+	+	+	+	1	3.3

　　从表 1.2.10 可以看出，以上调音部位的组合类型都是在类型 3 的基础上，逐步加上小舌、卷舌、硬腭等部位构成的。类型 4.1（高坡苗语、文界巴哼语、虎形山巴哼语）在调音部位层面完整地保留了古鼻冠塞音的组合类型。在类型 3（瑶麓布努语、龙华炯奈语、六巷炯奈语）、类型 4.2（宗地苗语、七百弄布努语）中，鼻冠小舌塞音演变为鼻冠软腭塞音。在类型 4.2、类型 5（石板寨苗语、高寨苗语、石门坎苗语、上坝苗语、下坳苗语）中，其鼻冠卷舌塞音源自古带 -r 后置辅音的鼻冠齿/龈塞音。在类型 6（腊乙坪苗语）中，鼻冠硬腭塞音来自古 *kj 声类，如 ɲce³⁵（<*kjɛm^平）"金"。

三　塞音系统的发声类型

　　参考朱晓农《语音学》（2010）中的"发声态"分类体系[①]，苗瑶语塞音的发声类型具体如表 1.2.11 所示：

表 1.2.11　　　　　　　　苗瑶语塞音的发声类型

	清声		浊声	弛声			张声
	清声+不送气	清声+清送气	浊声+不送气	浊声+清送气	浊声+浊送气	清声+浊送气	先喉塞+清声
苗语支（26 种）	26	26	4	1	1	1	1
瑶语支（4 种）	4	2	0	0	0	0	0
频次	30	28	8	1	1	1	1
比率（%）	100	93.3	26.7	3.3	3.3	3.3	3.3

---

① 朱晓农：《语音学》，商务印书馆 2010 年版，第 73 页。

　　表 1.2.11 显示，清与浊、送气与不送气是苗瑶语塞音系统最重要的对立特征。不送气清塞音最为常见，出现频率为 100%。其次是送气清塞音，出现频率高达 93.3%，在苗语支语言中，送气与否比清浊区别更重要。再次是不送气浊塞音，出现频率为 26.7%。浊塞音是原始的辅音音类，其相对较低的出现频率说明浊塞音清化是大势所趋，其演变模式有 5 种：

　　（1）变为不送气清塞音，该模式最为普遍；

　　（2）变为送气清塞音，如嶂背畲语；

　　（3）变为浊送气清塞音，如文界巴哼语；

　　（4）保留浊塞音，如石门坎苗语；

　　（5）变为浊擦音，如石板寨苗语。

　　现代苗瑶语中的浊塞音来源复杂。苗语支除石门坎苗语完整保存了古浊塞音之外，吉卫苗语、小章苗语、中排巴那语的浊塞音全部或部分来自古鼻冠塞音，瑶语支浊塞音则全部来自古鼻冠塞音。

　　清送气浊、浊送气浊、浊送气清塞音相对较少。清送气浊塞音仅见于吉卫苗语，源自古鼻冠送气清塞音中的鼻冠音成分使塞音浊化之后的脱落。浊送气浊塞音（弛声浊塞音）出现在石门坎苗语中，它起到了分化词类的作用。小章苗语、中排巴那语中也有处理为阳去调伴随特征的弛声浊塞音。浊送气清塞音（弛声清塞音）仅见于文界巴哼语。实际上，上坝苗语、宗地苗语、高坡苗语、吉卫苗语、下坳苗语、腊乙坪苗语、凯棠苗语、尧告苗语、河坝苗语、七百弄布努语、黄落布努语中也有源于古全浊塞音、处理为声调伴随特征的弛声清塞音。弛声清塞音发音时因声带松弛漏气而保留"浊"的听感，从而成为浊塞音的补偿形式，是古苗瑶语全浊塞音在清化过程中的一种中间状态，可能在苗瑶语历史音变过程中广泛存在。

　　弛声清塞音的另一个源头是古苗瑶语次清塞音。在宗地苗语、梁子勉语中[①]，其古次清声类在演变过程中送气成分产生轻微气化的弛声态变体，由普通清声态变为弛声态，并造成与古全清声类的分调，这两个代表点中的弛声态变体也处理为声调伴随特征。

　　综上所述，苗瑶语 16 个代表点中存在弛声塞音，其实际分布率为 53.3%。弛声不单是声母的特征，而是整个音节的属性，在苗瑶语历时演变和共时分布上都具有较为重要的类型学价值。

　　先喉塞清塞音最为罕见。西山布努语中出现了[ʔp]、[ʔt]，它们实为内爆音。内爆音是一种非肺部气流音，在嗓音启动爆发前多出了一个负压弱气流所导致的气流内灌口腔过程。关于内爆音的发声态归属，在朱晓农

---

① 语言样本之外，瑶语支滩散勉语、览金勉语等代表点中也存在弛声清塞音。

（2015）修改的发声态系统中，之前涉及喉头机制的"类发声"大类下辖的内爆音以及喷音归入了张声类[①]。内爆音倾向于在口腔前部成阻，西山布努语中出现的正是最常见的内爆音—[ɓ]、[ɗ]。它们源自古苗瑶语先喉塞鼻音声母以及壮语借词中的原浊音声母（陈其光 2013）[②]。

苗瑶语塞音的发声组合类型一共有 7 种，如表 1.2.12 所示：

表 1.2.12　　　　　　　　　　苗瑶语塞音发声组合类型

		清声+不送气	清声+清送气	浊声+不送气	浊声+清送气	浊声+浊送气	清声+浊送气	先喉塞+清声	频次	比率（%）
2 套	类型 2.1	+	+						20	66.7
	类型 2.2	+		+					2	6.7
3 套	类型 3.1	+	+	+					4	13.3
	类型 3.2	+	+	+				+	1	3.3
	类型 3.3	+	+			+			1	3.3
4 套	类型 4.1	+	+	+	+				1	3.3
	类型 4.2	+	+	+		+			1	3.3

表 1.2.12 显示，苗瑶语没有送气塞音的代表点都有清浊对立，没有浊塞音的代表点都有送气与否的对立。

苗瑶语塞音系统以两分格局为主，共有 22 个代表点，占总数 73.3%。其中，[不送气清声+清送气清声]对立模式占优势，共有 20 个代表点，即苗语支石板寨苗语、高寨苗语、上坝苗语、高坡苗语、宗地苗语、下坳苗语、腊乙坪苗语、凯棠苗语、菜地湾苗语、尧告苗语、河坝苗语、滚董巴哼语、虎形山巴哼语、七百弄布努语、瑶麓布努语、小寨优诺语、黄落优诺语、龙华炯奈语、六巷炯奈语、嶂背畲语，占两分系列总数的 90.9%。古

---

① 见朱晓农《世界语音》（[美]彼得·赖福吉、[美]伊恩·麦迪森、张维佳、田飞洋译，商务印书馆2015 年版）译序第Ⅶ页。

② 陈其光：《苗瑶语文》，中央民族大学出版社 2013 年版，第 330 页。

苗瑶语塞音系统为[不送气清声+清送气清声+浊声]三分，[不送气清声+清送气清声]模式因古浊塞音清化演变而来，这种简单模式在 12 种苗语支语言或方言中都有鼻冠塞音系统的支撑，即石板寨苗语、高寨苗语、上坝苗语、高坡苗语、宗地苗语、下坳苗语、腊乙坪苗语、虎形山巴哼语、七百弄布努语、瑶麓布努语、龙华炯奈语、六巷炯奈语。两分格局中清浊二分的代表点相对较少，仅见于瑶语支梁子勉语、大坪勉语，其中梁子勉语的古次清声类演变为弛声清塞音，大坪勉语则演变为唇齿清擦音，因此该格局来自古清送气清塞音声类的消变。

苗瑶语塞音三分的代表点共有 6 个，占总数的 20%，其中 66.7%的代表点发声组合类型为[不送气清声+清送气清声+浊声]三分。它们分布在小章苗语、中排巴那语、江底勉语、东山勉语中，较为完好地保留了苗瑶语古塞音系统的三分格局，但其中并非古音存留的组成成员变得远比这种古老格局为快。另有两种少见的三分模式：文界巴哼语的[不送气清声+清送气清声+浊送气清声]、西山布努语的[不送气清声+清送气清声+先喉塞清声]。

苗瑶语塞音四分系统比较罕见，吉卫苗语发声组合类型为[不送气清声+清送气清声+不送气浊声+清送气浊声]，石门坎苗语为[不送气清声+清送气清声+不送气浊声+浊送气浊声]。塞音四分是创新而不是存古。另外，除西山布努语之外，塞音两分、三分或四分的格局与塞擦音一致，而与擦音不一致。这应该与苗瑶语后起塞擦音主要源自带-l、-r、-j 后置辅音的双唇、齿/龈、软腭、小舌塞音的耦化有关。当它们耦化为塞擦音时，其发声类型由塞音决定。

下面继续列表观察苗瑶语各语支塞音格局的不同。综合以上塞音数据，我们以国际音标更清楚地展示其组合类型中所涉的发声态。双唇塞音分布面广，出现频率高，因此以双唇塞音代表各种塞音。苗瑶语各语支塞音的分布情况如表 1.2.13 所示：

表 1.2.13　　　　　　　　　　苗瑶语各语支的塞音格局

类型	二分		三分			四分	
	p~ph	p~b	p~ph~b	p~ph~pɦ	p~ph~ʔp	p~ph~b~bh	p~ph~b~bɦ
语言数量	20	2	4	1	1	1	1
语支分布	苗语支 20	瑶语支 2	苗语支 2 瑶语支 2	苗语支 1	苗语支 1	苗语支 1	苗语支 1
比率（%）	73.3		20			6.7	

表 1.2.13 显示，苗语支塞音格局较为复杂，以[不送气清声+清送气清声]两分模式为主，还有少量三分、四分模式。瑶语支[不送气清声+清送气清声+浊声]三分、清浊两分模式各占一半，未出现四分模式。

苗瑶语鼻冠塞音系统的发声类型比较复杂，仅比塞音系统的发声类型少 1 种。

其 6 种发声类型见表 1.2.14：

表 1.2.14　　　　　　　　**苗瑶语鼻冠塞音的发声类型**

鼻冠清浊	浊鼻冠					清鼻冠
塞音清浊	浊塞音		清塞音			清塞音
送气与否	不送气	浊送气	不送气	清送气	浊送气	不送气
频次	3	1	14	11	1	1
比率（%）	10	3.3	46.7	36.7	3.3	3.3

鼻冠塞音一般以"浊鼻冠+浊塞音"最为常见，但在苗瑶语语言采样中，"浊鼻冠+清塞音"更为常见，且进一步分为鼻冠清不送气塞音和清送气塞音，其出现频次远超"浊鼻冠+浊塞音"。苗瑶语中还有 3 种少见的鼻冠塞音：石门坎苗语的"浊鼻冠+弛声浊塞音"、文界巴哼语的"浊鼻冠+弛声清塞音"以及"清鼻冠+清塞音"。

由于鼻冠塞音的发声类型既涉及鼻冠音，又和塞音相关，我们以出现频率最高的鼻冠双唇塞音代表各种鼻冠塞音，用国际音标简洁地展示其发声组合类型。苗瑶语鼻冠塞音的发声组合类型有如下 5 种：

（1）mp~mph~mb~mbɦ。该类型仅见于石门坎苗语；

（2）mp~mph~mb。该类型见于石板寨苗语、高寨苗语；

（3）mp~mpɦ~m̥p。该类型仅在文界巴哼语中出现；

（4）mp~mph。该类型分布比较广泛，出现鼻冠塞音的代表点半数都是该组合模式，共有上坝苗语、高坡苗语、下坳苗语、腊乙坪苗语、虎形山巴哼语、七百弄布努语、瑶麓布努语、龙华炯奈语等 8 个代表点；

（5）mp。该类型出现在宗地苗语、六巷炯奈语中。

上述发声组合类型显示，苗瑶语鼻冠塞音系统以清浊两分的格局为主，该模式占拥有鼻冠塞音的 14 种语言样本的 57.1%。

古苗瑶语有三类鼻冠塞音声母：*mp~*mph~*mb。这种三分格局较好地保留在石板寨苗语、高寨苗语中。石门坎苗语的发声类型格局在*mp~*mph~*mb 的基础上繁化，其*mb 声类分化为[mb]、[mbɦ]，从而形成最复杂的发声组合类型。其他代表点则朝着简化的方向发展。文界巴哼语正处于古鼻冠浊塞音、次清塞音消变的过程之中，其[mpɦ]源自*mb 声类的清化，[ɦ]是浊声母清化的残存形式，[ṃp]则来自*mph 声类失去送气成分与前鼻冠成分的清化。上坝苗语、高坡苗语、下坳苗语、腊乙坪苗语、虎形山巴哼语、七百弄布努语、瑶麓布努语、龙华炯奈语等代表点的*mb 声类消失。宗地苗语、六巷炯奈语的*mb、*mph 声类进一步消失。由此可见，苗瑶语鼻冠塞音系统以*mb 最容易消失，*mph 次之，*mp 最为稳定。

四　常见塞音的组合模式

在世界语言塞音库存中，最为常见的调音部位为双唇、齿/龈、软腭，最为常见的发声类型为清、浊。但三个部位、两种发声类型的塞音并不完全一一对应，存在一些特殊的缺失模式。通过对 UPSID 中常见塞音的统计，麦迪森（1984）认为世界语言的塞音系统有两种较为明显的缺失模式，即"缺/p/"模式和"缺/g/"模式[①]。麦迪森（2005）在 WALS 中进一步验证了常见塞音的缺失模式，将 566 种世界语言常见塞音的组合模式分为以下 5 种[②]：

表 1.2.15　　　　　　　　世界语言常见塞音的组合模式

模式	语言数量	比率（%）
/p t k b d g/俱全	256	45.2
缺/p/	32	5.6
缺/g/	32	5.6
缺/p/及/g/	3	0.5
其他	243	42.9

苗瑶语语言样本中出现了上述模式中的两种类型："/p t k b d g/俱全"类、"其他"类[③]。石门坎苗语、吉卫苗语、小章苗语、中排巴那语、江底勉语、梁子勉语、东山勉语、大坪勉语属于第一种类型，其/p t k b d g/俱全。

---

① Maddieson, Ian. *Patterns of Sounds*. Cambridge: Cambridge University Press, 1984: 35.

② Maddieson, Ian. Voicing and Gaps in Plosive Systems in Haspelmath, Martin & Dryer, Matthew S. et al (eds.). *The World Atlas of Language Structures*. Oxford: Oxford University Press, 2005: 26。

③ 语言样本之外，瑶语支滩散勉语等代表点存在"缺/p/"模式。它没有/p/，取而代之的是带先喉塞音的双唇清塞音/ʔp/，其具体分布模式为/ʔp ʔt k ʔph th kh b d g/。石口勉语、牛尾寨勉语等代表点属于"缺/g/"模式，有/b d/而/g/破缺，其具体分布模式为/p t k ph th kh b d/。

具体有/p t k ph th kh b d g/（小章苗语、中排巴那语、江底勉语、东山勉语）、
/p t k b d g/（梁子勉语、大坪勉语）、/p t k ph th kh b d g bh dh gh/（吉卫苗
语）、/p t k ph th kh b d g bɦ dɦ gɦ/（石门坎苗语）4 种组合模式。其中，/p t
k ph th kh b d g/组合模式的出现频率最高。

    苗瑶语语言样本中其余的 22 个代表点均属于"其他"类，其主要特征
为没有出现/b d g/这 3 个浊塞音。除宗地苗语的/p t k ph th/模式、文界巴哼
语的/p t k ph th kh pɦ tɕɦ kɕɦ/模式、西山布努语的/p t k ph th kh ʔp ʔt/模式比较
特别之外，其他代表点皆为/p t k ph th kh/模式。"缺/p/"模式、"缺/g/"模
式、"缺/p/及/g/"模式均未见于苗瑶语语言样本。

    苗瑶语常见塞音的组合模式如表 1.2.16 所示：

表 1.2.16   苗瑶语常见塞音的组合模式

模式	语言或方言数量	比率（%）
/p t k b d g/俱全	8	26.7
其他	22	73.3

    我们再来看其他汉藏语的情况。

    藏缅语中只出现两种类型，其"/p t k b d g/俱全"类的出现频率为 67.4%，
高于"其他"类的出现频率 32.6%。

    侗台语有 4 种类型。其中，壮语、临高语、水语、毛南语、莫语、拉
伽语、布央语属"缺/g/"类；普标语、蔡家话属"/p t k b d g/俱全"类，村
语属"缺/p/及/g/"类，其余代表点均属"其他"类。侗台语 4 种类型的占
比依次为："其他"类（52.4%）＞"缺/g/"类（33.3%）＞"/p t k b d g/俱
全"类（9.5%）＞"缺/p/及/g/"类（4.8%）。

    汉语中出现了 4 种类型，"缺/p/"类仅见于文昌话、三亚话、鹤山话，
"缺/g/"类只在娄底话、新化话、海康话中出现。4 种类型的出现频率依次
为："其他"类（74.3%）＞"/p t k b d g/俱全"类（21.4%）＞"缺/p/"类、
"缺/g/"类（各 2.1%）。

    跨语言比较显示，在世界语言采样中，常见塞音组合模式以"其他"
类、"/p t k b d g/俱全"类为主流。苗瑶、汉语、藏缅语均符合这一大势，
尤其是苗瑶语、藏缅语语言样本，它们只有这两种模式。汉语"缺/p/"类、
"缺/g/"类的比率也接近世界平均水平，虽然未出现"缺/p/及/g/"类，但依
然是汉藏语言中最为接近世界语言常见塞音破缺模式的语族。侗台语与众
不同，其"缺/g/"类的占比高达 33.3%，将近世界平均水平的 6 倍，汉藏语

言中也只有它出现了"缺/p/及/g/"类，且其占比为世界平均水平的 9.6 倍。相较之下，在汉藏语中，苗瑶语和藏缅语常见塞音的组合模式比较接近。

麦迪森对常见塞音组合模式的探讨涵括世界范围内的 566 种语言，难以深入分析常见塞音组合模式的区域性特征。苗瑶语等汉藏语中送气塞音的出现频率较高，尤其是苗瑶语，有清送气清塞音、浊送气清塞音、清送气浊塞音、浊送气浊塞音 4 种类型。苗瑶语中还出现了对常见塞音组合模式有一定影响的鼻冠塞音、先喉塞塞音。因此，我们结合苗瑶语的音系特征，对其常见塞音组合模式进行更为细致的分类。

从目前的统计结果来看，苗瑶语常见塞音的组合模式主要可分为"完整"型、"缺失"型两种。首先看常见塞音"完整"型的类型。

表 1.2.17　　　　　　　　苗瑶语常见塞音"完整"型的类型①

模式 A			模式 B			模式 C			模式 D		
p	t	k	p	t	k	p	t	k	p	t	k
(mp)	(nt)	(ŋk)	(mp)	(nt)	(ŋk)	(mp)	(nt)	(ŋk)			
ph	th	kh	ph	th	kh	ph	th	kh			
(mph)	(nth)	(ŋkh)	(mph)	(nth)	(ŋkh)	(mph)	(nth)	(ŋkh)			
			b	d	g	b	d	g	b	d	g
			(mb)	(nd)	(ŋg)	(mb)	(nd)	(ŋg)			
			(bɦ)	(dɦ)	(gɦ)						
			(mbɦ)	(ndɦ)	(ŋgɦ)						
			(bh)	(dh)	(gh)						

苗瑶语"完整"型常见塞音模式如表 1.2.17 所示，共有四种模式。常见塞音系统的组合属于"完整"型的语言或方言共有 24 种，占样本总数的 80%。由此可见，"完整"型是苗瑶语常见塞音组合模式的主体类型。

首先看模式 A。这一模式仅出现清塞音及其送气音，是最为常见的一种模式，集中分布在苗语支语言中。有 8 个代表点的塞音系统为 p~ph 两分，鼻冠塞音系统为整齐对应的 mp~mph 两分，即上坝苗语、高坡苗语、下坳苗语、腊乙坪苗语、虎形山巴哼语、七百弄布努语、瑶麓布努语、龙华炯奈语。在凯棠苗语、菜地湾苗语、尧告苗语、河坝苗语、滚董巴哼语、小寨优诺语、黄落优诺语、嶂背畲语中，鼻冠塞音消失殆尽，其塞音模式为 p~ph 两分。总之，模式 A 共计 16 种，占样本总数的 53.3%。

模式 B 出现在石门坎苗语、吉卫苗语中，其出现频率为 6.7%。石门坎

---

① 我们用括号表示并非在某一模式涉及的所有代表点中出现的塞音。

苗语的塞音系统为 p~ph~b~bɦ，与其相应的鼻冠塞音系统为 mp~mph~mb~mbɦ，两者的对应相当工整。吉卫苗语的塞音系统为 p~ph~b~bh，其鼻冠塞音阙如。吉卫苗语较为特殊的清送气浊塞音的源头为古鼻冠送气清塞音。古鼻冠送气清塞音中的鼻冠音成分在使清塞音浊化之后脱落。

模式 C 见于苗语支小章苗语、中排巴那语，瑶语支江底勉语、东山勉语，其出现频率为 13.3%。它们都有 3 套塞音，即 p~ph~b，其中的浊塞音全部或部分来自古鼻冠塞音。

模式 D 出现在瑶语支梁子勉语、大坪勉语中，其出现频率为 6.7%。它们的塞音仅有清浊对立，即 p~b。其塞音系统中的浊塞音并非原生，而是来自古鼻冠塞音。

从上述 4 种模式的构成可以看出，在苗瑶语中，常见塞音出现清送气与清不送气特征的对立最为普遍。事实上，这种对立不仅在苗瑶语中普遍存在，也见于多数东亚语言。田阡子、江荻、孙宏开（2009）考察了包括藏缅语、苗瑶语、汉语等 394 种语言样本的塞音模式，发现常见塞音为清送气、清不送气对立的语言有 122 种，占总数的 36%，在几种不同的模式中数量最多[①]。苗瑶语中的模式 A、模式 D 大都是两套塞音。相较之下，模式 D 仅有两个代表点。因此，在苗瑶语中，如果存在两套塞音的话，则更有可能为清送气与清不送气特征的对立。其次，苗瑶语各模式的共时分布与鼻冠塞音的历时演变密切相关，鼻冠塞音系统的演变进程直接影响了整个塞音系统的构成，可以提供观察塞音基本模式形成过程中的细节。

除了上述"完整"型模式之外，苗瑶语中还存在 5 种"缺失"型模式[②]，如表 1.2.18 所示：

表 1.2.18　　　　　　　　　苗瑶语常见塞音"缺失"型的类型

模式 E			模式 F			模式 G			模式 H			模式 I		
p	t	k	p	t	k	p	t	k	p	t	k	p	t	k
mp	nt	ŋk	mp	nt	ŋk	mp	nt	ŋk	mp	nt	ŋk			
*ph	*th	—	ph	th	kh	ph	th	kh	ph	th	kh	ph	th	kh
—	—	—	mph	nth	ŋkh	m̥p̥								
			—	·	—	pɦ	tɦ	kɦ						
			mb	nd	ŋg	mpɦ	ntɦ	ŋkɦ						
												ʔp	ʔt	—

① 田阡子、江荻、孙宏开：《东亚语言常见爆发音的类型学特征》，《语言科学》2009 年第 6 期，第563 页。

② 表 1.2.18 用星号"*"标示汉语借词，用"—"表示常见塞音的缺失。

苗瑶语中只有 6 个代表点出现了常见塞音的缺失现象。首先看模式 E。该模式仅见于宗地苗语，其塞音系统为清送气、清不送气二分，但缺少软腭清送气清塞音。由于[ph]、[th]均来自汉语借词，[kh]的破缺是因为它尚未借入。正因为送气塞音源于借词，鼻冠塞音又是苗瑶语语音特征的体现，鼻冠塞音系统中没有出现鼻冠清送气清塞音也在情理之中。

模式 F 分布在石板寨苗语、高寨苗语中。在该模式中，塞音系统为完整的 p~ph 两分，但其鼻冠塞音系统却是 mp~mph~mb 三分。塞音系统与鼻冠塞音系统的不平衡源于其古浊塞音声类已经演变为浊擦音。

模式 G 仅出现在文界巴哼语中。在该模式中，塞音系统为完整的 p~ph~pɦ 三分。其鼻冠塞音系统中并未出现鼻冠清送气清塞音，但出现了一个清化鼻冠清塞音声母[m̥p]。[m̥p]正是源于*mph 声类失去送气成分与前鼻冠成分的清化。齿/龈、软腭部位鼻冠清送气清塞音则早已消变，其闭塞成分消失、鼻冠音得以保存，大都演变为清鼻音。不同调音部位鼻冠清送气清塞音的不同演变路径导致塞音系统与鼻冠塞音系统的失衡。

模式 H 仅见于六巷炯奈语。其塞音系统为完整的 p~ph 两分，但鼻冠塞音系统中仅有鼻冠不送气清塞音，没有出现与之相配的鼻冠清送气清塞音。其古鼻冠清送气清塞音的演变较为复杂，变为鼻冠不送气清塞音或清塞音等音类。从六巷炯奈语以及文界巴哼语鼻冠清送气清塞音的演变情况来看，它们没有鼻冠不送气清塞音稳定，其消变速度快于鼻冠不送气清塞音。

模式 I 仅见于西山布努语，其塞音系统为 p~ph~ʔp 三分，其中的双唇、齿/龈部位先喉塞塞音部分来自壮语借词，部分源于古苗瑶语先喉塞鼻音声母，但塞音系统中软腭部位先喉塞塞音阙如。陈其光（2013）认为这种塞音格局是外部条件所引起的语音变异，其双唇、齿/龈清塞音在侗台语的影响下变为先喉塞双唇、齿/龈塞音[1]。壮语中只存在双唇、齿/龈部位的先喉塞塞音，因此软腭部位先喉塞塞音无从借入。

由上可知，苗瑶语一些代表点的常见塞音缺失模式与语言接触影响有关，例如宗地苗语受到汉语的影响，再如分布在广西壮族自治区侗台语区域的西山布努语受到侗台语的影响。

总而言之，苗瑶语中常见塞音组合模式属于"缺失"型的代表点数量较少。从地理分布来看，西山布努语、六巷炯奈语以及文界巴哼语分布在广西壮族自治区，石板寨苗语、高寨苗语、宗地苗语分布在贵州省。根据田阡子、江荻、孙宏开（2009）的统计，这一类语言集中分布在东亚的西

---

① 陈其光：《苗瑶语文》，中央民族大学出版社 2013 年版，第 540 页。

南部地区，在中国境内主要分布在广西壮族自治区、云南省[①]。苗瑶语中常见塞音组合模式属于"缺失"型的代表点在广西壮族自治区内的分布符合田阡子的统计结果[②]。

五　小舌塞音及其他小舌音的分布特征

苗瑶语不仅在塞音系统中出现了小舌音，在其他调音方式的辅音系统中也有小舌音分布。我们一并将其分布情况与其他汉藏语以及世界语言进行比较。

苗瑶语语言样本中的小舌音仅见于苗语支语言，有小舌塞音、小舌擦音、小舌鼻音三种类型。其中，小舌鼻音只在鼻冠小舌塞音中出现，分布在石板寨苗语、高寨苗语、上坝苗语、高坡苗语、石门坎苗语、下坳苗语、腊乙坪苗语、文界巴哼语、虎形山巴哼语9个代表点中。

单辅音小舌音最为常见。其中，小舌塞音广泛分布在16个代表点中，即石板寨苗语、高寨苗语、上坝苗语、高坡苗语、石门坎苗语、吉卫苗语、下坳苗语、腊乙坪苗语、小章苗语、凯棠苗语、菜地湾苗语、尧告苗语、河坝苗语、文界巴哼语、滚董巴哼语、虎形山巴哼语。小舌擦音仅见于石板寨苗语、高寨苗语、石门坎苗语。

除单辅音小舌音之外，苗瑶语中还出现了唇化小舌音以及小舌复辅音。石板寨苗语、高寨苗语、吉卫苗语、下坳苗语、腊乙坪苗语、小章苗语拥有唇化小舌塞音声母，如[qw]、[qʰw]、[ɢw]、[ɢʰw]。其中，石板寨苗语、高寨苗语还有少见的唇化小舌擦音声母，如[χw]、[ʁw]。在石板寨苗语、高寨苗语中，还可找到罕见的唇化鼻冠小舌塞音声母[ɴqw]、[ɴɢw]以及带-l、-ɭ等后置辅音的小舌塞音、擦音以及鼻冠小舌塞音声母，如[ql]、[qʰl]、[qɭ]、[qʰɭ]、[ʁl]、[ʁɭ]、[ɴql]、[ɴɢl]。

苗瑶语单辅音小舌塞音、鼻冠小舌塞音以及单辅音小舌擦音的分布情况如表1.2.19：

---

① 田阡子、江荻、孙宏开：《东亚语言常见爆发音的类型学特征》，《语言科学》2009年第6期，第567页。

② 本书苗瑶语常见塞音"缺失"型的类型与田阡子等概括的类型并不完全相同，选点也有所不同，因此分布地域难以完全一致。

表 1.2.19　　　　　　　　　苗瑶语小舌音的分布情况

	q	qh	qɦ	ɢ	ɢh	ɢɦ	ɴq	ɴqh	ɴqɦ	ɴɢ	ɴɢɦ	χ	ʁ
石板寨	+	+					+	+		+		+	+
高寨	+	+						+		+		+	+
上坝	+	+											
高坡	+	+					+	+					
石门坎	+	+		+		+	+	+		+	+	+	
吉卫	+	+		+	+								
下坳	+	+					+	+					
腊乙坪	+	+					+	+					
小章	+	+		+									
凯棠	+	+											
菜地湾	+	+											
尧告	+	+											
河坝	+	+											
文界	+	+	+				+		+				
滚董	+	+											
虎形山	+	+					+	+					
频次	16	16	1	3	1	1	9	8	1	3	1	3	2
比率（%）	53.3	53.3	3.3	10	3.3	3.3	30	26.7	3.3	10	3.3	10	6.7

表 1.2.19 显示，出现频次最高的是[q]、[qh]，均为 53.3%。其次是[ɴq]、[ɴqh]，其出现频率在 26.7%以上。[ɢ]、[ɴɢ]、[ʁ]、[qɦ]、[ɢh]、[ɢɦ]、[ɴqɦ]、[ɴɢɦ]的出现频率都较低，仅在 3.3%至 10%之间。

在汉语中，尚未发现存在有音位意义的小舌音声母的方言。

在藏缅语中，出现小舌音声母的语言为 13 种，即拉祜语、堂郎语、桑孔语、末昂语、羌语、普米语、木雅语、尔龚语、纳木依语、史兴语、贵琼语、拉坞戎语、却域语。藏缅语共有[q]/[qh]（各 28.3%）、[ʁ]（17.4%）、[ɢ]（15.2%）、[χ]（13%）、[ɴ]（4.3%）等 6 种单辅音小舌音，以[q]、[qh]

的出现频率为最高。末昂语中有腭化小舌清塞音声母[qj]、[qhj]，拉坞戎语中则有腭化鼻冠小舌擦音声母[ŋʁj]。史兴语、木雅语中出现同部位鼻冠小舌浊塞音声母[ɴɢ]，尔龚语、拉坞戎语拥有异部位鼻冠小舌塞音、擦音声母，如[nqh]、[nχ]。尔龚语、普米语、拉坞戎语中还出现带前置辅音或后置辅音的小舌塞音、擦音以及鼻冠小舌塞音、擦音声母，如[sql]、[sqhr]、[sʁ]、[mqhr]、[ŋqhl]、[ŋχt]。在拉坞戎语中，其单辅音小舌音声母为 4 个，鼻冠小舌塞音、擦音声母以及带小舌音的复辅音声母竟达 120 个之多，其中以五合复辅音[ʁvrdzɣ]最为复杂。

在侗台语中，出现的小舌音的语言只有 5 种：水语、亿佬语、布央语、普标语、拉基语，其小舌音的出现频率依次为[q]/[qh]（各 23.8%）、[ʁ]（9.5%），以[q]、[qh]的出现频率为最高。

在麦迪森（1984）所统计的 317 种世界语言中，小舌塞音的出现频率依次为：[q]（12%）、[q']（6%）、[qh]（3.5%）、[qw]（2.8%）、[ɢ]/[qw']（各 2.5%）、[ɢw]（1.3%）、[qwh]（0.9%）、[qwː]/[ɢː]/[ɢ']（各 0.3%），小舌擦音为：[χ]（8.5%）、[ʁ]（4.4%）、[χw]（2.8%）、[χː]（0.9%）、[χːw]/[ʁː]/[χ']/[χw']（各 0.3%），小舌塞擦音为：[qχ]（0.9%）、[qχw]（0.3%），小舌颤音为：[ʀ]（0.6%）[①]。

可以看到，在世界语言的小舌音库存中，小舌塞音最为常见，小舌擦音次之，小舌塞擦音、小舌颤音、小舌内爆音极为少见，小舌鼻音以及鼻冠小舌塞音、擦音阙如。从发声态的角度看，清声最为常见，清送气清声、浊声较为罕见。属超发声态的长小舌音非常少见。从气流机制的角度观察，肺气流机制所形成的小舌音最为常见，发音时伴有呼出的声门气流所生成的喷音性小舌音次之，喉头下降从而使声道内气压减少所发出的小舌内爆音极为罕见。

汉藏语小舌音的总体分布趋势和世界语言一样，其小舌塞音的出现频率均排在前列。这种分布倾向与其他调音方式小舌音的特性相关。刘泽民（2010）认为，小舌清擦音容易发成近音，即收紧点较宽，小舌浊擦音的收紧点更宽，从空气动力学的角度来看，小舌擦音不仅难以发出而且很难维持，常常被发成颤音[②]。另据麦迪森（2005）的研究，小舌颤音发音时受到较为严格的限制，它对气流以及空气动力因素的变化非常敏感，如果气流

---

① Maddieson, Ian. *Patterns of Sounds*. Cambridge: Cambridge University Press, 1984: 214–241. 该书没有收集小舌复辅音材料。

② 刘泽民：《汉藏语中的小舌音问题》，载纪念李方桂先生中国语言学研究学会、香港科技大学中国语言学研究中心编《中国语言学集刊》（第四卷 第一期），中华书局 2010 年版，第 170、175 页。

过量的话，就容易发成擦音或近音①。从小舌塞音的出现频率来看，苗瑶语小舌塞音的出现频率在汉藏语中最高，也远远超过了世界语言的出现频率。

汉藏语小舌塞音与世界语言仍然存在较为明显的区别。首先，汉藏语小舌清送气清塞音的出现频率大大高于世界语言，其原因在于送气与否的对立为汉藏语重要的区域特征。苗瑶语中的三种小舌送气塞音（[qɦ]、[ɢh]、[ɢɦ]）尤为独特，未见于世界语言和其他汉藏语的语言采样。其次，藏缅语中出现了未见于世界语言样本的鼻冠小舌塞音、擦音，苗瑶语中虽然只有鼻冠小舌塞音，但其出现频率高达 30%，大大超过了藏缅语鼻冠小舌塞音的出现频率 8.7%。由此可见，鼻冠小舌塞音是苗瑶语小舌音系统较为显著的类型特征。

再来看小舌擦音，苗瑶语的出现频率略高于世界语言、侗台语，但低于藏缅语的出现频率。

在苗瑶语等汉藏语中，均未出现世界语言中的小舌塞擦音、小舌颤音、小舌内爆音，喷音性小舌塞音、擦音，长小舌塞音、擦音。但苗瑶语、藏缅语中出现了未见于世界语言样本的小舌鼻音，其中，苗瑶语的小舌鼻音仅能充当鼻冠音。

最后，从次要调音特征的角度看，苗瑶语与世界语言一致，出现了唇化小舌塞音、擦音，不像藏缅语那样，仅有腭化小舌塞音。苗瑶语中还出现了未见于世界语言样本的唇化鼻冠小舌塞音，藏缅语则有腭化鼻冠小舌擦音。

麦迪森（2005）在 WALS 中将考察的语言数量扩充至 566 种，将世界语言小舌音的分布情况分为以下 4 种类型②：

表 1.2.20　　　　　　　　世界语言小舌音的分布类型

类型	特征	语言数量	比率（%）
类型 1	无小舌音	468	82.7
类型 2	仅有小舌塞音、塞擦音或喷音性塞音	38	6.7
类型 3	仅有小舌擦音、鼻音或颤音	12	2.1
类型 4	既有小舌塞音、塞擦音或喷音性塞音，也有小舌擦音、鼻音或颤音	48	8.5

---

① Maddieson, Ian. Uvular Consonants in Haspelmath, Martin & Dryer, Matthew S. et al (eds.). *The World Atlas of Language Structures*. Oxford: Oxford University Press, 2005: 31.

② Maddieson, Ian. Uvular Consonants in Haspelmath, Martin & Dryer, Matthew S. et al (eds.). *The World Atlas of Language Structures*. Oxford: Oxford University Press, 2005: 30. 据麦迪森（2005: 31），WALS 中的小舌鼻音见于日语（Japanese）、因纽特语（Inuit），但日语的小舌鼻音仅出现在音节尾，因纽特语中的小舌鼻音则由鼻音和小舌塞音"融合（fusing）"而成。

依据以上分类标准考察藏缅语，可以发现，堂郎语、羌语、木雅语、尔龚语、纳木依语、史兴语、拉坞戎语属于类型 4，其中，木雅语、堂郎语还拥有小舌鼻音，拉祜语、末昂语、桑孔语、普米语、贵琼语、却域语属于类型 2。藏缅语各类型的出现频率依次为：类型 1（71.7%）>类型 4（15.2%）>类型 2（13%）。在侗台语中，仡佬语、普标语、拉基语均属类型 2，水语、布央语属于类型 4，各类型的出现频率依次为：类型 1（76.2%）>类型 2（14.3%）>类型 4（9.5%）。在苗瑶语中，上坝苗语、高坡苗语、吉卫苗语、下坳苗语、腊乙坪苗语、小章苗语、凯棠苗语、菜地湾苗语、尧告苗语、河坝苗语、文界巴哼语、滚董巴哼语属于类型 2，石板寨苗语、高寨苗语、石门坎苗语属于类型 4，各类型的出现频率依次为：类型 1（46.7%）>类型 2（43.3%）>类型 4（10%）。

按麦迪森的分类标准观照小舌音的分布倾向，可以发现，世界语言以类型 1 占主流，藏缅语、侗台语、苗瑶语中该类型的出现频率分别为 71.7%、76.2%、46.7%，其"无小舌音"代表点的分布趋势基本与世界语言相符，但其出现频率普遍低于世界语言，其中，以苗瑶语的占比为最低，这也从反向印证了苗瑶语小舌音的丰富程度。

苗瑶语中类型 2 的出现频率为 43.3%，远超世界语言、藏缅语、侗台语的出现频率，为世界平均水平的 6.5 倍，是藏缅语的 3.3 倍、侗台语的 3 倍。由于苗瑶语中未出现小舌塞擦音、喷音性小舌塞音，这种分布倾向无疑再次显示了苗瑶语小舌塞音库存的丰富性。

苗瑶语、藏缅语、侗台语中均未出现类型 3。

苗瑶语中类型 4 的出现频率为 10%，略高于世界语言的出现频率，与侗台语的出现频率接近而低于藏缅语的相关出现频率。在该类型中，苗瑶语等汉藏语并未像世界语言那样出现小舌塞擦音、喷音性小舌塞音、小舌颤音。

六　塞音系统特点的跨语言对比

基于麦迪森对 317 种语言的统计，世界语言塞音库存中有汉藏语中未见的种类，如长音、喷音、羢音、前置送气音、软腭化音。世界语言单塞音音位的平均数目为 8.1 个[①]，汉语为 6.7 个，藏缅语为 9 个，侗台语为 9.1 个，苗瑶语为 9.8 个。苗瑶语塞音音位平均值不仅在汉藏语中最高，也超过了普遍共性。

---

① 单塞音中计入了长塞音、嘎裂化塞音、带喷音的塞音、前置送气塞音、气化塞音。

从塞音调音部位的出现频率来看①，苗瑶语出现频率最高的是双唇、齿/龈、软腭，与世界语言、其他汉藏语言吻合，因此我们重点比较其他调音部位。世界语言其他较高频次调音部位序列为：喉（46.1%）>硬腭或龈腭（18.6%）>小舌（14.8%）>卷舌（11.4%）；汉语为：硬腭或龈腭（64.3%）>卷舌（17.9%）②；藏缅语其他调音部位序列为：小舌、喉（各28.3%）>硬腭（15.2%）>卷舌（2.2%）；侗台语为：喉（81%）>小舌（28.6%）>龈腭（19.1%）>硬腭（14.3%）；苗瑶语为：喉（63.3%）>小舌（53.3%）>卷舌（30%）>龈腭、硬腭（各6.7%）。

苗瑶语小舌塞音的出现频率大大高于普遍共性，为世界语言的3.6倍，也高于其他汉藏语言，其高频出现是苗瑶语塞音系统的显著类型特征。苗瑶语卷舌塞音的比重也远超世界语言、藏缅语、汉语，是普遍共性的2.6倍，它也是苗瑶语塞音系统颇具特色的库存。苗瑶语喉塞音的出现频率高于世界语言以及藏缅语，但低于侗台语。苗瑶语龈腭、硬腭排序落后于世界语言、汉语、侗台语，比重不仅低于世界语言，也低于其他汉藏语，与汉语的比重尤为悬殊。

从调音部位的组合系列来看，世界语言、汉语以[双唇+齿/龈+软腭+硬腭或龈腭]的组合居多，藏缅语、侗台语以[双唇+齿/龈+软腭]的组合居多，苗瑶语则以[双唇+齿/龈+软腭+小舌+喉]的组合居多。苗瑶语高频组合系列与世界语言、其他汉藏语有所不同。

从塞音发声类型的出现频率看，世界语言高频发声类型序列为：不送气清声（91.8%）>浊声（66.9%）>清送气清声（28.7%）；汉语为：不送气清声（100%）>清送气清声（95.7%）>浊声（29.3%）；藏缅语为：不送气清声（100%）>清送气清声（93.5%）>浊声（67.4%）；侗台语为：不送气清声（100%）>清送气清声（85.7%）>浊声（47.6%）；苗瑶语为：不送气清声（100%）>清送气清声（93.3%）>浊声（26.7%）。

苗瑶语等汉藏语言清送气清塞音的出现频率普遍高于世界语言，其中，苗瑶语清送气清塞音是普遍共性的3.3倍。清送气清塞音是汉藏语系的一个共同创新（孙宏开 2011）③，其区别作用在单音节词根语中尤为显著，因此，在苗瑶语等汉藏语言中，其比重远超世界语言，体现了汉藏语言的重要区域特征。苗瑶语等汉藏语言不送气清塞音的频次略高于世界语言。除

---

① 世界语言中的齿音（dental）、齿/龈音（dental-alveolar）、龈音（alveolar）三项分列，为了便于跨语言比较，我们将之合并为齿/龈音（dental-alveolar）。

② 叶晓锋：《汉语方言语音的类型学研究》，博士学位论文，复旦大学，2011年，第14页。

③ 孙宏开：《汉藏语系历史类型学研究中的一些问题》，《语言研究》2011年第1期，第116页。

藏缅语浊塞音比重接近世界语言之外，苗瑶语、侗台语、汉语浊塞音的占比普遍较低，其中，苗瑶语浊塞音比重不仅低于世界语言，也低于其他汉藏语言。

关于发声类型的组合系列，世界语言塞音二分格局占据优势地位，其比率为51.1%，其中，以清浊对立最为常见，这种模式占二分格局的72.2%，[不送气清声+清送气清声]、[浊声+清送气清声]模式占16.7%；三分格局次之，其占比为24%，以[不送气清声+清送气清声+浊声]居多。再来看汉藏语的情况。汉语[不送气清声+清送气清声]组合的出现频率为67.1%，[不送气清声+清送气清声+浊声]为27.1%，[清声+清送气浊声]为2.1%，[清声+浊声]、[不送气清声+清送气清声+先喉塞浊声]、[清声+内爆音]、[清声+浊声+内爆音]、[不送气清声+清送气清声+内爆音]的出现频率均只有0.7%；藏缅语[不送气清声+清送气清声+浊声]的出现频率为60.9%，[不送气清声+清送气清声]为32.6%，[清声+浊声]为6.5%；侗台语[不送气清声+清送气清声+浊声]、[不送气清声+清送气清声]的出现频率均为42.9%，[清声+浊声]为9.5%，[清声+先喉塞浊声]为4.8%；苗瑶语[不送气清声+清送气清声]组合的出现频率为66.7%，[不送气清声+清送气清声+浊声]为13.3%，[清声+浊声]为6.7%，[不送气清声+清送气清声+浊送气清声]、[不送气清声+清送气清声+先喉塞清声]、[不送气清声+清送气清声+不送气浊声+清送气浊声]、[不送气清声+清送气清声+不送气浊声+浊送气浊声]都只有3.3%。

跨语言比较发现，苗瑶语[不送气清声+清送气清声]的比重超过世界语言和其他汉藏语，[清声+浊声]比重高于藏缅语、汉语，略低于侗台语。苗瑶语等汉藏语言[清声+浊声]比重远远低于世界语言。苗瑶语、汉语以[不送气清声+清送气清声]对立为主，有别于世界语言[清声+浊声]占优势的格局，与藏缅语[不送气清声+清送气清声+浊声]三分模式占优势、侗台语[不送气清声+清送气清声+浊声]、[不送气清声+清送气清声]出现频率对等的格局也有所不同。苗瑶语[不送气清声+清送气清声+浊声]的比重接近世界语言，低于其他汉藏语，尤其是藏缅语。总的来说，苗瑶语各项比重接近汉语，呈现出与汉语一致的塞音格局。

关于鼻冠塞音，麦迪森所统计的317种世界语言中共有65个同部位鼻冠塞音，其中，[mb]、[ŋg]、[nd]的出现频率最高，均为18次，其出现频率为5.7%。另外，鼻冠齿/龈长塞音[nd:]以及鼻冠龈后（palato-alveolar）塞音、鼻冠卷舌塞音比较罕见，仅出现一次，其占比均为0.3%。

藏缅语中有16种语言出现鼻冠塞音，即彝语、纳西语、末昂语、桑孔语、毕苏语、格曼语、义都语、嘉戎语、木雅语、尔龚语、尔苏语、纳木依语、史兴语、扎坝语、贵琼语、拉坞戎语。其鼻冠塞音共有65个，其中，同部位鼻冠塞音28个，其余都是异部位的，9种语言都只有一套鼻冠浊音。拉坞戎语的鼻冠塞音系统当属汉藏语中最为复杂的系统，共出现33个鼻冠塞音，同部位、异部位鼻冠塞音俱全，其中最复杂的为[ŋmphr]。出现频次较高的鼻冠塞音依次为：[nd]（13次）、[mb]（10次）、[ŋg]（8次）、[nth]（6次）、[ng]（5次）、[mbj]（4次）。在侗台语中，仅有仫佬语出现[mp]、[nt]、[ŋk]、[mpl]、[ŋkl]。汉语仅在粤语台山方言、新会方言，闽语三亚方言中出现[mb]（3次）、[nd]/[ŋg]（各2次）[①]。苗瑶语56个鼻冠塞音中出现频次较高的依次为：[mp]/[nt]/[ŋk]（各14次）、[mph]/[nth]/[ŋkh]（各11次）、[mpj]（9次）、[ɴq]/[ɳʈ]/[ɴqh]/[mpl]（各8次）、[ŋʈh]/[ŋkw]（7次）。

　　苗瑶语鼻冠塞音的丰富程度侗台语、汉语无法企及。与鼻冠塞音同样发达的藏缅语相比，可以发现，藏缅语以鼻冠浊塞音、异部位鼻冠塞音居多，仅有一套浊鼻冠音的格局占优势，苗瑶语则是鼻冠清塞音居多，鼻冠塞音都是同部位的，以清浊两分的格局为主。苗瑶语鼻冠塞音的出现频次接近藏缅语，但高频鼻冠塞音数量更丰富，与塞音系统的配列也更整齐、均衡。世界语言鼻冠塞音的分布率只有5.7%，接近汉语、侗台语的水平，远低于苗瑶语的分布率46.7%、藏缅语的分布率34.8%。因此，鼻冠塞音也是其塞音系统的显著类型特征。

　　从蕴含关系的角度来看，苗瑶语不同调音部位塞音之间的分布关系体现了其独有的蕴含规则。世界语言最常见清塞音的蕴含层级是：p⊃k⊃t，最常见浊塞音的蕴含层级为：g⊃d⊃b。汉语最常见清塞音的蕴含层级为：p⊃t∩k，即[p]的存在蕴含[t]和[k]的存在；最常见浊塞音的蕴含层级为：d∩g⊃b，即[d]和[g]的存在蕴含[b]的存在。苗瑶语相关蕴含关系与两者存在差异，由于语言样本中最常见清塞音[p]、[t]、[k]的出现频率相同，难以观察三者间的蕴含关系[②]。苗瑶语的中频、低频塞音中存在两组蕴含关系：c⊃t、d⊃ɢ。在苗瑶语中，有[c]的语言都出现了[t]，但有[t]的语言不一定有[c]；有[d]的语言同时拥有[ɢ]，但有[ɢ]的语言不一定拥有[d]。

　　苗瑶语有标记与无标记塞音之间的分布关系也具有内在的相关联系，分布上受到严格的条件制约，其分布概率与标记性程度成反比。清塞音是苗瑶语分布最广的无标记辅音，它与有标记浊塞音存在蕴含关系。由于浊塞音比清塞音在发音上多一个声带颤动的特征，相对清塞音要难以保持，因此其出现频率较清塞音有所降低。苗瑶语某种语言如果存在浊塞音，则

　　① 叶晓锋：《汉语方言语音的类型学研究》，博士学位论文，复旦大学，2011年，第31页。

　　② 我们仅能通过在语言样本的基础上增加瑶语支语言来观察苗瑶语常见清塞音的蕴含关系。由于滩散勉语[p]、[t]的破缺，其清塞音蕴含层级为：p∩t⊃k，由于石口勉语、牛尾寨勉语[g]的破缺，其浊塞音蕴含层级为：g⊃b∩d。

一定存在相同部位的清塞音，反之则不然，即浊塞音⊃清塞音。

苗瑶语送气塞音是通过塞音的送气化体现的有标记塞音。与塞音相比，送气塞音有两次成阻，发音时更加费力（吴宗济、林茂灿，1989）[1]。因此，其分布率低于清塞音。它与不送气塞音之间也构成蕴含关系。拥有送气清塞音的语言都有不送气清塞音，反之则不然，即送气塞音⊃不送气塞音。值得注意的是，苗瑶语送气浊塞音后起的痕迹十分明显，其标记性程度高于送气清塞音。拥有送气浊塞音的石门坎苗语、吉卫苗语也同时拥有送气清塞音，但拥有送气清塞音的语言或方言不一定有送气浊塞音，即送气浊塞音⊃送气清塞音。雅柯布森（1957）指出，有送气浊塞音的语言一定有送气清塞音，反之则不然，即浊塞音分送气与否则清塞音必分送气与否[2]。苗瑶语较好地印证了这一蕴含规则。

鼻冠塞音是苗瑶语中颇具特色的有标记塞音，在同一部位有两次调音，与塞音的配列关系紧密。在苗瑶语拥有鼻冠塞音的 14 个代表点中，鼻冠塞音的存在蕴含相同调音部位塞音的存在，且无一例外。在世界语言中，符合这一蕴含规律的语言样本的占比为 96.1%（麦迪森 1984）[3]。

第三节　塞擦音

塞擦音是一种后起的辅音现象，在汉藏语系音系特征中具有重要的区别意义。燕海雄等（2010）探讨了 100 种中国南方民族语言塞擦音的类型与系属特征，认为其撷取的 14 种苗瑶语语言样本处于音系塞擦化的较高阶段，展示了其类型特征之一斑[4]。本节将在跨语言比较中彰显苗瑶语塞擦音音系配置共性特征和个性差异之全貌，并尝试从共时分布模式中探讨其历时演变的成因。

一　塞擦音系统的构成

关于塞擦音的分类以及定义，本书仍然采用朱晓农（2010）的方法。塞擦音是塞音的一个下位类型，主要特征是[+口除阻][+中除阻][+爆发除

---

[1] 吴宗济、林茂灿：《实验语音学概要》，高等教育出版社 1989 年版，第 125 页。

[2] Jakobson, Roman. Typological Studies and Their Contribution to Historical Comparative Linguistics in Eva Siversten (ed.). *Proceedings of the Eighth International Congress of Linguists*. Oslo: Oslo University Press, 1957: 17.

[3] Maddieson, Ian. *Patterns of Sounds*. Cambridge: Cambridge University Press, 1984: 70.

[4] 燕海雄：《中国南方民族语言塞擦音的类型与系属特征》，《语言研究》2010 年第 4 期，第 9 页。

阻]［+缓除阻]①。塞擦音在苗瑶语语言样本声母库存中的占比为 14.6%，在单辅音库存中的占比为 18.3%。整体来看，苗瑶语塞擦音的种类和出现频率都低于塞音。在其较为丰富的塞擦音库存（affricate inventories）中，出现了颇具特色的鼻冠塞擦音库存。它与塞擦音成对出现，即语音系统中有一个塞擦音，就有一个同部位的鼻冠塞擦音。其中塞擦音是决定鼻冠塞擦音清与浊、送气与否、与声调的配列关系的主要成分，鼻冠音是次要的。

　　苗瑶语 30 种语言采样中共出现 38 个无鼻冠的塞擦音声母，其中塞擦音为 22 个，其占比为 57.9%，腭化、唇化塞擦音为 16 个，其占比为 42.1%。最大库存见于石门坎苗语，高达 28 个。最小库存见于滚董巴哼语，仅有两个。苗瑶语塞擦音平均值为 5.9 个。其中，苗语支为 5.5 个，瑶语支为 8.8 个。83.3%的语言样本塞擦音数量在 4—8 个之间。

　　苗瑶语塞擦音库存如表 1.3.1 所示②：

表 1.3.1　　　　　　　　　　苗瑶语塞擦音库存

塞擦音	ts	tsh	tɕ	tɕh	dz	dʑ	tɬ	tɬh	tθ	tʂ	tʂh
频次	26	25	24	24	7	6	6	5	3	3	3
比率（%）	86.7	83.3	80	80	23.3	20	20	16.7	10	10	10

塞擦音	tʃ	tʃh	tθh	dʐ	dð	tɕɦ	dzɦ	dʑɦ	dzɦ	dzh	dzh
频次	2	2	1	1	1	1	1	1	1	1	1
比率（%）	6.7	6.7	3.3	3.3	3.3	3.3	3.3	3.3	3.3	3.3	3.3

　　以上塞擦音以[ts]、[tsh]、[tɕ]、[tɕh]最为常见，出现频率在 80%以上。其次是[dz]、[dʑ]、[tɬ]，出现频率大于 20%。再次是[tɬh]、[tθ]、[tʂ]、[tʂh]，出现频率在 10%以上。其他塞擦音的出现频率都在 10%以下。

　　苗瑶语的塞擦音系统与塞音系统一样，出现了一些带次要调音特征的塞擦音。这些腭化、唇化塞擦音的频次与比率如表 1.3.2 所示：

---

① 朱晓农：《语音学》，商务印书馆 2010 年版，第 190 页。

② 边塞擦音属于广义的边音，Maddieson 在 *Patterns of Sounds* 中将边塞擦音放入边音系统中。为了便于与世界语言比较，我们将在本章第六节"边音"中详细讨论边塞擦音的特征。本节仅在讨论塞擦音系统构成时统计其出现频次，以后的讨论很少涉及边塞擦音。

表 1.3.2 苗瑶语腭化、唇化塞擦音库存

塞擦音	tsj	tshj	tsw	tshw	tɕw	tɕhw	dʑw	dzj
频次	6	5	2	2	2	2	2	2
比率（%）	20	16.7	6.7	6.7	6.7	6.7	6.7	6.7
塞擦音	dzw	tɬj	tθj	tɬjh	tθw	dðj	tʃw	dzwj
频次	2	2	2	1	1	1	1	1
比率（%）	6.7	6.7	6.7	3.3	3.3	3.3	3.3	3.3

苗语支尧告苗语、小寨优诺语、黄落优诺语、中排巴那语、六巷炯奈语、嶂背畲语拥有腭化、唇化塞擦音。其中，黄落优诺语、六巷炯奈语、嶂背畲语的塞擦音都有相应的腭化或唇化塞擦音。瑶语支代表点均有腭化、唇化塞擦音。其中，江底勉语库存数目最大，其塞擦音为 6 个，腭化塞擦音、唇化塞擦音则多达 9 个。

苗瑶语腭化、唇化塞擦音出现频率最高的是[tsj]、[tshj]（>16.7%），它们在现代音系格局中高频出现，在历时音系格局中功能卓著，得以跻身陈其光构拟的古苗瑶语音系之列。其余腭化、唇化塞擦音的出现频率均较低。不同调音部位的出现频次依次为：齿/龈（19 次）、腭前（6 次）、齿沿（4 次）、龈后（1 次）。齿/龈部位更易于腭化，腭前、龈后部位全部唇化。

与包含鼻冠塞音的塞音系统一样，苗瑶语塞擦音库存中也出现了鼻冠塞擦音。鼻冠塞擦音共有 22 个，其中包括两个唇化鼻冠塞擦音。它们出现在 14 个苗语支代表点中，与鼻冠塞音呈平行分布之态。其构成规则为：如果塞擦音之前出现鼻冠音的话，它们一般跟后面的塞擦音的调音部位一致[1]。在库存最大的石门坎苗语中，其数目多达 14 个。在库存最小的宗地苗语、文界巴哼语、龙华炯奈语中，其数目仅有 2 个。14 个代表点鼻冠塞擦音的平均值为 5.1 个，其中半数代表点鼻冠塞擦音为 2—4 个。若以 30 种语言样本为基数，则其平均值为 2.4 个。

苗瑶语鼻冠塞擦音库存数目为 20 个，如表 1.3.3 所示：

---

[1] 国际音标表中的鼻音无齿沿、龈后部位，因此，[ntθ]、[ntʃ]这两个鼻冠塞擦音中的鼻冠音、塞擦音的调音部位不一致。

表 1.3.3　　　　　　　　　　苗瑶语鼻冠塞擦音库存

鼻冠塞擦音	ȵtɕ	nts	ȵtɕh	ntsh	ntɬ	ndz	ɳdʐ	ɳtʂ	ɳtʂh	ntʃ
频次	11	10	10	9	4	3	3	3	3	2
比率（%）	36.7	33.3	33.3	30	13.3	10	10	10	10	6.7
鼻冠塞擦音	ntθ	ȵtɕ	ndʑ	ntθh	ntɬh	ntʃɦ	ndzɦ	ɳdʐɦ	ȵtɕɦ	ȵdʑɦ
频次	2	1	1	1	1	1	1	1	1	1
比率（%）	6.7	3.3	3.3	3.3	3.3	3.3	3.3	3.3	3.3	3.3

　　表 1.3.3 显示，苗瑶语中频次较高的鼻冠塞擦音依次为：[ȵtɕ]（11 次）>
[nts]、[ȵtɕh]（各 10 次）>[ntsh]（9 次）> [ntɬ]（4 次）>[ndz]、[ɳdʐ]、[ɳtʂ]、
[ɳtʂh]（各 3 次）。与苗瑶语塞擦音[ts]、[tsh]、[tɕ]、[tɕh] 80%以上的出现频
率相比，排在前列的鼻冠塞擦音[ȵtɕ]、[nts]、[ȵtɕh]、[ntsh]的出现频率呈断
崖式下跌，仅为 30%到 36.7%。

　　苗瑶语鼻冠塞擦音库存中还出现了两个唇化鼻冠塞擦音：[ntθw]、
[ntʃw]，其出现频率都只有 3.3%，仅分布在苗语支六巷炯奈语中。与鼻冠塞
音系统不同，苗瑶语鼻冠塞擦音系统中并未出现腭化鼻冠塞擦音，且其唇
化鼻冠塞擦音中塞擦音成分的调音部位只有齿沿与龈后、发声类型仅限清
声，而唇化鼻冠塞音的调音部位有软腭、小舌、双唇、齿/龈 4 种，发声类
型有清声、清送气清声、浊声 3 种。相较之下，苗瑶语唇化鼻冠塞擦音的
出现频次远远低于唇化鼻冠塞音。

　　除了六巷炯奈语之外，在其他代表点中，如果出现了鼻冠塞擦音的话，
则不会出现腭化、唇化塞擦音，反之亦然。

二　塞擦音系统的调音部位

　　苗瑶语塞擦音库存中出现了 5 种调音部位，其调音部位种类既少于擦
音（11 种），又少于塞音（8 种）。表 1.3.4 为其出现频率：

表 1.3.4　　　　　　　　　　苗瑶语塞擦音调音部位

	齿沿	齿/龈	龈后	腭前	卷舌
苗语支（26 种）	2	23	2	22	3
瑶语支（4 种）	1	3	0	2	0
频次	3	26	2	24	3
比率（%）	10	86.7	6.7	80	10

　　从表 1.3.4 所反映的不同调音部位的出现频数来看，苗瑶语塞擦音调音部位的分布并不平衡。苗语支代表点调音部位最为复杂，5 种调音部位齐全，其腭前部位尤为发达，84.6%的代表点出现了腭前塞擦音，占据苗瑶语腭前塞擦音的最大份额。上坝苗语、高坡苗语、石门坎苗语以及七百弄布努语调用的调音部位多至 3 种，文界巴哼语、滚董巴哼语、黄落优诺语、嶂背畲语仅有一种调音部位。

　　瑶语支代表点调音部位的复杂度降低，塞擦音只出现 3 种调音部位。江底勉语、东山勉语的调音部位为两种，梁子勉语、大坪勉语只有一种。

　　从整个语族的角度来看，苗瑶语塞擦音有两种频次。高频包括齿/龈、腭前塞擦音，低频包括齿沿、卷舌以及龈后塞擦音。

　　高频齿/龈、腭前塞擦音的出现频率在 80%以上。其中齿/龈塞擦音为原生音位。苗瑶语中的塞擦音除了齿/龈部位，其他部位基本上都是后起的。基于语言类型学的视角，齿沿、龈后、腭前以及卷舌塞擦音均为有标记的，唯有齿/龈塞擦音无标记。因此，王辅世先生、陈其光先生在苗瑶语古音构拟中均把齿/龈塞擦音看作古苗瑶语原生音位。创新音位腭前塞擦音主要源自古带-j 或-l 后置辅音的齿/龈、软腭塞音。腭化音变使苗语支语言中原生齿/龈塞擦音在-j 前演变为腭前塞擦音，即*Tsj>Tɕ，也使部分苗语支、瑶语支语言中带-l 后置辅音的软腭塞音经历 Kl>Kj>Kʲ>Tɕ 的演变历程（谭晓平 2013）[1]。

　　衍生音位齿沿、卷舌、龈后塞擦音的出现频率大幅度下降。齿沿塞擦音仅见于苗语支七百弄布努语、六巷炯奈语以及瑶语支梁子勉语，源于古齿/龈擦音的塞擦化，即*s>tθ；卷舌塞擦音分布在上坝苗语、高坡苗语、石门坎苗语中，主要源自古带-r 后置辅音的双唇塞音、齿/龈塞擦音，即*Pr/Tsr>Tʂ，还有部分是受汉语影响而产生的；龈后塞擦音仅见于苗语支龙华炯奈语、六巷炯奈语，由于擦音、复辅音、原生齿/龈塞擦音的演变，古齿/龈塞擦音以及各种塞音加流音或近音复辅音由不同的渠道汇成今日相同的龈后塞擦音，其演变路径可以概括为：*Ts/*KL/*br/*nTr>Tʃ（谭晓平 2013：102）。

　　苗瑶语不同调音部位塞擦音的组合类型有 8 种之多，其出现频率如表 1.3.5 所示：

---

① 谭晓平：《苗瑶语塞擦音的来源与演变》，《中央民族大学学报》2013 年第 1 期，第 102 页。

表 1.3.5　　　　　　　　　苗瑶语塞擦音调音部位的组合类型

		齿沿	齿/龈	龈后	腭前	卷舌	频次	比率（%）
1 套	类型 1.1		+				3	10
	类型 1.2				+		2	6.7
	类型 1.3	+					1	3.3
2 套	类型 2.1		+		+		18	60
	类型 2.2		+	+			1	3.3
	类型 2.3	+		+			1	3.3
3 套	类型 3.1		+		+	+	3	10
	类型 3.2	+	+		+		1	3.3

　　表 1.3.5 显示，虽然苗瑶语中塞擦音的调音部位多达 5 个，但并不是所有的语言或方言都调用了这些部位。实际上，苗瑶语塞擦音最多只调用 3 种调音部位，且只有 13.3% 的语言或方言拥有 3 种调音部位。

　　两套塞擦音的组合方式在苗瑶语语言采样中占主流，66.7% 的语言或方言都采取这种组合方式，其中以类型 2.1（［齿/龈+腭前］）占优势。类型 2.1 的出现频率居 8 种组合类型之首，是两套塞擦音组合的常见类型，共有 18 个代表点，即苗语支石板寨苗语、高寨苗语、宗地苗语、吉卫苗语、小章苗语、下坳苗语、腊乙坪苗语、凯棠苗语、菜地湾苗语、尧告苗语、河坝苗语、虎形山巴哼语、西山布努语、瑶麓布努语、小寨优诺语、中排巴那语，瑶语支江底勉语、东山勉语。

　　类型 2.2（［齿/龈+龈后］）、类型 2.3（［齿沿+龈后］）较为罕见。这两种调音部位组合模式的出现频次都只有一次。前者见于龙华炯奈语，后者分布在六巷炯奈语中。

　　其次是仅有一套塞擦音的模式。最为常见的是类型 1.1（［齿/龈］），共有 3 个代表点，即黄落优诺语、嶂背畲语以及大坪勉语。类型 1.2（［腭前］）见于文界巴哼语、滚董巴哼语，类型 1.3（［齿沿］）仅分布在梁子勉语中。

　　最后是三套塞擦音的组合。类型 3.1（［齿/龈+卷舌+腭前］）最为常见，见于上坝苗语、高坡苗语、石门坎苗语，这 3 个代表点是苗瑶语语言样本中调音部位最多的，同时还拥有边塞擦音。类型 3.2（［齿沿+齿/龈+腭前］）仅见于七百弄布努语。

　　综上所述，两套塞擦音的组合占总数的 66.7%。由此可见，苗瑶语塞擦音系统的调音部位以两个为主，其中以[齿/龈+腭前]组合的出现频率为最高。

　　纵观苗瑶语最常见的 3 种调音部位组合类型的内部构成，可以发现调音部位少的类型是调音部位多的类型的真子集。仅由齿/龈塞擦音构成的类型 1.1 与苗瑶语原生塞擦音的组合类型一致。类型 2.1 在组合类型 1.1 的基础上增添了由古*Kl、*Tsj 声类演变而来的腭前塞擦音，这种后起塞擦音产生时间较早，分布遍及苗、瑶两个语支，使得类型 2.1 成为分布最广的类型。在部分苗语支代表点中，古*Pr、*Tsr 声类衍生为卷舌塞擦音，在类型 2.1 的基础上形成较为常见的类型 3.1。

　　从地域分布来看，苗瑶语塞擦音调音部位数目和平均数如表 1.3.6 所示：

表 1.3.6　　　　　　　　　苗瑶语塞擦音调音部位数目和平均数

苗语支	调音部位数目	平均数	优诺语	小寨 2 黄落 1	1.5
罗泊河苗语	石板寨 2 高寨 2	2	炯奈语	龙华 2 六巷 2	2
川黔滇苗语	上坝 3 高坡 3 宗地 2 石门坎 3	2.8	巴那语	中排 2	2
湘西苗语	吉卫 2 下坳 2 腊乙坪 2 小章 2	2	畲语	嶂背 1	1
黔东苗语	凯棠 2 菜地湾 2 尧告 2 河坝 2	2			2.1
巴哼语	文界 1 滚董 1 虎形山 2	1.3	瑶语支	调音部位数目	平均数
布努语	七百弄 3 西山 2 瑶麓 2	2.3	勉语	江底 2 梁子 1 东山 2 大坪 1	1.5

　　苗语支代表点出现了 5 种调音部位，其组合类型有 6 种之多，调用的部位最多为 3 种，即齿/龈、腭前、卷舌或齿沿部位。其调音部位平均值较高，为 2.1 种。其中，以川黔滇苗语调音部位为最多，塞擦音及其他辅音调音部位的复杂化可以补偿其相对简单的韵母和声调系统。文界巴哼语、滚董巴哼语、黄落优诺语、嶂背畲语等代表点均只有一种调音部位。其中嶂背畲语调音部位仅限齿/龈。它与客家话有着既深且广的接触，其系统与仅有一套齿/龈塞擦音的博罗客家话系统（甘春妍 2011）[①]如出一辙。

----

① 甘春妍：《博罗畲语研究》，南开大学出版社 2011 年版，第 27 页。

　　瑶语支代表点的调音部位只有 3 种，即齿/龈、腭前、齿沿，其组合类型为 3 种，即［齿/龈+腭前］的组合以及仅有一套齿/龈或齿沿部位的模式。其最大组合值为 2 种，调音部位的平均值低于苗语支，为 1.5 种。瑶语支代表点复杂的韵母和声调系统使其仅依靠少量调音部位就能支撑较大数量的声母对立。

　　苗瑶语塞擦音调音部位数目的地理分布如图 1.3.1 所示：

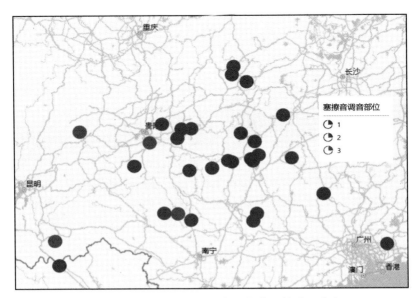

图 1.3.1　苗瑶语塞擦音调音部位数目的地理分布

　　从地理分布态势来看，苗瑶语塞擦音调音部位数目与塞音调音部位数目一样，沿着由北到南、从西往东的苗瑶语分布地理路线呈渐次减少之势，显示了各语言或方言之间的差异。

　　苗瑶语鼻冠塞擦音系统中出现了 5 种调音部位，其构成与无鼻冠的塞擦音系统完全一致。各调音部位出现频次按降序依次为：腭前（26 次）>齿/龈（23 次）>卷舌（8 次）>齿沿、龈后（各 3 次），其中，腭前、齿/龈为出现频次最高的调音部位。腭前鼻冠塞擦音的来源为古*ntsj、*ntshj、*ŋkj、*ŋgj 声类，其出现频率甚至超过了原生的齿/龈鼻冠塞擦音。

　　苗瑶语鼻冠塞擦音调音部位组合类型如表 1.3.7 所示：

表 1.3.7 　　　　　　　　　苗瑶语鼻冠塞擦音调音部位的组合类型

		齿沿	齿/龈	龈后	腭前	卷舌	频次	比率（%）
1 套	类型 1.1			+			1	3.3
	类型 1.2				+		1	3.3
2 套	类型 2.1		+		+		7	23.3
	类型 2.2				+	+	1	3.3
	类型 2.3	+		+			1	3.3
3 套	类型 3.1		+		+	+	2	6.7
	类型 3.2	+	+		+		1	3.3

[齿/龈+腭前]的组合最为常见，见于石板寨苗语、高寨苗语、宗地苗语、虎形山巴哼语、瑶麓布努语。[齿/龈+腭前+卷舌]的组合次之，出现在上坝苗语、石门坎苗语中。古苗瑶语原生鼻冠齿/龈塞擦音在文界巴哼语中变为[nʨ]，在龙华炯奈语中变为[ntʃ]，因此，仅有一套鼻冠齿/龈塞擦音的系统消失殆尽。与[齿/龈+腭前]的组合占优势的无鼻冠塞擦音系统一样，苗瑶语鼻冠塞擦音系统中也是[齿/龈+腭前]组合的出现频率最高。

三　塞擦音系统的发声类型

苗瑶语塞擦音的发声类型不如塞音复杂，其发声类型具体如表 1.3.8 所示：

表 1.3.8 　　　　　　　　　　苗瑶语塞擦音的发声类型

	清声		浊声	弛声		
	清声+不送气	清声+清送气	浊声+不送气	浊声+清送气	浊声+浊送气	清声+浊送气
苗语支（26 种）	26	26	4	1	1	1
瑶语支（4 种）	4	3	4	0	0	0
频次	30	29	8	1	1	1
比率（%）	100	96.7	26.7	3.3	3.3	3.3

表 1.3.8 显示，送气与不送气、清与浊是苗瑶语塞擦音系统最为重要的对立特征，其中送气与否比清浊区别更为重要。最为常见的是不送气清塞

擦音，其出现频率高达 100%，其次是送气清塞擦音，其出现频率为 96.7%，再次是不送气浊塞擦音，其出现频率大幅度下降，跌至 26.7%。

苗瑶语古浊塞擦音仅在石门坎苗语等少数代表点中存留，浊塞擦音出现频率仍然维系在 26.7%，是因为苗语支巴那语、瑶语支各方言古鼻冠塞擦音无论全清、次清还是全浊，大都演变成浊塞擦音，填补了古浊塞擦音消变后留下的空缺。苗瑶语古浊塞擦音的演变模式有以下 6 种：

（1）变为不送气清塞擦音，此为主流演变模式；

（2）变为送气清塞擦音，如中排巴那语；

（3）变为浊送气清塞擦音，如文界巴哼语；

（4）变为清擦音，如七百弄布努语、西山布努语、大坪勉语；

（5）变为浊擦音，如石板寨苗语；

（6）变为清塞音，如小寨优诺语。

由此可见，清化是古浊塞擦音演变的主流趋势。从形式各异的共时清化表现中可以窥见其历时演变过程，大致假设如下：首先是古浊塞擦音清化，但保留弛化特征，然后古浊塞擦音进一步清化，弛化特征或强化为送气特征，变成送气清塞擦音，或弱化为不送气，变成不送气清塞擦音。

清送气浊塞擦音出现频率较低，仅见于吉卫苗语。它来自古鼻冠送气清塞擦音，其鼻冠音成分在使塞擦音浊化之后脱落。

浊送气浊、浊送气清塞擦音的出现频率更低。浊送气浊塞擦音仅在石门坎苗语中出现，这种浊弛声与词类的分化相关。吉卫苗语、小章苗语、中排巴那语中也存在这类音，但处理为阳去伴随特征。浊送气清塞擦音仅见于文界巴哼语。这种清弛声也见于苗语支上坝苗语、高坡苗语、宗地苗语、下坳苗语、腊乙坪苗语、凯棠苗语、尧告苗语、河坝苗语、七百弄布努语、黄落优诺语，其来源为古浊塞擦音，一般处理为阳调伴随特征。古浊塞擦音在历史音变过程中大都清化，弛声清塞擦音是浊塞擦音清化的残存特征，它发音时声带松弛漏气而保留"浊"的听感，从而保持"清浊"的对立。弛声塞擦音不断消变，从它们和各阳调的相关关系中可以发现"消弛"脚步以阳平、阳入最为迅捷，阳上次之，阳去最为迟缓。

还有一类出现在宗地苗语、梁子勉语中的清弛声更为罕见，这类源自古次清塞擦音的清弛声同样处理为声调伴随特征。古次清塞擦音的送气成分在演变过程中使得声带关闭不严而漏气，产生轻微气化的弛声态变体，由普通清声态变为弛声态。由于发弛声时声带较为松弛，所以音高较低，清送气弛化现象最终导致古次清塞擦音与古全清塞擦音分调。

在苗瑶语弛声塞擦音中，弛声音节的声母为清音的大大多于浊音。它的实际分布率为 53.3%，大多出现在居于整个语族北部的苗语支语言中，与在南偏西的瑶语支语言中的弛声连成广袤的一片。从整个辅音系统的角度来观察，它与弛声塞音、擦音、鼻音、边音平行分布。弛声从声母就出现并蔓延到韵母，是整个音节的属性，其类型学价值在苗瑶语历时演变和共时分布上都较为重要。

苗瑶语 30 种语言或方言样本中塞擦音 6 种发声态的组合类型共有 6 种，如表 1.3.9 所示：

表 1.3.9　　　　　　　　　　苗瑶语塞擦音发声组合类型

		清声+不送气	清声+清送气	浊声+不送气	浊声+清送气	浊声+浊送气	清声+浊送气	频次	比率（%）
2 套	类型 2.1	+	+					21	70
	类型 2.2	+		+				2	6.7
3 套	类型 3.1	+	+	+				4	13.3
	类型 3.2	+	+			+		1	3.3
4 套	类型 4.1	+	+	+	+			1	3.3
	类型 4.2	+	+	+		+		1	3.3

表 1.3.9 显示，在拥有 2 套以上塞擦音的语言或方言中，没有浊塞擦音的语言均有送气与否的对立，没有送气塞擦音的语言均有清浊对立。

苗瑶语塞擦音系统 76.7% 为两分格局，其中[不送气清声+清送气清声]对立模式占两分系列总数的 91.3%，即"是否送气"超越"清浊对立"而占据主流地位。这种模式分布在 21 个苗语支代表点中。该模式由古苗瑶语 *ts~*tsh~*dz 三分系统中*dz 声类的清化演变而来，这种简化模式在 12 个代表点中尚存鼻冠塞擦音系统维系音系对立。两分格局中[清声+浊声]模式仅见于瑶语支梁子勉语、大坪勉语。梁子勉语的格局源于古*tsh 声类的消变，其古次清演变为弛声清塞擦音，大坪勉语古*tsh 声类反映为不送气齿/龈塞擦音或塞音、擦音声类。

苗瑶语塞擦音系统 16.7% 为三分模式，其中八成语言为[不送气清声+清送气清声+浊声]三分，即苗语支小章苗语、中排巴那语，瑶语支江底勉语、东山勉语。它们完好保存了古苗瑶语塞擦音格局，但其浊塞擦音大多源自古鼻冠塞擦音而非古音存留。另有 1 种仅见于文界巴哼语的三分模式：
[不送气清声+清送气清声+浊送气清声]，其中的浊送气清塞擦音为古浊塞擦音清化的残存形式。

　　苗瑶语塞擦音系统中仅有 6.7% 为创新的四分模式。其中，[不送气清声+清送气清声+不送气浊声+清送气浊声]仅见于吉卫苗语，[不送气清声+清送气清声+不送气浊声+浊送气浊声]的组合仅出现在石门坎苗语中。

　　比较发现，除西山布努语以外，苗瑶语塞擦音系统发声类型格局迥异于擦音系统，而平行于塞音系统，但其清浊以及送气与否的对应不如塞音系统工整。其原因首先在于塞擦音的性质接近常态塞音。其次，苗瑶语原生塞擦音、塞音系统具有相同的发声格局，其衍生塞擦音主要由带-l、-r、-j 等后置辅音的双唇、软腭塞音耦化而成。在耦化音变中，塞音决定其发声类型。与此同时，古苗瑶语塞音、塞擦音声母的发声类型与苗瑶语声调的分化关系密切。古苗瑶语不送气清塞音、塞擦音，送气清塞音、塞擦音，浊塞音、塞擦音在声调分化过程中层次分明，线路明晰。

　　下面再来具体观察塞擦音发声组合类型在各语支中的分布情况。我们用国际音标更清楚地展示其组合类型中所涉的发声态。鉴于齿/龈塞擦音分布面最广，出现频率最高，我们以齿/龈塞擦音代表各种塞擦音。苗瑶语各语支塞擦音的格局如表 1.3.10 所示：

表 1.3.10　　　　　　　　苗瑶语各语支塞擦音的格局

类型	二分		三分	四分
	ts~tsh	ts~dz	ts~tsh~dz（ts~tsh~tsɦ）	ts~tsh~dz~dzh（ts~tsh~dz~dzɦ）
语言数量	21	2	5	2
语支分布	苗语支（21）	瑶语支（2）	苗语支（3）瑶语支（2）	苗语支（2）
百分比（%）	76.7		16.7	6.7

　　表 1.3.10 显示，苗语支塞擦音格局最为复杂，以二分为主，还有少量三分、四分格局，其中，四分模式是苗瑶语中最为复杂的发声组合类型。瑶语支塞擦音格局的复杂度低于苗语支，二分、三分格局并驾齐驱。

　　为了进一步考察塞擦音不同格局的地理分布特征，我们在地图上标注了相关数据，如图 1.3.2 所示：

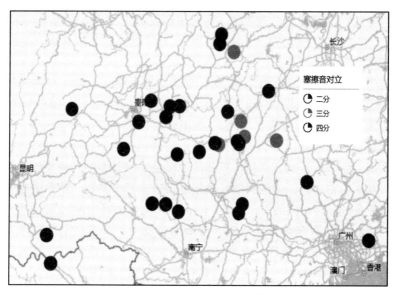

图 1.3.2　苗瑶语塞擦音格局的地理分布

从行政辖域的角度来看，ts~tsh 两分模式主要分布于贵州省、广西壮族自治区、湖南省，广东省、云南省也有零星分布。ts~dz 两分模式出现频次较低，分布在云南省、广东省。ts~tsh~dz、ts~tsh~tsɦ 三分对立模式分布于广西壮族自治区以及湖南省南部。ts~tsh~dz~dzh、ts~tsh~dz~dzɦ 四分模式出现在湖南省西部、贵州省西部。

通过与上节塞音格局的对比，可以发现，苗瑶语塞擦音的对立情况与其塞音格局的分布模式大致相同。苗瑶语塞擦音的来源整体上看是较为复杂的，但塞擦音系统最终形成了与塞音系统大致相同的格局，塞音格局、塞擦音格局在发展演变中逐渐走向平衡。我们可以看到，塞擦音 ts~tsh 二分的语言多数情况下其塞音也为 p~ph 二分，塞擦音为 ts~dz 二分的语言其塞音也基本为 p~b 对立。三分、四分模式亦是如此。总而言之，现代苗瑶语塞音、塞擦音系统均以二分系统为主，二分系统中又以清、清送气对立为主。在王辅世、毛宗武（1995）[①]、吴安其（2002）[②]、陈其光（2013）[③]等学者的古苗瑶语构拟中，塞音、塞擦音都是清、清送气、浊三分对立。这也就意味着现代苗瑶语的浊塞音、浊塞擦音正处于消亡的过程中。整体而言，苗瑶语中仅有 26.7%的语言或方言还保留了浊塞擦音，多数语言或方言

---

① 王辅世、毛宗武：《苗瑶语古音构拟》，中国社会科学出版社 1995 年版，第 41 页。

② 吴安其：《汉藏语同源研究》，中央民族大学出版社 2002 年版，第 257、267 页。

③ 陈其光：《苗瑶语文》，中央民族大学出版社 2013 年版，第 48 页。

的浊塞擦音都已清化。保留浊塞音的语言或方言的占比同为 26.7%。由此可见，塞擦音系统中的浊音与塞音系统中的浊音消失速度较为一致。

虽然苗瑶语塞擦音、塞音格局的一致性较高，但两者的格局也有所区别。少数代表点音系内部塞音或塞擦音格局出现对应的失衡。如西山布努语塞音为 p~ph~ʔp 三分，塞擦音则为 ts~dz 二分，其先喉塞塞音部分源于古苗瑶语先喉塞鼻音声母，部分来自壮语借词中的原浊音声母（陈其光 2013：331）。再如宗地苗语塞擦音为 ts~tsh 二分，但塞音系统中软腭部位只出现了不送气音，并无对应的送气音。宗地苗语塞音、塞擦音系统的失衡与语言接触影响相关。它借入了汉语的齿/龈、腭前送气塞擦音，双唇、齿/龈送气塞音，但软腭送气塞音尚未从汉语中引进。

苗瑶语鼻冠塞擦音系统的发声类型比较复杂，拥有以下与鼻冠塞音完全一致的 6 种发声类型：

表 1.3.11　　　　　　　　　苗瑶语鼻冠塞擦音发声类型

鼻冠清浊	浊鼻冠					清鼻冠
塞擦音清浊	浊塞擦音		清塞擦音			清塞擦音
送气与否	不送气	浊送气	不送气	清送气	浊送气	不送气
频次	3	1	13	11	1	1
比率（%）	10	3.3	43.3	36.7	3.3	3.3

最为常见的是"浊鼻冠+不送气清塞擦音"，其出现频率为 43.3%。其次是"浊鼻冠+送气清塞擦音"，其出现频率为 36.7%。再次是"浊鼻冠+不送气浊塞擦音"，其出现频率锐减至 10%，其较低的占比肇因于古"浊鼻冠+不送气浊塞擦音"中的浊塞擦音大多清化，或因该古音类中的鼻冠音成分脱落而演变为清擦音。

此外，还有 3 种罕见的类型：石门坎苗语的"浊鼻冠+弛声浊塞擦音"、文界巴哼语的"浊鼻冠+弛声清塞擦音"以及"清鼻冠+清塞擦音"。

苗瑶语鼻冠塞擦音系统的发声组合类型与鼻冠塞音系统基本一致。鼻冠塞擦音的发声类型既和鼻冠音有关，又涉及塞擦音。我们以出现频率最高的鼻冠齿/龈塞擦音代表各种鼻冠塞擦音，用国际音标展示其发声组合类型。其发声组合类型有以下 5 种：

（1）nts~ntsh。该模式出现在上坝苗语、高坡苗语、下坳苗语、腊乙坪苗语、虎形山巴哼语、七百弄布努语、瑶麓布努语、龙华炯奈语中；

（2）nts~ntsh~ndz。该模式仅见于石板寨苗语、高寨苗语；

（3）nts。仅有一套鼻冠塞擦音的模式仅在宗地苗语、六巷炯奈语中出现；

（4）nts~ntsh~ndz~ndzɦ。这种复杂的模式仅见于石门坎苗语；

（5）n̥ts~ntsɦ。这种少见的模式仅存于文界巴哼语。

苗瑶语鼻冠塞擦音系统 57.1%都是清、清送气两分的格局，其中*ndz 声类大都清化为[nts]，唯有高坡苗语变为鼻冠擦音[nz]。14.3%的系统较为完整地保留了古苗瑶语*nts~*ntsh~*ndz 三分格局，如石板寨苗语、高寨苗语。另有 14.3%的系统仅剩一套鼻冠清塞擦音，如宗地苗语、六巷炯奈语*ndz 声类清化为[nts]，*ntsh 声类变为[nts]或清擦音[θ]。7.1%的系统发声类型较为繁复，如石门坎苗语的*ndz 声类分化为[ndz]、[ndzɦ]。另有 7.1%的系统发声类型较为特别，如文界巴哼语古次清声类*ntsh 前鼻冠成分清化、失去送气成分，最终演变为[n̥ts]，古鼻冠浊塞擦音声类*ndz 清化为[ntsɦ]，其[ɦ]为浊声母清化残存形式。综上所述，苗瑶语大多数代表点因古*ndz 声类的消变呈现简化趋势，其中*ndz 消失在先，*ntsh 次之，*nts 最难消失。

四　塞擦音系统特点的跨语言对比

世界语言塞擦音库存中出现了汉藏语言中未见的长塞擦音、喷音性塞擦音、内爆音性塞擦音、嘎裂化塞擦音、前置送气清塞擦音。据我们的统计，59.3%的世界语言拥有 1—4 个塞擦音，其平均值为 2.1 个[①]；藏缅语 56.5%的语言拥有 4 个或 9 个塞擦音，其平均值为 7.2；侗台语 47.6%的语言拥有 1—2 个塞擦音，其平均值为 3 个。苗瑶语 83.3%的语言塞擦音为 4—8个，其平均值为 5.9 个，几乎是普遍共性 2.1 个的 2.8 倍，在汉藏语中仅次于藏缅语。

从塞擦音调音部位的出现频率来看，世界语言调音部位序列为：龈后（52.7%）>齿/龈（34.4%）>硬腭（2.8%）>卷舌（2.2%）>唇齿（1%）>齿沿、软腭（各 0.6%）>龈（0.3%）；汉语为：齿/龈（99.2%）>腭前（57.9%）>卷舌（18.6%）>龈后（10%）>唇齿（1.4%）；藏缅语为：齿/龈（97.8%）>腭前（82.6%）>卷舌（58.7%）>龈后（34.8%）>硬腭（2.2%）；侗台语为：齿/龈（85.7%）>腭前（28.6%）>卷舌、齿沿（各 4.8%）；苗瑶语为：齿/龈（86.7%）>腭前（80%）>齿沿、卷舌（各 10%）>龈后（6.7%）。

第一，数据显示，苗瑶语等汉藏语塞擦音高频部位为齿/龈、腭前，而世界语言则为龈后、齿/龈。齿/龈塞擦音居于首位是汉藏语不同于世界语言的类型学特色。第二，麦迪森（1984）以统计结果为依据，认为除龈后以及齿/龈部位的塞擦音之外，其他部位的塞擦音在世界范围内都很罕见。

---

① 此处统计的塞擦音不包括鼻冠塞擦音。

但在苗瑶语等汉藏语中，腭前塞擦音的出现频率也很高。腭前塞擦音在世界语言中属于少见塞擦音库存，因此，其高频出现是苗瑶语塞擦音系统的显著类型特征，也是汉藏语系语言的区域特征。第三，苗瑶语齿沿塞擦音排序高于世界语言，比重高于世界语言、侗台语。第四，苗瑶语卷舌塞擦音排序与世界语言、汉语、侗台语大致相同，但其发达程度远逊于藏缅语。第五，苗瑶语等汉藏语的龈后塞擦音位列第4，龈后塞擦音在汉藏语中并不太常见，其出现频率远远低于普遍共性。

关于调音部位的组合系列，世界语言以仅有一套龈后部位的系统居多（30.6%），其次是[齿/龈+龈后]的组合（16.4%），再次是仅有一套齿/龈部位的系统（11%）；汉语[齿/龈+腭前]组合的出现频率为39.3%，其次是仅有一套齿/龈部位的系统，其出现频率为35%；藏缅语[齿/龈+腭前+卷舌]组合的出现频率是58.7%，[齿/龈+腭前]为34.8%；侗台语仅有一套齿/龈部位系统的出现频率为61.9%，[齿/龈+腭前]组合为14.3%；苗瑶语以[齿/龈+腭前]组合的出现频率为最高（60%），其次是[齿/龈+腭前+卷舌]的组合以及仅有一套齿/龈部位的系统，其出现频率各为10%。

世界语言、汉藏语言塞擦音调音部位组合系列的差别较大。2套调音部位系列世界语言的优势组合为[齿/龈+龈后]，苗瑶语等汉藏语言都是[齿/龈+腭前]的组合。苗瑶语与汉语一样，[齿/龈+腭前]的组合排在前列，其组合系列更接近汉语。

从塞擦音发声类型的出现频率看，世界语言发声类型序列为：不送气清声（60.9%）>不送气浊声（32.2%）>清送气清声（18.3%）>喷音性清声（13.2%）>浊送气浊声（2.2%）>浊送气清声（1.9%）>嘎裂声（0.9%）>前置送气清声（0.6%）>喷音性浊声（0.3%）；汉语为：不送气清声（100%）>清送气清声（95%）>不送气浊声（20.7%）>清送气浊声（2.9%）；藏缅语为：不送气清声（100%）>清送气清声（93.5%）>浊声（65.2%）；侗台语为：不送气清声（95.2%）>清送气清声（76.2%）>不送气浊声（9.5%）；苗瑶语为：不送气清声（100%）>清送气清声（96.7%）>不送气浊声（26.7%）>清送气浊声、浊送气浊声、浊送气清声（各3.3%）。

首先，苗瑶语等汉藏语言最为明显的发声态特征是清送气塞擦音、不送气清塞擦音频次远超世界语言。其中，清送气辅音是汉藏语系的一个共同创新（孙宏开 2011）[1]，它在单音节词根语中的显著音系地位使其成为汉藏语言重要的区域特征。其次，苗瑶语不送气浊塞擦音比重低于世界语言、藏缅语，略高于汉语、侗台语。最后，苗瑶语虽未出现世界语言中的喷音性张

---

① 孙宏开：《汉藏语系历史类型学研究中的一些问题》，《语言研究》2011年第1期，第116页。

声塞擦音、嘎裂化塞擦音，但其弛化塞擦音的实际分布率高达 53.3%。从当代共时语音格局来看，世界语言样本中两种弛化塞擦音的出现频率仅有 2.8%，在其他汉藏语言样本中，弛化塞擦音仅见于侗台语中的毛南语、仫佬语，汉语岳阳话、安化话、平江话、修水话。因此，弛化塞擦音是苗瑶语较为典型的塞擦音发声态特征。

关于发声类型的组合系列，世界语言中仅有一套清塞擦音系统的出现频率为 20.8%，［清声+浊声］为 18.6%，［不送气清声+清送气清声］为 5.4%，三分格局以［不送气清声+清送气清声+喷音性清声］居多，其出现频率为 4.1%，［不送气清声+喷音性清声+浊声］次之，其出现频率为 2.8%，再次为［不送气清声+清送气清声+浊声］，其出现频率为 2.2%；汉语［不送气清声+清送气清声］的出现频率为 73.6%，［不送气清声+清送气清声+浊声］为 20.7%；藏缅语［不送气清声+清送气清声+浊声］为 58.7%，［不送气清声+清送气清声］为 34.8%；侗台语［不送气清声+清送气清声］为 66.7%，仅有一套清塞擦音系统的出现频率只有 19%；苗瑶语［不送气清声+清送气清声］的出现频率为 70%，［不送气清声+清送气清声+浊声］为 13.3%，［清声+浊声］为 6.7%，［不送气清声+清送气清声+浊送气清声］、［不送气清声+清送气清声+清送气浊声］、［不送气清声+清送气清声+浊送气浊声］各为 3.3%。

苗瑶语等汉藏语发声态组合格局与世界语言迥异。在汉藏语中，［不送气清声+清送气清声］、［不送气清声+清送气清声+浊声］组合占优势。在苗瑶语中，两者的比重接近汉语，其塞擦音格局与汉语相仿。

关于鼻冠塞擦音，世界语言中仅有 7 种语言出现 3 个鼻冠塞擦音，它们的出现频次为：[ndʒ]（5 次）>[ndz]、[ndʐ]（各 1 次），其平均值为 0.02 个；汉语中未见鼻冠塞擦音报道；藏缅语的 8 种语言中出现了 62 个鼻冠塞擦音，即彝语、纳西语、木雅语、尔龚语、尔苏语、史兴语、扎坝语、拉坞戎语，其中 14 个为异部位鼻冠塞擦音，其平均值为 1.4 个，8 种语言中半数语言都只有一套鼻冠浊塞擦音，高频者按降序为：[ndz]、[ndʑ]、[ndʐ]（各 7 次）>[ntsh]、[ntɕh]（各 4 次）>[mtsh]、[mdz]（各 3 次）；侗台语中仅有仫佬语出现 1 个鼻冠齿/龈塞擦音[nts]；苗瑶语的 14 个代表点中出现了 71 个鼻冠塞擦音，其高频者依次为：[ɳtɕ]（11 次）>[nts]、[ɳtɕh]（各 10 次）>[ntsh]（9 次）>[ntɬ]（4 次）>[ndz]、[ɳdz]、[ntʂ]、[ntʂh]（各 3 次），其平均值为 2.4 个。

苗瑶语鼻冠塞擦音的丰富程度大大高于世界语言和除藏缅语之外的汉藏语言。世界语言、藏缅语以"浊鼻冠+浊塞擦音"居多，苗瑶语则以"浊鼻冠+清塞擦音"更为常见，且有鼻冠清不送气塞擦音和清送气塞擦音两组，其出现频次大大高于"浊鼻冠+浊塞擦音"。与鼻冠塞擦音同样发达的藏缅语相比，可以发现，藏缅语50%是仅有一套鼻冠浊塞擦音的系统，37.5%为nts~ntsh~ndz三分，三分格局中出现了大量异部位鼻冠塞擦音，苗瑶语则是nts~ntsh的组合居多（57.1%），且没有出现任何异部位鼻冠塞擦音。苗瑶语鼻冠塞擦音平均值略高于藏缅语，鼻冠清塞擦音数量更多，与塞擦音系统的配列也更整齐、均衡。鼻冠塞擦音的高频出现也是苗瑶语塞擦音系统的显著类型特征。

从不同调音部位塞擦音的分布特征及其蕴含关系来看，69.1%的世界语言至少会拥有一个塞擦音，其中76.3%的语言会出现龈后塞擦音，49.8%的语言会出现齿/龈塞擦音。99.6%的汉藏语拥有塞擦音，其中 98.3%的语言会出现齿/龈塞擦音，63.1%的语言会出现腭前塞擦音。就苗瑶语而言，其语言样本全部拥有塞擦音，其中 86.7%的语言出现齿/龈塞擦音，80%的语言出现腭前塞擦音。由此可见，苗瑶语等汉藏语言塞擦音的丰富程度高于世界语言。塞擦音的调音部位主要分布在齿/龈、龈后、腭前，其原因在于其他调音部位开口缝隙相对较大，不容易形成摩擦爆破。

在世界语言中，卷舌塞擦音的存在蕴含龈后塞擦音和齿/龈塞擦音的存在，即 tʂ⊃tʃ∩ts，边塞擦音的存在蕴含龈后塞擦音和齿/龈塞擦音的存在，即 tɬ⊃tʃ∩ts。汉语最常见的蕴含层级为：tʂ⊃tɕ⊃ts，其次为 tʃ⊃ts；藏缅语为：tʂ⊃tɕ⊃ts、tʃ⊃ts、cç⊃tʂ∩ts；侗台语为：tɕ⊃ts。苗瑶语最为常见的蕴含层级为：tʂ⊃tɕ⊃ts，仅有文界巴哼语、滚董巴哼语例外，其次为 tɬ⊃tɕ∩ts。苗瑶语、汉语、藏缅语具有相同的连续蕴含关系：tʂ⊃tɕ⊃ts，[tɕ]在蕴含层级中起到了承上启下的关键作用。

关于塞擦音发声态的整体特征，苗瑶语等汉藏语和世界语言一样，清塞擦音尤其是清咝音占据优势地位，正如麦迪森（1984）所指出的那样，最为典型的塞擦音是咝音（92.9%）[1]。关于不同发声类型塞擦音之间的蕴含关系，在世界语言中，浊塞擦音的存在蕴含相同调音部位的清塞擦音的存在（94.5%），送气清塞擦音的存在蕴含相同调音部位清塞擦音的存在（82.1%），张声塞擦音的存在蕴含相同调音部位清塞擦音的存在（93%），浊送气塞擦音的存在蕴含相同调音部位浊塞擦音的存在。苗瑶语等汉藏语中也存在浊塞擦音⊃清塞擦音、送气清塞擦音⊃清塞擦音的蕴含规则，且未出现例外情况。苗瑶语特有的蕴含关系为：送气浊塞擦音⊃不送气浊塞擦音∩送气清塞擦音。在苗瑶语中，凡有送气浊塞擦音的语言则必有不送气浊塞擦音和送气清塞擦音，浊塞擦音分送气与否的语言则其清塞擦音必分送气与否。

关于带次要调音特征的塞擦音倾向于使用的调音部位，世界语言以龈

---

[1] Maddieson, Ian. *Patterns of Sounds*. Cambridge: Cambridge University Press, 1984: 40.

后部位腭化比率为最高（50%），汉语、藏缅语无腭化塞擦音，侗台语为齿/龈部位（100%），苗瑶语也是齿/龈部位（81.3%）。苗瑶语、侗台语更易于腭化的部位与世界语言迥异。世界语言以龈后部位塞擦音的唇化比率居首（42.9%），汉语无唇化塞擦音，藏缅语为齿/龈部位（100%），侗台语为齿/龈、腭前部位（各50%），苗瑶语也是齿/龈、腭前部位（各42.9%）。苗瑶语等汉藏语中最容易唇化的塞擦音部位普遍体现在齿/龈，苗瑶语、侗台语中还有腭前部位，与世界语言中的龈后部位有别。

关于带次要调音特征的塞擦音与无次要调音特征的塞擦音之间的蕴含关系，在世界语言中，若一种语言存在带次要调音特征的塞擦音，则其必然存在相同调音部位的塞擦音。苗瑶语等汉藏语与此共性吻合。

关于带次要调音特征的塞擦音与其他带次要调音特征的辅音之间的蕴含关系，在世界语言中，如果一种语言存在带次要调音特征的塞擦音的话，则其也存在相同调音部位的带次要调音特征的擦音（87.5%）。侗台语、藏缅语完全符合该共性，苗瑶语仅在龈后、齿沿部位出现少许例外情况。六巷炯奈语唇化龈后塞擦音无唇化龈后擦音相配，梁子勉语腭化齿沿塞擦音没有出现相应腭化齿沿擦音。

第四节　擦　音[①]

擦音是辅音系统中最为复杂的音类之一（朱晓农2010）[②]。擦音也属于一种阻音。塞音发音时调音通道完全阻塞，发擦音时则声道内气流部分受阻，湍流会在除阻时产生。擦音的调音部位比塞音、塞擦音更为复杂，附加特征也比较多。根据气流的强弱，一般将擦音分为"咝音（sibilants）""呼音（non-sibilants）"两大类别。咝音分为齿龈类和龈腭类，调音部位为齿/龈、龈后、腭前、翘舌、卷舌。"呼音"按部位分为两类。双唇、舌唇、唇齿、齿间等部位属于前呼音，硬腭、软腭、小舌、咽、会厌、喉等部位则属后呼音。另外，唇—软腭清擦音也划归后呼音之列。

中国境内汉藏语言音系中擦音的调音部位繁多，性质多样。燕海雄（2017）探讨了95种汉藏语言擦音的类型和共性，揭示了其系属和地理特征[③]。

---

　　① 本节内容曾以《苗瑶语擦音系统的类型学考察》为题在"《民族语文》创刊40周年学术研讨会"、"中国民族语言学会描写语言学专业委员会2019年年会暨少数民族语言与少数民族汉语学术研讨会"上宣读。该文发表于《民族语文》2020年第5期，收入本书时有所修改。

　　② 朱晓农：《语音学》，商务印书馆2010年版，第178页。

　　③ 燕海雄：《论汉藏语言擦音的类型和共性》，载《中国民族语言学报》编委会编《中国民族语言学报》（第一辑），商务印书馆2017年版，第164页。

朱晓农（2010）基于声学材料讨论了汉藏语言及世界其他语言中擦音的种类和性质，其对苗语弛声浊呼音、送气擦音的分析尤为详尽[①]。苗瑶语擦音系统的系属特征以及其颇具特色的语音项目已经引起学界的关注，但其类型学特征至今未见专书论述。本节将在跨语言比较中彰显其音系配置的共性特征和个性差异之全貌，并尝试从共时的分布模式中追踪其历时演变的路径。

一　擦音系统的构成

擦音在苗瑶语 30 种语言样本声母库存中所占的比例为 16.6%，其中，单擦音在单辅音库存中所占的比例为 24.2%。其擦音有 55 个之多，涵括 5 种类型：

（1）单擦音，共 29 个，占总数的 52.7%[②]；

（2）腭化、唇化擦音，共 18 个，占总数的 32.7%；

（3）带先喉塞音的擦音，共 2 个，占总数的 3.6%；

（4）鼻冠擦音，共 2 个，占总数的 3.6%；

（5）带 -l、-ɹ、-z 等后置辅音的擦音，共 4 个，占总数的 7.3%。

苗瑶语最大擦音库存见于石板寨苗语、石门坎苗语，高达 18 个。最小擦音库存见于腊乙坪苗语、菜地湾苗语、滚董巴哼语、梁子勉语，仅有 6 个。苗瑶语擦音数量为 6—10 个的语言较多，占总数的 73.3%。苗瑶语单擦音库存如表 1.4.1 所示：

表 1.4.1　　　　　　　　　苗瑶语单擦音库存

擦音	s	h	f	v	ɕ	z	ʂ	ʐ	x	ʐ
频次	28	26	24	22	20	20	9	9	8	8
比率（%）	93.3	86.7	80	73.3	66.7	66.7	30	30	26.7	26.7
擦音	ɣ	ð	θ	sh[③]	χ	fh	ʁ	xh	vɦ	ɕh
频次	6	4	3	3	2	2	2	2	2	2
比率（%）	20	13.3	10	10	10	6.7	6.7	6.7	6.7	6.7

[①] 朱晓农：《语音学》，商务印书馆 2010 年版，第 185、188 页。

[②] 边擦音属于广义的边音，麦迪森在 *Patterns of Sounds* 中将其归于边音系统。为了便于与世界语言比较，我们将在本章第六节"边音"中详细讨论其特征。

[③] 送气擦音的性质学界意见不一。如王贤海（《国内几种少数民族语言擦音送气实验研究》，《民族语文》1988 年第 1 期，第 41 页）的语音实验表明，送气擦音声母段有明显的送气段，与塞音、塞擦音送气性质相同。冉启斌（《汉语语音新探》，中国社会科学出版社 2012 年版，第 268 页）则认为送气擦音为一个不带声擦音与一个不带声喉音的复辅音组合。本书采用朱晓农《语音学》（商务印书馆 2010 年版，第 187 页）的处理方式，将送气擦音归入单辅音。

续表

擦音	ɦ	ʃ	ʍ	z̦	ç	zɦ	zɦ	zɦ	ɣɦ
频次	2	1	1	1	1	1	1	1	1
比率（%）	6.7	3.3	3.3	3.3	3.3	3.3	3.3	3.3	3.3

苗瑶语单擦音占擦音总数的 52.7%，以[s]、[h]、[f]最为常见，其频率均在 80%以上。次常见的是[v]、[ɕ]、[z]，出现频率在 70%左右。再次为[ʂ]、[ʐ]、[x]、[z]、[ɣ]，出现频率在 20%以上。其余单擦音出现频次较低，依次为：[ð]（13.3%）>[θ]、[sh]、[χ]（各 10%）> [fɦ]、[xh]、[vɦ]、[ɕh]、[ʁ]、[ɦ]（各 6.7%）>[ʃ]、[ʍ]、[z̦]、[ç]、[zɦ]、[zɦ]、[zɦ]、[ɣɦ]（各 3.3%）。

苗瑶语腭化、唇化擦音的分布仅次于单擦音，其库存如表 1.4.2 所示：

表 1.4.2　　　　　　　　苗瑶语腭化、唇化擦音库存

擦音	sj	hw	hj	vj	fj	xw	ɕw	θj	χw
频次	8	8	7	5	4	3	2	2	2
比率（%）	26.7	26.7	23.3	16.7	13.3	10	6.7	6.7	6.7
擦音	ʁw	hwj	fw	sw	θw	ðj	zw	z̦w	xj
频次	2	1	1	1	1	1	1	1	1
比率（%）	6.7	3.3	3.3	3.3	3.3	3.3	3.3	3.3	3.3

在苗瑶语腭化、唇化擦音库存中，六巷炯奈语库存数量多达 6 个，宗地苗语、吉卫苗语、小章苗语、下坳苗语、文界巴哼语库存数量仅有 1 个。腭化、唇化擦音以[sj]、[hw]、[hj]出现频率为最高，均在 23.3%以上。其次是[vj]、[fj]、[hw]，出现频率大于 10%。其余的腭化、唇化擦音出现频率较低。各调音部位的出现频次依次为：喉（17 次）>齿/龈、唇齿（各 10 次）>腭前、齿间、软腭、小舌（各 4 次）。腭前、小舌部位只有唇化擦音，软腭、喉擦音易于唇化，唇齿、齿间、齿/龈擦音则易于腭化。腭化、唇化擦音中以清擦音居多，腭化音比率略高于唇化音。

先喉塞擦音、鼻冠擦音以及带-1、-ɹ、-z 等后置辅音的擦音极其稀少，全部分布在苗语支中。先喉塞擦音仅见于石板寨苗语、高寨苗语、小章苗语、西山布努语。[ʔz]的出现频次稍高，为 4 次，[ʔv]仅在西山布努语中出现一次，其中的擦音均为浊声。

鼻冠擦音最为罕见，与丰富的鼻冠塞音、鼻冠塞擦音无法相提并论。鼻冠齿/龈擦音[nsh]、[nz]仅见于高坡苗语，它们分别来自古苗瑶语鼻冠塞擦音*ntshr、*ntsr 声类。鼻冠擦音是苗语川黔滇方言惠水次方言较为突出的语音特点（李云兵，2018）[①]。它与同部位的无鼻冠的擦音相配，鼻冠音的部位与后随擦音一致，其清与浊、送气与否、与声调的配列关系均由擦音决定而与鼻冠音无关。

带后置辅音的擦音仅见于石板寨苗语、高寨苗语，其出现频次按降序依次为：[vl]、[ʁl]（各 2 次）>[vz]、[ʁ]（各 1 次），其调音部位仅限唇齿、小舌，发声类型全部为浊声。它们的排列大都服从响度原则，为弱—强型，即响度较强的边音、近音后置于擦音。它们并非古音存留，其中[ʁl]源自古*gl 声类。古苗瑶语中唯一带-r 后置辅音的声类*sr 或脱落后置辅音演变为单擦音、单塞音，或演变为[sj]（陈其光 2001）[②]。

二　擦音系统的调音部位

苗瑶语擦音库存中共有 11 种调音部位，未见双唇、咽、会厌擦音，其出现频率如表 1.4.3 所示：

表 1.4.3　　　　　　　　　　　苗瑶语擦音调音部位

	唇-软腭	唇齿	齿间	齿/龈	龈后	腭前	卷舌	硬腭	软腭	小舌	喉
苗语支	1	21	4	24	1	23	9	1	11	3	22
瑶语支	0	3	0	4	0	2	0	0	0	0	4
频次	1	24	4	28	1	25	9	1	11	3	26
比率（%）	3.3	80	13.3	93.3	3.3	83.3	30	3.3	36.7	10	86.7

齿/龈、唇齿、喉、腭前擦音为苗瑶语高频擦音，其出现频率均大于 80%。其中仅有唇齿擦音属于后起音系现象，它们主要源自*ʔw/w/wr、*ʍ/ʍj、

---

① 李云兵：《苗瑶语比较研究》，商务印书馆 2018 年版，第 33 页。

② 陈其光：《汉语苗瑶语比较研究》，载丁邦新、孙宏开主编《汉藏语同源词研究（二）》，广西民族出版社 2001 年版，第 223 页。

*khw、*ɢw、*ʔr 等古声类（谭晓平 2019）[①]，另有石板寨苗语、高寨苗语、高坡苗语、河坝苗语、虎形山巴哼语、西山布努语、龙华炯奈语等代表点为汉语借词音位。

分布在苗语支的软腭擦音、卷舌擦音为苗瑶语中频擦音。前者主要来源于古苗瑶语*ʔr/ɣ/r、*wr、*h/ɦ 声类，后者来自古苗瑶语*sr、*ʔr/ɣ/r、*wr 等声类。

苗瑶语其余调音部位擦音出现频率大幅度下降，这些少见的分布大都是由苗语支音变创新造成的。齿间擦音分布在七百弄布努语、西山布努语、龙华炯奈语、六巷炯奈语中，古*s、*ts/tsh/dz 声类是其主要源头。小舌擦音分布在石板寨苗语、高寨苗语、石门坎苗语中，其中的清擦音源自*h、*ʍ 声类，浊擦音来自*ɢ、*ɡj 声类的擦音化。仅见于龙华炯奈语的龈后、唇—软腭、硬腭擦音出现频率尤低，其中唯有唇—软腭擦音为古苗瑶语原生音位。龈后擦音不与腭前擦音同现，主要源自*tsh/dz 以及*dr、*thr、*kj 声类的擦音化。硬腭擦音并非软腭塞音的音位变体，而是与其对立的音位。

苗瑶语擦音调音部位组合类型高达 16 种，远比其他辅音的组合模式复杂。5 部位型最多，共 11 个代表点，其中小章苗语、凯棠苗语、尧告苗语、河坝苗语、瑶麓布努语为[唇齿+齿/龈+腭前+软腭+喉]的组合，上坝苗语、高坡苗语、下坳苗语为[唇齿+齿/龈+腭前+卷舌+喉]，石板寨苗语是[唇齿+齿/龈+腭前+卷舌+小舌]，西山布努语为[唇齿+齿间+齿/龈+腭前+软腭]，宗地苗语是[齿/龈+腭前+卷舌+软腭+喉]。4 部位型次之，共有 10 个代表点，其中菜地湾苗语、文界巴哼语、滚董巴哼语、虎形山巴哼语、中排巴那语、小寨优诺语、江底勉语均为[唇齿+齿/龈+腭前+喉]，黄落优诺语为[唇齿+齿/龈+软腭+喉]，吉卫苗语是[齿/龈+腭前+卷舌+软腭]，腊乙坪苗语为[齿/龈+腭前+卷舌+喉]。再次是 3 部位型，共有 5 个代表点，其中嶂背畲语、梁子勉语、大坪勉语皆为[唇齿+齿/龈+喉]，六巷炯奈语是[齿间+腭前+喉]，东山勉语为[齿/龈+腭前+喉]。6、7 部位型最少，仅有 4 个代表点。前者见于高寨苗语（[唇齿+齿间+齿/龈+腭前+卷舌+小舌]）、龙华炯奈语（[唇—软腭+唇齿+齿间+龈后+硬腭+喉]），后者仅在石门坎苗语（[唇齿+齿/龈+腭前+卷舌+软腭+小舌+喉]）、七百弄布努语（[唇齿+齿间+齿/龈+腭前+卷舌+软腭+喉]）中出现。

在苗瑶语擦音系统中，4—5 套调音部位的组合相加高达 21 个，占总

① 谭晓平：《苗瑶语唇齿擦音的来源》，载张玉来主编《汉语史与汉藏语研究》（第五辑），中国社会科学出版社 2019 年版，第 46 页。

数的 70%，其中以［唇齿+齿/龈+腭前+喉］的组合出现频率为最高。由于古唇—软腭擦音大都演变为唇齿擦音，这种分布最为广泛的类型在一定程度上保留了古［唇—软腭+齿/龈+腭前+喉］原生组合。古腭前擦音向喉擦音或齿/龈擦音的演变产生了［唇齿+齿/龈+喉］的组合。部分古齿/龈颤音、喉擦音声类向软腭擦音的转化衍生了分布较为广泛的［唇齿+齿/龈+腭前+软腭+喉］的组合。

苗瑶语擦音系统调音部位数目及其平均数在苗语支、瑶语支中的分布情况如表 1.4.4 所示：

表 1.4.4　　　　　　苗瑶语擦音调音部位数目及其平均数

苗语支	调音部位数目	平均数	优诺语	小寨 4 黄落 4	4
罗泊河苗语	石板寨 5 高寨 6	5.5	炯奈语	龙华 6 六巷 3	4.5
川黔滇苗语	上坝 5 高坡 5 宗地 5 石门坎 7	5.5	巴那语	中排 4	4
湘西苗语	吉卫 4 下坳 5 腊乙坪 4 小章 5	4.5	畲语	嶂背 3	3
黔东苗语	凯棠 5 菜地湾 4 尧告 5 河坝 5	4.8			**4.7**
巴哼语	文界 4 滚董 4 虎形山 4	4	**瑶语支**	调音部位数目	平均数
布努语	七百弄 7 西山 5 瑶麓 5	5.7	勉语	江底 4 梁子 3 东山 3 大坪 3	**3.3**

苗语支调音部位多达 11 种，平均值为 4.7 种，组合类型高达 15 种。其内部差别较大，石门坎苗语、七百弄布努语调用的调音部位达 7 种之多，擦音及其他辅音以其复杂的调音部位来补偿相对简单的韵母和声调系统。六巷炯奈语、嶂背畲语仅有三种调音部位，其中嶂背畲语的组合为［唇齿+齿/龈+喉］，其组合中所涉调音部位恰与深刻影响其发展的博罗客家话［唇齿+齿/龈+喉］组合（甘春妍 2011）[①]相同。瑶语支调音部位跌至 4 种，平均值为 3.3 种，最大组合值为 4 种，组合类型共有 3 种，其复杂的韵母、声调系统为依靠少量调音部位的声母系统提供了支撑。

从地理分布态势来看，苗瑶语擦音调音部位数目大致呈从西往东、由

---

① 甘春妍：《博罗畲语研究》，南开大学出版社 2011 年版，第 27 页。

北到南逐步递减的趋势，如下图所示：

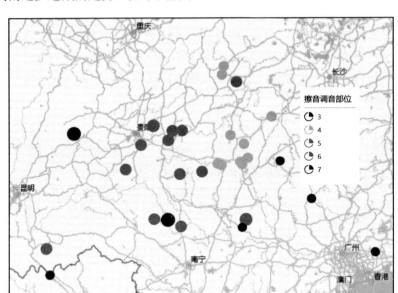

图 1.4.1　　苗瑶语擦音调音部位数目分布图

三　擦音系统的发声类型

苗瑶语擦音系统中出现以下 4 类 5 种发声类型，如表 1.4.5 所示：

表 1.4.5　　　　　　　　　　苗瑶语擦音的发声类型

	清声		浊声	张声	弛声
	清声+不送气	清声+清送气	浊声+不送气	先喉塞+浊声	浊声+浊送气
苗语支（26 种）	26	3	26	4	2
瑶语支（4 种）	4	0	2	0	0
频次	30	3	28	4	2
比率（%）	100	10	93.3	13.3	6.7

表 1.4.5 显示，清与浊是苗瑶语擦音系统最重要的对立特征。清擦音最为常见，出现频率为 100%。古清擦音比较稳定，仅有少量变为清塞音、清边擦音。一些古清颤音、齿/龈塞擦音、塞音、鼻音也加入了清擦音的庞大行列。

次常见的是浊擦音，其出现频率高达 93.3%。苗瑶语古今浊擦音系统中的成员相去甚远。浊音清化是汉藏语言的一条普遍规则,陈其光先生(2001)构拟的唯一古浊喉擦音大多清化[①],系统中也没有出现反向变化,但苗瑶语浊擦音有其他的产生途径。大量古颤音、硬腭以及唇—软腭近音演变为浊擦音,加上部分古浊塞音破塞为擦,少量古鼻冠塞音失落鼻冠音成分后塞音衰减而演变为擦音,浊擦音仍然维持较高的出现频率。

再次是先喉塞擦音、送气清擦音,其出现频率陡然跌至10%左右。先喉塞擦音仅见于苗语支。小章苗语、西山布努语的先喉塞擦音可以与清擦音同时出现在阴调中,且只与阴调相拼。石板寨苗语、高寨苗语声调未分阴阳,因此先喉塞擦音能与清擦音、浊擦音出现在同一声调中。它们并非原始的辅音音类,主要由*ʔw、*ʔj、*ʔr声类中的一小部分演变而来,少数源自*ʔŋj声类。

送气清擦音与不送气清擦音对立,分布在苗语支高坡苗语、凯棠苗语、河坝苗语中,其中,河坝苗语中出现 4 套对立的擦音。据谭晓平(2015)的研究,送气清擦音主要来源于*sr、*ɽ、*hw等具有送气性质的古清擦音、颤音声类,还有一部分由*ntshr、*tsh、*phr、*thl等古送气清塞擦音、塞音声类演变而来[②]。

在音位系统中标明弛化擦音的仅见于石门坎苗语、文界巴哼语,其分布率低至 6.7%,前者可以起到区分词类的作用,后者唯一的弛化擦音[vɦ]源自古*w声类。苗瑶语声调十分发达,在上述两个代表点之外还有大量代表点的弛化擦音标示为声调的伴随特征。先来看第一种阳调类弛化擦音。它们在苗语支上坝苗语、高坡苗语、宗地苗语、吉卫苗语、小章苗语、下坳苗语、腊乙坪苗语、凯棠苗语、尧告苗语、河坝苗语、七百弄布努语、中排巴那语、黄落优诺语这 13 个代表点中全都处理为阳调伴随特征,其存在与现代浊擦音的来源以及擦音系统声调配列关系密切相关。在现代苗瑶语中,[ʔz]、[s]、[z]这 3 套擦音在声调的配合上相当于全清、次清、全浊的关系。[ʔz]、[s]一般读为阴调,[z]本应读为阳调。由于现代浊擦音的主要源头古硬腭以及唇—软腭近音、古颤音有带先喉塞与无先喉塞两套,[z]与声调的配列变得十分复杂,古声母的清浊对立转化为相应声调的阴阳对立[③],产生所谓"同纽异调"现象:源自古*ʔw、*ʔj、*ʔr声类的仍与阴调相配,来自古*w、*j、*r声类以及*b、*d、*gw等声类的则读为阳调。小章苗语[ʔz]、[s]、[z]俱全,高坡苗语、凯棠苗语、河坝苗语有[sh]、[s]、[z]三套擦音,上

---

① 陈其光:《汉语苗瑶语比较研究》,载丁邦新、孙宏开主编《汉藏语同源词研究(二)》,广西民族出版社 2001 年版,第 411 页。

② 谭晓平:《黔东苗语送气擦音的来源》,《中央民族大学学报》2015 年第 1 期,第 158 页。

③ 古苗瑶语*ʔw~ʍ~w、*ʔj~ɕ~j、*ʔr~ʐ~r 在声调的配合上同样相当于全清、次清和全浊音。

坝苗语、宗地苗语、吉卫苗语、下坳苗语、腊乙坪苗语、尧告苗语、七百弄布努语、黄落优诺语只有[s]、[z]两套擦音，但它们的浊擦音既可出现在双数调，也可出现在单数调，其来自*w、*j、*r 以及*b、*d、*gw 等的浊擦音反映为浊声母的调类，源自*ʔw、*ʔj、*ʔr 的浊擦音仍反映为清声母的调类。弛声虽然只是音类演变中的伴随特征，但正是由于*w、*j、*r 以及 *b、*d、*gw 来源的浊擦音所伴随的弛化成分，其发声时声带松弛漏气而产生的特殊听感可使相关音节的起音降低，恰好起到了与 *ʔw、*ʔj、*ʔr 来源的浊擦音相区分的作用。

　　苗瑶语弛化擦音出现于上述 15 个代表点各阳调的频次按降序依次为：阳去（13 次）>阳上（11 次）>阳入（5 次）>阳平（3 次）。其分布的调类制约与音高相关，各阳调调值平均数目按降序为：阳平（3）>阳入（2.5）>阳上、阳去（2.2）。保持阳平、阳入等相对较高的调值时，声带需要持续拉紧，因此更容易维持常态发声而不漏气。

　　弛声与声调的阴阳对立似乎是一种共生现象。语音的古今演变使得最初借以划分声调类别的声母实际音值发生了变化，错综复杂的语音实际需要系统辅之以弛声的音质区别来维持古声母演化过程中声母与声调的配合关系。

　　其次来看第二种阴调类弛化擦音的源头为古清擦音。宗地苗语、梁子勉语[①]的弛声态变体处理为阴调乙伴随特征，如宗地苗语的 so^{阴上乙}（<*ɱjo^{上}）"线"、zæŋ^{阴平乙}（<*ʐeŋ^{平}）"高"。据谭晓平（2017）的研究，上述各代表点古次清塞音在演变过程中送气成分产生轻微气化的弛声态变体，由普通清声态变为弛声态，并造成与古全清的分调。毛宗武（2004）认为，滩散勉语送气音和清化音声母的送气成分都比较清晰[②]。由此我们推测上述代表点古次清声母来源的擦音也有送气成分，其送气性导致发音时声带关闭不严而漏气，从而使相关音节基频下降，凭借伴随其弛声特征的较低音高与古全清声母来源的常态清擦音分化。上述各代表点只有清浊两套擦音，擦音平均值仅为 7.5 个，弛声使清擦音内部产生音高区别，以次清分调的方式保持了音节的对立以及语素的区别。与此同时，擦音较多的石板寨苗语（18个）、高寨苗语（16 个）至今仍只有 4 个调类。据此我们可观察到擦音声母数量与声调数量之间存在一定的反比关系。

　　将上述两类弛化擦音纳入统计范围，苗瑶语弛化擦音的实际分布率高

---

　　① 宗地苗语的弛化擦音非常复杂，阴调乙以及阳去、阳上都带弛化成分。在语言样本之外，瑶语支滩散勉语、览金勉语等代表点的阴调乙也带弛化成分。

　　② 毛宗武：《瑶族勉语方言研究》，民族出版社 2004 年版，第 100 页。

达 53.3%，且与弛化塞音、塞擦音、鼻音、边音呈平行分布之势。苗瑶语弛声与声调、声母的共时类型密切相关，具有较为重要的类型学价值。苗瑶语擦音弛化成分留存的可能性与各阳调的关系如上所述，体现为以下次序：阳去>阳上>阳入>阳平，即阳去中的弛化成分最容易保留，阳上次之，阳入、阳平中最难保留；与古声母的关系为：古浊声母来源的弛化成分比古次清声母来源的弛化成分更容易留存。

苗瑶语擦音发声组合类型一共有 5 种，如表 1.4.6 所示[①]：

表 1.4.6　　　　　　　　　苗瑶语擦音发声组合类型

		先喉塞+浊声	清声+不送气	清声+清送气	浊声+不送气	浊声+浊送气	频次	比率（%）
1 套			+				2	6.7
2 套			+		+		19	63.3
3 套	类型 3.1		+	+		+	3	10
	类型 3.2	+	+		+		4	13.3
	类型 3.3		+		+	+	2	6.7

表 1.4.6 显示，苗瑶语擦音系统以清浊两分格局为主，63.3%的代表点较好地维持了古苗瑶语擦音系统的清浊对立格局，不过其中的浊擦音并非古音存留，它们在音系中的弱势地位也一如既往。如滚董巴哼语、虎形山巴哼语、黄落优诺语、梁子勉语、大坪勉语仅存[v]，腊乙坪苗语、六巷炯奈语只剩[z]，龙华炯奈语仅留[ð]。这 8 个代表点全都依靠一个浊擦音来维持清浊两分的格局。除腊乙坪苗语、六巷炯奈语留存的是强擦音[z]之外，其他代表点保留的都是弱擦音[v]、[ð]。相较于弱擦音，有双重噪音来源的强擦音不容易维持浊声，它们在历时演变中容易变成清擦音或浊近音，在共时分布上就容易出现缺失。两分模式中唯有六巷炯奈语较为特别，它有两种清擦音，其中的腭前清化浊擦音[z̧]较为罕见。三分鼎立格局中有[先喉塞浊声+清声+浊声]、[不送气清声+清送气清声+浊声]、[清声+不送气浊声+浊送气浊声]三种模式，其中的[sh]、[zɦ]皆为苗语支创新音位。只有一套清擦音的系统极其稀少，在江底勉语、东山勉语中，清浊对立完全消失。

总而言之，苗瑶语擦音系统在演变过程中增加了弛声、送气等诸多创新成分，以扩展发声类型的方式来平衡不同类型擦音在历时和共时层面的

---

① 统计时仅计入声母系统中已经标明弛化擦音的语言。表中不送气清擦音中还包括清化浊擦音。

演变，维系古今擦音系统之间的承接关系。

四 擦音系统特点的跨语言对比

世界语言擦音库存中出现长擦音、喷音性擦音、前置送气擦音、嘎裂化擦音等汉藏语中未见的擦音类型。从擦音库存的平均数目来看，世界语言为 4.6 个（麦迪森 1984）[①]，汉语为 4.9 个（叶晓锋 2011）[②]，藏缅语为 8.8 个，侗台语为 7.1 个，苗瑶语为 9.1 个。苗瑶语擦音平均数目两倍于普遍共性，也高于其他汉藏语言[③]。

从擦音调音部位的出现频率来看，世界语言的序列为：齿/龈（83%）>龈后（68.8%）>喉（67.2%）>唇齿（66.6%）>软腭（46.4%）>双唇（18.9%）>小舌（18.3%）>齿间（12.9%）>卷舌（9.5%）>硬腭（7.9%）>咽（4.7%）>会厌（2.8%）；汉语为：齿/龈（97.9%）>唇齿（82.9%）>喉（68.6%）>腭前（58.6%）>软腭（37.1%）>卷舌（18.6%）>龈后（7.1%）>双唇（2.1%）>齿间（0.7%）；藏缅语为：齿/龈（97.8%）>唇齿、腭前（各 80.4%）>软腭（78.3%）>卷舌（47.8%）>喉（45.7%）>龈后（34.8%）>小舌（15%）>硬腭（8.7%）>双唇（2.2%）；侗台语为：唇齿（100%）>齿/龈（95.2%）>喉（90.5%）>腭前（66.7%）>软腭（33.3%）>齿间（14.3%）>卷舌、小舌（各 9.5%）>硬腭（4.8%）；苗瑶语为：齿/龈（93.3%）>喉（86.7%）>腭前（83.3%）>唇齿（80%）>软腭（36.7%）>卷舌（30%）>齿间（13.3%）>小舌（10%）>唇—软腭、龈后、硬腭（各 3.3%）。

第一，比较发现，齿/龈、龈后、腭前等部位更容易生成较为典型的擦音（咝音），咝音更为常见的原因在于弱擦的呼音跟微擦的近音之间的关系无法一刀切开（朱晓农 2010）[④]。具体到苗瑶语，其唇—软腭擦音未见于麦迪森的世界语言采样和其他汉藏语言，腭前擦音未见于麦迪森的世界语言采样。苗瑶语腭前擦音的比重超过其他汉藏语言，腭前擦音的高频出现是其擦音系统的显著类型特点。汉藏语言中常见的腭前擦音仅位列国际音标表中的"其他符号"，实属汉藏语言的共同特征。第二，苗瑶语卷舌擦音出现频率是世界语言的 3.2 倍，在汉藏语言中仅次于藏缅语。第三，苗瑶语喉擦音比重高于世界语言、藏缅语、汉语，仅次于侗台语。第四，苗瑶语唇齿擦音与世界语言的排序一致，但其出现频率是普遍共性的 1.2 倍。第五，

---

① Maddieson, Ian. *Patterns of Sounds*. Cambridge: Cambridge University Press, 1984: 44.

② 叶晓锋：《汉语方言语音的类型学研究》，博士学位论文，复旦大学，2011 年，第 24 页。

③ 为了与 Maddieson 统计内容一致，只统计 3 类擦音：单擦音，腭化、唇化擦音，先喉塞擦音。叶晓锋将汉语方言中的[x]并入[h]，[ɣ]并入[ɦ]，我们则分开统计。

④ 朱晓农：《语音学》，商务印书馆 2010 年版，第 181 页。

苗瑶语龈后、软腭擦音比重接近汉语，它们较低的出现频率与世界语言、藏缅语较高的出现频率悬殊。

从擦音调音部位主要的组合系列来看，世界语言[齿/龈+喉]组合的出现频率为 10.4%，[唇齿+齿/龈+喉]组合为 6.6%，[唇齿+齿/龈+龈后+喉]组合为 6.3%，[唇齿+齿/龈]组合为 3.8%；汉语[唇齿+齿/龈+喉]组合为22.9%，[唇齿+齿/龈+腭前+喉]组合为 20.7%，[唇齿+齿/龈+腭前+软腭]组合为 12.9%，[唇齿+齿/龈+卷舌+腭前+软腭]组合为 11.4%；藏缅语[唇齿+齿/龈+腭前+软腭]组合为 13%，[唇齿+齿/龈+龈后+软腭]组合为 10.9%；侗台语[唇齿+齿/龈+腭前+喉]组合为 23.8%，[唇齿+齿/龈+腭前+软腭+喉]组合为 19.1%，[唇齿+齿/龈+喉]组合为 14.3%；苗瑶语[唇齿+齿/龈+腭前+喉]组合为 23.3%，[唇齿+齿/龈+腭前+软腭+喉]组合为 16.7%，[唇齿+齿/龈+喉]组合为 10%。

跨音系分布模式显示，[唇齿+齿/龈+喉]的组合在世界语言和除藏缅语之外的汉藏语言中均较为常见。相较于世界语言，苗瑶语以及侗台语、汉语的[唇齿+齿/龈+腭前+喉]的组合占有明显优势。该组合在常见的[唇齿+齿/龈+喉]组合的基础上增加了腭前部位，不同于世界语言 4 部位型中出现频率最高的类型所增加的龈后部位。

从擦音发声类型的出现频率看，世界语言的序列为：不送气清声（91.5%）>浊声（50.8%）>喷音性清声（7.3%）>嘎裂声（2.2%）>清送气清声（1.3%）；汉语为：清声（100%）>浊声（70%）；藏缅语为：不送气清声（100%）>浊声（93.5%）>清送气清声（8.7%）>先喉塞浊声（2.2%）；侗台语为：清声（100%）>浊声（90.5%）>先喉塞浊声（9.5%）；苗瑶语为：不送气清声（100%）>浊声（93.3%）>先喉塞浊声（13.3%）>清送气清声（10%）>浊送气浊声（6.7%）。

首先，比较发现，苗瑶语虽缺乏世界语言中的喷音性、嘎裂化擦音，但其发声类型仍然最为丰富，弛化擦音当属其最为典型的类型特征。其次，苗瑶语送气清擦音出现频率为世界语言的 7.7 倍、藏缅语的 1.2 倍。送气清擦音在世界语言中是一种相当罕见的语音类型，仅见于汉藏语系、中美洲的奥托—曼格安语系（Oto-Manguean），其高频出现是苗瑶语的显著类型特征。最后，苗瑶语先喉塞擦音比重高于侗台语、藏缅语。先喉塞擦音在世界语言中未见著录，是包括苗瑶语在内的中国西南少数民族语言类型特征的体现。

从发声类型的组合系列来看，世界语言 47.6%为[清声+浊声]，37.5%仅有一套清擦音，3.8%为含喷音性擦音的组合：[清声+喷音性清声]、[不送气清声+清送气清声+喷音性清声]，1.9%为含嘎裂化擦音的组合：[清声+

嘎裂化清声]、[清声+嘎裂化浊声]、[清声+浊声+嘎裂化清声]、[清声+浊声+嘎裂化浊声]，1.3%仅有一套浊擦音，0.9%为[不送气清声+清送气清声+浊声]，0.3%为[不送气清声+前置清送气清声]，另有6.6%无擦音；汉语70%为[清声+浊声]，30%仅有一套清擦音；藏缅语82.6%为[清声+浊声]，8.7%为[不送气清声+清送气清声+浊声]，6.5%仅有一套清擦音，2.2%为[清声+先喉塞浊声+浊声]；侗台语76.2%为[清声+浊声]，14.3%仅有一套清擦音，9.5%为[先喉塞浊声+清声+浊声]；苗瑶语63.3%为[清声+浊声]，其中3.3%为[清声（含清化浊声）+浊声]，即其清擦音有不送气清擦音、清化浊擦音两种，它们共同与浊擦音形成清浊对立，13.3%为[先喉塞浊声+清声+浊声]，10%为[不送气清声+清送气清声+浊声]，[清声+不送气浊声+浊送气浊声]和仅有一套清擦音的系统各占6.7%，苗瑶语等汉藏语言中未见仅有一套浊擦音以及含喷音性擦音、嘎裂化擦音、前置送气擦音的组合，其清浊对立比重高于世界语言，仅有一套清擦音的比重则远低于世界语言。总而言之，苗瑶语发声类型格局与藏缅语相仿。

关于不同调音部位擦音的分布特征，麦迪森（1984）指出：93.4%的世界语言至少会拥有一个擦音，其中83%的语言会出现齿/龈擦音[①]。苗瑶语等汉藏语言擦音数目都在一个以上，其中90%以上的语言出现齿/龈擦音。麦迪森（1984）没有专门讨论相关蕴含关系。我们在考察擦音不同调音部位相关性的基础上发现：在汉语、侗台语、苗瑶语3部位系统中，唇齿擦音的存在蕴含着齿/龈擦音和喉擦音的存在，即 f⊃s∩h，在藏缅语中则为 s⊃ɕ∪h。在苗瑶语4部位系统中，唇齿擦音和齿/龈擦音的存在蕴含着腭前擦音和喉擦音的存在，即 f∩s⊃ɕ∩h，其蕴含关系十分明晰、有序。藏缅语为 f∩s⊃x（90%），侗台语则为 ɕ⊃h⊂f∩s（88.9%）。纵观苗瑶语全部擦音系统，还可发现一种连续蕴含关系，即 x⊃ɕ⊃h⊃f⊃s，其中，ɕ⊃h 的例外率为16.7%，h⊃f 的例外率为19.2%，f⊃s 的例外率为4%。

就擦音发声态的整体特征而言，世界语言中清擦音的比率为57%，汉语为75.3%，藏缅语为61%，侗台语为67.2%，苗瑶语为65.8%。苗瑶语等汉藏语言与世界语言一样，清擦音占优势，其比率普遍高于世界语言。清擦音的优势源于发音时控制口内气压比发浊擦音时更容易。关于不同发声类型擦音之间的蕴含关系，麦迪森（1984）指出：一种语言擦音库存中浊擦音的存在蕴含相同调音部位的清擦音的存在（76%）[②]。汉藏语言蕴含倾向与世界语言相同，汉语的例外率仅有0.7%，藏缅语为2.6%，侗台语为

---

① Maddieson, Ian. *Patterns of Sounds*. Cambridge: Cambridge University Press, 1984: 42–44.

② Maddieson, Ian. *Patterns of Sounds*. Cambridge: Cambridge University Press, 1984: 47.

20%，苗瑶语为 10%。汉藏语言的例外率普遍低于世界语言。苗瑶语、藏缅语中都出现了先喉塞擦音、送气擦音，因此它们共同拥有两种蕴含关系：送气清擦音⊃清擦音、先喉塞擦音⊃浊擦音⊃清擦音。苗瑶语不同于世界语言和其他汉藏语言的蕴含关系为：弛化擦音⊃浊擦音⊃清擦音。

　　关于带次要调音特征的擦音倾向于使用的调音部位，世界语言中腭化比率最高的部位是齿/龈（39.1%），汉语无腭化擦音，藏缅语为软腭（67%），侗台语是唇齿（37.5%），苗瑶语为喉（32.1%），世界语言、汉藏语言易于腭化的部位各不相同。世界语言中唇化比率最高的部位是软腭（48.9%），汉语、藏缅语无唇化擦音，侗台语为齿/龈（36.8%），苗瑶语是喉（36.4%）。苗瑶语、侗台语最容易唇化的部位与世界语言有所不同，其唇化比率也低于世界语言。

　　关于带次要调音特征的擦音与无次要调音特征的擦音之间的蕴含关系，世界语言中带次要调音特征的擦音的存在蕴含相同调音部位的擦音的存在（90%）。藏缅语腭化擦音，侗台语腭化、唇化擦音完全符合该共性，苗瑶语仅有黄落优诺语在软腭部位出现例外情况。关于带次要调音特征的擦音与其他带次要调音特征的辅音之间的蕴含关系，世界语言中带次要调音特征的塞擦音的存在蕴含相同调音部位的带次要调音特征的擦音的存在。苗瑶语、藏缅语、侗台语与此共性吻合。

　　关于擦音与其他辅音之间的蕴含关系[①]，雅柯布森（1968）指出：擦音的存在蕴含着塞音的存在，该共性也符合儿童语言语音的习得顺序[②]。在世界语言中，除咽、唇齿、齿沿、龈后等本来就不存在塞音的部位外，高频齿/龈部位、中频软腭部位以及低频双唇部位较好地体现了该蕴含规则，但低频卷舌部位的例外率为 77.8%，硬腭部位为 72.7%，小舌部位为 25%。在汉藏语中，汉语、藏缅语腭前擦音、卷舌擦音无相应塞音；侗台语腭前擦音例外率为 66.7%，卷舌擦音无相应塞音；苗瑶语腭前擦音例外率为 92%，卷舌擦音为 11.1%，其卷舌擦音与塞音的匹配度较高。上述部位的例外率一方面与擦音、塞音分布的不均衡相关，如世界语言小舌擦音的分布率为 18.3%，但小舌塞音的分布率仅为 14.8%；另一方面则与擦音的音位归纳有关。在世界语言中，马尔吉语（Margi）、爱尔兰语（Irish）的硬腭擦音实际上是腭化的软腭擦音（Ladefoged & Maddieson 1996、Hall 1997）[③]。赖福吉、

---

　　① 喉塞音很特殊，不同的记音习惯和归纳方式可能会有不同的结果，因此，讨论塞音、擦音相关关系时不涉及喉擦音和喉塞音。

　　② Jakobson, Roman. *Kindersprache, Aphasie und Allemeine Lautgesetze.* Uppsala, 1941. Allan R. Keiler (tr.). *Child Language, Aphasia and Phonological Universals.* The Hague, Paris & New York: Mouton, 1968: 51.

　　③ Ladefoged, Peter. & Ian, Maddieson. *The Sounds of the World's Languages.* Oxford: Blackwell Publishing, 1996; Hall, T. Alan. *The Phonology of Coronals.* Amsterdam/Philadelphia: John Benjamins, 1997.

麦迪森（1996）对腭位图和 X 光片的观察结果显示，汉语的腭前擦音是腭化的龈后擦音，卷舌擦音则实为龈后擦音。

宋在晶（2011）基于 637 种世界语言的统计结果显示，如果一种语言存在浊擦音，那么它就倾向于有浊塞音[①]。60%的汉语方言、71.7%的藏缅语、66.7%的侗台语都符合该倾向。由于苗语支古浊塞音大都清化，苗瑶语只有 21.4%的代表点与该蕴含倾向吻合。

雅柯布森（2001）指出：尚无一种语言有塞音与塞擦音的对立，然而却没有擦音[②]。在世界语言中，出现塞擦音的语言一般都出现了擦音，仅在齿/龈、龈后、齿间等部位出现少许擦音的空位；汉语在齿/龈部位有 1.4%的破缺；藏缅语在齿/龈、卷舌、腭前、硬腭部位出现一些例外情况；侗台语的对应较为工整；苗瑶语中塞擦音与擦音的相关度较高，仅在齿/龈、龈后、齿间部位出现少许擦音空位，其擦音缺失部位与世界语言一致。龙华炯奈语的[ts]无[s]相配，其破缺和语言接触影响相关，它引进了汉语的[ts]音位，而尚未借入[s]音位。六巷炯奈语的[ʧ]无[ʃ]相配，梁子勉语的[tθ]无[θ]相配。总而言之，苗瑶语等汉藏语言基本符合"塞擦音⊃擦音"这一蕴含共性。

第五节　鼻　音

与世界其他语言相比较，鼻音在中国境内语言中具有更为重要的音系价值。朱晓农（2007）依据大量声学材料详细讨论了汉藏语言中各种鼻音的情况[③]。燕海雄、江荻（2015）探讨了鼻音在 148 种中国境内语言中的类型和共性，揭示了鼻音在不同系属语言和地理分布上的特征[④]。文中 7 种苗瑶语语言样本呈现出一番有别于其他中国境内语言的独特景象。为了更加全面细致地考察苗瑶语鼻音系统的共性特征和个性差异，本节将重新审视和梳理其鼻音类型与蕴含关系[⑤]。

[①] Song, Jae Jung (ed.). *The Oxford Handbook of Linguistic Typology*. Oxford: Oxford University Press, 2011: 256.

[②] [美] 雅柯布森：《类型学研究及其对历史语言学的贡献》，载钱军编译《雅柯布森文集》，湖南教育出版社 2001 年版，第 70 页。

[③] 朱晓农：《说鼻音》，《语言研究》2007 年第 3 期，第 1–13 页。

[④] 燕海雄、江荻：《论鼻音在中国语言中的类型与共性》，《语言科学》2015 年第 2 期，第 125–130 页。

[⑤] 本节已经以《苗瑶语鼻音系统的类型学考察》为题发表于《语言研究》2018 年第 4 期，收入本书时有所增改。

一　鼻音系统的构成

鼻音是苗瑶语辅音系统中的常见音类，在 30 种语言样本辅音声母库存中所占的比例高达 16%，其中，单鼻音在苗瑶语单辅音库存中的占比为 13.3%。苗瑶语鼻音库存（nasal inventories）极为丰富，声母位置共出现 40 个鼻音，包括 4 种类型：

（1）单鼻音，共 16 个，占总数的 40%；

（2）腭化、唇化鼻音，共 16 个，占总数的 40%；

（3）带先喉塞音的鼻音，共 3 个，占总数的 7.5%；

（4）带-l、-r、-ɹ、-ʐ 等后置辅音的鼻音，共 5 个，占总数的 12.5%。

苗瑶语鼻音库存最大的是江底勉语，高达 17 个。鼻音库存最小的是上坝苗语、菜地湾苗语、西山布努语，仅有 4 个。苗瑶语鼻音数量为 7—10 个的语言或方言较多，占总数的 50%。以下为苗瑶语单鼻音库存：

表 1.5.1　　　　　　　　　　苗瑶语单鼻音库存

单鼻音	m	n	ŋ	ɳ	m̥	n̥	ŋ̊	ɳ̊
频次	30	30	30	24	16	16	14	12
比率（%）	100	100	100	80	53.3	53.3	46.7	40
单鼻音	ɲ	m̥h	n̥h	mɦ	nɦ	ŋɦ	ɳɦ	ɲ
频次	6	2	2	2	2	2	2	1
比率（%）	20	6.7	6.7	6.7	6.7	6.7	6.7	3.3

表 1.5.1 中的鼻音以[m]、[n]、[ŋ]出现频率最高，均为 100%，是苗瑶语最常见的鼻音。其次为[ɳ]，出现频率为 80%。[m]、[n]、[ŋ]、[ɳ]都是常态浊声鼻音。再次为具有附加发声特征的清鼻音[m̥]、[ŋ̊]、[n̥]、[ɳ̊]，出现频率在 40%以上。其他 8 个鼻音音位的出现频率陡然降至 20%以下。

腭化鼻音、唇化鼻音广泛分布在两个语支之中。其出现频次及比率如表 1.5.2 所示：

表 1.5.2　　　　　　　　　　苗瑶语腭化、唇化鼻音库存

腭化、唇化鼻音	mj	nj	ŋw	ɲj	m̥j	n̥j	ŋ̊w	ɳ̊w
频次	21	13	9	5	4	3	2	2
比率（%）	70	43.3	30	16.7	13.3	10	6.7	6.7

腭化、唇化鼻音	mw	nw	m̥w	ŋ̊w	ʔmj	mɦj	n̥hj	ŋ̊j
频次	1	1	1	1	1	1	1	1
比率（%）	3.3	3.3	3.3	3.3	3.3	3.3	3.3	3.3

苗语支八成语言或方言都拥有腭化、唇化鼻音，其调音部位有双唇、齿/龈、软腭 3 种，平均值为 1.5 个。它以腭化鼻音居多，只有 26.9%的代表点拥有唇化软腭鼻音。苗语支腭化、唇化鼻音库存最多的当属嶂背畲语。除软腭清鼻音之外，嶂背畲语其余鼻音都有相应的腭化鼻音，软腭鼻音还有相应的唇化鼻音。在凯棠苗语、尧告苗语、虎形山巴哼语、七百弄布努语、瑶麓布努语、龙华炯奈语等代表点中，出现了少见的腭化清鼻音，在小章苗语、文界巴哼语中，还出现罕见的带先喉塞或弛化成分的腭化鼻音。

瑶语支腭化、唇化鼻音调音部位有双唇、齿/龈、软腭、龈腭 4 种，其平均值为 4 个。江底勉语、东山勉语全部的鼻音都有相应的腭化、唇化鼻音，其中包括少见的腭化、唇化清鼻音。

总而言之，苗瑶语以[mj]（70%）出现频率最高，其次是[nj]（43.3%），再次是[ŋw]、[ŋj]、[m̥j]、[ŋ̊j]（>10%）。各调音部位的出现频次依次为：双唇（29 次）>齿/龈（19 次）>软腭（15 次）>龈腭（4 次）。[mj]、[ŋw]、[ŋj]在现代鼻音格局中的高频倾向和历时鼻音格局中的功能倾向使其得以进入陈其光（2013）所构拟的古苗瑶语鼻音系统[①]。[nj]出现频率虽高，但主要源自古鼻冠塞音、塞擦音，因此没有纳入古鼻音系统。

带先喉塞音的鼻音仅有[ʔm]、[ʔn]、[ʔŋ]，分布在石板寨苗语、高寨苗语、小章苗语中，三者的出现频次均为 3 次。有趣的是，软腭部位先喉塞鼻音未出现，取而代之的是龈腭部位先喉塞鼻音。实际上，先喉塞龈腭鼻音是由古*ʔŋj 声类演变而来的。

带-l、-r、-ɹ、-z̞ 等后置辅音的鼻音出现频次较低，仅见于高坡苗语、宗地苗语、吉卫苗语、腊乙坪苗语。[ml]、[m̥l]、[mr]、[mɹ]、[mz̞]这 5 个带后置辅音的鼻音的出现频次都只有 1 次，鼻音的调音部位均为双唇，其排列服从响度原则，为弱—强型，即鼻音之后为响度较强的边音、颤音、近音或擦音。它们并非古音的存留，其中[mɹ]、[m̥ɹ]源自古*mpr、*mbr 声类，[ml]、[mz̞]源自古*m̥ 声类。在历史演变中，大多数代表点中的*ml 演变为[n]，部

---

① 陈其光：《苗瑶语文》，中央民族大学出版社 2013 年版，第 48 页。

分代表点后置辅音-l 逐渐失落，还有少数代表点变为[mj]（陈其光 2001）[①]。

二　鼻音系统的调音部位

苗瑶语鼻音库存中所出现的调音部位共有 6 种，尚未发现唇齿鼻音以及存在于鼻冠塞音之外的独立充当声母的小舌鼻音。其鼻音调音部位的出现频率如表 1.5.3 所示：

表 1.5.3　　　　　　　　　苗瑶语鼻音的调音部位

	双唇	齿/龈	龈腭	卷舌	硬腭	软腭
苗语支（26 种）	26	26	20	6	1	26
瑶语支（4 种）	4	4	4	0	0	4
频次	30	30	24	6	1	30
比率（%）	100	100	80	20	3.3	100

双唇、齿/龈、软腭鼻音的出现频率均为 100%，为苗瑶语高频鼻音。龈腭鼻音的出现频率为 80%，为苗瑶语中频鼻音。该创新音位较高的频率与软腭、齿/龈、双唇鼻音的龈腭化倾向相关，主要源于古腭化软腭鼻音，即古*ŋj、*ŋ̊j、*ŋj 声类，少数来自古带-r 后置辅音的齿/龈、双唇鼻音。另外还有少量来自古鼻冠塞音、塞擦音以及腭近音声类。卷舌、硬腭鼻音为苗瑶语低频鼻音，是苗语支独有的语音创新。前者分布在石板寨苗语、宗地苗语、石门坎苗语、吉卫苗语、下坳苗语、腊乙坪苗语中，源自古*ʔnr、*ndr 声类的卷舌化；后者仅见于吉卫苗语，源自古*ŋj、*ŋgj、*ɴɢ 声类的硬腭音化。

苗瑶语不同调音部位鼻音的组合类型及其出现频率如表 1.5.4 所示：

表 1.5.4　　　　　　　　苗瑶语鼻音调音部位的组合类型

	双唇	齿/龈	软腭	龈腭	卷舌	硬腭	频次	比率（%）
3 套	+	+	+				6	20
4 套	+	+	+	+			18	60
5 套	+	+	+	+	+		5	16.7
6 套	+	+	+	+	+	+	1	3.3

[①] 陈其光：《汉语苗瑶语比较研究》，载丁邦新、孙宏开主编《汉藏语同源词研究（二）》，广西民族出版社 2001 年版，第 203 页。

在 4 种调音部位组合类型中，以类型 4 为最多，涵括了 18 个代表点，即高寨苗语、上坝苗语、高坡苗语、小章苗语、尧告苗语、文界巴哼语、滚董巴哼语、虎形山巴哼语、西山布努语、瑶麓布努语、七百弄布努语、中排巴那语、小寨优诺语、六巷炯奈语、江底勉语、东山勉语、梁子勉语、大坪勉语。其次是类型 3，共 6 个代表点，即凯棠苗语、菜地湾苗语、河坝苗语、黄落优诺语、龙华炯奈语、嶂背畲语。其他类型相对较少，类型 5 见于石板寨苗语、宗地苗语、石门坎苗语、吉卫苗语、下坳苗语，类型 6 仅分布在吉卫苗语中。

3 套、4 套调音部位的组合相加高达 24 个，占总数的 80%。由此可见，苗瑶语鼻音系统的调音部位以 3—4 个为主，其中出现频率最高的是双唇、齿/龈、软腭、龈腭 4 个调音部位的组合。

苗瑶语鼻音调音部位组合的内部构成情况显示，调音部位少的类型是调音部位多的类型的真子集，因此可以通过调音部位的复杂化来观察它们的变化过程和脉络。分布较为广泛的类型 3 保留了古苗瑶语双唇、齿/龈、软腭 3 套鼻音。部分软腭、齿/龈、双唇鼻音的龈腭化衍生了分布最为广泛的类型 4。古 *ʔnr、*ndr 声类的卷舌化产生了少见的类型 5。古 *ŋj、*ŋgj、*NG 声类的硬腭音化产生了罕见的类型 6。

苗瑶语鼻音系统调音部位数目及其平均数的分布情况如表 1.5.5 所示：

表 1.5.5　　　　　　　　苗瑶语鼻音调音部位数目及其平均数

苗语支	调音部位数目	平均数	优诺语	小寨 4 黄落 3	3.5
罗泊河苗语	石板寨 5 高寨 4	4.5	炯奈语	龙华 3 六巷 4	3.5
川黔滇苗语	上坝 4 高坡 4 宗地 5 石门坎 5	4.5	巴那语	中排 4	4
湘西苗语	吉卫 6 下坳 5 腊乙坪 5 小章 4	5	畲语	嶂背 3	3
黔东苗语	凯棠 3 菜地湾 3 尧告 4 河坝 3	3.3			**4**
巴哼语	文界 4 滚董 4 虎形山 4	4	**瑶语支**	调音部位数目	平均数
布努语	七百弄 4 西山 4 瑶麓 4	4	勉语	江底 4 梁子 4 东山 4 大坪 4	**4**

表 1.5.5 显示，苗语支鼻音调音部位的平均值为 4 种，其组合类型高达 4 种。苗语支内部差别较大，罗泊河苗语、川黔滇苗语、湘西苗语调用的调

音部位较多，鼻音及其他辅音复杂的调音部位是其相对简单的韵母和声调系统的补偿。河坝苗语、龙华炯奈语、嶂背畲语的调音部位仅限双唇、齿/龈、软腭。瑶语支的平均值为 4 种，仅有 1 种组合类型，即双唇、齿/龈、软腭、龈腭的组合。其韵母和声调系统复杂，因此无须通过增加调音部位来保持声母的信息区别度。

　　从地理分布上来看，苗瑶语鼻音调音部位数目大致呈现中间偏少、外围偏多的分布之态，如图 1.5.1 所示：

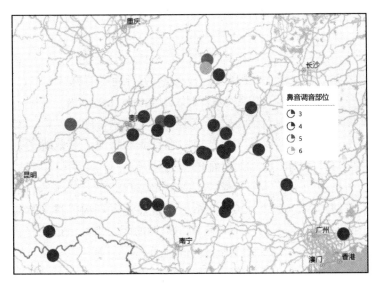

图 1.5.1　苗瑶语鼻音调音部位数目的地理分布

三　鼻音系统的发声类型

　　苗瑶语鼻音系统中出现了除嘎裂化鼻音之外的 4 种发声类型[①]：

表 1.5.6　　　　　　　　　苗瑶语鼻音的发声类型

	浊声	弛声	清声		张声
	浊声+不送气	浊声+浊送气	清声+不送气	清声+清送气	先喉塞+浊声
苗语支（26 种）	26	2	18	2	3
瑶语支（4 种）	4	0	2	0	0
频次	30	2	20	2	3
比率（%）	100	6.7	66.7	6.7	10

---

　　① 苗瑶语清鼻音包括不送气与清送气清鼻音，但两者不会出现在同一音系当中，因此在发声分类中将两者合为一类。

表 1.5.6 显示，清与浊是苗瑶语鼻音系统最重要的对立特征。浊鼻音最为常见，出现频率为 100%。现代苗瑶语中数量庞大的浊鼻音除了完好保存古浊鼻音之外，还接纳了一些由古先喉塞鼻音与清鼻音（其中包括带腭化特征或者有 -l、-r 后置辅音的鼻音）演变而来的浊鼻音。另外还有一些古鼻冠塞音、塞擦音以及边音也加入了浊鼻音的行列。

其次是不送气清鼻音，出现频率高达 66.7%。虽然近半数古清鼻音浊化，湘西苗语、优诺语、勉语金门方言一些代表点中的清鼻音变为清擦音，但因古鼻冠送气塞音、塞擦音以及古*ʔnr 声类的加入，它仍维持较高的出现频率。

再次是清送气清鼻音，出现频率仅为 6.7%。这种无不送气清鼻音与之对立的音类见于吉卫苗语、凯棠苗语，其源头皆为古清鼻音。

弛化鼻音相对较少，仅见于石门坎苗语、文界巴哼语。实际上，上坝苗语、高坡苗语、宗地苗语、吉卫苗语、下坳苗语、小章苗语、腊乙坪苗语、凯棠苗语、尧告苗语、河坝苗语、七百弄布努语、黄落优诺语、中排巴那语中也有处理为阳调伴随特征的弛化鼻音。石门坎苗语中的弛化鼻音具有分化词类的功用，其余各代表点中弛化鼻音的存在与古鼻音系统声调配列关系密切相关。黄行（2007）指出，苗瑶语古音构拟将原始语言的鼻音系统构拟为 3 套：ʔm、m̥、m，它们在声调的配合上与清或浊塞音、塞擦音完全一致，即这 3 套鼻音相当于 p、ph、b 的全清、次清和全浊音的关系[①]。上坝苗语、宗地苗语、河坝苗语、黄落优诺语、中排巴那语现仅存一套浊鼻音，其源自*ʔm、*m̥ 以及古鼻冠清塞音、塞擦音的浊鼻音仍反映为清声母的调类，源自*m 以及古鼻冠浊塞音、塞擦音的浊鼻音反映为浊声母的调类，仅有的一套浊鼻音不得不与各个声调相拼。高坡苗语、吉卫苗语、下坳苗语、腊乙坪苗语、凯棠苗语、尧告苗语、文界巴哼语、七百弄布努语有清浊两套鼻音，其清鼻音只与阴调相拼，浊鼻音因接纳了源自*ʔm、*m̥ 以及古鼻冠清塞音、塞擦音仍反映为清声母调类的词而要与各个声调相拼。小章[ʔm]、[m̥]、[m]俱全，但[ʔm]、[m̥]只与阴调相拼，[m]也因源自古鼻冠清塞音仍反映为清声母调类的词的加入而要阴阳调兼拼。上述各代表点中的浊鼻音承载声调区别的负担过重，于是语音系统利用源自*m 以及古鼻冠浊塞音、塞擦音的[m]声类所伴随的弛化成分，以这种因发音时声带松弛漏气而产生的特殊听感来彰显其与源自*ʔm、*m̥、古鼻冠清塞音以及塞擦音

---

① 黄行：《中国语言的类型》，载孙宏开、胡增益、黄行主编《中国的语言》，商务印书馆 2007 年版，第 52 页。

而今读[m]的声类的不同，从而达到维持古浊鼻音特征、与声调共同区别词义的目的。

　　弛化鼻音区分意义的作用相较于声调而言，并非叠床架屋。苗瑶语鼻音系统中先喉塞音的消变、清鼻音的浊化混淆了古声类"单清浊双"的界线。弛化鼻音使得来源于*m以及古鼻冠浊塞音、塞擦音的相关音节的起音降低，从而与源自*ʔm、*m̥以及古鼻冠清塞音、塞擦音的浊鼻音音节相区别，维持阴高阳低的声调格局。

　　苗瑶语弛化鼻音的发展极不平衡，如小章苗语的上声、入声因至今未分阴阳而没有出现弛化现象，阳平所伴随的弛声就已经衰变。不断消变的弛声出现于各阳调的频次为：阳去（13次）>阳上（11次）>阳入（5次）>阳平（3次）。

　　随着弛声的消变，高坡苗语、凯棠苗语、尧告苗语、河坝苗语、中排巴那语"阴高阳低"的声调格局也出现了异化。在高坡苗语中，其阳去（调值22）保留弛声而低于阴去（调值42），弛声消退的阳平（调值55）则已经高于阴平（调值24）。在凯棠苗语中，其阳上（调值11）保留弛声而低于阴上（调值35），阳去（调值23）保留弛声而低于阴去（调值44），弛声消退的阳平（调值53）则已经高于阴平（调值33）。再看河坝苗语的情况，其阳上（调值21）保留弛声而低于阴上（调值13），阳去（调值22）保留弛声而低于阴去（调值33），弛声消退的阳平（调值55）已经高于阴平（调值44），弛声消退的阳入（调值53）也高于阴入（调值11）。最后看中排巴那语的情况，其保留弛声的阳去（调值22）低于阴去（调值35），其失去弛声的阳平（调值313）则高于阴平（调值13）。瑶麓布努语、菜地湾苗语、虎形山巴哼语、西山布努语等完全没有弛声的代表点也出现了"阴低阳高"或"阴阳等高（阴调、阳调平均调值相同）"的现象。如瑶麓布努语阴平（调值33）低于阳平（调值55）、阴上（调值13）低于阳上（调值53）。再如菜地湾苗诂阴去调值为44，阳去调值为53，西山布努语阴平调值为33，阳平调值为42。

　　苗瑶语弛化鼻音还有源自古清鼻音的。宗地苗语[①]、梁子勉语的弛声态变体处理为阴调乙伴随特征。谭晓平（2017）认为，上述各代表点古次清塞音在演变过程中送气成分产生轻微气化的弛声态变体，由普通清声态变为弛声态，并造成与古全清的分调[②]。高坡苗语、吉卫苗语、下坳苗语、腊

---

　　① 宗地苗语的弛化鼻音非常复杂，阴调乙以及阳去、阳上都带弛化成分。

　　② 谭晓平：《苗瑶语塞音系统的类型学考察》，《中央民族大学学报》2017年第1期，第131页。

乙坪苗语、小章苗语、凯棠苗语的清鼻音都有送气成分。另据张梦翰（2011）的声学分析，苗瑶语清鼻音具有明显的送气特征[1]。我们猜想，上述各代表点的*m̥声类也有送气成分。这些送气成分在演变中变为弛声态之后，发音时声带关闭不严导致漏气，使得相关音节的起音降低，进而与源自*ʔm 的浊鼻音分调。虽然上述代表点古三母（*ʔm、*m̥、*m）已经合而为一，演变为浊鼻音，但弛声的存在协同声调，起到区分词义的作用。源自*ʔm 的声类先喉塞成分消失之后，声调不变，仍反映为全清声母的调类，来自*m̥的声类清化成分消失、送气成分弛化之后，凭借伴随其弛声特征的较低音高与全清声类相区别，反映为次清声母的调类，来自*m 的声类则始终反映为浊声母的调类。

　　苗瑶语弛化鼻音的实际分布率为 53.3%，与弛化塞音、塞擦音、擦音、边音呈平行分布之势。弛声是观察苗瑶语音系演变的重要窗口，其消变依照自东向西、从南往北的苗瑶语分布地理路线：畲语型（无弛声）>瑶语型（次清类弛声）>苗语型（全浊类、次清类弛声）[2]。弛声在音变中起到了维系"阴高阳低"以及"全清高次清低"声调格局的作用，具有较为重要的类型学价值。

　　苗瑶语先喉塞鼻音仅见于苗语支，出现频率低至 10%。它有 3 种类型：第一种可以与清鼻音同时出现在阴调中，如小章苗语；第 2 种能与清鼻音、浊鼻音出现在同一声调中，如高寨苗语；第 3 种能与浊鼻音出现在同一声调中，如石板寨苗语。作为原始的辅音音类，先喉塞鼻音相对较低的出现频率说明它已经被浊鼻音挤到一个边缘的位置，其演变模式有 4 种：

　　（1）保留先喉塞成分，如石板寨苗语、高寨苗语、小章苗语；

　　（2）丢失先喉塞成分，变为浊鼻音，该模式最为普遍；

　　（3）演变为先喉塞边音或擦音，如西山布努语；

　　（4）古先喉塞腭化软腭鼻音演变为腭近音，如嶂背畲语。

　　苗瑶语鼻音发声组合类型共有 6 种，具体如表 1.5.7 所示[3]：

---

[1] 张梦翰：《民族语中清鼻音的判断方法》，《民族语文》2011 年第 2 期，第 20 页。

[2] 全浊类、次清类弛声主要分布在苗语中，七百弄布努语、中排巴那语、黄落优诺语中也有分布。

[3] 统计时仅计入声母系统中已经标示弛化鼻音的代表点。若计入弛化鼻音处理为声调伴随特征的代表点，其发声组合类型将高达 8 种，更为纷繁复杂。若以出现频率最高的双唇鼻音代表各种鼻音，其出现频率依次为：m~m̥（9 次）> m~m̥~mɦ（7 次）> m~mɦ（6 次）> m（3 次）> m~m̥h~mɦ（2 次）> ʔm~m、ʔm~m̥~m、ʔm~m̥~m~mɦ（各 1 次）。

表 1.5.7　　　　　　　　　　苗瑶语鼻音发声组合类型

		浊声 +不送气	浊声 +浊送气	清声 +不送气	清声 +清送气	先喉塞 +浊声	频次	比率（%）
1 套		+					8	26.7
2 套	类型 2.1	+		+			15	50
	类型 2.2	+			+		2	6.7
	类型 2.3	+				+	1	3.3
3 套	类型 3.1	+		+		+	2	6.7
	类型 3.2	+	+	+			2	6.7

表 1.5.7 显示，苗瑶语鼻音系统以清浊两分格局为主，其次是一套浊鼻音的系统。清浊两分模式共有 17 个代表点，占总数 56.7%。其中 15 个代表点为不送气清、不送气浊两分，即苗语支高坡苗语、下坳苗语、腊乙坪苗语、尧告苗语、滚董苗语、虎形山巴哼语、七百弄布努语、瑶麓布努语、小寨优诺语、黄落优诺语、龙华炯奈语、六巷炯奈语、嶂背畲语，瑶语支江底勉语、东山勉语。两分格局中不送气浊、清送气清模式相对较少，仅见于吉卫苗语、凯棠苗语，其清送气清鼻音声类源于古清鼻音。古苗瑶语鼻音系统为先喉塞浊、不送气清、不送气浊三分，清浊两分模式因古先喉塞浊鼻音声类失落喉塞音成分而来。该模式中的清鼻音目前也处于逐渐消变的过程之中，如小寨优诺语、黄落优诺语、嶂背畲语仅有软腭清鼻音支撑鼻音分清浊的格局。

仅有一套浊鼻音的代表点有 8 个，占总数 26.7%。它们分布在苗语支上坝苗语、宗地苗语、菜地湾苗语、河坝苗语、西山布努语、中排巴那语以及瑶语支梁子勉语、大坪勉语中。在该模式中，不仅古先喉塞浊鼻音声类失落喉塞音成分，清浊的对立也已经消失，古苗瑶语三类鼻音全部中和于一套浊鼻音。两分模式中还有一种仅见于石板寨苗语的先喉塞浊、不送气浊模式，它源自其古清鼻音的浊化。

三分系统比较罕见，高寨苗语、小章苗语为先喉塞浊、不送气清、不送气浊模式[①]，其中高寨苗语较好地保留了古苗瑶语鼻音的三分格局；石门

---

① 朱晓农在《说鼻音》（《语言研究》2007 年第 3 期，第 4 页）中指出，目前世界上尚未发现有哪个语言同时有四种或以上发声态的鼻音。小章苗语实际上有 ʔm~m̥~m~mɦ 四种鼻音，但鼻音的弛化特征处理为阳上调伴随特征，所以我们在统计时仍将其归入三种发声态的类型。

坎苗语、文界巴哼语为不送气清、不送气浊、浊送气浊模式，该模式中的浊送气浊鼻音是创新而不是存古。

总而言之，现代苗瑶语鼻音系统基本按照*ʔm~*m̥~*m>m̥>m̥>m 的路径演变，在后两种简化的模式中，创新的弛化成分起到了通过增加一种发声类型、改变音高的方式来和声调一起区分词义的作用。

四 不同音节位置的鼻音

以上讨论的鼻音特征仅限声母位置的鼻音。由于鼻音韵尾是苗瑶语最重要的辅音韵尾，因此本节将探讨处于韵尾位置的鼻音，比较鼻音在不同音节位置上的特点。我们撷取苗瑶语声母位置上出现频率在 40%以上的鼻音音位，与处于韵尾位置的相应鼻音音位进行比较，以观照两者的分布特点。苗瑶语不同音节位置鼻音的出现频次如表 1.5.8 所示：

表 1.5.8　　　　　　　　苗瑶语不同音节位置鼻音出现频次

鼻音	m	n	ŋ	ɳ	m̥	n̥	ŋ̊	ɳ̊
声母频次	30	30	30	24	16	16	14	12
比率（%）	100	100	100	80	53.3	53.3	46.7	40
韵尾频次	5	25	27	0	0	0	0	0
比率（%）	16.7	83.3	90	0	0	0	0	0

比较显示，不同调音部位、发声类型的鼻音都可充当声母。[m]、[n]、[ŋ]出现频率为 100%，这 3 个高频鼻音在所有的苗瑶语语言或方言样本中都可充当声母。在韵尾的位置上，仅出现声母位置上出现频率为 100%的 3 个高频鼻音[m]、[n]、[ŋ]。其调音部位仅限双唇、齿/龈、软腭，发声类型仅限常态浊声。出现频率最高的是软腭鼻音，占鼻音韵尾总数的47.4%。其次是齿/龈鼻音，占鼻音韵尾总数的 43.9%。双唇鼻音最少，仅占鼻音韵尾总数的 8.8%。苗瑶语中未出现藏缅语、侗台语中的龈腭鼻音韵尾[ɲ]。

苗瑶语鼻音韵尾在不同语支中的分布不平衡，各语支鼻音韵尾的出现频次如表 1.5.9 所示：

表 1.5.9 苗瑶语各语支鼻音韵尾的出现频次

	双唇鼻音韵尾	齿/龈鼻音韵尾	软腭鼻音韵尾
苗语支（26 种）	2	21	23
瑶语支（4 种）	3	4	4
总计	5	25	27
比率（%）	16.7	83.3	90

表 1.5.9 显示，瑶语支鼻音韵尾数量较多，其中，江底勉语、梁子勉语、大坪勉语 3 种鼻音韵尾齐全，较好地保留了古苗瑶语鼻音韵尾格局。东山勉语仅有齿/龈、软腭鼻音韵尾，双唇鼻音韵尾阙如[①]。

苗语支鼻音韵尾数量少于瑶语支，其中，尧告苗语、西山布努语是苗语支中少有的 3 种鼻音韵尾齐全的代表点，但西山布努语的双唇鼻音韵尾仅在壮语借词中出现。在石板寨苗语、高寨苗语、上坝苗语、宗地苗语、吉卫苗语、下坳苗语、腊乙坪苗语、小章苗语、凯棠苗语、菜地湾苗语、河坝苗语、滚董巴哼语、瑶麓布努语、中排巴那语、小寨优诺语、黄落优诺语、龙华炯奈语、六巷炯奈语、嶂背畲语中，仅出现齿/龈、软腭鼻音韵尾，双唇鼻音韵尾已经消失殆尽。虎形山巴哼语、七百弄布努语则仅存软腭鼻音韵尾。鼻音韵尾的脱落往往伴随元音的鼻化，如高寨苗语、河坝苗语、六巷炯奈语，它们处在鼻尾音韵母与鼻化元音共处的阶段。高坡苗语、文界巴哼语的鼻音韵尾消失殆尽，带鼻音韵尾的韵母全部转换为鼻化元音韵母，石门坎苗语鼻音韵尾消失之后的演化进程更快，其鼻化元音已经演变为常态元音。

下面我们将观察苗瑶语鼻音韵尾的组合模式，如表 1.5.10 所示：

表 1.5.10 苗瑶语鼻音韵尾的组合类型

	-m	-n	-ŋ	频次	比率（%）
1 套			+	2	6.7
2 套		+	+	21	70
3 套	+	+	+	5	16.7

除苗语支高坡苗语、石门坎苗语、文界巴哼语鼻音韵尾阙如之外，其

[①] 语言样本之外的瑶语支代表点有只剩一个软腭鼻音韵尾的，如庙子源勉语。

他 27 种语言或方言样本均有一到三个鼻音韵尾。齿/龈、软腭鼻音韵尾的组合最为常见，它普遍分布在两个语支中，其占比高达 70%。双唇、齿/龈、软腭鼻音韵尾的组合相对较少，主要分布在瑶语支语言中，苗语支语言中仅有少量分布。只有一套软腭鼻音韵尾的组合比较罕见，仅见于苗语支虎形山巴哼语、七百弄布努语。从上述组合模式中可以窥见苗瑶语鼻音韵尾的演变轨迹，双唇鼻音韵尾的稳定性最差，其次是齿/龈鼻音韵尾，软腭鼻音韵尾相对比较稳定。

从上述组合模式的相关关系中也可发现苗瑶语鼻音韵尾的蕴含倾向。在苗瑶语中，如果出现了双唇鼻音韵尾的话，则一定会出现齿/龈鼻音韵尾，反之则不然；如果出现了齿/龈鼻音韵尾的话，则一定会出现软腭鼻音韵尾，反之则不然。苗瑶语三个鼻音韵尾的蕴含关系为：m⊃n⊃ŋ。

在苗瑶语中，声母位置上的鼻音以双唇、齿/龈、软腭鼻音分布面最广，韵尾位置的鼻音则以软腭、齿/龈鼻音为优势鼻音。软腭鼻音的音系地位尤为突出，30 种语言或方言样本中均有软腭鼻音声母，其中 27 种语言或方言同时拥有软腭鼻音韵尾。如果我们将视野扩大到世界范围，苗瑶语软腭鼻音的分布特征将更加突出。格雷戈里（2005）曾考察 468 种世界语言中软腭鼻音的分布趋势。未出现软腭鼻音的语言占世界语言总数的一半。软腭鼻音出现在音节首的语言次之，其占比为 31.2%。软腭鼻音出现在非音节首的语言相对较少，即出现在音节尾、音节中或者这两个位置均有软腭鼻音的情况不多，其占比为 18.8%[①]。相较于世界语言，苗瑶语语言或方言样本中音节首软腭鼻音的分布率为世界语言的 3.2 倍。由于苗瑶语为单音节词根语言，不存在软腭鼻音分布在音节中的情况，因此其音节尾软腭鼻音的分布率在世界语言的 4.8 倍以上。

从苗瑶语鼻音在音节不同位置上的分布特征来看，鼻音在音节尾的分布受到诸多限制。调音部位的对立只有 3 个，且都是音节首出现频率最高的部位，发声类型仅限常态浊声。从调音方式来看，它们并非典型的鼻塞音，与纯粹的鼻音不同的是，它们只有成阻而无除阻。因为在以上三个方面的局限，音节尾鼻音的种类、数量较少。相较之下，鼻音在音节首的分布较为自由，其调音部位的对立多达 6 种，发声类型为 4 种，发声的组合类型为 6 种，其调音方式为典型的既有成阻也有除阻的鼻塞音。总而言之，音节首鼻音的种类、数量远远超过音节尾鼻音。

---

① Anderson, Gregory D. S. The Velar Nasal(ŋ) in Haspelmath, Martin & Dryer, Matthew S. et al (eds.). *The World Atlas of Language Structures*. Oxford: Oxford University Press, 2005: 42。

五 鼻音系统特点的跨语言对比

世界语言鼻音库存中出现汉藏语中未见的长鼻音、嘎裂化鼻音。从鼻音的平均数目来看[1]，世界语言为 3.3 个（麦迪森 1984）[2]，汉语为 3.2 个（叶晓锋 2011）[3]，藏缅语为 5.7 个，侗台语为 7.3 个，苗瑶语为 8.9 个。苗瑶语鼻音平均数目高于其他汉藏语，是普遍共性 3.3 个的 2.7 倍。其平均数目如此之高，主要在于其鼻音的调音部位、发声类型都极为丰富。

从鼻音调音部位的出现频率来看，世界语言调音部位序列为：齿/龈（99.7%）>双唇（94.3%）>软腭（52.7%）>硬腭（33.8%）>卷舌（6.3%）>龈腭（5.4%）>唇齿（0.3%）；汉语为：双唇（97.9%）> 软腭（85.6%）>齿/龈（72.1%）>龈腭（50.7%）>硬腭（10.7%）（叶晓锋 2011）[4]；藏缅语为：双唇、齿/龈、软腭（各 100%）>龈腭（78.3%）>硬腭（6.5%）>小舌（4.3%）>卷舌（2.2%）；侗台语为：双唇、软腭（各 100%）>齿/龈（95.2%）>龈腭（85.7%）；苗瑶语为双唇、齿/龈、软腭（各 100%）>龈腭（80%）>卷舌（20%）>硬腭（3.3%）。

首先，较为明显的差异是，苗瑶语龈腭鼻音的出现频率虽然略低于侗台语，但高于汉语、藏缅语，是普遍共性的 14.8 倍，这说明其在苗瑶语音系中极为重要的音系价值，它高频出现是苗瑶语鼻音系统的显著类型特点。同时我们也可发现龈腭鼻音是汉藏语的一个共同特点，而国际语音学会甚至没有将汉藏语中大量存在的龈腭鼻音放在国际音标表里。其次，苗瑶语出现频率最高的是双唇、齿/龈、软腭鼻音，与世界语言、其他汉藏语吻合，但软腭鼻音出现频率与藏缅语、侗台语同为 100%，明显高于汉语，几乎是普遍共性的两倍，其高频出现也是苗瑶语鼻音系统的显著类型特点。第三，苗瑶语卷舌鼻音比重远超世界语言、藏缅语，是普遍共性的 3.2 倍，藏缅语的 9.1 倍。汉语、侗台语中则未出现卷舌鼻音。因此，卷舌鼻音也是苗瑶语较为显著的类型特征。第四，苗瑶语硬腭鼻音排序落后于世界语言、藏缅语，比重接近藏缅语、汉语而与世界语言悬殊。最后，苗瑶语缺乏世界语言中的唇齿鼻音与藏缅语中的小舌鼻音。

从调音部位主要的组合系列来看，世界语言[双唇+齿/龈]组合的出现频率为 31.5%，[双唇+齿/龈+硬腭+软腭]的组合为 23.7%，[双唇+齿/龈+

---

① 为了和 Maddieson 的统计内容保持一致，此处统计的鼻音只包括单鼻音，先喉塞鼻音，腭化、唇化鼻音。统计藏缅语之时还计入了 Maddieson 将其纳入统计范围的双重鼻音，如[mn，ŋŋ]。

② Maddieson, Ian. *Patterns of Sounds*. Cambridge: Cambridge University Press, 1984: 59.

③ 叶晓锋：《汉语方言语音的类型学研究》，博士学位论文，复旦大学，2011 年，第 33 页。

④ 叶晓锋：《汉语方言语音的类型学研究》，博士学位论文，复旦大学，2011 年，第 31 页。

软腭]的组合为 20.5%；汉语[双唇＋齿/龈＋龈腭＋软腭]的组合为 40%，[双唇＋齿/龈＋软腭]的组合为 23.6%，[双唇＋龈腭＋软腭]的组合为 14.3%（叶晓锋 2011：34）；藏缅语[双唇＋齿/龈＋龈腭＋软腭]的组合为 69.6%，[双唇＋齿/龈＋软腭]的组合为 19.6%；侗台语[双唇＋齿/龈＋龈腭＋软腭]的组合为 85.7%，[双唇＋齿/龈＋软腭]的组合为 9.5%；苗瑶语以[双唇＋齿/龈＋软腭＋龈腭]的组合居多，其出现频率为 60%，其次是[双唇＋齿/龈＋软腭]的组合，其出现频率为 20%，再次是[双唇＋齿/龈＋软腭＋龈腭＋卷舌]的组合，其出现频率为 16.7%。

在苗瑶语等汉藏语中，[双唇＋齿/龈＋软腭＋龈腭]的组合占有明显优势，其比重远超排在第二位的[双唇＋齿/龈＋软腭]的组合；4 调音部位型增加的都是龈腭部位，不同于世界语言所增加的硬腭部位。苗瑶语组合系列较好地体现了汉藏语的区域特征。

从鼻音发声类型的出现频率看，世界语言的序列为：常态浊声（96.2%）＞嘎裂化浊声（5%）＞不送气清声（3.8%）＞浊送气浊声（0.6%）；汉语仅有常态浊声（100%）；藏缅语为：常态浊声（100%）＞不送气清声（23.9%）＞先喉塞浊声（4.3%）；侗台语为：常态浊声（100%）＞不送气清声（23.8%）＞先喉塞浊声（14.3%）＞清送气清声（4.8%）；苗瑶语为：常态浊声（100%）＞不送气清声（66.7%）＞先喉塞浊声（10%）＞清送气清声、浊送气浊声（各 6.7%）。

首先，比较发现，苗瑶语中虽然未出现世界语言中的嘎裂化鼻音，但仍是发声特征最为丰富的语言，其在汉藏语中颇具特色的弛化鼻音的实际分布率高达 53.3%[①]，远超世界语言。弛化鼻音当属苗瑶语最为典型的类型特征。其次，苗瑶语、藏缅语、侗台语清鼻音比重远超世界语言，体现了中国西南少数民族语言重要的区域特点。苗瑶语不送气清鼻音的出现频率为世界语言的 17.6 倍，是藏缅语、侗台语的 2.8 倍，其高频出现也是苗瑶语的显著类型特征。最后，苗瑶语先喉塞鼻音比重高于藏缅语、低于侗台语。先喉塞鼻音也是包括苗瑶语在内的中国西南少数民族语言的区域特征。

从鼻音发声类型的组合系列来看，世界语言中仅有一套浊鼻音系统的出现频率为 88.6%，[浊声＋嘎裂化浊声]为 3.2%，[浊声＋清声]为 2.2%，[浊声＋嘎裂化浊声＋清声]为 1.6%，[浊声＋浊送气浊声]、[浊声＋嘎裂化浊声＋浊送气浊声]均为 0.3%；汉语仅有一套浊鼻音；藏缅语仅有一套浊鼻音系统的出现频率为 73.9%，[浊声＋清声]为 21.7%，[先喉塞浊声＋浊声]、[先喉

---

① 朱晓农在《说鼻音》（《语言研究》2007 年第 3 期，第 4 页）中指出，汉语吴方言中也有弛化鼻音，但叶晓锋（2011）的语料中没有记录。

塞浊声+清声]均为 2.2%;侗台语仅有一套浊鼻音系统的出现频率为 61.9%,
[浊声+清声]为 19%,[先喉塞浊声+浊声]为 9.5%,[浊声+清送气清声]、[先
喉塞浊声+浊声+清声]均为 4.8%;苗瑶语[浊声+清声]的出现频率为 50%,
仅有一套浊鼻音系统的出现频率为 26.7%,[浊声+清送气清声]、[先喉塞浊
声+浊声+清声]、[浊声+清声+浊送气浊声]同为 6.7%,[先喉塞浊声+浊声]
仅有 3.3%。

　　苗瑶语仅有一套浊鼻音系统的比重远低于世界语言与其他汉藏语,但
清浊对立系统的比重大大高于世界语言,是藏缅语、侗台语的两倍多,其
清浊对立模式排在首位的鼻音格局与世界语言、其他汉藏语皆不相同。

　　关于鼻音的类型学共性,麦迪森(1984)提出了 14 条原则[①]。共性 4
以及共性 2、3 探讨了清鼻音以及腭化、唇化鼻音倾向于使用的调音部位。
共性 4 指出:清鼻音很可能为双唇部位(30.6%)。苗瑶语清鼻音调音部位
序列为:双唇、齿/龈(各 29%)>软腭(22.6%)>龈腭(19.4%),藏缅语
为:双唇、齿/龈(各 30.6%)>软腭(19.4%)>龈腭(16.7%)>硬腭(2.8%),
侗台语为:双唇、齿/龈(各 27.3%)>软腭、龈腭(22.7%)。苗瑶语、藏
缅语、侗台语双唇清鼻音比率和世界语言一样排在前列,与世界语言不同
的是,它们的齿/龈清鼻音与双唇清鼻音的比率同在前列。

　　共性 2、3 为:腭化鼻音很可能为双唇部位(50%)、唇化鼻音很可能为
软腭部位(63.6%)。苗瑶语腭化鼻音中双唇部位所占比率为 52.1%,藏缅
语为 63.6%,侗台语为 50%。苗瑶语双唇鼻音和世界语言、藏缅语、侗台
语一样更易于腭化,其中,苗瑶语、侗台语的比例接近世界语言。苗瑶语
唇化鼻音调音部位序列为:软腭(52.9%)>龈腭(23.5%)>双唇、齿/龈(各
11.8%),侗台语为:软腭(75%)>双唇(12.5%)>齿/龈、龈腭(各 6.3%)。
藏缅语仅有一个唇化鼻音[ŋw],其软腭部位的占比为 100%。苗瑶语软腭部
位所占比率低于藏缅语、侗台语、世界语言,但仍是其自身音系中最容易
唇化的部位。

　　共性 5—9 在考察鼻音分布特征的基础上得到了不同调音部位鼻音之间
的蕴含关系。共性 5 指出:大多数语言至少会拥有一个鼻音(96.8%)。共
性 6 为:有鼻音的语言一定会有齿/龈鼻音(99%)。共性 7 为:双唇鼻音的
存在蕴含着齿/龈鼻音的存在(99.3%)。共性 8 为:软腭或硬腭鼻音的存在
蕴含着双唇和齿/龈鼻音的存在(98.5%)。共性 9 是:齿和齿/龈鼻音的存
在蕴含着双唇和软腭鼻音的存在(92.3%)。

---

　　① Maddieson, Ian. *Patterns of Sounds*. Cambridge: Cambridge University Press, 1984: 69. 共性 14 探讨
了鼻冠塞音与塞音之间的蕴含关系。苗瑶语鼻冠塞音与塞音相配,因此我们将它放入塞音系统中讨论。

　　苗瑶语不同调音部位鼻音之间的分布关系不仅较好地印证了某些普遍共性，还体现了其独有的个性。其调音部位至少有双唇、齿/龈、软腭 3 种，因此完全符合共性 5 与共性 6。至于共性 7—9，由于其[m]、[n]、[ŋ]的出现频率同为 100%，[ɲ]高达 80%，[ŋ]低至 3.3%，因此与世界语言有所不同，但其蕴含关系更加明晰、有序。出现[ŋ]的吉卫苗语拥有[ŋ]，反之则不然；拥有[ɲ]的石板寨苗语、宗地苗语、石门坎苗语、吉卫苗语、下坳苗语、腊乙坪苗语都出现了[ŋ]，反之则不然；有[ɲ]的 24 个代表点都有[m]、[n]、[ŋ]，反之则不然；[m]、[n]、[ŋ]的出现频率完全相同，看不出彼此的蕴含关系[①]。因此，通过考察鼻音不同调音部位的相关性，我们得到以下蕴含关系：ɲ⊃ŋ⊃ŋ⊃m∩n∩ŋ。

　　再来看其他汉藏语的情况，它们都符合共性 5，但仅有藏缅语符合共性 6。汉语鼻音不同调音部位之间的蕴含关系为：ŋ⊃n⊃m（叶晓锋 2011）[②]，藏缅语为：N⊃ŋ⊃ɲ⊃m∩n∩ŋ，侗台语为：ŋ⊃n⊃m∩n∩ŋ。相比之下，苗瑶语、藏缅语、侗台语的龈腭鼻音在连续蕴含关系中地位重要，苗瑶语硬腭鼻音在音系环境中的作用则远逊世界语言。

　　共性 1、共性 11 揭示了鼻音发声态的整体特征以及不同发声类型鼻音之间的蕴含关系。共性 1 指出：音段中的鼻音绝大多数是浊鼻音（93.1%）。苗瑶语等汉藏语完全符合该共性。汉语浊鼻音比率为 100%，藏缅语为 84.9%，侗台语为 83.1%。苗瑶语浊鼻音比率为 70.8%，略低于世界语言及其他汉藏语。共性 11 为：清鼻音、嘎裂化鼻音或弛化鼻音的存在蕴含相同调音部位的常态浊声鼻音的存在（100%）。这条共性揭示了常态浊声鼻音的优势地位，这种优势源于发常态浊声鼻音时控制声带比发非常态浊声鼻音时更容易。

　　苗瑶语、藏缅语、侗台语与世界语言一样出现绝对共性：非常态浊声鼻音⊃常态浊声鼻音。藏缅语、侗台语的蕴含关系同为：清鼻音∪先喉塞鼻音⊃常态浊声鼻音。苗瑶语的蕴含关系为：清鼻音∪弛化鼻音∪先喉塞鼻音⊃常态浊声鼻音，其中鼻音弛化成分消变的可能性与各阳调的关系体现为以下次序：阳平>阳入>阳上>阳去，即阳平中的弛化成分最容易消失，阳入次之，再次为阳上，阳去最不容易消失。

　　共性 12、13 涉及带次要调音特征的鼻音与无次要调音特征的鼻音以及

---

　　① 语言样本之外的黔东苗语中出现无声母[ŋ]的方言点。另据 Anderson, Gregory D. S.在 *The Velar Nasal(ŋ)*（Haspelmath, Martin & Dryer, Matthew S. et al (eds.). *The World Atlas of Language Structures*. Oxford University Press, 2005: 42）中的研究，Hmong Njua（一种青苗话）中也没有声母[ŋ]。因此，[m]、[n]和[ŋ]的蕴含关系尚需更大的语料库来观察。目前我们仅能归纳鼻音韵尾的蕴含关系：m⊃n⊃ŋ。

　　② 叶晓锋：《汉语方言语音的类型学研究》，博士学位论文，复旦大学，2011 年，第 41 页。

其他辅音之间的蕴含关系。共性 12 为：带次要调音特征的鼻音的存在蕴含相同调音部位的鼻音的存在（92.3%）。苗瑶语、藏缅语、侗台语完全符合该蕴含规则：腭化鼻音∪唇化鼻音⊃相同调音部位鼻音，且毫无例外。

共性 13 指出：带次要调音特征的鼻音的存在蕴含至少一个具有相同调音部位的带次要调音特征的其他辅音的存在（96.2%）。苗瑶语、藏缅语、侗台语基本符合该共性，腭化、唇化双唇、齿/龈、软腭鼻音的存在蕴含至少一个具有相同调音部位的腭化、唇化塞音的存在，其中苗瑶语、侗台语[nj]、[nw]大都还有[tsj]、[tsw]相配。关于龈腭部位，苗瑶语龈腭鼻音全部唇化，它们均分布在瑶语支语言中。东山勉语的[ŋw]与[tw]、[tɕw]共现，江底勉语的[ŋw]则仅与[tɕw]相配；藏缅语中既无[nj]也无[nw]；侗台语的[nj]、[ŋw]是唯一不符合共性的，它们无[tj]、[tɕj]与[tw]、[tɕw]与其相配。

共性 10 涉及鼻音与塞音之间的蕴含关系：某个调音部位鼻音的存在蕴含相同（或相似）调音部位塞音、塞擦音的存在。Hockett（1955）也提出过一条相似的跨语言共性：同一种语言中鼻音的调音部位数量一般不超过塞音的调音部位数量[①]。这两条共性都应与塞音的感知线索比鼻音的感知线索更为突出有关。

苗瑶语等汉藏语基本符合上述共性，双唇、齿/龈、卷舌（限苗瑶语、藏缅语）、软腭鼻音的存在都蕴含相同调音部位塞音的存在，其中[n]大都还有[ts]相配。硬腭鼻音在汉语信宜方言中无硬腭塞音相配。龈腭鼻音也出现无同部位塞音相配的情况，苗瑶语有 6.7%的代表点（六巷炯奈语、大坪勉语），汉语相关数据为 7.1%，藏缅语为 4.4%，侗台语高达 33.3%。但苗瑶语除梁子勉语的[ɳ]配[t]，东山勉语的[ɳ]与[t]、[tɕ]共存之外，其他代表点的[ɳ]都有[tɕ]相配；汉语、藏缅语其他代表点的[ɳ]均有[tɕ]共存；侗台语有 33.3%的代表点[ɳ]配[tɕ]，19%的代表点[ɳ]配[t]。由于[tɕ]在汉藏语中很普遍而在其他语系中少见，苗瑶语等汉藏语龈腭鼻音与龈腭塞音、塞擦音的相关度有别于世界语言的蕴含倾向：ɳ⊃t∪ʧ，其所呈现的区域共性为：ɳ⊃tɕ∪t。

第六节　边　音

一　边音系统的构成

从调音方式来看，广义的边音包括边近音（lateral approximants）、边擦音（lateral frictives）、边闪音（lateral taps and flaps）、边塞擦音（lateral

---

① Hockett, Charles F. *A Manual of Phonology*. Baltimore: Waverly Press, 1955: 119.

affricates）4 个类别。其中，边擦音是"阻—响"跨类的交叉类，边闪音则为响音内部的交叉类；狭义的边音则为"边近音"的简称（朱晓农 2010）[①]。苗瑶语边音 4 种类别调音方式齐全，是辅音系统中的常见音类，但在所有辅音中所占的比例较低。它在 30 种语言采样声母库存中的占比为 7.5%，在单辅音库存中的占比为 10%，少于塞音、塞擦音、擦音乃至鼻音的占比。

苗瑶语边音库存（lateral inventories）较为丰富，30 种语言或方言采样的声母位置上一共出现 25 个边音，其中，边近音音位[l]、[ʅ]可充当后置辅音，边闪音音位[ɺ]仅能充当后置辅音。韵尾位置没有像藏缅语中的格曼语、嘉戎语、尔龚语一样出现边音音位[l]。

苗瑶语边音库存包括以下 4 种类型：

（1）单边近音、边擦音、边塞擦音，共 13 个，占总数的 52%；

（2）带腭化、唇化特征的边近音、边擦音、边塞擦音，共 9 个，占总数的 36%；

（3）带鼻冠音的边塞擦音，共 2 个，占总数的 4%；

（4）带先喉塞音的边近音，共 1 个，占总数的 2%。

苗瑶语边音库存最大的是石门坎苗语，其边音数量高达 7 个。边音库存最小的是西山布努语、梁子勉语、大坪勉语，仅有两个。苗瑶语边音数量为 4—6 个的代表点较多，占总数的 76.7%。表 1.6.1 为苗瑶语边音库存的出现频次和比率：

表 1.6.1　　　　　　　　　　苗瑶语边音库存

边音	l	lj	ɬ	ɬj	tɬ	ʅ	ʅj	tɬh	ʔl
频次	29	20	18	12	6	5	5	5	4
比率（%）	96.7	66.7	60	40	20	16.7	16.7	16.7	13.3

边音	lw	ntɬ	ɬw	lɦ	ɬjh	tɬj	ʎ	ʎh	ɬh
频次	3	3	2	2	2	2	1	1	1
比率（%）	10	10	6.7	6.7	6.7	6.7	3.3	3.3	3.3

边音	l̥	l̩	ɬh	lɦj	ntɬh	tɬhj	ɺ		
频次	1	1	1	1	1	1	1		
比率（%）	3.3	3.3	3.3	3.3	3.3	3.3	3.3		

---

① 朱晓农：《语音学》，商务印书馆 2010 年版，第 157 页。

在 13 个单边音中，出现频率最高的是边近音[l]，其出现频率高达 96.7%。其次是边擦音[ɬ]，其出现频率为 60%，约为边近音的六成。其他单边音的出现频率都在 20%以下，其中，边闪音[ɺ]只出现在后置辅音位置。我们仅在石板寨苗语中发现 3 个带后置辅音[ɭ]的小舌塞音、擦音复辅音声母：[qɭ]、[qʰɭ]、[ʁɭ]。边闪音的分布较为受限，其特征与也可出现在后置辅音位置、在首辅音丛中分布更为自由的边近音[l]、[ɭ]有所不同。总之，苗瑶语后置辅音一般由边音、擦音、颤音、近音充当，语言采样中尚未发现带后置辅音的边音。

腭化、唇化边音分布较为广泛。苗语支以腭化边音为主，且只有 57.7%的代表点拥有腭化边音，唇化边音极为少见，其腭化、唇化边音的平均值为 1.6 个。文界巴哼语、滚董巴哼语、虎形山巴哼语、小寨优诺语、六巷炯奈语拥有少见的腭化清边音[l̥j]，尧告苗语、中排巴那语中出现腭化边塞擦音[tɬj]、[tɬhj]，文界巴哼语中还出现罕见的带弛化成分的腭化边音[lɦj]。唇化边音仅分布在六巷炯奈语中。瑶语支代表点全都出现了腭化、唇化边音，其平均值为 2.5 个。其中，江底勉语、东山勉语既有腭化边音，又有唇化边音，还出现了较为少见的唇化边擦音[ɬw]，梁子勉语、大坪勉语仅有腭化边音。

整体来看，苗瑶语以[lj]最为常见，其出现频率高达 66.7%。其次是[ɬj]，其出现频率跌至 40%。再次是[lw]，其出现频率为 10%。其他腭化、唇化边音的出现频率都在 10%以下。腭化、唇化边音的调音部位以齿/龈为主，其他部位较为少见。[lj]、[ɬj]在苗瑶语现代边音系统中的出现频次颇高，在历时演变中也具有较为显著的功能，因此，陈其光（2013）将其纳入古苗瑶语边音系统之中[①]。

带鼻冠音的边音仅有两个，均为边塞擦音，即[ntɬ]和与之相对的送气音[ntɬh]。它们均分布在上坝苗语、石门坎苗语中。在这两个代表点的音系中，均存在不带鼻冠音的边塞擦音。

带先喉塞音的边音仅有 1 个，即[ʔl]。它们仅分布在石板寨苗语、高寨苗语、小章苗语、西山布努语中。除西山布努语之外，先喉塞边音与先喉塞鼻音平行分布。

二　边音系统的调音方式、调音部位

苗瑶语边音库存中出现了 4 种调音方式的边音：边近音、边擦音、边塞擦音、边闪音。在 30 种苗瑶语语言或方言采样中，边音的出现频次为 128次，其中，边近音出现了 74 次，其占比高达 57.8%。由此可见，边近音是

---

① 陈其光：《苗瑶语文》，中央民族大学出版社 2013 年版，第 48 页。

苗瑶语边音系统中最为常见的调音方式。除了嶂背畲语之外，边近音在其他代表点中均有分布，其分布率高达 96.7%。

边擦音位列第二，共出现 35 次，其占比为 27.3%。它在 30 种语言或方言样本中的分布率为 63.3%，主要出现在苗语支语言中，瑶语支只有五成代表点拥有这种调音方式。苗语支有 17 个代表点，即高寨苗语、石板寨苗语、高坡苗语、上坝苗语、石门坎苗语、宗地苗语、腊乙坪苗语、下坳苗语、小章苗语、菜地湾苗语、凯棠苗语、尧告苗语、河坝苗语、七百弄布努语、瑶麓布努语、黄落优诺语、龙华炯奈语，瑶语支代表点为 2 个，即江底勉语、东山勉语。其中，菜地湾苗语仅有腭化边擦音。边擦音属于苗瑶语古已有之的调音方式，其分布出现空缺是因为它在嶂背畲语中变读为齿/龈鼻音，在苗语支吉卫苗语、文界巴哼语、滚董巴哼语、虎形山巴哼语、西山布努语、中排巴那语、小寨优诺语、六巷炯奈语以及瑶语支梁子勉语、大坪勉语等代表点中演变为常态浊声边近音。

边塞擦音位列第三，其出现频次为 18 次，占比为 14.1%。它们仅出现在苗语支上坝苗语、高坡苗语、石门坎苗语、尧告苗语、七百弄布努语、中排巴那语等 6 个代表点中，其分布率为 20%。上坝苗语、高坡苗语、石门坎苗语、七百弄布努语、中排巴那语的边塞擦音有送气与不送气的对立。另外，上坝苗语、石门坎苗语、七百弄布努语还拥有较为罕见的鼻冠边塞擦音。这些鼻冠边塞擦音为 *mbl、*mblj 等古鼻冠双唇塞边复辅音声类边塞擦化的产物。边塞擦音发音之时舌边先破裂，与一般塞擦音的发音方法相同。谭晓平（2013）的研究显示，苗瑶语边塞擦音源自塞边复辅音的边塞擦化，可以追溯到古苗瑶语小舌、双唇、齿/龈塞边复辅音 *ql/qlj/qw、*ɢl/ɢlj/ɢw、*pl/plj、*tl/thl 等声类。从苗瑶语边塞擦音共时平面上的分布差异以及塞边复辅音的演变规律来看，其演变路径可以概括为：*Ql/Pl/Tl>Tɬ[①]。

边闪音的出现频次仅有 1 次，其占比为 0.8%。我们仅在石板寨苗语中发现它的踪迹，其分布率只有 3.3%。它不能单独充当声母，仅能作后置辅音。它源于古复辅音声母中的后置辅音 *-l 或 *-r，其共时分布率如此之低，可能是因为它容易转化为齿/龈近音[ɹ]。吉卫苗语塞音、鼻音复辅音声母中就有充当后置辅音的齿/龈近音[ɹ]，如[pɹ]、[phɹ]、[bɹ]、[bhɹ]、[mɹ]，这个后置辅音的源头同样是古后置辅音 *-l 或 *-r。

下面我们将视线转移到苗瑶语边音库存中所出现的调音部位。30 种语言或方言采样所涉的调音部位共有 3 种，即齿/龈、卷舌、硬腭，尚未发现其他部位边音。必须说明的是，边塞擦音的调音部位比较复杂，朱晓农

---

① 谭晓平：《苗瑶语塞擦音的来源与演变》，《中央民族大学学报》2013 年第 1 期，第 99 页。

（2010）在《语音学》中将它置于齿/龈、龈、龈后 3 个栏目合并之处[①]。苗瑶语边音在部位上的对立比塞音、塞擦音、鼻音少，比调音部位高达 11 种的擦音少很多。苗瑶语边音调音部位的出现频率如表 1.6.2 所示：

表 1.6.2　　　　　　　　　苗瑶语边音调音部位

	齿/龈	卷舌	硬腭
苗语支（26 种）	25	1	1
瑶语支（4 种）	4	0	0
频次	29	1	1
比率（%）	96.7	3.3	3.3

　　齿/龈边音为苗瑶语高频边音，其出现频率为 96.7%，远超硬腭、卷舌边音的出现频率，广泛分布于两个语支之中。

　　硬腭、卷舌边音为苗瑶语低频边音，仅见于苗语支语言或方言采样中。硬腭边音的出现频率为 3.3%，分布在吉卫苗语中。该创新音位主要源于古腭化边擦音*lj 声类的硬腭音化。创新音位卷舌边音仅见于宗地苗语，其出现频率同为 3.3%，源自古腭化边擦音*lj 声类的卷舌化。

　　苗瑶语 30 种语言或方言采样中边音调音部位的组合类型及其出现频率如表 1.6.3 所示：

表 1.6.3　　　　　　苗瑶语边音调音部位的组合类型

		齿/龈	卷舌	硬腭	频次	比率（%）
1 套	类型 1	+			27	90
2 套	类型 2.1	+		+	1	3.3
	类型 2.2	+	+		1	3.3

　　仅有一套齿/龈边音的类型 1 在苗瑶语中分布最为广泛，出现在 27 个代表点中，即苗语支石板寨苗语、高寨苗语、上坝苗语、高坡苗语、石门坎苗语、小章苗语、下坳苗语、腊乙坪苗语、凯棠苗语、菜地湾苗语、尧告苗语、河坝苗语、文界巴哼语、滚董巴哼语、虎形山巴哼语、七百弄布

[①] 朱晓农：《语音学》，商务印书馆 2010 年版，第 197 页。苗瑶语辅音调音部位未涉及"龈"，边塞擦音仅与齿/龈、龈后相关。本书暂将边塞擦音调音部位归于齿/龈。

努语、西山布努语、瑶麓布努语、中排巴那语、小寨优诺语、黄落优诺语、龙华炯奈语、六巷炯奈语，瑶语支江底勉语、梁子勉语、东山勉语、大坪勉语。

调音部位组合类型 2.1 以及类型 2.2 都比较少见，仅分布在苗语支的两个代表点中。其中，吉卫苗语为[齿/龈+硬腭]的组合，宗地苗语为[齿/龈+卷舌]的组合。由此可见，苗瑶语语言或方言采样中边音调音部位所形成的对立最多只有两个。

苗瑶语仅拥有 1 套齿/龈边音的代表点高达 27 个，占总数的 90%，其边音系统调音部位组合类型以一套齿/龈部位为主。

现代苗瑶语边音系统的内部构成情况显示，与同为响音的鼻音的系统一样，苗瑶语边音系统中调音部位少的类型是调音部位多的类型的真子集，其调音部位的复杂化显示了边音系统的演变路径。古苗瑶语只有一套齿/龈边音，分布极其广泛的类型 1 较好地保留了古苗瑶语仅有一套齿/龈边音的格局。古*lj 声类的硬腭音化、卷舌化分别产生了较为少见的类型 2.1、类型 2.2。

苗瑶语各语支边音调音部位数目及其平均数如表 1.6.4 所示：

表 1.6.4 **苗瑶语边音调音部位数目及其平均数**

苗语支	调音部位数目	平均数	优诺语	小寨 1 黄落 1	1
罗泊河苗语	石板寨 1 高寨 1	1	炯奈语	龙华 1 六巷 1	1
川黔滇苗语	上坝 1 高坡 1 宗地 2 石门坎 1	1.3	巴那语	中排 1	1
湘西苗语	吉卫 2 下坳 1 腊乙坪 1 小章 1	1.3	畲语	嶂背 0	0
黔东苗语	凯棠 1 菜地湾 1 尧告 1 河坝 1	1			**1**
巴哼语	文界 1 滚董 1 虎形山 1	1	**瑶语支**	调音部位数目	平均数
布努语	七百弄 1 西山 1 瑶麓 1	1	勉语	江底 1 梁子 1 东山 1 大坪 1	**1**

从语支的角度来看，苗语支调音部位数目有 3 种，组合类型较为复杂，拥有 3 种组合类型，即[齿/龈]、[齿/龈+卷舌]、[齿/龈+硬腭]。宗地苗语、吉卫苗语通过较为复杂的调音部位来增强其边音的区别度，从而补偿其相对简单的韵母系统。其他代表点的调音部位都只有齿/龈部位。苗语支中嶂

背畲语的情况较为特别，其[l]与[n]、[lj]与[nj]可以自由变读，一般标为[n]、[nj]。瑶语支的 4 个代表点中均只出现 1 套齿/龈边音，其组合类型较为简单。因其复杂的韵母、声调系统的加持，它没有必要以调音部位的复杂化来分担声母系统的信息负担。

　　虽然边音的调音部位远不及其他辅音复杂，但从地理分布上来看，苗瑶语边音调音部位数目依然和塞音、塞擦音、擦音等其他辅音一样，呈现由北到南、从西往东渐次减少之势，如图 1.6.1 所示：

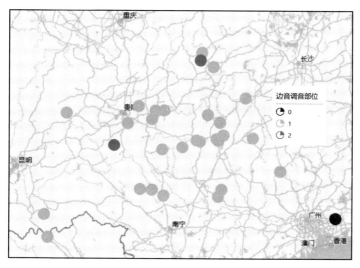

图 1.6.1　苗瑶语边音调音部位数目分布

三　边音系统的发声类型

　　苗瑶语边音涉及 4 种发声态对立，如表 1.6.5 所示[①]：

表 1.6.5　　　　　　　　　　苗瑶语边音的发声类型

	浊声	弛声	清声		张声
	浊声+不送气	浊声+浊送气	清声+不送气	清声+清送气	先喉塞+浊声
苗语支（26 种）	25	2	23	8	4
瑶语支（4 种）	4	0	2	0	0
频次	29	2	25	8	4
比率（%）	96.7	6.7	83.3	26.7	13.3

---

　　① 苗瑶语清边近音包括不送气与清送气清边近音，但两者不会出现在同一音系当中。边擦音仅在凯棠苗语、河坝苗语中出现不送气、清送气的对立。因此，我们在发声分类中将两者合并。

表中数据显示，清、浊是苗瑶语边音系统最重要的对立特征。浊边音是最为常见的边音，其出现频率高达 96.7%。现代苗瑶语中数量庞大的浊边音较为完好地保存了古苗瑶语浊边音声类*l、*lr，它们仅在嶂背畲语中变读为[n]、[nj]。古*ɬ、*ɬj、*ɬr 等清边音声类部分浊化。古*ʔl 声类约半数失去先喉塞音而变为浊边音，还有三分之一以上变为齿/龈鼻音。古*gr 声类的一部分也演变为浊边音。这些古声类的加入无疑进一步壮大了常态浊声边音的队伍。

不送气清边音排在第二，其出现频率为 83.3%，远远高于清鼻音的占比。不送气清边音实际上包括三个类别。第一类是清边近音[l̥]，分布在苗语支宗地苗语、吉卫苗语、下坳苗语、腊乙坪苗语、文界巴哼语、滚董巴哼语、虎形山巴哼语、小寨优诺语、六巷炯奈语中，主要来自古*ɬ 声类。第二类是清边擦音[ɬ]，分布于石板寨苗语、高寨苗语、上坝苗语、高坡苗语、宗地苗语、石门坎苗语、小章苗语、凯棠苗语、菜地湾苗语、尧告苗语、河坝苗语、七百弄布努语、瑶麓布努语、黄落优诺语、龙华炯奈语、江底勉语、东山勉语。其中，宗地苗语既有清边近音[l̥]又有清边擦音[ɬ]。第三类是清边塞擦音[tɬ]，分布在上坝苗语、高坡苗语、石门坎苗语、尧告苗语、七百弄布努语、中排巴那语中。

清送气清边音位列第三，其出现频率为 26.7%，高于清送气清鼻音的出现频率。这类音也和不送气清边音一样，拥有 3 种类别。第一类出现在吉卫苗语中，其清送气清边近音有齿/龈、硬腭两种调音部位，即[l̥h]、[ʎh]，但并没有与之对立的不送气清边音声类，其源头与不送气清边音一样，也主要是古*ɬ 声类。第二类见于凯棠苗语、河坝苗语，均为清送气边擦音。这两个代表点的擦音也有送气与不送气的对立，如 f:fh、s:sh、ɕ:ɕh、x:xh。由此可见，其送气边擦音与送气清擦音平行分布。追溯[ɬh]的来源，我们发现它来自古*ɬ、*lr 声类。第三类分布在高坡苗语、石门坎苗语、七百弄布努语、中排巴那语中，均为清送气边塞擦音，源自古*thl、*tshj 等送气声类的边塞擦化。

先喉塞边近音位列第四，其出现频率低至 13.3%，高于先喉塞鼻音的出现频率。它们仅见于苗语支石板寨苗语、高寨苗语、小章苗语、西山布努语。除西山布努语无先喉塞鼻音之外，其他代表点先喉塞边近音、先喉塞鼻音呈均衡分布之势。先喉塞边近音存在两种类型：第一种能与边擦音同时出现在阴调中，如小章苗语；第二种可以和边近音、边擦音出现在同一声调之中，如石板寨苗语、高寨苗语。

先喉塞边近音是原始的辅音音类，但其出现频率仍然较低。相较于高频的常态浊声边近音，它处于一个相当边缘的位置。我们从其共时分布中追踪到以下三种演变模式：

（1）保留先喉塞成分，如苗语支石板寨苗语、高寨苗语、小章苗语、西山布努语；

（2）丢失先喉塞成分，变为常态浊声边近音，这是最为普遍的演变模式；

（3）演变为齿/龈鼻音，如苗语支嶂背畲语，瑶语支江底勉语、梁子勉语、东山勉语、大坪勉语。

从表 1.6.5 中的数据看，弛化边音分布率最低，只有 6.7%，仅见于石门坎苗语、文界巴哼语，且只分布在常态浊声边近音中。实际上，与鼻音、塞音、塞擦音、擦音系统一样，在上坝苗语、高坡苗语、宗地苗语、吉卫苗语、下坳苗语、腊乙坪苗语、小章苗语、凯棠苗语、尧告苗语、河坝苗语、七百弄布努语、中排巴那语、黄落优诺语中也有弛化边音分布，但这些代表点的弛化边音均处理为阳调伴随特征。

追溯弛化边近音的来源，可以发现，石门坎苗语的弛化边近音与词类的分化相关，其余各代表点弛化边近音则与古边音系统的声调配列关系相关。陈其光先生将古苗瑶语边音系统构拟为 3 套：*ʔl、*l̥、*l。这 3 套边音在声调配列关系上相当于全清、次清和全浊音的关系。上坝苗语、高坡苗语、凯棠苗语、尧告苗语、河坝苗语、七百弄布努语、中排巴那语、黄落优诺语都只有一套浊边音，其源自*ʔl、*l̥ 的浊边音仍反映为清声母的调类，源自*l 的浊边音则反映为浊声母的调类。现有唯一的一套浊边音既出现在阳调中，也见于阴调。在宗地苗语、吉卫苗语、下坳苗语、腊乙坪苗语、文界巴哼语中，边近音为清浊两分，其清边近音仅见于阴调，浊边近音因接纳了源自*ʔl、*l̥ 的词而要出现在阳调和阴调中。石板寨苗语、高寨苗语、小章苗语[ʔl]、[l̥]、[l]俱全，西山布努语有[ʔl]、[l]两套浊音，但这些代表点的[ʔl]、[l̥]限拼阴调，[l]也因接纳源自古*ʔl、*l̥ 声类但仍反映为清声母调类的词而要同时出现在阴调、阳调中。

上述各代表点中的常态浊声边近音声调信息负担较重，来自*l 声类的浊边音声类所伴随的弛化成分因发音时声带松弛漏气而产生特殊的听感，可凸显其与源自*ʔl、*l̥ 的浊边音声类的区别，以此来维持古浊边音特征、保持音节的基本对立。

弛化边近音虽然大部分处理为阳调伴随特征，但其区分意义的作用相较于声调而言并非多余。苗瑶语边音系统中清边擦音向常态浊声边音的演变、先喉塞音边音中先喉塞成分的消变混淆了古声类"单清浊双"的界线。弛化边音可以重新廓清这种模糊的分界。弛声可以降低来自*l 声类的相关音节的起音，从而与源自*ʔl、*l̥ 声类的浊边音音节相区别，实际上起到了维持苗瑶语"阴高阳低"声调格局的作用。

　　虽然弛化边近音的作用不可忽视，但它在与声调功能的竞争中处于不断消变的状态。在上述 15 个代表点中，弛声边近音出现于各阳调的频次依次为：阳去（13 次）>阳上（11 次）>阳入（5 次）>阳平（3 次）。我们根据共时分布数据观察了其边近音弛化成分消变的态势，与弛化塞音、塞擦音、擦音、鼻音一样，其消变的可能性和各阳调的关系按降序依次为：阳平>阳入>阳上>阳去。也就是说，弛化成分在阳平、阳入中最先失落，阳上次之，弛化成分在阳去中失落的步伐最慢。

　　苗瑶语语言采样中还有少量弛化边近音由古清边擦音演变而来。在宗地苗语[①]、梁子勉语中，其弛声态变体处理为阴调乙伴随特征，如宗地苗语的 la^{阴去乙}（<*ɬɑu^{去}）"绳子"、梁子勉语的 lau^{阴上乙}（<*ɬɔ^{上}）"竹子"。谭晓平（2017）认为，宗地苗语、梁子勉语中的古次清塞音在演变过程中送气成分产生轻微气化的弛声态变体，由普通清声态变为弛声态，并造成与古全清的分调[②]。高坡苗语、下坞苗语、瑶麓布努语的清边擦音[ɬ]实为送气清音，腊乙坪苗语的清边近音的气流较强。上述两类清边音都有送气成分，因为没有不送气清边音与之对立，送气成分未标明。根据以上 6 个代表点中清边擦音、清边近音以及古次清来源塞音的语音表现，我们猜想宗地苗语、梁子勉语中的古*ɬ 声类也有送气成分存在。当边擦音的送气成分演变为弛声态之后，发音时声带关闭不严而导致漏气，相关音节的起音随之降低，最终与源自*ʔl 的常态浊声边近音分调。

　　在宗地苗语中，古*ʔl、*ɬ 声类已经合并为[l]声类，部分古*l 声类也演变为[l]声类。在梁子勉语中，古*ʔl、*ɬ、*l 声类合而为一，演变为[l]声类[③]。古*ʔl 声类失去其先喉塞成分之后，其调类仍反映为全清声母的阴调；古*ɬ 声类发生浊化、送气成分产生弛化现象之后，其调类还是次清声母的阴调，但凭借弛声特征带来的较低音高与全清声类相区别；古*l 声类则一如既往，其调类始终为浊声母的阳调。由此可见，弛声与声调协同，起到了区别词义的作用。

　　苗瑶语弛化边近音的实际分布率为 53.3%，恰与弛化塞音、弛化塞擦音、弛化擦音、弛化鼻音平行分布。与上述其他辅音一样，弛声在边音系统中的分布从北往南、自西向东渐次减少的趋势较为明显。

　　苗瑶语边音发声态的组合类型如表 1.6.6 所示[④]：

[①] 宗地苗语的弛化边音与其他弛化辅音一样，非常复杂，阴调乙以及阳去、阳上都带弛化成分。

[②] 谭晓平：《苗瑶语塞音系统的类型学考察》，《中央民族大学学报》2017 年第 1 期，第 131 页。

[③] 古苗瑶语*ʔl~ɬ~l 在声调的配合上相当于全清、次清和全浊音。

[④] 统计时仅计入声母系统中已经标明弛化边音的语言或方言。

表 1.6.6　　　　　　　　　　　苗瑶语边音发声组合类型

		浊声+不送气	浊声+浊送气	清声+不送气	清声+清送气	先喉塞+浊声	频次	比率（%）
1 套		+					3	10
2 套	类型 2.1	+		+			17	56.7
	类型 2.2	+			+		1	3.3
	类型 2.3	+				+	1	3.3
3 套	类型 3.1	+		+		+	3	10
	类型 3.2	+		+	+		2	6.7
	类型 3.3	+	+	+			2	6.7

　　表 1.6.6 中的数据显示，苗瑶语边音系统主要是两分格局，其占比高达63.3%。其中，清浊两分格局占优势。[浊边近音+不送气清边近音]或[浊边近音+清边擦音]两分模式有 17 个代表点，即上坝苗语、高坡苗语、宗地苗语、下坳苗语、腊乙坪苗语、菜地湾苗语、尧告苗语、滚董巴哼语、虎形山巴哼语、七百弄布努语、瑶麓布努语、小寨优诺语、黄落优诺语、龙华炯奈语、六巷炯奈语、江底勉语、东山勉语。[浊边近音+清送气清边近音]两分模式相对较少，仅见于吉卫苗语，其[ɬh]声类源于古清边擦音。上述两种清浊对立模式因古*ʔl 声类失落先喉塞音成分而来。除宗地苗语、滚董巴哼语、虎形山巴哼语、小寨优诺语、六巷炯奈语中出现清边近音[l̥]、[l̥]之外，其他代表点清边近音全部阙如，仅靠清边擦音维持清浊两分的格局。有趣的是，苗瑶语边近音、边擦音的清浊对立极不均衡。在上述各代表点中，浊边擦音从未出现，清边擦音完全依赖与浊边近音的对立来区分清浊。由上可见，边音清浊对立模式的占比高达 60%，无疑是苗瑶语边音库存中最为常见的发声类型组合模式。两分格局中[先喉塞边近音+浊边近音]模式最为少见，仅在西山布努语中出现。古苗瑶语边音系统中有 3 套边音：*ʔl、*ɬ、*l，古*ɬ 声类在该模式中已经失去擦音特征且发生浊化，演变为常态浊声边近音。

　　仅有一套常态浊声边近音系统的占比为 10%，分布在中排巴那语、梁子勉语、大坪勉语中。在该模式中，不仅*ʔl 声类的先喉塞成分消失，*ɬ 声类、*l 声类的清浊对立也已经不复存在，三种古边音声类全部中和于一套常态浊声边近音。

　　在苗瑶语边音三分系统中，类型 3.1 的占比也是 10%。石板寨苗语、高寨苗语、小章苗语均为[先喉塞浊边近音+清边擦音+浊边近音]模式，较为完整地保留了古苗瑶语边音的三分格局。三分模式中类型 3.2、类型 3.3 比较罕见。石门坎苗语、文界巴哼语为[清边擦音+浊边近音+浊送气浊边近音]模式，该模式中的[lɦ]声类是应对古*ʔl 声类失落先喉塞音成分导致声调系统失衡而产生的语音创新。河坝苗语、凯棠苗语为[浊边近音+不送气清边擦音+清送气清边擦音]模式，这种格局应为古*ʔl 声类先喉塞音成分失落后引起的语音系统裂变，即古*ɬ 声类出现送气与否的对立，演变为[ɬ]、[ɬh]两组边擦音。

　　综上所述，现代苗瑶语边音系统基本沿着*ʔl~*ɬ~*l>ɬ~l>l 的路径演变，即先喉塞边音中的先喉塞成分首先失落，然后边擦音演变为常态浊声边近音。在边音系统不断简化的进程中，衍生了弛声这种新的发声类型，其作用在于以改变音高的方式来和声调一起区别词义。

四　边音系统特点的跨语言对比

　　世界语言样本中边音的种类繁多，出现了长边近音、长边擦音、喷音性边擦音、㗂音性边塞擦音、嘎裂化边近音等汉藏语言中未出现的边音库存。从边音的平均数目来看[①]，世界语言边音的平均值为 1.3 个，汉语为 1 个，藏缅语为 1.7 个，侗台语为 2.1 个，苗瑶语为 4.3 个。苗瑶语边音平均数目远远高于其他汉藏语言，为普遍共性 1.3 个的 3.3 倍。

　　从边音的调音方式看，世界语言中的边音以边近音为主，其在边音系统中的占比高达 79.7%，其中，常态浊声的占比为 74.7%，清声为 2.6%，嘎裂化浊声为 1.9%，浊送气浊声为 0.2%；边擦音次之，其占比为 10.8%，其中，清声的占比为 8.1%，浊声为 2.2%，喷音性清声为 0.5%；边塞擦音位列第三，其占比为 7%，其中，喷音性清声的占比为 3.3%，不送气清声为 2.2%，浊声为 1%，清送气清声为 0.5%；最后是边闪音，其占比仅为 2.4%，其中，常态浊声的占比为 2.2%，嘎裂化浊声为 0.2%[②]。

　　汉语 95% 为浊边近音，5% 为清边擦音。藏缅语 74% 为边近音，其中，浊声的占比为 67.5%，先喉塞浊声为 3.9%，清声为 2.6%；26% 为边擦音，其中，清声的占比为 24.7%，浊声为 1.3%。侗台语 88.6% 为边近音，其中，浊声的占比为 79.5%，清声为 9.1%；11.4% 为清边擦音。苗瑶语 57.8% 为边

---

　　① 统计中我们计入了边近音、边擦音、边闪音、边塞擦音，其中包括长边音，先喉塞边音，腭化、唇化边音，嘎裂化、弛化边音，喷音性、㗂音性边音。

　　② Maddieson, Ian. *Patterns of Sounds*. Cambridge: Cambridge University Press, 1984: 74−76.

近音，其中，浊声的占比为 42.2%，清声为 10.2%，先喉塞浊声为 3.1%，浊送气浊声为 2.3%；27.3%为清边擦音；14.1%为边塞擦音，其中不送气清声的占比为 8.6%，送气清声的占比为 5.5%；浊边闪音的占比只有 0.8%。

跨语言分布模式显示，边音的调音方式以边近音、边擦音为主，其中，边近音以浊声为主，边擦音绝大多数是清声。在边塞擦音、边闪音这两种少见的调音方式中，边塞擦音以清声为主，边闪音只有浊声。苗瑶语等汉藏语无疑符合这一普遍共性。在汉藏语言中，藏缅语、侗台语、汉语都只有边近音、边擦音分布。其中，藏缅语边近音在辅音丛中出现的位置最为自由，以充当主要辅音为主，还可作前置辅音、后置辅音，在格曼语、嘉戎语、尔龚语中甚至还可充当韵尾。侗台语边近音和苗瑶语一样，以充当主要辅音为主，还可作后置辅音。汉语边近音仅能充当主要辅音。

苗瑶语调音方式比其他汉藏语言丰富，世界语言中的 4 种边音调音方式兼备，拥有其他汉藏语言中未见的边塞擦音。虽然苗瑶语中未出现喷音性清边塞擦音、浊边塞擦音，其调音部位仅限齿/龈，无类似祖鲁语（Zulu）中软腭部位的喷音性边塞擦音[kɬʼ]，但其清边塞擦音、送气清边塞擦音的出现频率远远高于普遍共性，两种清边塞擦音出现频率之和为世界语言中相关清边塞擦音出现频率之和的 2.4 倍。与此同时，虽然苗瑶语中未出现浊边擦音，但其清边擦音的出现频率为世界语言平均水平的 3.2 倍。因此，边塞擦音、边擦音为苗瑶语颇具类型特色的边音库存。边擦音在藏缅语、侗台语中的出现频率也远高于普遍共性，因此，边擦音也是苗瑶语、藏缅语、侗台语等汉藏语言重要的区域性特征。

麦迪森（2005）在 WALS 中将 566 种世界语言的边音分布情况如表 1.6.7 所示的 5 种类型[①]：

表 1.6.7　　　　　　　　世界语言边音分布类型

类型	语言数量	比率（%）
无边音	95	16.8
有边近音，无边擦音、边塞擦音	388	68.6
仅有边闪音	29	5.1
既有边近音，也有边擦音或边塞擦音	46	8.1
仅有边擦音或边塞擦音	8	1.4

---

① Maddieson, Ian. Lateral Consonants in Haspelmath, Martin & Dryer, Matthew S. et al (eds.). *The World Atlas of Language Structures*. Oxford: Oxford University Press, 2005: 38。

按以上标准，世界语言最为常见的类型为有边近音，但无边擦音、边塞擦音。汉语、藏缅语、侗台语最常见的类型与世界语言一致，其占比分别为 90.7%、58.7%、81%，其中汉语、侗台语的占比高于世界语言。唯有苗瑶语最常见的类型为既有边近音，也有边擦音或边塞擦音，其分布率为 66.7%，远远高于其另一种类型（有边近音，无边擦音、边塞擦音）的占比 30%，为普遍共性的 8.2 倍。苗瑶语的这种分布倾向再次显示了其边音系统的类型特征，即拥有较为丰富的边塞擦音、边擦音库存。

从边音调音部位在边音系统中的占比来看，世界语言调音部位的序列为：齿/龈（86.5%）>卷舌（6.7%）>硬腭（3.8%）>龈后（1.9%）>龈—软腭（0.7%）>软腭（0.2%）[①]；汉语、侗台语全部为齿/龈部位；藏缅语为：齿/龈（98.7%）>卷舌（1.3%）；苗瑶语为齿/龈（96.9%）>硬腭、卷舌（各 1.6%）。

苗瑶语等汉藏语言中未出现世界语言中的龈后、龈—软腭、软腭部位，但与世界语言一样，齿/龈部位边音占绝对优势，且其占比均高于世界语言。世界语言边音调音部位与擦音一致，均以齿/龈部位最为普遍。除侗台语擦音部位之外，汉藏语也符合这一分布倾向。在汉藏语言内部，苗瑶语调音部位格局接近藏缅语，尽管藏缅语中未出现硬腭边音。在汉藏语言中，唯有苗瑶语和世界语言一样，出现了卷舌部位、硬腭部位边音。

从边音调音部位组合系列的占比来看，世界语言 71.3%只有一套齿/龈部位，4.7%为[齿/龈+卷舌]的组合，3.2%为[齿/龈+硬腭]的组合，1.3%为[齿/龈+卷舌+硬腭]的组合。[齿/龈+龈后]的组合、[齿/龈+龈后+卷舌]的组合、仅有一套卷舌或软腭部位的组合等模式都十分罕见，占比均在 1%以下。汉语 95.7%仅有一套齿/龈部位，其余 4.3%无边音。藏缅语 97.8%仅有一套齿/龈部位，其余 2.2%为[齿/龈+卷舌]的组合；侗台语全部语言样本都只有一套齿/龈部位。苗瑶语 93.1%仅有一套齿/龈部位，[齿/龈+硬腭]的组合、[齿/龈+卷舌]的组合均为 3.4%。

苗瑶语等汉藏语言虽然组合类型不如世界语言丰富，未出现三种调音部位的组合，但与世界语言如出一辙的是，仅有一套齿/龈部位的系统占有明显优势，其比重远超其他组合类型。不仅如此，苗瑶语等汉藏语言仅有一套齿/龈部位系统的占比均高于普遍共性。在其他组合类型中，汉藏语言中唯有苗瑶语出现了[齿/龈+硬腭]以及[齿/龈+卷舌]两种组合类型，其中，[齿/龈+硬腭]组合的占比甚至略高于世界语言。

从边音发声类型在边音系统中的占比来看，世界语言之序列为：不送

---

① Maddieson, Ian. *Patterns of Sounds*. Cambridge: Cambridge University Press, 1984: 77.

气浊声（81.3%）>不送气清声（12.9%）>喷音性清声（3.8%）>嘎裂化浊声（2.1%）>清送气清声（0.5%）>浊送气浊声（0.2%）；汉语为：常态浊声（95%）>不送气清声（5%）；藏缅语为：常态浊声（68.8%）>不送气清声（27.3%）>先喉塞浊声（3.9%）；侗台语为：常态浊声（79.5%）>不送气清声（15.9%）>清送气清声（4.5%）；苗瑶语为：常态浊声（43%）>不送气清声（42.2%）>清送气清声（9.4%）>先喉塞浊声（3.1%）>浊送气浊声（2.3%）。

　　跨语言比较发现，首先，苗瑶语中虽然未出现世界语言中的喷音性边音、嘎裂化边音，但其发声态仍然较为丰富，世界语言中绝大部分的发声类型都可在苗瑶语中找到。在汉藏语言中，唯有苗瑶语与世界语言一样，在浊声边近音中出现浊送气浊声，即弛声。弛化边近音的出现频率实际上高达53.3%，其在边音系统中的实际占比为20.4%，远超世界语言弛化边近音的占比。弛化边近音无疑是苗瑶语最为典型的类型特征。其次，苗瑶语、侗台语中出现了清送气清边音，其在边音系统中的占比分别为9.4%、4.5%，其中，侗台语的占比低于苗瑶语。清送气清边音在世界语言中的占比低至0.5%，仅出现在边塞擦音中，在侗台语中仅见于边擦音。苗瑶语边近音、边擦音、边塞擦音中均有清送气清边音存在，其占比高达普遍共性的 18.8倍，因此，清送气清边音是其显著类型特征。再次，苗瑶语、藏缅语、侗台语不送气清边音的占比分别为42.2%、27.3%、15.9%，均超过世界语言的占比12.9%，其中，苗瑶语不送气清边音占比最高，是普遍共性的3.3倍。高频出现的不送气清边音为苗瑶语、藏缅语、侗台语等汉藏语言的重要区域特征。对于苗瑶语来说，不送气清边音的高频出现也是其显著类型特征。最后，苗瑶语、藏缅语拥有先喉塞浊声边音，苗瑶语的比重略高于藏缅语。先喉塞边音、喷音性边音同属张声，前者仅见于苗瑶语、藏缅语等汉藏语言，后者分布在 16 种世界语言中。由此可见，先喉塞边音也是苗瑶语边音系统的类型特征。

　　从发声类型的组合系列来看[①]，世界语言仅有一套常态浊声边音系统的出现频率为68.8%，［浊边近音+清边近音（或清边擦音）］组合的出现频率为6.9%，仅有一套清边近音或清边擦音的系统为1.3%，［浊边近音+嘎裂化浊边近音］、［浊边近音+清边近音（或清边擦音）+嘎裂化浊边近音]组合的出现频率也均为1.3%，［清边擦音+喷音性清边擦音]组合为0.6%，［浊边近音+浊送气浊边近音]组合为0.3%；汉语一套常态浊声边音系统的出现频率为90.1%，［浊边近音+清边擦音］ 组合的出现频率为5%；藏缅语仅有一套常态浊声边音系统的出现频率为 52.2%，［浊边近音+清边近音（或清边擦

――――――――――――
　　① 世界语言、汉语、苗瑶语中均存在无边音的语言。

音）]组合为 43.5%，[先喉塞浊边近音+浊边近音]、[先喉塞浊边近音+清边
擦音+浊边近音]组合的出现频率均为 2.2%；侗台语仅有一套常态浊声边音
系统的出现频率为 66.7%，[浊边近音+清边近音（或清边擦音）]组合为
28.6%，[浊边近音+清送气清边擦音]组合为 4.8%；苗瑶语[浊边近音+清边
近音（或清边擦音）]组合的出现频率为 56.7%，仅有一套常态浊声边音的
系统、[先喉塞浊边近音+清边擦音+浊边近音]组合的出现频率同为 10%，
[浊边近音+清边擦音+清送气清边擦音]、[不送气浊边近音+清边擦音+浊送
气浊边近音]的出现频率同为 6.7%，[浊边近音+清送气清边近音]、[先喉塞
浊边近音+浊边近音]的出现频率同为 3.3%。

　　跨语言比较显示，苗瑶语边音发声类型组合的种类高达 7 种，其复杂
程度远远高于其他汉藏语言，与世界语言边音发声类型组合的种类持平。
其次，苗瑶语[浊边近音+清边近音（或清边擦音）]组合的出现频率高达
56.7%，在汉藏语中远远超过侗台语、藏缅语，其出现频率为普遍共性的 8.2
倍。在汉藏语中，唯有苗瑶语仅有一套常态浊声边音系统的出现频率排在
了清浊两分系统的后面，而其他汉藏语都像世界语言一样，以仅有一套常
态浊声边音的系统为主。由此可见，清浊两分的边音系统是苗瑶语较为明
显的类型特征。

　　麦迪森（1984）提出了 7 条关于边音的类型学共性[1]。共性 1 为：边音
音段最有可能由舌尖或舌叶调制（93.8%），即其调音部位一般为齿/龈部位。
苗瑶语等汉藏语言完全符合这一共性。苗瑶语各种类型的边音均以齿/龈部
位为主，仅在宗地苗语、吉卫苗语中出现少量用舌下部与前舌面调制的卷
舌边近音、用后舌面调制的硬腭边近音。藏缅语中出现少量卷舌边近音，
但它与其他汉藏语一样，以齿/龈为边音中出现频率最高的部位。

　　麦迪森的第 2 条、第 4 条、第 5 条共性涉及边音的发声类型倾向。他
在第 2 条中指出："边音音段最有可能为浊声（83%）。"其中，世界语言边
近音以浊声为主，边闪音皆为浊声。在汉藏语言中，以汉语边音音段中浊
声的占比为最高（95%），其次为侗台语（79.6%），再次为藏缅语（72.4%），
苗瑶语占比最低，只有 43%。在汉藏语言中，唯有汉语浊声占比高于普遍
共性，藏缅语、侗台语、苗瑶语都低于世界语言平均水平，其中，苗瑶语
浊声的占比最低，这是因为它拥有较多的清边近音以及发达的清边擦音、
边塞擦音，其清声的占比高达 51.6%，此长彼消，因而不符合边音音段最有
可能为浊声的分布倾向。

　　我们再来看第 4 条共性。其内容为："边擦音最有可能为清声（80%）。"

---

① Maddieson, Ian. *Patterns of Sounds*. Cambridge: Cambridge University Press, 1984: 78.

世界语言中的边擦音有清边擦音、喷音性清边擦音、浊边擦音三种类型，其在边音系统中的占比分别为 8.1%、0.5%、2.2%。清边擦音的占比无疑最高。苗瑶语、汉语、侗台语边擦音全部为清声，藏缅语边擦音 95% 为清声，浊声仅占 5%。由此可见，苗瑶语等汉藏语完全符合共性 4。清边擦音的分布在世界范围内之所以远超浊边擦音，是因为它的感知显著性优于浊边擦音（麦迪森 1984）[①]。

最后看第 5 条共性，即"清边音最有可能为边擦音（50%）"。在世界语言中，清边近音在边音系统中的占比为 2.6%，清边塞擦音为 6%，清边擦音的占比则为前两者之和，达到了 8.6%。由此可见，世界语言中的清边音半数为清边擦音。麦迪森（1984：78）进一步解释了这种分布的成因：从实验语音学的角度看，清边擦音的振幅大于清边近音，其噪声强度较大，因而感知显著性更高；加之世界语言中塞擦音所偏好的调音部位一般是硬腭、龈后，边音则较为排斥这两个调音部位而偏好齿/龈部位，因此清边擦音的占比相对较高。

在汉藏语言中，汉语的清声全部出现在边擦音中。藏缅语清边近音在边音系统中的占比为 2.6%，清边擦音则高达 24.7%。侗台语清边近音在边音系统中的占比只有 9.1%，边擦音则为 11.4%，且全部为清声。苗瑶语清边近音在边音系统中的占比为 10.2%，边擦音为 27.3%，边塞擦音为 14.1%，且边擦音、边塞擦音全部为清声。因此，苗瑶语等汉藏语言与世界语言一致，边擦音的出现频率在清边音中占绝对优势，完全符合麦迪森归纳的分布倾向。

麦迪森的第 3 条共性讨论的是边音的调音方式。依据他的统计，"边音音段最有可能为边近音（79.7%）"。也就是说，在 4 种调音方式中，世界语言边近音具有压倒性优势，其数量大大超过边擦音、边塞擦音、边闪音数量之和。苗瑶语等汉藏语言基本符合该共性。汉语边近音在边音系统中的占比高达 95%，清边擦音的占比只有 5%。藏缅语边近音的占比为 73.7%，边擦音的占比为 26.3%。侗台语边近音的占比为 88.6%，清边擦音的占比为 11.4%。苗瑶语边近音的占比为 57.8%，边擦音为 27.3%，边塞擦音为 14.1%，边闪音的占比低至 0.8%。由于苗瑶语边擦音、边塞擦音的占比颇高，因此其边近音的占比在汉藏语言中最低，和藏缅语一样，边近音占比低于普遍共性。苗瑶语边近音比率比世界语言低了 21.9 个百分点，但仍是其边音系统中占比最高的音类。

麦迪森的第 6 条、第 7 条共性涉及边音的气流机制，即"喷音性边音最

---

① Maddieson, Ian. *Patterns of Sounds*. Cambridge: Cambridge University Press, 1984: 78.

有可能为边塞擦音（87.5%）""边塞擦音最有可能为喷音性边音（48.3%）"。世界语言边塞擦音中的喷音性清边塞擦音在边音系统中的占比为 3.3%，清边塞擦音为 2.2%，浊边塞擦音为 1%，清送气边塞擦音为 0.5%。另外，边擦音中出现的喷音性清边擦音的占比为 0.5%。由上可见，喷音性边音主要出现在边塞擦音中，边塞擦音中以喷音性边音占优势。汉藏语中唯有苗瑶语出现边塞擦音，但全部是清声，未出现喷音性与浊声边塞擦音，因此其分布趋势与世界语言不同。

除了以上共性之外，我们还发现一些有趣的分布倾向。

关于不同调音方式边音之间的蕴含关系，在世界语言中，有 14 种语言出现了边塞擦音，除两种语言之外，其他语言皆拥有边擦音，即拥有边塞擦音的语言一般会出现边擦音，反之则不然。苗瑶语是汉藏语中唯一出现边塞擦音的，在出现边塞擦音的上坝苗语、高坡苗语、石门坎苗语、尧告苗语、七百弄布努语、中排巴那语中，除了中排巴那语之外，其他代表点中均有边擦音分布，但有边擦音的 19 个代表点中不一定出现边塞擦音。苗瑶语边塞擦音、边擦音的分布基本符合世界语言中的蕴含规则：边塞擦音⊃边擦音。

关于调音部位的分布特征，首先看清边音。在世界语言中，清边近音、清边擦音皆为齿/龈部位，清边塞擦音以齿/龈部位为主。藏缅语、侗台语完全符合这一共性。苗瑶语基本与共性吻合，其清边擦音、清边塞擦音主要为齿/龈部位，清边近音也以齿/龈部位为主，但出现了少量卷舌、硬腭部位清边近音。

再来看不同调音部位边音之间的蕴含关系。在世界语言中，82%的语言至少会拥有一个边音；在这些有边音的语言中，98.1%的语言存在齿/龈边音。世界语言拥有 3 条较为明显的调音部位蕴含规则。第一，硬腭边音的存在蕴含着齿/龈音的存在，无一例外，即 ʎ⊃l。第二，卷舌边音的存在蕴含着齿/龈边音的存在（82.4%），即 ɭ⊃l，仅有 Khasi 语、Iai 语、Papago 语例外。第三，卷舌边音、硬腭边音的存在蕴含着齿/龈边音的存在，即 l⊃ʎɭl，该蕴含规则无一例外。

在汉藏语言中，我们主要讨论边音调音部位较为复杂的藏缅语、苗瑶语的情况。藏缅语所有的语言或方言都拥有齿/龈边音，其卷舌边音的存在蕴含着齿/龈边音的存在，且无一例外，即 ɭ⊃l。苗瑶语 96.7%的语言或方言拥有边音，在这些有边音的语言或方言中，均存在齿/龈边音。其卷舌或硬腭边音的存在蕴含着齿/龈边音的存在，且无一例外，即 l⊃ʎɭl。由上可见，苗瑶语不同调音部位边音之间的分布关系比其他汉藏语言更为接近世界语言中的相关蕴含规则。

关于边音发声态的整体特征，世界语言常态浊边音在边音系统中的占比为 81.3%，汉语为 95.7%，藏缅语为 68.8%，侗台语为 79.5%，苗瑶语为 43%。汉语、藏缅语、侗台语常态浊边音的占比和世界语言一样，均高于其他发声类型。苗瑶语比较特别，其清边音的占比最高。

再来看不同发声类型边音之间的蕴含关系。在世界语言中，清边近音、嘎裂化边近音或弛化边近音的存在蕴含相同调音部位的常态浊声边近音的存在，且无一例外。在侗台语、藏缅语、苗瑶语中，出现与世界语言一致的绝对共性，即非常态浊边近音的存在蕴含常态浊边近音的存在。在侗台语中，其蕴含关系为：清边近音⊃常态浊边近音。在藏缅语中，其更为复杂的蕴含关系为：清边近音∪先喉塞浊边近音⊃常态浊边近音。在发声类型极为丰富的苗瑶语中，其当属汉藏语言中最为复杂的蕴含关系为：弛声边近音∪清边近音∪先喉塞浊边近音⊃常态浊边近音，且无一例外。

值得注意的是，在世界范围内，苗瑶语弛声边近音与其他弛声辅音的分布关系最为密切，其弛声边近音与弛声塞音、弛声塞擦音、弛声擦音、弛声鼻音平行分布。在 317 种世界语言中，仅有 7 种语言拥有弛声辅音。孟加拉语（Bengali）、伊博语（Igbo）、爪哇语（Javanese）语只有弛声塞音，蒙达语（Mundari）、卡里亚语（Kharia）、常州话（Changchow）出现弛声塞音、弛声塞擦音，唯有印地—乌尔都语（Hindi-Urdu）语出现 3 种弛声辅音：弛声塞音、弛声鼻音、弛声边近音。比较显示，苗瑶语弛声边近音与其他弛声辅音的相关度比以上 7 种语言体现得更为明显。

边音、鼻音同属响音，它们之间的蕴含关系在发声类型方面主要体现在清声：清边近音的存在蕴含清鼻音的存在，即清边近音⊃清鼻音。世界语言中出现清边近音的语言有 9 种，即爱尔兰语（Irish）、Hongolian 语、Sedang 语、Iai 语、缅语（Burmese）、瑶语（Yao）、Chipewyan 语、克拉马斯语（Klamath）、Gununa-Kena 语，其中，仅有 Hongolian 语、Chipewyan 语、Gununa-Kena 语无相应清鼻音与清边近音共存。在藏缅语、侗台语拥有清边近音的语言中，即藏缅语中的阿侬语、仙岛语，侗台语中的仡佬语、茶洞语、布央语，其清边近音、清鼻音的分布也与这一蕴含规则一致。在苗瑶语 7 个拥有清边近音的代表点中，即苗语支宗地苗语、吉卫苗语、文界巴哼语、滚董巴哼语、虎形山巴哼语、小寨优诺语、六巷炯奈语，仅有宗地苗语无清鼻音与清边近音相配。总而言之，苗瑶语等汉藏语言的蕴含倾向比世界语言更加突出。

关于边音次要调音特征的类型学共性，世界语言中腭化边近音的出现频率为 2.8%，腭化边擦音为 0.6%，腭化边塞擦音为 0.3%，未出现唇化边近音、边擦音、边塞擦音。汉语无腭化、唇化边音。藏缅语腭化边近音的出现频率为 10.9%，唇化边近音为 2.2%。侗台语腭化边近音的出现频率为 42.9%，腭化边擦音为 4.8%，唇化边近音为 13.6%。苗瑶语腭化边近音的出现频率为 70%，腭化边擦音为 46.7%，腭化边塞擦音为 10%，唇化边近音为 10%，唇化边擦音为 6.7%。苗瑶语等汉藏语言边音次要调音特征比世界语言更为丰富，出现了唇化特征，其出现频率普遍高于世界平均水平。

关于带次要调音特征的边音与无次要调音特征的边音以及其他辅音之间的蕴含关系，在世界语言中，腭化边近音、边擦音的存在蕴含相同调音部位的边近音、边擦音的存在（77.8%），即 lj∩ɫj⊃l∩ɫ，仅有 Amusha 语、卡巴尔德语（Kabardian）例外；腭化边近音的存在蕴含相同调音部位的腭化塞音的存在（75%），即 lj⊃tj，仅有爱尔兰语（Irish）、Amusha 语例外。在藏缅语中，存在 lj∪lw⊃l、lj∪lw⊃tj∪tw 两组蕴含关系，且无一例外。在侗台语中，蕴含关系 lj∪lw⊃l 无一例外，蕴含关系 lj∪lw⊃tj∪tw 仅在水语中出现例外情况，其[lw]无[tw]与之相配。

在苗瑶语中，其相关蕴含关系要比藏缅语、侗台语复杂一些。除了存在 lj∪lw⊃l 这种蕴含关系之外，其带次要调音特征的边音与带次要调音特征的塞音之间所呈现的蕴含关系链为：ɫj∪lw⊃lj∪lw⊃tj∪tw，即如果存在腭化或唇化齿/龈边擦音的话，则必存在腭化或唇化齿/龈边近音，反之则不然；如果存在腭化或唇化齿/龈边近音的话，则必存在腭化或唇化齿/龈塞音，反之则不然。这种蕴含关系在 11 个代表点中都有较好的体现，即苗语支下坳苗语、小章苗语、凯棠苗语、菜地湾苗语、尧告苗语、河坝苗语、瑶麓布努语、黄落优诺语、龙华炯奈语，瑶语支江底勉语、东山勉语。仅有腊乙坪苗语的[lj]无[tj]相配，其原因在于它的古*tr 声类没有像很多代表点一样演变为[tj]声类，而是变成了[t]声类。

由上可见，在苗瑶语等汉藏语言中，不仅其腭化边音较为符合世界语言的蕴含规则，其独有的唇化边音也展现出较为明显的蕴含倾向。

第七节　近　音

一　近音系统的构成

近音（approximants）指主动与被动调音器官之间的距离较近的辅音，但其接近度和气流量仍然难以产生摩擦和湍流（朱晓农 2010）[①]。苗瑶语近音虽然是辅音系统中的常见音类，但在所有辅音中所占的比例最低。它在

---

① 朱晓农：《语音学》，商务印书馆 2010 年版，第 149 页。

30 种语言采样声母库存中所占的比例为 2%，在单辅音库存中的占比为 3.3%，低于塞音、塞擦音、擦音、鼻音乃至边音的占比。苗瑶语近音库存中共出现 8 个近音，包括 3 种类型[①]：

（1）单近音，共 5 个，占总数的 62.5%；

（2）腭化近音，共 1 个，占总数的 12.5%；

（3）带先喉塞音的近音，共 2 个，占总数的 25%。

高寨苗语拥有苗瑶语最大近音库存，其数量高达 4 个。库存最小的代表点仅出现 1 个近音，共有 7 个代表点，即宗地苗语、石门坎苗语、河坝苗语、滚董巴哼语、瑶麓布努语、六巷炯奈语、大坪勉语。苗瑶语近音为 1—3 个的语言或方言较多，占总数的 60%。其近音库存如表 1.7.1 所示：

表 1.7.1　　　　　　　　　　　苗瑶语近音库存

近音	w	j	wj	ʔw	ʔɥ	ɻ	jɦ	ɥ
频次	16	8	3	3	·2	1	1	1
比率（%）	53.3	26.7	10	10	6.7	3.3	3.3	3.3

在 5 个苗瑶语单近音音位中，以[w]最为常见，其出现频率为 53.3%。次常见的是[j]，其出现频率为 26.7%。其他近音的出现频率都在 10%以下[②]。

苗瑶语近音的次要调音特征仅限腭化，且腭化近音只有一个，即[wj]。它在苗语支、瑶语支中均有分布。苗语支代表点仅有虎形山巴哼语，瑶语支则有江底勉语、东山勉语两个代表点。这些拥有腭化近音[wj]的代表点同时也拥有硬腭近音[j]。苗瑶语腭化近音的调音部位仅限唇—软腭，未出现其他部位。在出现频率普遍低于其他类别辅音的苗瑶语近音库存中，[wj]的占比位列第三。不过，它并非古苗瑶语原生声类，其来源为古*wr、*ɢw 声类。

带先喉塞音的近音有两个，即[ʔw]、[ʔɥ]。它们仅见于石板寨苗语、高寨苗语、小章苗语。石板寨苗语、高寨苗语[ʔw]、[ʔɥ]俱全，小章苗语仅有 [ʔw]。在以上 3 个代表点中，带先喉塞音的近音与带先喉塞音的鼻音、边音呈平行分布之势。

---

① 上节已讨论边近音，因此本节不再涉及边近音。

② 腊乙坪苗语[r]的实际音值为[ɻ]，因此，我们将其归入近音库存。它可以充当声母。吉卫苗语中的[ɻ]仅出现在塞音、鼻音复辅音声母的后置辅音位置，例如[pɻ]、[phɻ]、[bɻ]、[bhɻ]、[mɻ]，主要源于古苗瑶语后置辅音*-l、*-r，为苗瑶语近音库存中唯一能充当后置辅音的音位。在统计时，我们仅计入出现在声母主要辅音位置的[ɻ]。

二 近音系统的调音部位

苗瑶语近音库存中所出现的调音部位共有 4 种，即齿/龈、硬腭、唇—腭、唇—软腭，尚未发现其他部位近音。近音在部位上的对立比擦音、塞音、塞擦音、鼻音都要少，仅比边音多一种调音部位。苗瑶语近音调音部位的出现频率如表 1.7.2 所示：

表 1.7.2 苗瑶语近音调音部位

	齿/龈	硬腭	唇—腭	唇—软腭
苗语支（26 种）	1	4	2	13
瑶语支（4 种）	0	4	0	3
频次	1	8	2	16
比率（%）	3.3	26.7	6.7	53.3

唇—软腭近音[w]、硬腭近音[j]的出现频率分别是 53.3%、26.7%，为高频近音，苗语支、瑶语支两个语支均有分布。苗语支胜在唇—软腭近音，瑶语支则以硬腭近音见长。

唇—腭近音[ɥ]、齿/龈近音[ɹ]为仅见于苗语支的低频近音。唇—腭近音为创新音位，其分布率为 6.7%，仅见于石板寨苗语、高寨苗语，它源自古 *ʔr 声类的近音化。齿/龈近音出现频率为 3.3%，分布在腊乙坪苗语中，其来源为古 *r 声类。

苗瑶语 30 种语言或方言采样中不同调音部位近音的组合类型及其出现频率如表 1.7.3 所示：

表 1.7.3 苗瑶语近音调音部位组合类型

		齿/龈	硬腭	唇—腭	唇—软腭	频次	比率（%）
1 套	类型 1.1				+	8	26.7
	类型 1.2		+			3	10
2 套	类型 2.1		+		+	5	16.7
	类型 2.2			+	+	2	6.7
	类型 2.3	+			+	1	3.3

上述 5 种调音部位组合类型以类型 1.1 分布最为广泛，它只有一套唇—软腭近音，出现在苗语支宗地苗语、石门坎苗语、下坞苗语、吉卫苗语、小章苗语、河坝苗语、瑶麓布努语、六巷炯奈语中。

类型 2.1 的分布率次之，其组合模式为[硬腭+唇—软腭]，即两个高频近音的组合。这种调音部位组合模式仅出现在苗语支虎形山巴哼语、龙华炯奈语以及瑶语支江底勉语、梁子勉语、东山勉语中。其中，瑶语支 75% 的代表点都是这种组合模式。

类型 1.2 的分布率位列第三。它仅有一套硬腭近音，分布在苗语支文界巴哼语、滚董巴哼语以及瑶语支大坪勉语中。

类型 2.2、类型 2.3 最为少见。类型 2.2 分布在石板寨苗语、高寨苗语中，为少见的[唇—腭+唇—软腭]组合。类型 2.3 仅见于腊乙坪苗语，为罕见的[齿/龈+唇—软腭]组合。

近音调音部位在苗瑶语语言或方言样本中所形成的对立最多为两个。仅有一套唇—软腭近音的模式、[硬腭+唇—软腭]的组合、仅有一套硬腭近音的模式占总数的 53.3%。由此可见，苗瑶语近音系统调音部位组合类型以硬腭近音、唇—软腭近音这两种高频近音的 3 种组合模式为主，其中，仅有一套唇—软腭近音的模式最为常见。分布率排在第二的[硬腭+唇—软腭]组合则与古苗瑶语硬腭、唇—软腭这两个部位构成的近音系统完全吻合。

苗瑶语各语支近音调音部位数目及其平均数的分布情况如表 1.7.4 所示：

表 1.7.4　　　　　　　　苗瑶语近音调音部位数目及其平均数

苗语支	调音部位数目	平均数	优诺语	小寨 0 黄落 0	0
罗泊河苗语	石板寨 2 高寨 2	2	炯奈语	龙华 2 六巷 1	1.5
川黔滇苗语	上坝 0 高坡 0 宗地 1 石门坎 1	0.5	巴那语	中排 0	0
湘西苗语	吉卫 1 下坞 1 腊乙坪 2 小章 1	1.3	畲语	嶂背 0	0
黔东苗语	凯棠 0 菜地湾 0 尧告 0 河坝 1	0.3			**0.8**
巴哼语	文界 1 滚董 1 虎形山 2	1.3	**瑶语支**	调音部位数目	平均数
布努语	七百弄 0 西山 0 瑶麓 1	0.3	勉语	江底 2 梁子 2 东山 2 大坪 1	**1.8**

　　苗语支近音调音部位多达 4 种，其最大组合值为两种，组合类型多达 5 种，即［唇—软腭+硬腭］、［唇—软腭+唇—腭］、［唇—软腭+齿/龈］、［唇—软腭］、［硬腭］。近音及其他辅音较为复杂的调音部位可以补偿其相对简单的韵母、声调系统。由于上坝苗语、高坡苗语、凯棠苗语、菜地湾苗语、尧告苗语、七百弄布努语、西山布努语、小寨优诺语、黄落优诺语、中排巴那语、嶂背畬语 11 个代表点近音阙如，苗语支近音调音部位平均值颇低，仅为 0.8 种。瑶语支仅有两种调音部位，组合类型也只有两种，即［唇—软腭+硬腭］、［硬腭］。但瑶语支每个代表点均有近音分布，其近音调音部位平均值仍然达到了 1.8 种，超过了苗语支的平均值。苗瑶语 30 个代表点中近音调音部位数目的地理分布趋势如图 1.7.1 所示：

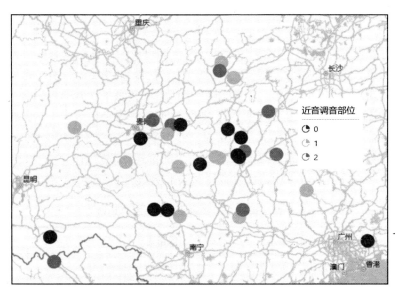

图 1.7.1　　苗瑶语近音调音部位数目

　　从地理分布态势来看，苗瑶语近音调音部位数目的分布特征与塞音、塞擦音、擦音、边音等其他辅音有所不同。其他辅音所呈现出的较为一致、规整的分布特征为调音部位数目由北到南、从西往东渐次减少。近音调音部位数目的分布特征则较为接近鼻音，呈中间偏少、外围偏多的分布之态。

三　近音系统的发声类型

　　苗瑶语近音涉及 4 种发声态对立，如表 1.7.5 所示：

表 1.7.5　　　　　　　　　　　　苗瑶语近音发声类型

	浊声	弛声	清声	张声
	浊声+不送气	浊声+浊送气	清声+不送气	先喉塞+浊声
苗语支（26 种）	15	1	1	3
瑶语支（4 种）	4	0	0	0
频次	19	1	1	3
比率（%）	63.3	3.3	3.3	10

　　表中数据显示，苗瑶语近音系统以浊近音最为常见，其出现频率为63.3%。虽然古浊近音声类*w 约六成演变为唇齿浊擦音[v]或清喉擦音[h]，古浊近音声类*j 约六成演变为腭前浊擦音[z]，现代苗瑶语中浊近音数量仍然较为庞大。这是因为浊近音有两方面的补给：一是约三成古*ʔw 声类、约四成古*ʔj 声类失去先喉塞音而变为浊近音，二是古*ʔr、*r、*ɢw、*ŋw等声类中也有少部分变为浊近音。

　　先喉塞近音位列第二，其出现频率仅为 10%。它包括先喉塞唇—软腭近音[ʔw]、先喉塞唇—腭近音[ʔɥ]两个类别。石板寨苗语、高寨苗语两类俱全，小寨优诺语仅有第一类。在与声调的配列关系上，先喉塞近音有 3 种类型：第 1 种仅出现在阴调中，如小章苗语；第 2 种能与浊近音出现在同一声调中，如石板寨苗语；第 3 种能与浊近音、清近音出现在同一声调中，如高寨苗语。

　　先喉塞近音虽然是苗瑶语颇具特色的原生音类，但其出现频率仍然远远低于常态浊声近音。从其共时分布中，可以追踪到以下 3 种演变模式：

　　（1）古*ʔw 声类约六成演变为唇齿浊擦音[v]，古*ʔj 声类约四成演变为腭前浊擦音[z]或齿/龈浊擦音[z]。这种近音擦化的演变模式最为普遍；

　　（2）约三成古*ʔw 声类、约四成古*ʔj 声类丢失先喉塞成分，变为常态浊声近音；

　　（3）古*ʔw 声类约一成保留先喉塞成分，如高寨苗语、小章苗语，或保留先喉塞成分，但演变为先喉塞唇齿浊擦音，如西山布努语；古*ʔj 声类约有两成保留先喉塞成分，但演变为先喉塞腭前浊擦音，如石板寨苗语、西山布努语。

　　位列第三的是清近音、弛化近音，其出现频率同为 3.3%。先看清近音。这类音十分罕见，仅见于高寨苗语，其调音部位只有唇—腭，即[ɥ̊]，与同部位先喉塞近音[ʔɥ]形成对立。

再来看弛化近音。它仅见于文界巴哼语。实际上，与鼻音、边音、塞音、塞擦音、擦音系统一样，宗地苗语、吉卫苗语、下坳苗语、腊乙坪苗语、河坝苗语中也有弛化近音，但一般处理为阳调伴随特征。弛化近音的产生同样源于古近音系统的声调配列关系。陈其光将古苗瑶语近音系统构拟为两套：*?j/*?w、*j/*w，前者配阴调，后者配阳调。上述各代表点都只有一套浊近音，其源自*?j/*?w 的浊近音失落先喉塞音成分后仍反映为阴调，源自*j/*w 的浊近音则反映为阳调。因此，现有唯一的一套近音既见于阳调，又见于阴调。这套近音不堪重负，来自*j/*w 声类的近音正好伴随弛化成分，这种因发音时声带松弛漏气而产生的特殊听感可与源自*?j/*?w 声类的近音区别，从而维持近音系统的对立。

宗地苗语的阴调乙中也出现少许弛声近音①，如宗地苗语 wɔ³⁵（<*ʍæi⊥）"头"。这种分布暗示其来源为古次清声母。宗地苗语弛化近音的来源正是古*ʍ 声类。据谭晓平（2015）的研究，古*ʍ 声类具有一定的送气性质②。这种送气性质使声母弛化，并使相关音节的起音降低，进而与源自*?w、先喉塞音成分消变后仍反映为全清声母调类的近音分调。

相较于弛化塞音、弛化塞擦音、弛化擦音、弛化鼻音、弛化边音高达53.3%的实际分布率，弛化近音的实际分布率仅有 20%。弛化近音出现于各阳调的频次为：阳去（6 次）>阳上（5 次）>阳入（3 次）>阳平（1 次）。近音弛化成分消变的态势，与弛化塞音、弛化塞擦音、弛化擦音、弛化鼻音、弛化边音完全一样：弛化成分在阳平、阳入中最先丢失，阳上次之，在阳去中最容易得到保留。

苗瑶语近音发声态的组合类型如表 1.7.6 所示③：

表 1.7.6　　　　　　　　　　苗瑶语近音发声组合类型

		浊声+不送气	浊声+浊送气	清声+不送气	先喉塞+浊声	频次	比率（%）
1 套	类型 1	+				15	50
2 套	类型 2.1	+			+	2	6.7
	类型 2.2	+	+			1	3.3
3 套	类型 3	+		+	+	1	3.3

① 语言样本之外的瑶语支滩散勉语、览金勉语的阴调乙中也出现了弛声近音，如滩散勉语的 ma³³jou¹³ "菩萨"、览金勉语的 we:t²¹ "挖"。滩散勉语、览金勉语弛化近音所辖例词较少，其源头尚需进一步探讨。

② 谭晓平：《黔东苗语送气擦音的来源》，《中央民族大学学报》2015 年第 1 期，第 159 页。

③ 统计之时，仅计入声母系统中已经标明弛化近音的语言或方言。

表 1.7.6 中的数据显示，苗瑶语近音系统以仅有一套常态浊声近音的格局为主，其比率高达 50%，类型 1 无疑是苗瑶语近音库存中出现频次最高的发声类型模式。该模式共有 15 个代表点，即苗语支宗地苗语、石门坎苗语、吉卫苗语、下坳苗语、腊乙坪苗语、河坝苗语、滚董巴哼语、虎形山巴哼语、瑶麓布努语、龙华炯奈语、六巷炯奈语，瑶语支江底勉语、梁子勉语、东山勉语、大坪勉语。在该模式中，古*ʔj 声类中的先喉塞成分消失，或进一步演变为擦音，从而使两种古近音声类中和为一套常态浊声近音。

两分格局只有 3 个代表点。类型 2.1 仅分布在石板寨苗语、小章苗语中，为先喉塞近音、浊近音两分格局。这种模式较好地保留了古苗瑶语近音系统中特殊的发声类型对立。类型 2.2 仅见于文界巴哼语，为浊近音、弛声近音两分格局。这种对立模式因古苗瑶语近音系统中*ʔj 声类失落先喉塞音成分而来。弛声近音弥补了系统中先喉塞成分失落后留下的空缺，以改变音高的方式，和声调一起区别词义。

仅见于高寨苗语的类型 3 为先喉塞近音、浊近音、清近音三分。实际上，其唇—软腭近音为先喉塞近音、浊近音两分，其唇—腭近音则是先喉塞近音、清近音的组合。高寨苗语的近音发声类型组合模式十分罕见，其来源尚待进一步探讨。

四　近音系统特点的跨语言对比

在 317 种世界语言的近音库存中，出现了长近音、鼻化近音、嘎裂化近音等汉藏语言中未出现的音位。从近音的平均数目来看[①]，世界语言平均值为 1.9 个，汉语、藏缅语为 1.5 个，侗台语为 2.2 个，苗瑶语为 1.2 个。苗瑶语近音平均数目略低于普遍共性，也低于其他汉藏语言。

从近音调音部位的出现频率来看，世界语言调音部位的序列为：硬腭（93%）>唇—软腭（84.5%>卷舌（4.7%）>齿/龈（3.8%）>双唇（2.2%）>唇齿（1.9%）>软腭（1.6%）>唇—腭（1.3%）>小舌（0.3%）；汉语为：硬腭（100%）>唇—软腭（47.1%）>齿/龈（0.7%）；藏缅语为：硬腭（69.6%）>唇—软腭（54.4%>齿/龈（19.6%）；侗台语为：硬腭（85.7%）>唇—软腭（57.1%）；苗瑶语为：唇—软腭（53.3%）>硬腭（26.7%）>唇—腭（6.7%）>齿/龈（3.3%）。

世界语言近音调音部位繁多，出现苗瑶语等汉藏语言中未见的卷舌、双唇、唇齿、软腭、小舌部位近音。与世界语言一样，苗瑶语等汉藏语言硬腭、唇—软腭部位近音的出现频率占绝对优势。其中，汉语、藏缅语、

---

① 统计所涉近音包括长近音，先喉塞近音，腭化、嘎裂化、弛化、鼻化近音。

侗台语与世界语言一样，硬腭近音的出现频率高于唇—软腭近音，唯有苗瑶语近音调音部位格局与众不同，其硬腭近音出现频率低于唇—软腭近音。在汉藏语言中，唯有苗瑶语和世界语言一样，出现了唇—腭部位近音，且其占比略高于世界语言。

从调音部位的组合系列来看，世界语言中[硬腭+唇—软腭]组合的出现频率为 56.5%，仅有一套唇—软腭近音的系统为 13.6%，[卷舌+硬腭+唇—软腭]组合为 2.8%，仅有一套硬腭近音的系统为 2.2%，其他组合模式，如拥有三种、四种调音部位对立的模式，都十分罕见，出现频率均在 2%以下；汉语[硬腭+唇—软腭]组合的出现频率为 47.1%，仅有一套硬腭近音的系统为 52.1%，仅有一套齿/龈近音的系统为 0.7%；藏缅语[硬腭+唇—软腭]组合的出现频率为 37%，仅有一套硬腭近音的系统为 19.6%，[齿/龈+唇—软腭+硬腭]组合为 13%，仅有一套唇—软腭近音的系统为 4.4%，仅有一套齿/龈近音的系统为 2.2%；侗台语[硬腭+唇—软腭]组合的出现频率为 52.3%，仅有一套硬腭近音的系统为 33.3%，仅有一套唇—软腭近音的系统为 4.8%；苗瑶语仅有一套唇—软腭近音系统的出现频率为 26.7%，[硬腭+唇—软腭]组合为 16.7%，仅有一套硬腭近音的系统为 10%，[唇—腭+唇—软腭]组合为 6.7%，[齿/龈+唇—软腭]组合为 3.3%。

苗瑶语等汉藏语言近音组合类型不如世界语言丰富，未出现四种调音部位的对立。除苗瑶语之外，其他汉藏语与世界语言一致的是，[硬腭+唇—软腭]组合居于领先地位，其出现频率均高于其他组合类型。与世界平均水平相比，汉藏语言[硬腭+唇—软腭]组合的出现频率普遍偏低，尤其是苗瑶语，比世界平均水平低了 39.8 个百分点。仅有一套唇—软腭近音系统的出现频率在世界语言中位列第二，在汉藏语言中，苗瑶语排第二的是[硬腭+唇—软腭]的组合，其他汉藏语言排第二的均为仅有一套硬腭近音的系统。苗瑶语仅有一套硬腭近音系统的出现频率排在[硬腭+唇—软腭]组合的后面，其出现频率远远低于其他汉藏语言。

从近音的发声类型看，世界语言中的近音以浊声为主，其在近音系统中的占比高达 92.7%，嘎裂化浊声的占比为 4.4%，清声为 2.9%；汉语、藏缅语 100%为常态浊声；侗台语 67.4%为常态浊声，先喉塞浊声占 28.3%，清声仅占 4.4%；苗瑶语 80%为常态浊声，先喉塞浊声占 14.3%，清声、浊送气浊声各占 2.9%。

第一，跨语言分布模式显示，近音的发声类型以浊声为主。苗瑶语等汉藏语言完全符合这一分布倾向，其中，汉语、藏缅语浊声的比率高于世界语言。第二，苗瑶语的发声态特征较为丰富，虽无世界语言中的嘎裂化浊声，但拥有未见于世界语言采样的先喉塞浊声（张声）、浊送气浊声（弛声）。它所独有的弛化近音的出现频率实际上高达20%，其在近音系统中的实际占比为15%。弛化近音无疑是苗瑶语近音系统最为典型的类型特征。第三，苗瑶语、侗台语中出现了颇有特色的先喉塞浊近音，其中，侗台语的占比大大高于苗瑶语，但先喉塞浊近音也是苗瑶语的特色库存。第四，苗瑶语、侗台语中出现了清近音，其占比分别为2.9%、4.4%，其中，苗瑶语的占比与世界语言持平，侗台语的占比则略高于世界语言。

从近音发声类型的组合系列来看，世界语言仅有一套常态浊声系统的出现频率为83.9%，［浊声+嘎裂化浊声］组合为3.8%，清浊对立系统仅有1.3%，［浊声+清声+嘎裂化浊声］组合以及仅有一套嘎裂化浊声的系统非常罕见，出现频率在1%以下；汉语、藏缅语全部为仅有一套常态浊声的系统；侗台语仅有一套常态浊声系统的出现频率为57.1%，［先喉塞浊声+浊声］组合为23.8%，［清声+浊声］组合以及仅有一套先喉塞浊声的系统均为4.8%；苗瑶语仅有一套常态浊声系统的出现频率为50%，［先喉塞浊声+浊声］组合为6.7%，［不送气浊声+浊送气浊声］组合以及［先喉塞浊声+清声+浊声］组合均为3.3%。

跨语言比较显示，苗瑶语、侗台语发声类型组合的种类高达4种，仅比世界语言发声类型组合的种类少一种，其复杂程度远超汉语、藏缅语。其次，世界语言中仅有一套常态浊声的系统占八成之多，远超其他组合类型。苗瑶语等汉藏语言与此倾向吻合，仅有一套常态浊声的系统也占绝对优势。汉语、藏缅语的出现频率超过了世界平均水平。苗瑶语、侗台语的出现频率分别为50%、57.1%，远远低于其他汉藏语言，也低于世界平均水平。两者仅有一套常态浊声系统的出现频率较低，侗台语的原因在于它拥有世界上最为发达的［先喉塞浊声+浊声］组合系列，苗瑶语的原因则在于它既有［先喉塞浊声+浊声］组合系列，也有十分独特的［浊声+浊送气浊声］组合。由此可见，［先喉塞浊声+浊声］组合以及［浊声+浊送气浊声］组合是苗瑶语近音系统较为显著的类型特征。

麦迪森（1984）提出了1条关于近音的蕴含规则：唇—软腭近音的存在蕴含硬腭近音的存在，即w⊃j[①]。汉语、藏缅语、侗台语基本符合这一调音部位的蕴含共性。在汉语中，出现唇—软腭近音的66个代表点无一例外，全部拥有硬腭近音。在拥有唇—软腭近音的25种藏缅语语言样本中，仅在拉祜语、桑孔语中出现硬腭近音的空缺。在拥有唇—软腭近音的12种侗台语语言样本中，仅有仫佬语缺失硬腭近音。苗瑶语的情况比较特殊，在拥有唇—软腭近音的16个代表点中，有10个代表点无相应硬腭近音相配，

---

① Maddieson, Ian. *Patterns of Sounds*. Cambridge: Cambridge University Press, 1984: 92.

这些代表点均出现在苗语支中，即石板寨苗语、高寨苗语、宗地苗语、石门坎苗语、吉卫苗语、下坳苗语、小章苗语、河坝苗语、瑶麓布努语、六巷炯奈语。这与苗语支代表点唇—软腭近音发达而硬腭近音少见的分布特征相关。

在我们考察的近音中，唇—软腭近音[w]、硬腭近音[j]、唇—腭近音[ɥ]往往被称为半元音（semi-vowels），即类似元音但有辅音功能的音段。它们一般和高元音有着十分密切的关系。正如麦迪森（1984：94）所指出的，在 317 种世界语言中，有[j]但没有相应高元音[i]的语言只有 8 种，有[w]但没有相应高元音[u]的语言只有 23 种。在汉语、藏缅语、侗台语中，有[j]的语言皆有相应高元音[i]，有[w]的语言皆有相应高元音[u]，[j]、[w]与相应高元音[i]、[w]的关系比世界语言更为密切。在苗瑶语中，所有语言或方言的[j]都有相应高元音[i]相配，绝大多数有[w]的语言或方言有相应高元音[u]，仅在文界巴哼语中出现[u]的空缺而代之以央高元音[ʉ]。

唇—腭近音[ɥ]也和相应高元音[y]的分布相关。麦迪森（1984）发现，在 317 种世界语言中，唇—腭近音[ɥ]倾向于和高元音[y]共现[1]。但唇—腭近音[ɥ]在世界语言中仅 4 见，其中有 1 种语言无相应高元音[y]相配。在汉藏语言中，唯有苗瑶语出现唇—腭近音[ɥ]，即苗语支石板寨苗语、高寨苗语，它们皆有高元音[y]与之相配，比世界语言中[ɥ]、[y]之间的相关性更高。

关于近音与其他辅音之间的关系，麦迪森（1984：96）发现，唇—软腭近音[w]倾向于和唇化软腭塞音[kw]共现。世界语言中两者共现的语言为 35 种，其出现频率为 11%，无[w]但出现了[kw]的语言只有 5 种，其出现频率为 1.6%。在汉藏语言中，汉语中出现[kw]的方言仅有 3 种，但都同时出现了[w]。在藏缅语中，我们仅在独龙语中发现一例[kw]，且同时出现了[w]。侗台语[w]、[kw]之间的关系比较密切，两者共现的语言为 9 种，其出现频率为 42.9%，无[w]但出现了[kw]的语言只有 3 种，其出现频率为 6.5%。苗瑶语[w]、[kw]之间的关系比较疏离，相关关系不太明显。两者共现的语言或方言为 12 种，即宗地苗语、吉卫苗语、下坳苗语、腊乙坪苗语、小章苗语、虎形山巴哼语、瑶麓布努语、龙华炯奈语、六巷炯奈语、江底勉语、梁子勉语、东山勉语，其出现频率为 40%，无[w]但出现了[kw]的语言或方言有 7 种，即尧告苗语、文界巴哼语、七百弄布努语、小寨优诺语、黄落优诺语、中排巴那语、嶂背畲语，其出现频率为 23.3%。

除了以上共性倾向外，不同发声类型近音之间也存在蕴含关系。在世界语言中，清近音、嘎裂化浊近音的存在蕴含相同调音部位的常态浊近音

---

① Maddieson, Ian. *Patterns of Sounds*. Cambridge: Cambridge University Press, 1984: 95.

的存在，且无一例外。在苗瑶语、侗台语中，出现与世界语言一样的绝对共性，即非常态浊近音的存在蕴含常态浊近音的存在。侗台语的蕴含关系为：清近音∪先喉塞浊近音⊃常态浊近音。苗瑶语发声类型最为丰富，其蕴含关系为：清近音∪弛化近音∪先喉塞浊近音⊃常态浊近音，且无一例外。

除了以上蕴含关系之外，苗瑶语中还出现一些独有的蕴含规则。苗瑶语中唇—腭近音为汉藏语言中所独有，其占比高于世界语言。在世界语言中，如果出现唇—腭近音的话，则一定会出现唇—软腭近音和硬腭近音，反之则不然，即 ɥ⊃w∩j。苗瑶语蕴含规则和世界语言有所不同，如果出现唇—腭近音的话，则一定会出现唇—软腭近音，反之则不然，即 ɥ⊃w。苗瑶语中还出现了世界语言以及其他汉藏语言中未见的腭化唇—软腭近音[wj]。[wj]在苗瑶语中仅见于虎形山巴哼语、江底勉语、东山勉语，均未出现[w]的破缺。因此，在苗瑶语中，如果出现带次要调音特征的[wj]的话，则有不带次要调音特征的[w]出现，反之则不然，即 wj⊃w。

第二章 苗瑶语元音的类型学研究[①]

本章旨在从语音类型学的视角全面考察苗瑶语元音系统及其分布状况，探讨苗瑶语元音系统的共性特征和个性差异。元音一般指在发音过程中声道内气流没有明显阻碍的音。这一定义将元音局限在一个较为狭窄的范围，无法将舌尖元音、擦化元音等纳入元音范畴。为了解决元音传统定义的问题，《国际语音学会手册》将元音定义为发音时声道处于打开状态的音，同时它是具有音节中心性质的语音[②]。赖福吉、麦迪森（2015）也认为元音有两个特征，"一是在声道中没有明显收紧点，二是自成音节"[③]。上述定义无疑改善了传统定义的不足，本章的元音定义以上述两种定义为准。

第一节 元音库存

本节主要考察30种苗瑶语语言或方言样本的单元音库存及其在汉藏语言、世界语言中的状况。我们所统计的单元音不包括带调音附加特征的单元音。首先观察苗瑶语的元音数量，如 2.1.1 表所示：

---

① 本章部分内容已经以《苗瑶语元音系统的类型学考察》为题发表在《语言研究》2016 年第 4 期，第 120–126 页，收入本书时有所增改。

② 国际语音学会编：《国际语音学会手册》，江荻译，上海教育出版社 2008 年版，第 13 页。

③ [美] 彼得·赖福吉、伊恩·麦迪森：《世界语音》，张维佳、田飞洋译，商务印书馆 2015 年版，第 352 页。

表 2.1.1　　　　　　　　　　苗瑶语单元音库存总表

舌面元音							舌尖元音	
舌位	前		次前	央		后		舌尖前	舌尖后
圆唇度	不圆唇	圆唇	不圆唇		圆唇	不圆唇	圆唇	不圆唇	不圆唇
高	i	y		ʉ		ɯ	u	ɿ	ʅ
次高			ɪ						
半高	e	ø				ɤ	o		
中				ə					
半低	ɛ						ɔ		
次低	æ								
低	a					ɑ	ɒ		

　　苗瑶语单元音库存（vowel inventories）中共出现 19 个元音。那么，元音库存在构筑各语言或方言音系之时又呈现怎样的特征呢？请看单元音在苗瑶语各代表点中的分布情况：

表 2.1.2　　　　　　　　　苗瑶语单元音数目及其平均数

苗语支	单元音数目	平均数	优诺语	小寨 9 黄落 7	8
罗泊河苗语	石板寨 9 高寨 11	10	炯奈语	龙华 9 六巷 7	8
川黔滇苗语	上坝 6 高坡 11 宗地 12 石门坎 8	9.3	巴那语	中排 7	7
湘西苗语	吉卫 10 下坳 10 腊乙坪 10 小章 9	9.8	畲语	嶂背 5	5
黔东苗语	凯棠 7 菜地湾 8 尧告 10 河坝 8	8.3			8.7
巴哼语	文界 9 滚董 7 虎形山 5	7	瑶语支	单元音数目	平均数
布努语	七百弄 12 西山 9 瑶麓 10	10.3	勉语	江底 8 梁子 7 东山 7 大坪 5	6.8

　　苗瑶语内部不同代表点之间单元音库存的分布差异较大。元音库存最少的代表点中仅有 5 个对立的元音音位，如虎形山巴哼语、嶂背畲语、大坪勉语，元音库存最多的代表点中则出现了 12 种元音音位，如宗地苗语、七百弄布努语。统计结果显示，在 30 种语言或方言样本之中，瑶语支平均值稍低，苗语支平均值略高，但苗语支内部差别较大，如虎形山巴哼语、嶂背畲语单元音库存数量较少。总的来说，7 元音型最多，共有 7 个代表点，其次是 9 元音型，共有 6 个代表点，7 元音型、9 元音型的占比相加高达 43.3%。

　　为了观察苗瑶语元音库存在汉藏语中的地位，我们统计了其他汉藏语元音库存的分布情况。46 种藏缅语语言样本中出现了 24 种单元音：[i y ɨ ʉ ɯ u ɪ ʊ e ø ɵ ɤ o ɛ ɜ ɐ ɔ œ ʌ ɑ æ ɒ ɑ ɪ]。其分布情况如表 2.1.3 所示：

表 2.1.3　　　　　　　　藏缅语单元音数目及其平均数

语支	单元音数目	平均数
藏语支	藏语 9　门巴语 9　白马语 13　仓洛语 7	7
彝语支	彝语 8　傈僳语 8　拉祜语 9　哈尼语 10　基诺语 12　纳西语 9 堂郎语 10　末昂语 6　桑孔语 9　毕苏语 10　卡卓语 8 柔若语 10　怒苏语 12　土家语 6　白语 7	8.9
景颇语支	景颇语 5　独龙语 7　格曼语 6　达让语 6　阿侬语 10 义都语 6　崩尼—博嘎尔语 7　苏龙语 8　崩如语 7	6.9
缅语支	阿昌语 8　载瓦语 5　浪速语 7　仙岛语 9　波拉语 8　勒期语 9	7.7
羌语支	羌语 9　普米语 13　嘉戎语 7　木雅语 9　尔龚语 13　尔苏语 9 纳木依语 10　史兴语 11　扎坝语 13　贵琼语 11　拉坞戎语 8　却域语 13	10.5

　　表 2.1.3 显示，白马语、普米语、尔龚语、扎坝语、却域语单元音库存高达 13 个，景颇语、载瓦语单元音库存仅有 5 个。7 元音型、8 元音型、9 元音型的占比相加高达 52.2%。其中，9 元音型的出现频次最高。

　　21 种侗台语语言样本中出现了 16 种单元音：[i y ɯ u e ø o ə ɛ œ a ɑ ɒ ɭ ʊ]。其在各语言中的分布情况如表 2.1.4 所示：

表 2.1.4 侗台语单元音数目

语言	壮语	布依语	傣语	临高语	标话	侗语	水语
元音数	7	6	9	7	9	6	7
语言	仫佬语	毛南语	莫语	佯僙语	拉珈语	茶洞语	黎语
元音数	11	8	6	7	7	9	6
语言	村语	亿佬语	布央语	普标语	拉基语	木佬语	蔡家话
元音数	8	7	9	11	7	9	8

如表 2.1.4 所示，仫佬语、普标语单元音库存高达 11 个，布依语、侗语、莫语、黎语单元音库存仅有 6 个。7 元音型、9 元音型的占比相加高达 57.1%。其中，以 7 元音型的出现频次为最高。

140 种汉语方言样本中总共出现了 29 种单元音：[i y ɪ ʏ i ɨ ɯ u ʋ e ø ɤ o ɔ ɜ ɛ œ ʌ c æ ɐ ɜ ɑ ɒ ʮ ɿ ʅ]。其 9 种元音类型的分布情况如表 2.1.5 所示：

表 2.1.5 汉语方言单元音数目[①]

元音数	5	6	7	8	9	10	11	12	13
方言数	5	15	18	33	24	14	18	9	4
比率（%）	3.6	10.7	12.9	23.6	17.1	10	12.9	6.4	2.9

如表 2.1.5 所示，丹阳话、绍兴话、上海话、双峰话单元音库存多达 13 个，建宁话、香港客家话、清溪话、潮阳话、文昌话单元音库存仅有 5 个。8 元音型、9 元音型的占比相加高达 40.7%。其中，8 元音型的比率最高。

从单元音库存中的元音数目来看，汉语单元音最为丰富，其次是藏缅语，苗瑶语仅排在侗台语之前。从各语族中元音的分布情况来看，汉语以 8 元音型、9 元音型居多，藏缅语以 7 元音型、8 元音型、9 元音型居多，苗瑶语和侗台语一样，以 7 元音型、9 元音型占优势。

为了将苗瑶语等汉藏语言与世界语言进行比较，我们统计了世界语言元音库存的概况。317 种世界语言中出现了 29 种单元音：[i y ɪ y ɪ ɛ ɜ œ æ a ɨ ɯ ə u ɪ ɘ ɀ ʌ ʒ e u ɪ "o" o ʊ ɔ ʌ o ɤ a ɑ ɑ ʏ ʊ][②]。元音库存最少的语言仅有 3 个单元音音位，如阿留申语，元音库存最多的语言则出现了 10 个单元音音位，如

---

① 叶晓锋：《汉语方言语音的类型学研究》，博士学位论文，复旦大学，2011 年，第 46 页。

② 麦迪森所用的部分符号与国内有所不同，如用加引号的 "e" 表示前中元音 ɛ，用 a 表示央低元音 ᴀ，用 ạ 表示前 a。另外，加引号的 "o" 的位置比 o 高一些。

挪威语，两者的差距为 3.3 倍之多。世界语言以 5 元音型、6 元音型占优势，其中，5 元音型最为常见。

数据显示，苗瑶语等汉藏语占优势的元音类型为 7—9 元音型，与世界语言 5—6 元音型占优势的格局有所不同。那么，苗瑶语等汉藏语音系中的单元音库存数量在世界语言中处于何种水平呢？我们将以麦迪森（2005）在 WALS 元音库存中设置的标准为参照来进行考察[①]。

为了考察世界语言元音库存的分布特点，麦迪森依据元音的数量将世界语言分为以下 3 类：

（1）"少（small）"类，元音数量为 2—4 个；

（2）"平均（average）"类，元音数量为 5—6 个；

（3）"多（large）"类，元音数量为 7—14 个。

563 种世界语言中属于"少"类的语言为 92 个，其占比为 16.3%；属于"平均"类的语言为 288 个，其占比为 51.2%；属于"多"类的语言为 183 个，其占比为 34.1%。世界语言元音数量以"平均"类占优势[②]。

按照以上标准，苗瑶语单元音库存类型的分布情况如表 2.1.6 所示：

表 2.1.6　　　　　　　　　　　**苗瑶语单元音库存类型**

	苗语支	瑶语支	总计	比率（%）
"多"类	23	3	26	86.7
"平均"类	3	1	4	13.3

表 2.1.6 显示，苗瑶语仅有"多"类、"平均"类两种类型。

苗语支语言单元音系统最为繁复。它以"多"类为主，同时还在上坝苗语、虎形山巴哼语、嶂背畲语中出现了少量"平均"类。其单元音平均值完全符合世界语言"多"类的标准。

瑶语支语言以"多"类为主，"多"类分布在江底勉语、梁子勉语、东山勉语中，"平均"类仅见于大坪勉语，其单元音数量平均值尚未达到世界语言"多"类标准的下限。

总而言之，苗瑶语单元音类型以"多"类占绝对优势，其占比为世界语言"多"类占比的 2.5 倍。

基于以上数据，上述 30 个苗瑶语代表点中元音库存类型的分布情况如

---

① 此处的元音库存仅考察单元音。

② Maddieson, Ian. Vowel Inventories in Haspelmath, Martin & Dryer, Matthew S. et al (eds.). *The World Atlas of Language Structures*. Oxford: Oxford University Press, 2005: 14.

图 2.1.1 所示：

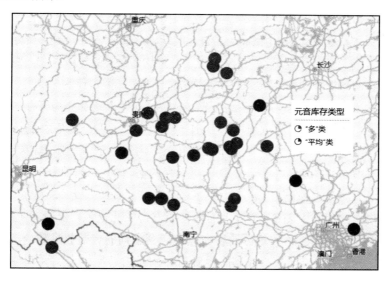

图 2.1.1　苗瑶语元音库存类型

从行政辖域的角度看图中苗瑶语各代表点元音库存的地理分布情况，我们可以发现，元音库存属于"多"类的代表点大多位于贵州省、湖南省以及广西壮族自治区内。属于"平均"类的代表点主要集中在广东省内，湖南省、云南省也有分布。总的来说，苗瑶语单元音库存类型在地理分布上仅在东部、西南部出现少许"平均"类，其他地域均以"多"类为主。

麦迪森（2005）在考察元音库存地理分布情况时发现，中国境内元音库存属于"多"类的语言集中在南部地区[①]。那么，中国境内汉藏语中大于元音平均库存的语言分布特征是否印证了麦迪森的观察呢？据我们的统计，汉藏语中元音库存的分布情况如表 2.1.7 所示：

表 2.1.7　　　　　　　　汉藏语单元音库存类型

	"多"类（%）	"平均"类（%）
藏缅语	84.8	15.2
侗台语	81	19
苗瑶语	86.7	13.3
汉语	85.7	14.3

① Maddieson, Ian. Vowel Inventories in Haspelmath, Martin & Dryer, Matthew S. et al (eds.). *The World Atlas of Language Structures*. Oxford: Oxford University Press, 2005: 15.

依据表 2.1.7，汉藏语元音库存以"多"类占绝对优势。其中，苗瑶语"多"类占比最高，为 86.7%。汉语元音库存也较为复杂，"多"类占比仅次于苗瑶语，为 85.7%。据叶晓锋（2011）的统计，在汉语中，吴方言元音平均数最多，为 9.7 个，客家方言、闽语元音平均数最少，为 7.4 个，总之，南方方言元音的平均数较少[①]。再次是藏缅语，"多"类占比为 84.8%。最后是侗台语，"多"类占比为 81%。上述数据显示，大于元音平均库存的语言普遍分布在中国境内的汉藏语中。其中，汉语大于元音平均库存的语言不仅分布在中国南部，中部、北部都有所分布。由于麦迪森中国境内语言采样的数量限制，中国境内大于元音平均库存的语言的分布区域超出了麦迪森的考察所得到的分布范围。

亚洲地区元音数量在 7 个以上的语言或方言如此众多，麦迪森（2005）对这种现象的解释是，"该地区语言在历史音变中词的音节数目减少，相当多的词演变成单音节词。与此同时，辅音特别是音节尾辅音的区别性特征数量减少。在某些情况下，这种音变也导致元音区别性特征数量的增加。上述相关变化模式在一定程度上维持了语音系统复杂度的总体平衡"。[②]但麦迪森表示，并未在相关语言辅音、元音库存数量的分布中发现两者之间的补偿关系。那么，在苗瑶语中，辅音多的语言或方言元音数量是否会相对较少，而辅音少的语言或方言是否会增加元音的数量从而保持音系的平衡呢？苗瑶语辅音与元音数量之间的关系并没有这么简单，其元音存库、辅音库存组合模式如表 2.1.8 所示：

表 2.1.8　　　　　　　　苗瑶语元音库存、辅音库存组合模式

辅音类型 元音类型	"偏少"类	"平均"类	"偏多"类	"多"类
"平均"类	2	0	1	1
"多"类	0	7	9	10

在苗语支语言中，辅音数量属于"多"类、"偏多"类的代表点，其元音数量基本上属于"多"类，仅有上坝苗语、虎形山巴哼语、嶂背畬语例

---

① 叶晓锋：《汉语方言语音的类型学研究》，博士学位论文，复旦大学，2011 年，第 47 页。

② Maddieson, Ian. Vowel Inventories in Haspelmath, Martin & Dryer, Matthew S. et al (eds.). *The World Atlas of Language Structures*. Oxford: Oxford University Press, 2005: 15.

外，它们的辅音数量分别属"多"类、"偏多"类、"偏少"类，但其元音数量均属于"平均"类。

在瑶语支语言中，辅音数量属于"偏多"类的江底勉语、东山勉语，其元音数量均为"多"类；辅音数量属于"平均"类的梁子勉语，其元音数量仍然为"多"类；辅音数量属于"偏少"类的大坪勉语，其元音数量也仅仅为"平均"类。

由表 2.1.8 可见，苗瑶语辅音、元音数量的共时分布并不存在明显的补偿关系。不过，苗瑶语在其音节长度变短，辅音特别是音节尾辅音数量变少之后，其元音数量确实有所变化，我们可以通过苗语支语言、瑶语支语言的比较发现其元音数量变化的趋势。在辅音韵尾消变速度较快的苗语支语言中，其单元音数量一般多于辅音韵尾消变速度较慢的瑶语支语言的单元音数量。另外，苗瑶语还通过增加元音的鼻化等调音附加特征以及声调来补偿失落的辅音，增强语音的区别度。

麦迪森（2005）还使用"辅音元音比"（C/VQ ratio）的方法来分析世界语言辅音库存与元音库存数量的相关度。其公式为：

$$辅音元音比（Consonant\ Vowel\ ratio）= \frac{辅音数目}{元音数目}$$

根据 C/VQ 率，麦迪森将 563 种语言样本划分为以下 5 类：

（1）"低（low）"类，C/VQ 率小于或等于 2.0；

（2）"较低（moderately low）"类，C/VQ 率大于 2.0，小于 2.75；

（3）"平均（average）"类，C/VQ 率等于或大于 2.75，小于 4.5；

（4）"较高（moderately high）"类，C/VQ 率等于或大于 4.5，小于 6.5；

（5）"高（large）"类，C/VQ 率在 6.5 以上。

563 种语言中属于"低"类的语言为 59 个，其占比为 10.5%；属于"较低"类的有 97 个，其占比为 17.2%；属于"平均"类的是 234 个，其占比为 41.6%；属于"较高"类的有 102 个，其占比为 18.1%；属于"高"类的为 71 个，其占比为 12.6%。世界语言 C/VQ 率以"平均"类占优势[①]。

根据麦迪森的计算方法，苗瑶语各代表点的 C/VQ 率及其类型如表 2.1.9 所示：

---

① Maddieson, Ian. Vowel Inventories in Haspelmath, Martin & Dryer, Matthew S. et al (eds.). *The World Atlas of Language Structures*. Oxford: Oxford University Press, 2005: 18.

表 2.1.9　　　　　　　　　　苗瑶语 C/VQ 率及其平均数

苗语支	C/VQ 率	平均数	优诺语	小寨 2.56 黄落 2.86	2.71
罗泊河苗语	石板寨 3.78 高寨 3.36	3.57	炯奈语	龙华 3.11　六巷 3.43	3.27
川黔滇苗语	上坝 5.67 高坡 3.18 宗地 2.42 石门坎 8.88	5.04	巴那语	中排 4.14	4.14
湘西苗语	吉卫 5.1 下坳 6.2 腊乙坪 6.27 小章 4.11	5.42	畲语	嶂背 2.83	2.83
黔东苗语	凯棠 4.71 菜地湾 2.88 尧告 3.2 河坝 3.88	3.67			**4.87**
巴哼语	文界 4.22 滚董 3.57 虎形山 5.6	4.46	**瑶语支**	**C/VQ 率**	平均数
布努语	七百弄 3.25 西山 2.67 瑶麓 3	2.97	勉语	江底 3.88 梁子 3 东山 4.71 大坪 3.6	**3.8**

表 2.1.10　　　　　　　　苗瑶语辅音元音比（C/VQ 率）类型

"C/VQ 率"类型	"较低"类	"平均"类	"较高"类	"高"类
语言数量	3	17	9	1
比率（%）	10	56.7	30	3.3

　　一般来说，一种语言中辅音的数量往往会高于元音的数量，"辅音元音比"一般会大于 1。"辅音元音比"相对较高的话，则表明这种语言中辅音的相对数量较多。从语支的分布特征来看，苗语支"辅音元音比"较高，其中，石门坎苗语属于"高"类，上坝苗语、吉卫苗语、下坳苗语、腊乙坪苗语、凯棠苗语、虎形山巴哼语属于"较高"类。但苗语支中也有"辅音元音比"较低的代表点：宗地苗语、西山布努语、小寨优诺语，其辅音数量较少，分别为 29 个、24 个、23 个。瑶语支"辅音元音比"平均值略低于苗语支，其中，除东山勉语属于"较高"类之外，其余代表点均属"平

均"类。总而言之，上述"辅音元音比"较为客观地反映了苗瑶语辅音的分布情况。苗瑶语"辅音元音比"的地理分布从北到南大致呈逐渐减少之势，东西方向则呈交错分布之态，如图 2.1.2 所示：

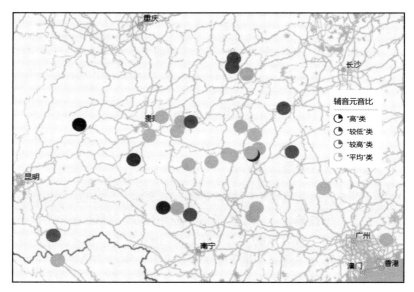

图 2.1.2　苗瑶语"辅音元音比"的地理分布

　　麦迪森（2005）发现，如果一种语言辅音库存较多的话，那么其"辅音元音比"同样会较高①。苗瑶语基本符合这一倾向。

　　在其辅音库存属于"多"类、"偏多"类的代表点中，有 8 个代表点"辅音元音比"属于"高"类或"较高"类，即上坝苗语、石门坎苗语、吉卫苗语、下坳苗语、腊乙坪苗语、凯棠苗语、虎形山巴哼语、东山勉语，12个代表点属于"平均"类，即石板寨苗语、高寨苗语、高坡苗语、小章苗语、尧告苗语、河坝苗语、文界巴哼语、七百弄布努语、瑶麓布努语、龙华炯奈语、中排巴那语、江底勉语。仅有 1 个代表点比较特别，属于"较低"类，即宗地苗语。其辅音属于"偏多"类，元音则为"多"类，较多的元音数目使其"辅音元音比"降低。

　　在其辅音库存属于"平均"类的代表点中，有 5 个代表点"辅音元音比"也属于"平均"类，即菜地湾苗语、滚董巴哼语、黄落优诺语、六巷炯奈语、梁子勉语。只有西山布努语、小寨优诺语两个代表点"辅音元音比"属于"较低"类，其元音库存数量都属于"多"类，辅音库存数量相

　　① Maddieson, Ian. Vowel Inventories in Haspelmath, Martin & Dryer, Matthew S. et al (eds.). *The World Atlas of Language Structures*. Oxford: Oxford University Press, 2005: 19.

对较少，为 23—24 个，均属于"平均"类。

辅音库存属于"偏少"类的两个代表点，即嶂背畲语、大坪勉语，由于其元音数量相对最少，其"辅音元音比"仍然维持在"平均"类水平。

虽然世界语言中辅音以及元音库存的分布均以"平均"类占优势，而苗瑶语代表点以"多"类为主，但从苗瑶语"辅音元音比"来看，它与世界语言"辅音元音比"的分布趋势一致，排在前三位的同为"平均"类、"较高"类、"较低"类，且"平均"类占优势，基本上呈现出正态分布的模式。

第二节　单元音

一　元音系统的类型及其分布

本节仅将方言调查报告中的单元音计入元音库存（vowel inventories）。我们首先观察不包含鼻化、长短等调音、发声附加特征的基本元音的分布情况[①]。苗瑶语 30 个代表点的元音系统共有 8 种类型。下面列出这 8 种类型及其基本元音的分布状况。带星号的元音仅出现在现代汉语借词中。

（1）五元音型：虎形山巴哼语——/i e a o u/，大坪勉语——/i ε a ɔ u/，嶂背畲语——/i e a ɔ u/。

（2）六元音型：上坝苗语——/i e a o u y/。

（3）七元音型：凯棠苗语、滚董巴哼语、六巷炯奈语——/i e ε a ɔ o u/，中排巴那语——/i e a o u y ɣ/，小寨优诺语——/i e a ɔ u e ə/，梁子勉语——/i e ε a ɔ o u/，东山勉语——/i ε a ɔ u e ə *ɣ/。

（4）八元音型：石门坎苗语——/i *e a o u ɯ y ə/，菜地湾苗语——/i e ɜ a o u y ɣ/，河坝苗语——/i e æ ɔ a o u y/，江底勉语——/i e ε a o u *ə ɣ/。

（5）九元音型：石板寨苗语——/i e ε a o u y ə ɣ/，小章苗语——/i e a o u ɯ y *ə ɣ/，文界巴哼语——/i i e ε a ɔ o ɤ ʉ/，西山布努语——/i e a o u ɯ *y ə *ɣ/，黄落优诺语——/i e a ɒ ʋ o u y ə *ɣ/，龙华炯奈语——/i e a ɒ u o a *y ə *ɣ/。

（6）十元音型：吉卫苗语——/i e ε a ɑ ɒ o ɤ ʁ ɯ/，下坳苗语——/i e ε a ɑ o u ɯ ə *y/，腊乙坪苗语——/i e ε a ɑ ɒ o ɯ o ə/，尧告苗语——/i e ε a ɔ o u *y *ə *ɣ/，瑶麓布努语——/i e ø a o u ɯ *y *ə *ɣ/。

（7）十一元音型：高寨苗语——/i e ø æ a o u y ə ɣ/，高坡苗语——/i e ε æ a o u ɯ ɯ *ɿ *ɣ/。

---

① 据朱晓农《语音学》，商务印书馆 2010 年版，第 244、257 页，鼻化元音带有鼻音色彩，元音的长短是一种超发声态特征。

（8）十二元音型：宗地苗语——/i e æ ɑ ɔ u ɯ ɕ ə i ì *ɣ̀ *ɤ̀/，七百弄布努语——/i e ɛ æ ɑ ɔ u ɯ o ɕ *y ɤ̀ *ɣ̀/。

在 8 种元音系统类型中，含 7 个和 9 个元音的代表点数量最多，共计 13 个，占样本总数的 43.3%。其他类型按降序依次为：十元音型（5 个）>八元音型（4 个）>五元音型（3 个）>十一元音型、十二元音型（各 2 个）>六元音型（1 个）。七到十元音型的总和高达 22 个，占样本总数的 73.3%。由此可见，苗瑶语元音系统以七到十元音型为主，其中出现频率最高的是七元音型和九元音型。

苗语支语言 8 种元音系统类型俱全，元音音位平均数较高，为 8.7 个，其中布努语元音平均值高达 10.3。这与苗语支语言声母系统复杂，韵母和声调相对简单有关。苗语支语言仅有西山布努语、龙华炯奈语尚存拼读壮语或勉语借词的塞音韵尾，高坡苗语、石门坎苗语、文界巴哼语韵尾全部脱落，韵尾的消变使基本元音总量增加。苗语支语言中也存在只有 5 个元音的代表点，即虎形山巴哼语、嶂背畲语。其中，嶂背畲语声母系统在苗瑶语中最为简单，韵母和声调系统也远没有瑶语支语言复杂，其元音数目最少与受博罗客家话深度影响有关，其元音系统几乎完全被博罗客家话/i e ɑ ɔ u ɣ/元音系统（甘春妍 2011）[①]所替代。瑶语支语言元音系统类型略少，共计 3 种，元音平均数为 6.8 个。其声母系统相对简单，韵母和声调系统复杂，带韵尾的音节比较丰富，因此元音数目略少于苗语支语言。

从地理分布上来看，苗瑶语各代表点单元音数量由北到南、从西往东大致呈现逐步递减之势，如下图所示：

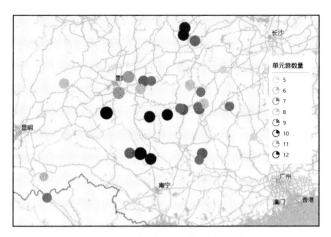

图 2.2.1　苗瑶语单元音数量的地理分布

---

① 甘春妍：《博罗畲语研究》，南开大学出版社 2011 年版，第 27 页。

　　苗瑶语单元音系统类型的复杂性还表现在鼻化元音、日化元音、弛化元音等特殊元音的分布上。

　　苗瑶语中具有调音附加特征的元音主要有鼻化元音、日化元音。我们首先看带有鼻音色彩的鼻化元音。苗瑶语的鼻化元音主要集中在苗语支语言中，共有高坡苗语、河坝苗语、文界巴哼语、六巷炯奈语 4 个代表点。其鼻化单元音音位共有 9 个，它们的出现频率如表 2.2.1 所示：

表 2.2.1　　　　　　　　　　　**苗瑶语鼻化元音出现频率**

鼻化元音	ẽ	ã	õ	ĩ	ɔ̃	æ̃	ɛ̃	ɔ̃	ɪ̃
频次	3	3	3	2	1	1	1	1	1
比率（%）	10	10	10	6.7	3.3	3.3	3.3	3.3	3.3

　　高坡苗语、文界巴哼语元音鼻化进程完成得较为彻底，其系统中已经没有鼻尾音韵母。文界巴哼语鼻化元音高达 7 个，高坡苗语为 5 个。河坝苗语、六巷炯奈语的鼻化进程尚在进行之中，其鼻化元音韵母和鼻尾音韵母并存。这 4 个代表点最容易鼻化的元音是[e]、[a]、[o]（3 次），再次是[i]（2 次）。[ə]、[æ]、[ɛ]、[ɔ]、[ɪ]的鼻化概率最小，都只出现 1 次。

　　苗瑶语中带有日音色彩的日化元音的分布也集中在苗语支语言中。日化元音即卷舌元音，出现在石板寨苗语、高寨苗语、上坝苗语、高坡苗语、石门坎苗语、腊乙坪苗语、中排巴那语中的卷舌元音为[ɚ]，分布在吉卫苗语中的卷舌元音则标为[ɪɚ]或[ɘɚ]。它们专用于拼读汉语借词。

　　苗瑶语中具有发声附加特征的元音为弛化元音。弛化元音（slack voiced vowel）又称气化元音（breathy voiced vowel）。弛化元音发音之时，喉头靠近后部勺状软骨处的声带微微开放，前部声带振动的同时，从后部缝隙处漏出少量气流，造成"浊流元音"感（朱晓农 2010）[①]。在辅音声母的讨论中，我们发现在大量苗语支语言以及少数瑶语支语言的声母中都有弛声的分布。实际上，弛声也分布在元音、辅音韵尾之上，单元音韵母音节、复合元音韵母音节、鼻音韵尾音节、塞音韵尾音节都有弛声分布，即弛声是整个音节的属性。苗瑶语中的弛化元音大都与阳调类对应，少数则与阴调类对应。与弛化辅音一样，弛化元音一般用声调的区别来刻画，即多数处理为阳调伴随特征，少数处理阴调类伴随特征。当声母为塞音、塞擦音、擦音、鼻音、边音时，弛化元音分布在上坝苗语、高坡苗语、宗地苗语、

---

　　① 朱晓农：《语音学》，商务印书馆 2010 年版，第 253 页。

石门坎苗语、吉卫苗语、下坳苗语、腊乙坪苗语、小章苗语、凯棠苗语、尧告苗语、河坝苗语、文界巴哼语、七百弄布努语、中排巴那语、黄落优诺语、梁子勉语中，其实际分布率与弛化塞音、弛化塞擦音、弛化擦音、弛化鼻音、弛化边音一样，为53.3%。当声母为近音时，弛化元音分布在宗地苗语、吉卫苗语、下坳苗语、腊乙坪苗语、河坝苗语、文界巴哼语中，其实际分布率与弛化近音一样，为20%。

二　元音系统的构成和构形

苗瑶语元音系统中共出现 19 个无调音、发声附加特征的元音音位，即 [i a u e o ɔ ə ɛ ʅ ɣ y ɯ æ ɑ ɤ ø ɒ ɪ ɻ ʉ]，其出现频次及比率为：

表 2.2.2　　　　　　　苗瑶语基本元音音位的出现频率

基本元音	i	a	u	e	o	ə	ɛ	ɔ	ʅ	y
频次	30	30	29	28	27	17	16	15	15	15
比率（%）	100	100	96.7	93.3	90	56.7	53.3	50	50	50
基本元音	ɯ	æ	ɑ	ɤ	ø	ɒ	ɪ	ɻ	ʉ	
频次	10	5	4	2	2	2	2	2	1	
比率（%）	33.3	16.7	13.3	6.7	6.7	6.7	6.7	6.7	3.3	

表 2.2.2 显示，[i a u e o ə ɛ ɔ ʅ y ɯ]的出现频率较高。[i]、[a]出现频率为100%，[u]为96.7%，它们是苗瑶语最基本的元音；其次为[e]、[o]，出现频率在90%以上；再次是[ə ɛ ɔ ʅ y ɯ]，出现频率超过33.3%。

从出现频率中，我们可以发现苗瑶语不同类型元音系统的选择等级[①]：

五元音型：i a u/e/o//ə ɛ

七元音型：i a u/e//o ɔ/ʅ ɣ y

八元音型：i a u e o/y ə ɛ/ʅ ɔ ɯ æ ɤ

九元音型：i a e o/u ə y/ɣ ɛ ɯ ɑ ɒ ɪ

十元音型：i a u e o/ə ʅ ɯ ɛ//y ɑ ʅ ø

十一元音型：i a u e o ə æ/ɛ ʅ/ɣ ɛ y ɯ ø

十二元音型：i a u e o ə æ ʅ ɯ//ɛ ʅ ɪ

具体观察苗语支、瑶语支元音系统的构成，可发现唯有虎形山巴哼语

的构成为五个基本元音。另外，苗语支中嶂背畲语的系统为/i a u e ɔ/，虽然其系统缺乏较为常见的[o]，但其元音系统中没有[o]、[ɔ]的对立，实际上比较靠近五个基本元音的系统。从语支的角度看，苗瑶语中存在两种不同的选择等级。苗语支大部分代表点为 i a e o u/ə y ɣ//ɔ ɛ ɯ，倾向于在舌位分布具有最大区别性的五个基本元音的基础上优先采用央元音[ə]与有标记元音[y]、[ɭ]使系统复杂化。瑶语支为 i a u ɛ/ɔ//e ɔ ɒ，倾向于在元音三角的构架上选择前展、后圆等无标记特征前后均衡扩展并加入央元音[ə]、舌尖元音[ɭ]。

　　苗瑶语深受汉语的影响，勉语和畲语一半词汇是汉语借词，来自不同汉语方言的借词可能影响了其元音系统构成要素的变化，以致同一语族内部不同语支的语言或方言在元音选择等级上出现一定的差异。苗语支前两级优选序列"i a e o u/ə y ɣ//"与西南官话七个基本元音/a i u e o y ɣ/及常见元音[ə]（李霞　2004）[①]的组成成员相同。苗语支中地处广东省惠州市博罗县的嶂背畲语的语音系统深受客家话影响，其构成/i a u e ɔ/和博罗客家话的/i a u e o ɔ ɣ/系统（甘春妍　2011）[②]相似。瑶语支曾和粤语有密切的接触，其优选序列"i a u ɛ/ɔ//e ɔ ɒ ɣ"与广州话的/i a u ɛ œ ɔ ɐ y/系统接近。

　　从和元音最基本音质有关的三种属性即舌位高低、前后和嘴唇形状的角度来观察元音构成的特性，可以发现苗瑶语高元音、前元音、前展唇元音与后圆唇元音的优势地位。高元音[i ɪ y ʉ ɯ]出现频率总计 86 次，半高元音[e ø ɤ o]为 59 次，央元音[ə]为 17 次，半低元音[ɛ ɔ]共 31 次，低元音[a ɑ ɒ æ]共计 41 次，高元音明显多于低元音与央元音。前元音[i e ɛ æ a y ɪ ø]出现频率为 128 次，央元音[ə]为 17 次，[ʉ]仅有 1 次，后元音[ɯ ɤ o ɔ u ɒ a]总共 89 次，前元音多于后元音与央元音。前展唇元音[i ɪ e ɛ æ a]出现频次为 111 次，前圆唇元音[y ø]为 17 次，前展唇元音的数量大大超过前圆唇元音；后圆唇元音[u o ɔ ɒ]出现频次为 73 次，后展唇元音[ɯ ɤ ɑ]为 16 次，后圆唇元音的数量远远多于后展唇元音。

　　特鲁别茨柯伊（1969）基于一百多种语言元音系统的分析，发现世界语言元音系统的构型主要呈三角形和四边形[③]。苗瑶语 23 个代表点的元音系统都是三角形分布，只有高寨苗语、吉卫苗语、下坳苗语、腊乙坪苗语、文界巴哼语、黄落优诺语、龙华炯奈语 7 个代表点呈四边形分布。前 6 个代表点的高元音都有[i]、[u]，高寨苗语、吉卫苗语、下坳苗语、腊乙坪苗语的低音有[a]、[ɑ]的对立，黄落优诺语、龙华炯奈语则为[a]、[ɒ]。文界

① 李霞：《西南官话语音研究》，硕士学位论文，上海师范大学，2004 年，第 43 页。

② 甘春妍：《博罗畲语研究》，南开大学出版社 2011 年版，第 27 页。

③ Trubetzkoy N. S. *Principles of Phonology*. California: University of California Press, 1969.

巴哼语缺乏无标记后高元音[u]，其元音系统由[i]、[ʉ]、[o]、[a]四个点构成了的一个特殊的四边形。

在元音空间的层次维度数量上或层次等级的选择上，苗瑶语元音空间高低维度比前后维度更具有层次性，元音分布以高低维度为主，前后维度为辅。前后维度基本上都是前后两层对立，唯有文界巴哼语为前、央、后三层。从高低维度上来看，有三层、四层、五层之分，多数代表点前后元音层级呈均衡分布状态。前后高度一致的代表点分布最为普遍，共有 21 个，占样本总数的 70%。上坝苗语、石门坎苗语、小章苗语、虎形山巴哼语、西山布努语、瑶麓布努语、中排巴那语、黄落优诺语、龙华炯奈语、嶂背畲语、东山勉语、大坪勉语 12 个代表点前后都是 3 层。宗地苗语、吉卫苗语、腊乙坪苗语、凯棠苗语、尧告苗语、河坝苗语、滚董巴哼语、六巷炯奈语、梁子勉语 9 个代表点前后都是 4 层。其次是前元音层级较多的代表点，共有 8 个。其中前 4 后 3 型分布较广，有石板寨苗语、高寨苗语、下坳苗语、菜地湾苗语、文界巴哼语、江底勉语 6 个代表点。另有七百弄布努语为前 5 后 4 型，高坡苗语是前 5 后 3 型。后元音层级多于前元音的代表点比较少见，仅有小寨优诺语为前 3 后 4 型。总的来说，苗瑶语元音系统以前后均为 3 层、4 层高度的格局为主。

三　元音系统特点的跨语言对比

将克罗瑟斯（1978）基于世界 209 种语言所概括出的 15 条元音共性规则作为背景[①]，对苗瑶语元音系统的情况进行类型学的观照，可以发现苗瑶语与之相符的元音共性规则有如下 8 条：

1. 所有语言都有元音[i a u]。

6. 八个或更多元音的语言都有[e]。

7. 九个或更多元音的语言都有[o]。

9. 一个系统中以高度相区别的元音的数目应等于或大于以前后相区别的元音的数目。

10. 有两个或更多内部元音（中央区域元音）的语言总是有一个高元音。

11. 同一纵列的内部元音的数目不可能多于前元音或后元音的数目。

12. 高度相区别时前元音的数目应等于或大于后元音的数目。

14. 鼻化元音系统的数目要小于或等于口元音系统的数目。

---

① Crothers, John. Typology and Universals of Vowel Systems in Greenberg, Joseph H. & Ferguson, Charles A. et al (eds.). *Universals of Human Language*, vol.2: *Phonology*, 93–152. Stanford: Stanford University Press, 1978.

　　从不同元音系统类型中元音的构成情况来看，苗瑶语仅符合规则 1—7 中的第 1、第 6 与第 7 条。除文界巴哼语这一个代表点缺乏[u]之外，苗瑶语元音系统都有[i a u]，基本符合规则 1。苗瑶语 4 种八元音型系统都具备[e]音位，6 种九元音型系统都有[o]音位，与规则 6、规则 7 完全一致。

　　从元音系统中元音分布所呈现的一些带普遍性的规律来看，苗瑶语与规则 8—15 中的 5 条基本一致。第一，苗瑶语元音空间中元音的分布以高低维度为主，高低维度上的元音多于前后维度上的元音，与第 9 条规则相同。第二，苗瑶语内部元音的分布与第 10、11 条规则吻合。苗瑶语中央区域元音只有[ə ʉ]两个，其中[ʉ]为央高元音，它们的数量在纵列上远远少于前元音或后元音。第三，29 个代表点前元音数目等于或大于后元音的数目，基本与第 12 条规则相符。在前 4 后 3 型、前 5 后 4 型以及前后高度都是 3 层或 4 层的构型中，前元音等于或大于后元音的数目。即使是前 3 后 4 型的小寨优诺语（/i e a / u o c a o u/），前后元音数量也相等，唯有吉卫苗语（/i e ɛ a ɑ ɔ o ʊ/ ʉ ɯ ɤ o u/）后元音数目超过前元音。第四，苗瑶语鼻化元音系统的数目小于口元音系统的数目，与第 14 条规则相符。文界巴哼语鼻化元音数量最多，拥有 7 个，但是其口元音高达 9 个，存在更多的高低和前后的区别。其他代表点鼻化元音的数目更是远远低于口元音的数目。

　　元音在语音空间的分布上要保持一定的结构对称和空间距离，因此人类语言元音系统中基本元音的数量往往受到限制，存在着类似的倾向性共性。据克罗瑟斯（1978）的统计，世界语言五至八元音型最多。施瓦茨等（1997）的研究结论是三至九元音型居多[①]。在麦迪森（1984）收录的 317 种世界语言中，以五元音、六元音型居多。140 种汉语方言以八元音型最为常见，其次为九元音型、七元音型。46 种藏缅语以七元音、八元音和九元音型居多，其中九元音型最多。21 种侗台语以七元音、九元音型居多。苗瑶语元音系统以七到十元音型为主，其中出现频率最高的是七元音型和九元音型，其最常见元音系统的类型与侗台语一致。

　　关于基本元音的平均数目，麦迪森（1984）基于 317 种世界语言的统计结果为 8 个[②]，140 种汉语方言为 8.7 个，46 种藏缅语为 8.8 个，21 种侗台语为 7.8 个。30 种苗瑶语元音的平均值为 8.4 个，较为接近汉语方言的元音平均值。

　　从基本元音的使用频率来看，克罗瑟斯（1978）得出的频次较高的元

　　① Jean-Luc Schwartz, Louis-Jean Boë, Nathalie Vallée & Christian Abry. Major Trends in Vowel System Inventories. *Journal of Phonetics*, 1997 (25): 233−253.

　　② Maddieson, Ian. *Patterns of Sounds*. Cambridge: Cambridge University Press, 1984: 123.

音为[i u a e ɛ ɔ ɪ ə y ø ɯ]，麦迪森（1984）所统计的317种世界语言中频次较高的元音为[i a u "o" ɪ ɛ ɔ ə o ʒ]①；汉语方言为[i u a y o ʅ ɿ ɛ ɔ ɤ ʅ ə]；46种藏缅语为[i u o e a ɯ ɛ ɔ ʒ ɣ ɤ ɔ ʁ ɒ]，21种侗台语为[i u a o ə ɯ ɜ ɔ ə y ø]；苗瑶语中频次较高的元音是[ɯ ɿ ɔ o u a i e o ɛ ɔ ʒ ɤ y ɯ]。

与克罗瑟斯的结果相比，较为明显的差异是，苗瑶语缺乏[i ə]而多出了[ɿ]，其他成员基本相同。其中，[i e y]排序完全相同，[u a ɔ o ɯ]略有不同，[ɛ ə]差别较大。相较于麦迪森的结果，苗瑶语缺乏["o" ɪ ʒ]而多出了[ɿ y ɯ]，其他成员大致一样。其中，[i a u]均排在前列，[ɛ o ɔ]排序稍有区别，[e ə]排序相差较大。和汉语、侗台语相比，代表汉语类型特征的[ɿ y]、侗台语类型特征的[ɯ]，在苗瑶语中的出现频率排序靠后。苗瑶语元音系统的显著类型特点是[e o]的高频出现。

另外，比较显示，汉语高频元音[ɿ y]已经成为苗瑶语常见音素。前者出现15次，其中汉语借词为10次，后者也出现了15次，其中汉语借词为7次。苗瑶语对[ɿ y]的引进体现了其元音系统因受汉语影响而发生的异质的变异。它们较高频次的出现使苗瑶语元音库存悄然变化，在一定程度上呈现出与汉语趋同的元音特征。它们的使用频率再次显示，在苗瑶语元音类型的研究中，需要考虑语言接触和语言影响的因素。

从蕴含关系的角度来看，苗瑶语有标记元音与无标记元音之间的分布关系不仅较好地印证了世界语言元音系统中已经揭示出来的蕴含共性，还体现了其独有的蕴含规则。我们来看有标记元音[y ø œ]与无标记元音[u o ɔ]以及[i e ɛ]之间的关系。雅柯布森（2001）指出，有[y]一定有[u]，但有[u]不一定出现[y]，即[y]的存在蕴含着[u]的存在②。在苗瑶语中，石板寨苗语、高寨苗语、上坝苗语、石门坎苗语、小章苗语、下坳苗语、菜地湾苗语、尧告苗语、河坝苗语、七百弄布努语、西山布努语、瑶麓布努语、中排巴那语、黄落优诺语、龙华炯奈语15个代表点存在这一蕴含规则。

我们发现，苗瑶语中还存在[ø]蕴含[o]的现象③，如高寨苗语、瑶麓苗语的/i e ø æ a ɑ o u y ə ɣ/、/i e ə a i o u ɯ *y *ə *ʅ ɤ/系统。总之，苗瑶语前圆唇元音的存在蕴含着后圆唇元音的存在。雅柯布森（1968）还发现，前圆唇元音的存在蕴含着前不圆唇元音的存在④。上述存在[y]蕴含[u]规则的15个代

---

① "o"的位置比o高一些。

② [美] 雅柯布森：《类型学研究及其对历史语言学的贡献》，载钱军编译《雅柯布森文集》，湖南教育出版社2001年版，第70页。

③ 在语言样本之外的石口勉语中还存在[œ]蕴含[ɔ]的现象，其元音系统为/i e ɛ œ æ a ə u y e ə *ʅ/。

④ Jakobson, Roman. *Kindersprache, Aphasie und Allemeine Lautgesetze*. Uppsala, 1941. Allan R. Keiler (tr.). *Child Language, Aphasia and Phonological Universals*. The Hague, Paris & New York: Mouton, 1968: 57.

表点同时出现[y]蕴含[i]的现象，高寨苗语、瑶麓布努语的[ø]蕴含[e]，较好地证实了雅柯布森的观点。

　　苗瑶语有标记元音[y ø œ]相互之间也具有内在的相关联系，分布上受到严格的条件制约，其分布概率与标记性程度成反比。特鲁别茨柯伊（1969）发现，如果只有一个前圆唇元音，那么这个元音只可能是[y]，不可能是[ø]，即有[ø]一定有[y]，但有[y]不一定出现[ø]①。高寨苗语的/i e ø æ a ɑ o u y ɤ ɣ/、瑶麓布努语的/i e ø a o u ɯ *y *ə *ɣ/系统符合此规则②。总之，苗瑶语前中圆唇元音蕴含着前高圆唇元音的存在，叶晓锋（2011）、蓝利国（2013）所研究的汉语、壮语方言中也存在这一蕴含规则③。

　　苗瑶语中通过鼻化产生的有标记特殊元音又呈现出怎样的个性与共性呢？

　　麦迪森（1984）认为元音附带属性中最重要的是长短与鼻化。根据他的统计，世界语言中鼻化比长短更常见，鼻化元音的出现频率为22.4%，易于鼻化的元音排序为[i]>[a]>[u]④。他所统计的汉藏语中仅有常州话（Changchow）、尼泊尔塔芒语（Tamang）拥有鼻化元音。哈杰克（2005）也统计了243种世界语言中鼻化元音的分布情况。世界语言中出现鼻化元音对立（Contrastive nasal vowels present）的语言为64种，其占比为26.3%，与麦迪森所统计的分布趋势大致相同；无鼻化元音对立（Contrastive nasal vowels absent）的语言为179种，其占比为73.7%⑤。由于哈杰克的采样不太均衡，其鼻化元音主要集中在西非以及南美洲、北美洲，亚洲地区鲜有鼻化元音分布。

　　在汉藏语言中，140个汉语方言代表点中仅出现鼻化元音，其分布率高达35%，最容易鼻化的元音按降序依次为[a e i o a ɔ æ ɛ u a ɤ ø ʌ]。徐云扬、李蕙心（2007）对86个汉语方言点的统计显示，最容易鼻化的元音为[a]，

---

　　① Trubetzkoy, N. S. Grundzüge der Phondogie,Travaux du Cercle Linguistigue de Prague 7, 1939. Christiane A. M Baltaxe (tr.). *Principles of Phonology*. Berkeley & Los Angeles: University of California Press, 1969: 113.

　　② 在语言样本之外的石口勉语/i e ɛ œ æ a o u y ɤ *y *ɣ/系统中，[œ]与[y]共现，其他代表点的系统中出现了[y]，但都没有出现[œ]。因此，[œ]的存在蕴含着[y]的存在。有趣的是，石口勉语的[y]音位主要出现在近代汉语借词中。如果系统没有纳入这个借词音位的话，就不会出现与时秀娟（《现代汉语方言元音格局的类型分析》，《南开语言学刊》2007年第1期，第75页）所探讨的汉语方言趋同的蕴含规则——œ⊃y。

　　③ 叶晓锋：《汉语方言语音的类型学研究》，博士学位论文，复旦大学，2011年，第45页；蓝利国：《壮语元音系统的类型学特征》，《民族语文》2013年第2期，第54页。

　　④ Maddieson, Ian. *Patterns of Sounds*. Cambridge: Cambridge University Press, 1984: 131.

　　⑤ Hajek, John. Vowel Nasalization in Haspelmath, Martin & Dryer, Matthew S. et al (eds.). *The World Atlas of Language Structures*. Oxford: Oxford University Press, 2005: 46.

其次依次为[ɤeɑæoɛiuɔɐɒc]①。张光宇（2012）对汉语方言鼻化运动的考察发现，元音依鼻化难易程度可以分为两类，第一类[i u y ə]较难鼻化，第二类[e ɛ a ɒ ɑ ɔ]容易鼻化②。藏缅语鼻化元音比长短元音更常见。鼻化元音分布在藏语、白马语、基诺语、傈僳语、柔若语、堂朗语、怒苏语、白语、土家语、浪速语、波拉语、普米语、木雅语、尔苏语、纳木依语、史兴语、扎坝语、贵琼语、却域语中，其分布率高达 41.3%。易于鼻化的元音按降序依次是[i e ɛ o u a ɐ ɑ ɤ e ɯ œ ø æ ʊ ɛ u ɔ i]侗台语长短元音比鼻化元音更为常见。其鼻化元音仅见于拉珈语、拉基语，其分布率仅有 9.5%。最容易鼻化的元音依次为[a i u o ɜ ɔ e]。

　　苗瑶语鼻化元音的出现频率略少于长短元音。苗瑶语鼻化元音仅见于高坡苗语、河坝苗语、文界巴哼语、六巷炯奈语，其出现频率为 13.3%，易于鼻化的元音按降序依次是[i ɛ ɔ æ e i o a]。苗瑶语鼻化元音的出现频率远低于藏缅语、汉语，也低于世界平均水平，仅略高于侗台语鼻化元音的出现频率。依据麦迪森（1984）的统计，鼻化元音以高元音占优势。苗瑶语、汉语鼻化元音则以中低元音为主，呈现出中低元音比高元音更易鼻化的特点。中低元音发音时软腭降低的可能性更大，更容易出现鼻化（赫斯 1990）③。由此可见，苗瑶语虽然与麦迪森（1984）的统计结果有差异，但比较符合元音鼻化的发音生理基础。

　　苗瑶语语言采样中鼻化元音的历史来源与大多数汉藏语言相同，主要为鼻音韵尾脱落后附加在韵母元音上的鼻音色彩。其中，部分鼻化元音由汉语借词中的鼻音韵尾转化而来，如文界巴哼语中的 tɕhõ³³ "铜"、fõ³³ "皇"、kõ³³ʐ³¹ "工人"、jõ³¹tɕɛ̃⁵³ "肥皂（洋碱）"、ɕĩ³⁵li³⁵ "胜利"、tɕhõ³³mɦĩ³¹ "聪明"。只有少数代表点与藏缅语（如尔苏语）、侗台语（如拉珈语）一样，出现受声母影响而产生的鼻化元音④，如高坡苗语中的 mĩ³¹ "马"（<*mja˧）。苗瑶语代表点中尚未发现类似藏缅语中受后音节声母中鼻冠音的影响产生的鼻化元音⑤。

　　① 徐云扬、李蕙心：《汉语方言元音的类型学研究》，载鲍怀翘主编《中国语音学报》（第 1 辑），中国社会科学出版社 2007 年版，第 77 页。

　　② 张光宇：《汉语方言的鼻化运动》，《语言研究》2012 年第 2 期，第 23 页。

　　③ Hess, Susan. Universals of Nasalization: Development of Nasal Finals in Wenling. *Journal of Chinese Linguistics*, 1990, (18): 59.

　　④ 在苗瑶语语言样本之外的语言中，也存在受声母影响而产生的鼻化元音。据张琨（《古苗瑶语鼻音声母字在现代苗语方言中的演变》，《民族语文》1995 年第 4 期，第 12 页），古苗瑶语鼻音声母字在现代苗语方言中，由于鼻音声母的同化作用，使古阴声韵添上鼻音韵尾或鼻化作用，例如摆托苗语。

　　⑤ 马学良：《汉藏语概论》，民族出版社 2003 年版，第 216–217 页。

第三节　复合元音

一　复合元音的分布

复合元音指"由两个或以上元音性成分组合而成，发音时声道构型随时间变化"的元音（朱晓农 2010）[①]。苗瑶语复合元音的分布情况如表 2.3.1 所示：

表 2.3.1　　　　　　　　苗瑶语复合元音数目及其平均数

苗语支	复合元音数目	平均数	优诺语	小寨 6 黄落 9	7.5
罗泊河苗语	石板寨 10 高寨 8	9	炯奈语	龙华 7 六巷 6	6.5
川黔滇苗语	上坝 10 高坡 1 石门坎 13 宗地 7	7.8	巴那语	中排 4	4
湘西苗语	吉卫 1 下坳 5 腊乙坪 1 小章 9	4	畲语	嶂背 6	6
黔东苗语	凯棠 6 菜地湾 8 尧告 10 河坝 11	8.8			**6.7**
巴哼语	文界 0 滚董 3 虎形山 4	2.3	**瑶语支**	复合元音数目	平均数
布努语	七百弄 6 西山 17 瑶麓 7	10	勉语	江底 7 梁子 10 东山 6 大坪 8	**7.8**

苗瑶语各代表点不带鼻化、长短等特征的复合元音的数量从 0 到 17 个不等，其中，复合元音数量为 6 个、7 个、10 个的代表点最多。6 复合元音型有 6 个代表点，7 复合元音型、10 复合元音型各有 4 个代表点。其次是 8 复合元音型、1 复合元音型，各有 3 个代表点。其他数量复合元音类型的分布都较为分散。

苗语支代表点除文界巴哼语缺乏复合元音，高坡苗语仅在汉语借词中出现两个二合元音之外，其他代表点的固有词中都有复合元音。这两个代表点缺乏复合元音的补偿手段是辅音系统、单元音系统都比较复杂。文界巴哼语拥有 68 个声母，9 个单元音，高坡苗语则有 56 个声母，11 个单元

---

① 朱晓农：《语音学》，商务印书馆 2010 年版，第 261 页。

音。苗语支代表点复合元音库存数目最多的是西山布努语，高达 17 个，库存最少的是高坡苗语、吉卫苗语、腊乙坪苗语，仅有 1 个。苗语支代表点复合元音的平均值为 6.7 个。

瑶语支代表点复合元音库存较为丰富，其平均值高于苗语支代表点，为 7.8 个。其中，梁子勉语复合元音库存数目多达 10 个，库存最少的东山勉语也有 6 个。

相较于从 5 个到 12 个不等的单元音数量，从 0 个到 17 个不等的复合元音数量波动更大，其平均值相对较低。从语支的角度看，基本单元音数量与复合元音数量倾向于保持一种平衡的状态。苗语支代表点单元音数量相对较多，其平均值为 8.7 个，复合元音数量则偏少，其平均值仅有 6.7 个。瑶语支代表点单元音数量相对较少，其平均值为 6.8 个，复合元音数量则偏多，其平均值为 7.8 个。

苗瑶语复合元音以二合元音为主，三合元音比较少见。二合元音的出现频数如表 2.3.2 所示：

表 2.3.2　　　　　　　　　　　苗瑶语的二合元音

二合元音	ei	au	ai	ui	ua	əu	eu	ou	iu	ie	ye	oi
频次	25	22	21	13	12	11	9	8	6	6	4	3
比率（%）	83.3	73.3	70	43.3	40	36.7	30	26.7	20	20	13.3	10

二合元音	ɔi	ou	ue	ɜu	uæ	ɛi	aɯ	iɔ	əɯ	iẽ	aːi	aːu
频次	3	3	3	3	2	2	2	2	2	2	2	2
比率（%）	10	10	10	10	6.7	6.7	6.7	6.7	6.7	6.7	6.7	6.7

二合元音	iːu	io	ia	eɯ	ey	au	uə	ɯa	ɯə	ya	ɛu	əi
频次	2	1	1	1	1	1	1	1	1	1	1	1
比率（%）	6.7	3.3	3.3	3.3	3.3	3.3	3.3	3.3	3.3	3.3	3.3	3.3

二合元音	ɒi	øe	ẽi	uã	uæ̃	uẽ	yẽ	yæ̃	eːu	oːi	uːi	
频次	1	1	1	1	1	1	1	1	1	1	1	
比率（%）	3.3	3.3	3.3	3.3	3.3	3.3	3.3	3.3	3.3	3.3	3.3	

在 29 个拥有二合元音的代表点中，库存数量最多的是西山布努语，高达 13 个。库存数量最少的是高坡苗语、吉卫苗语、腊乙坪苗语，仅有 1 个。出现频率较高的二合元音依次为：[ei]（25 次）、[au]（22 次）、[ai]（21 次）、

[ui]（13 次）、[ua]（12 次）、[əu]（11 次）、[eu]（9 次）。苗瑶语韵母的 i-、u-介音一般来自古苗瑶语的后置辅音*-l、*-r，瑶语支调查材料往往将 i-、u-处理为带-j 的腭化声母或带-w 的唇化声母，因此苗瑶语二合元音大多数为后置尾音是-i、-u 等高元音的前响二合元音。

　　苗瑶语二合元音中也出现了一些带发声附加特征的长短二合元音。元音的长短属于超发声态特征。长短元音不仅长短有别，音色也略有不同。短元音一般偏央，韵腹后无过渡音，长元音一般偏外围，韵腹后往往有过渡音。具有超音段附加特征的长短元音主要分布在瑶语支语言中。长短在瑶语支勉语金门方言、勉方言的元音系统中有着特殊的地位。金门方言梁子勉语的[a]元音组长短对立比较齐全，[i]、[e]元音组长短对立出现破缺。勉方言江底勉语的[a]元音组长短对立比较整齐，[e]、[o]、[u]元音组长短对立残缺不全①。上述两个代表点长短元音的出现频率依次为：[a]、[i]元音组（各 2 次）>[e]、[u]、[o]元音组（各 1 次）。苗瑶语长短元音的分布与韵尾密切相关。瑶语支代表点韵尾发达，带元音韵尾的音节比较丰富，元音分长短。苗语支代表点单元音韵的音节居多，元音一般不分长短。

　　苗瑶语二合元音中还有少量带调音附加特征的鼻化二合元音。它们仅见于高寨苗语、高坡苗语、河坝苗语、六巷炯奈语。河坝苗语鼻化二合元音库存最多，为 4 个。高寨苗语的两个鼻化二合元音都只出现在汉语借词中。除[iẽ]在高寨苗语、高坡苗语中均有分布之外，[ẽi]、[uã]、[uẽ]、[uæ̃]、[yẽ]、[yæ̃]等鼻化二合元音仅在高寨苗语、河坝苗语、六巷炯奈语中出现一次。

　　苗瑶语三合元音的分布相当罕见。我们仅在石板寨苗语、高寨苗语、上坝苗语、石门坎苗语、小章苗语、凯棠苗语、尧告苗语、七百弄布努语、西山布努语 9 个代表点中发现 6 个主要出现在汉语借词中的三合元音：[uei]（7 次）、[iau]（6 次）、[uai]（4 次）、[ieu]（3 次）、[iəu]（2 次）、[iaɯ]（1 次）。苗瑶语固有词中出现三合元音的代表点仅有西山布努语（[ieu]、[iau]、[uai]、[uei]）、石门坎苗语（[iau]）。这两个代表点的声母系统中都没有出现腭化或唇化声母。

二　复合元音特点的跨语言比较

　　麦迪森（1984）所统计的世界语言采样中二合元音的分布情况显示，在 23 种语言中存在 83 个二合元音，其中最为常见的是[ei]、[ai]、[au]、[ou]、[ui]、[io]、[ie]、[oi]。出现频率最高的[ei]仅有 6 次（1.9%），就 317 种语言样本的总数而言，其出现频率极低。

---

① 此处仅讨论复合元音中的长短对立，瑶语支语言 VN、VC 韵中的长短元音将在下节中探讨。

共同创新复合元音是汉藏语系的一个特点（孙宏开 2011）[①]，汉藏语系语言二合元音比世界其他语言丰富得多。叶晓锋（2011）所统计的 140 种汉语方言的高频二合元音为：[ia]、[ua]、[ai]、[au]、[iu]、[ui]、[ie]、[ei]，其中出现频率最高的[ia]为 131 次（93.6%）[②]。藏缅语高频二合元音为：[ui]、[ai]、[ua]、[iu]、[uɑ]、[au]、[ie]、[ue]、[iɑ]、[ei]、[io]、[uɛ]，其中出现频率最高的[ui]为 34 次（73.9%）。另外，藏语中出现其他汉藏语中未见的两个真性二合元音[iu]、[au]。侗台语高频二合元音为：[ai]、[au]、[iu]、[ui]、[oi]、[eu]、[əu]，其中出现频率最高的[ai]为 19 次（90.5%）。

苗瑶语出现频率较高的二合元音从高到低依次为：[ei]、[au]、[ai]、[ui]、[ua]、[əu]、[eu]，其中[ei]、[au]、[ai]的出现频率都在 21 次（70%）以上。苗瑶语高频二合元音和世界语言以及其他汉藏语一样，都倾向于包含[i]、[u]等高元音成分。从二合元音的构成来看，苗瑶语与麦迪森结果相近的是都有[ei]、[ai]、[au]、[ui]，但排序有所不同，与叶晓锋结果趋同的是[ai]、[au]、[ui]、[ei]这 4 个二合元音，但排序差异很大。汉语中排在前两位的后响二合元音[ia]、[ua]在苗瑶语中出现频次极低或基本出现在汉语借词之中。苗瑶语与侗台语一样，呈现出与汉语相反的类型特征，即前响二合元音高频出现，其原因在于两者的 i-、u-介音往往被处理为带-j 的腭化声母、带-w 的唇化声母。

麦迪森（1984）收录的世界语言中未出现三合元音。三合元音在汉藏语中的分布也不多见。依据叶晓锋（2011）的统计，汉语方言高频三合元音按降序依次为：[uai]、[iau]、[uei]、[iəu]、[iəɯ]、[iou]、[uɐi]、[iɐu][③]。藏缅语高频三合元音按降序依次为：[iau]、[iɑu]、[uɑi]、[uei]、[uai]、[iəu]。侗台语三合元音按降序依次为：[iau]、[uai]、[uei]、[iai]、[iəu]、[iui]。苗瑶语三合元音出现频率按降序依次是：[uei]、[iau]、[uai]、[ieu]、[iəu]、[iaɯ]，但它们主要出现在汉语借词中。[uai]、[iau]、[uei]、[iəu]为苗汉两者所共有，也是汉藏语共同拥有的三合元音，其介音与韵尾都是高元音且呈互补分布状态，其韵腹则均为非高元音。从苗瑶语三合元音成员与汉语方言的近似，可以看到汉语对苗瑶语的巨大影响力。

长短是苗瑶语重要的元音附带属性。下面我们将在跨语言比较中观察有标记特殊长短二合元音的个性与共性。根据麦迪森（1984）的统计，世界语言中鼻化比长短更常见，长短元音的出现频率为 18%。它包含两种类

---

① 孙宏开：《汉藏语系历史类型学研究中的一些问题》，《语言研究》2011 年第 1 期，第 118 页。
② 叶晓锋：《汉语方言语音的类型学研究》，博士学位论文，复旦大学，2011 年，第 48 页。
③ 叶晓锋：《汉语方言语音的类型学研究》，博士学位论文，复旦大学，2011 年，第 50 页。

型，第一种是常态元音与长元音的对立，另一种则是常态元音与短元音的对立。其中，第一种类型占绝对优势。麦迪森还发现，一种语言中元音数量越多，则越容易出现长短对立特征[①]。

在汉藏语言中，藏缅语鼻化元音比长短元音更常见。长短元音仅出现在门巴语、独龙语、格曼语、崩尼—博嘎尔语、勒期语中。其中，独龙语、格曼语属于常态元音与短元音的对立，短元音只存在于复合元音和带辅音韵尾的元音之中，如独龙语的[ăi]、[ĕm]，格曼语的[ău]。其他3种语言的长短元音则出现在单元音之中，即它们的单元音分长短两套。

在侗台语中，长短元音比鼻化元音更为常见。其长短元音的分布在汉藏语中最为广泛，共有壮语、布依语、傣语、标话、侗语、仫佬语、毛南语、莫语、佯僙语、拉珈语、茶洞语、黎语、村语、布央语、拉基语15种语言，分布率高达71.4%。它们只存在于复合元音和带辅音韵尾的元音之中，其出现频率按降序依次为[a u i o ɯ ɛ y]元音组。

苗瑶语长短元音出现频率略低于鼻化元音。其元音长短对立只存在于二合元音和带辅音韵尾的元音中，单元音韵的元音在舒声类中基本都是长的。从现有的材料看，这种长短元音与侗台语中广泛分布的长短元音相同，和藏缅语中门巴语、崩尼—博嘎尔语、勒期语单元音的长短对立不是相同的类型[②]，也不同于世界语言中的 Sebei 语、龙州壮语（Lungchow）、格鲁吉亚语（Georgian）以及藏缅语中独龙语、格曼语常态元音和短元音的对立。因此，我们主要用苗瑶语和侗台语相比较。

侗台语长短元音的出现频率按降序依次为[a u i o ɯ ɛ y]元音组，其中[a]元音组的出现频率为66.7%。苗瑶语长短元音的出现频率按降序依次是[a i e u o]元音组，其中[a]、[i]元音组的出现频率为6.7%。两者共同的成员为[a i e u o]，[a]、[i]元音组的出现频率都排在前列。苗瑶语长短元音出现频率明显低于侗台语，其元音长短对立的特征处于不断消变之中。黄行（2007）指出，"汉藏语言最后保持长短对立的元音通常是 aː和 a，以及 iː和 i"。[③]由此可见，苗瑶语长短元音的分布特性符合汉藏语言长短元音普遍的演变规则。

至于麦迪森（1984）指出的一种语言中元音数量越多，则越容易出现

---

① Maddieson, Ian. *Patterns of Sounds*. Cambridge: Cambridge University Press, 1984: 129.

② 在麦迪森（1984）的统计中，长短元音的对立未见于二合元音。至于长短元音的对立仅限于单元音还是可以分布在带辅音韵尾的元音中，由于他所收录的音系材料中并无辅音韵尾信息，我们无从知晓相关情况。

③ 黄行：《中国语言的类型》，载孙宏开、胡增益、黄行主编《中国的语言》，商务印书馆2007年版，第49页。

长短对立特征的倾向，在苗瑶语语言样本中表现得不太明显。出现长短元音的江底勉语、梁子勉语，其单元音数目分别为 8 个、7 个，略高于未出现长短元音的东山勉语、大坪勉语，它们的单元音数目分别为 7 个、5 个，但比苗语支中 15 个代表点的单元音数目都要低。这 15 个苗语支代表点中均无长短元音分布。苗语支语言虽然单元音数目相对较多，但韵母比较简单，复合元音、带辅音韵尾的元音远不如瑶语支语言发达，不利于长短元音的产生。

第四节　VN 韵、VC 韵中的元音

一　VN 韵中的元音

本节我们将专门考察苗瑶语元音在鼻音韵中的分布情况。鼻音韵以下统一简称为 VN 韵。双唇鼻音韵、齿/龈鼻音韵、软腭鼻音韵分别简称为 Vm 韵、Vn 韵、Vŋ 韵。

根据我们的统计，苗瑶语中除了高坡苗语、石门坎苗语以及文界巴哼语三种语言或方言无 VN 韵之外，剩下的 27 种语言或方言中均出现了 VN 韵，其出现频次如表 2.4.1 所示：

表 2.4.1　　　　　　　　　苗瑶语 VN 韵的出现频次

VN 韵	in	aŋ	en	uŋ	an	un	iŋ	oŋ	eŋ	əŋ	uan
出现频次	25	23	24	18	17	16	13	13	13	7	7

VN 韵	uaŋ	yn	iaŋ	on	ɔŋ	im	am	ɛŋ	ɑŋ	ən	ɔn
出现频次	7	6	6	5	5	4	4	4	4	3	3

VN 韵	uen	yan	ien	e:n	a:n	um	ɛn	ɛm	om	ɔm	e:m
出现频次	3	3	3	3	3	2	2	2	2	2	2

VN 韵	a:m	u:n	i:n	ɔ:n	a:ŋ	em	əm	ɯn	æn	ɒn	ɒŋ
出现频次	2	2	2	2	2	1	1	1	1	1	1

VN 韵	ɯŋ	i:m	o:m	o:n	u:ŋ	i:ŋ	o:ŋ	ɔ:ŋ	ɛ:ŋ	e:ŋ	ian
出现频次	1	1	1	1	1	1	1	1	1	1	1

VN 韵	iæn	yen	uæn	ieŋ	uəŋ	ɯəŋ	ɯaŋ	ãn	õn		
出现频次	1	1	1	1	1	1	1	1	1		

　　苗瑶语 VN 韵的数量分布不太均衡，从 4 个到 31 个不等。VN 韵库存最多的代表点为梁子勉语，它拥有 31 个鼻音韵。其 VN 韵如此丰富，主要原因是其双唇、齿/龈、软腭鼻音韵尾齐全且 VN 韵中的元音也有长短的对立。VN 韵库存最少的代表点为腊乙坪苗语、虎形山巴哼语，它们的 VN 韵都只有 4 个。

　　瑶语支 VN 韵库存较为丰富，苗语支相对较少。这种分布趋势与鼻音韵尾的数量是相对应的。瑶语支双唇、齿/龈、软腭鼻音韵尾齐全，苗语支虽然拥有双唇、齿/龈、软腭鼻音韵尾，但双唇鼻音韵尾数量较少，仅分布在尧告苗语、西山布努语中，且西山布努语的双唇鼻音韵尾只拼壮语借词。随着鼻音韵尾的减少，VN 韵数量也会相应减少。相反，随着鼻音韵尾数量的增加，VN 韵的数量也会相应增加。苗语支 VN 韵库存之所以在整个语族中最少，还有一个重要的原因，即其 VN 韵演化得更快。部分 VN 韵与鼻化元音共存，还有部分 VN 韵完全演化成鼻化元音，在少数鼻音韵尾阙如的代表点中，连鼻化元音也变成了常态元音。

　　表 2.4.1 显示，Vŋ 韵的出现频率最高，在 VN 韵中处于优势地位，Vn 韵的出现频率次之，Vm 韵的出现频率最低。与复合元音一样，苗瑶语 VN 韵中也会出现一些附加特征，主要是元音的长短与鼻化。前者仅见于瑶语支代表点，后者则出现在苗语支代表点中。除了较为常见的一个元音韵腹后紧随一个鼻音韵尾的 VN 韵以外，苗瑶语中也有一些代表点出现"介音+韵腹+鼻音韵尾"的组合。其中，[uan]、[uaŋ]、[iaŋ]等 VN 韵的出现频率相对较高。它们主要出现在苗语支代表点的汉语借词中。总的来说，这类 VN 韵的出现频率远远低于无介音的"韵腹+鼻音韵尾"组合。下面我们将具体讨论三种 VN 韵在苗瑶语各语支中的分布情况。

　　Vŋ 韵的分布最为广泛。在 30 种苗瑶语语言或方言采样中，出现 Vŋ 韵的语言或方言共有 27 种，其分布率高达 90%。其中，苗语支为 23 种，瑶语支为 4 种。Vŋ 韵覆盖了大多数苗语支代表点和全部的瑶语支代表点。

　　苗瑶语各代表点 Vŋ 韵数量差异较大，从 2—12 个不等。库存最少的是吉卫苗语、腊乙坪苗语、河坝苗语，仅有 2 个 Vŋ 韵。库存最多的是西山布努语，Vŋ 韵高达 12 个。从语支的角度看，可以发现瑶语支更容易出现 Vŋ 韵，其平均值高达 7 个。其中，江底勉语、梁子勉语中还出现了[iːŋ]、[eːŋ]、[ɛːŋ]、[aːŋ]、[uːŋ]、[ɔːŋ]、[oːŋ] 7 个长元音 Vŋ 韵。苗语支 Vŋ 韵的平均值相对较低，为 3.9 个。苗语支虽然出现"介音+韵腹+软腭鼻音韵尾"的组合，但高坡苗语、石门坎苗语、文界巴哼语软腭鼻音韵尾破缺，因此其平均值仍然较低。

　　苗瑶语 Vŋ 韵种类较多，共计 24 种，我们主要统计出现频率较高的前五种。

表 2.4.2　　　　　　　　　　　苗瑶语高频 Vŋ 韵

	aŋ	uŋ	iŋ	oŋ	eŋ
苗语支（26 种）	19	14	10	12	11
瑶语支（4 种）	4	4	3	1	2
频次	23	18	13	13	13
比率（%）	76.7	60	43.3	43.3	43.3

表 2.4.2 显示，苗瑶语 Vŋ 韵中最常见的元音为[a]、[u]、[i]、[o]、[e]这 5 个基本元音。

下面我们以 Vŋ 韵数量较少的几个代表点为例，观察其元音的分布状况：

"三 Vŋ 韵"系统：高坡苗语——/aŋ oŋ *iaŋ/

　　　　　　　　小章苗语——/aŋ uŋ uaŋ/

　　　　　　　　凯棠苗语——/aŋ uŋ *uaŋ/

　　　　　　　　嶂背畲语——/aŋ uŋ ɔŋ/

"四 Vŋ 韵"系统：石板寨苗语——/aŋ uŋ *iaŋ *uaŋ/

　　　　　　　　上坝苗语——/aŋ oŋ *iaŋ *uaŋ/

　　　　　　　　菜地湾苗语——/aŋ uŋ eŋ *uaŋ/

　　　　　　　　虎形山巴哼语——/aŋ uŋ iŋ ɯŋ/

　　　　　　　　瑶麓布努语、中排巴那语——/aŋ uŋ iŋ eŋ/

　　　　　　　　黄落优诺语——/aŋ oŋ iŋ eŋ/

"五 Vŋ 韵"系统：宗地苗语——/aŋ oŋ əŋ*iaŋ *uaŋ/

　　　　　　　　滚董巴哼语——/aŋ oŋ iŋ eŋ ɔŋ/

　　　　　　　　小寨黄落语——/aŋ oŋ uŋ eŋ ɔŋ/

　　　　　　　　东山勉语、大坪勉语——/aŋ uŋ iŋ eŋ ɛŋ/

从上述 Vŋ 韵系统的构成中可以发现，即使是 Vŋ 韵较少的代表点，其元音的舌位高低以及前后也基本上处于一种平衡状态。汉语借词中所增加的 Vŋ 韵均有介音 i-或 u-。值得注意的是，上述代表点皆出现了[aŋ]韵。"后圆唇元音+软腭鼻音"的出现频率也相当高，如果不出现[uŋ]的话，则一定会出现[oŋ]，[uŋ]的出现频率更高。当系统中 Vŋ 韵数量增加时，其他前元音 Vŋ 韵的出现概率亦会增加，以[iŋ]的出现频次较高。自"五 Vŋ 韵"系统起，元音构成的复杂度更高，但其元音的核心构成基本上都包括[a]、[o]、[u]。这三个核心 Vŋ 韵的分布构成了较为明显的蕴含关系。在苗瑶语 Vŋ 韵系统中，凡出现了[uŋ]韵或[oŋ]韵的代表点，一定会出现[aŋ]韵，反之则不然，即[uŋ]韵或者[oŋ]韵的存在蕴含着[aŋ]韵的存在。

在其他汉藏语中，汉语 Vŋ 韵中高频元音依次为：[a]、[o]、[ɔ]、[i]、[u]，藏缅语为：[u]、[i]、[o]、[a]、[e]，侗台语为：[u]、[a]、[i]、[o]、[e]。苗瑶语高频元音依次为：[a]、[u]、[i]、[o]、[e]。

比较显示，[a]、[u]、[i]是汉藏语 Vŋ 韵中倾向于选择的最优元音。发软腭鼻音时舌根后缩抵住软腭。发后高圆唇元音时也是舌面后缩，舌根接近软腭，与软腭鼻音调音部位相近，因此两者的兼容性较高。据孔江平（2015）的研究，"前高元音发音时软腭紧贴声道后壁，前低元音发音时舌根实际上也是后缩靠近声道后壁的"。[①]总之，[a]、[u]、[i]发音的生理特征使它们成为与软腭鼻音组合的优先选择。

Vn 韵的分布仅次于 Vŋ 韵。在 30 种苗瑶语语言或方言采样中，包含 Vn 韵的语言或方言有 25 种，其分布率为 83.3%。其中，苗语支为 21 种，瑶语支为 4 种。Vn 韵覆盖了大多数苗语支代表点和全部瑶语支代表点。

苗瑶语 Vn 韵数量从 2—12 个不等。库存最少的高寨苗语、吉卫苗语、腊乙坪苗语、滚董巴哼语仅有 2 个 Vn 韵。库存最多的梁子勉语 Vn 韵数目高达 12 个。瑶语支 Vn 韵最为发达，其平均值高达 8 个。其中，江底勉语、梁子勉语中还出现了[iːn]、[eːn]、[aːn]、[uːn]、[ɔːn]、[oːn]等长元音 Vn 韵。苗语支平均值较低，只有 4 个。苗语支中虽然出现了鼻化 Vn 韵，但高坡苗语、石门坎苗语、文界巴哼语、虎形山巴哼语、七百弄布努语 Vn 韵阙如，这是它平均值较低的重要原因。

Vn 韵种类众多，共计 28 种。我们撷取分布较为广泛的前 5 种来观察其中元音的分布特征。其出现频率如表 2.4.3 所示：

表 2.4.3　　　　　　　　　　**苗瑶语高频 Vn 韵**

	in	en	an	un	yn
苗语支（26 种）	22	21	13	12	6
瑶语支（4 种）	4	2	4	4	0
频次	26	23	17	16	6
比率（%）	86.7	76.7	56.7	53.3	20

表 2.4.3 显示，Vn 韵中最常见的元音为[i]、[e]、[a]、[u]、[y]，前四个

[①] 孔江平：《实验语音学基础教程》，北京大学出版社 2015 年版，第 69、71 页。

都是高频元音，第五个元音[y]较为特别。在小章苗语、西山布努语、瑶麓布努语、中排巴那语、黄落优诺语中，[yn]借自汉语。[yn]在汉语方言 Vn韵中的出现频率位列第四（叶晓锋 2011）[①]。[yn]跻身苗瑶语高频 Vn 韵行列显示了汉语对这些代表点阳声韵的深刻影响。

下面我们通过观察数量较少的几种 Vn 韵的构成来进一步探讨其元音的分布特征：

"二 Vn 韵"系统：高寨苗语、吉卫苗语、腊乙坪苗语、滚董巴哼语
　　　　　　　——/in en/

"三 Vn 韵"系统：石板寨苗语——/in en *ɛn/
　　　　　　　上坝苗语、凯棠苗语——/in en *uen/
　　　　　　　七百弄布努语——/in en *an/

"四 Vn 韵"系统：河坝苗语——/in en un yn/
　　　　　　　小寨优诺语——/in an un ən/

"五 Vn 韵"系统：宗地苗语——/in en *un æn*uæn/
　　　　　　　尧告苗语——/in en an *uan *uen/
　　　　　　　东山勉语——/in an un ən ɛn/
　　　　　　　大坪勉语——/in an un ɔn ən/
　　　　　　　嶂背畲语——/in en an un ɔn/

上述 Vn 韵系统的构成显示，其元音的舌位高低以及前后基本上处于一种有序的平衡状态。汉语借词中所增加的 Vn 韵也大多为有介音 u-的 Vn 韵，其主要元音与原系统中的某一个 Vn 韵的主要元音相同。在 Vn 韵只有 2 到3 个的系统中，除借自汉语的 Vn 韵之外，其元音皆为前高或前半高元音。随着 Vn 韵数量的增多，后元音、央元音开始出现，前元音的数量也维持在两个以上。总的来说，苗瑶语更倾向于选择"前元音+n"的组合。其"三Vn 韵"系统基本上都只有前元音。在"四 Vn 韵"以上的系统中，前元音的数量大都多丁后元音的数量。

有趣的是，所有 Vn 韵中都出现了[in]韵。[en]韵的出现频率也相当高，如果不出现[en]韵的话，则一定会出现[an]韵，前者的出现频率更高。当 Vn韵数量增加到 4 个及 4 个以上的时候，[un]韵开始大量出现。当 Vn 韵的数目在 5 个及 5 个以上时，元音构成的复杂度更高，但其元音核心构成基本上都包括[i]、[e]、[u]、[a]。[i]、[e]、[u]、[a]在 Vn 韵中的分布构成了较为明显的蕴含关系。在苗瑶语 Vn 韵系统中，凡出现了[en]韵的代表点，则一定会出现[in]韵，反之则不然。凡出现了[an]韵的代表点，一定会出现[in]韵，

---

① 叶晓锋：《汉语方言语音的类型学研究》，博士学位论文，复旦大学，2011 年，第 55 页。

反之则不然。凡出现了[un]韵的代表点，一定会出现[in]韵，反之则不然。总而言之，[en]韵、[an]韵或者[un]韵的存在蕴含着[in]韵的存在。

我们再来看其他汉藏语 Vn 韵中核心元音的分布情况。汉语 Vn 韵中高频元音依次为：[i]、[a]、[ə]、[y]、[u]，藏缅语为：[i]、[u]、[a]、[e]、[o]，侗台语为：[i]、[e]、[a]、[u]、[o]。苗瑶语 Vn 韵中的高频元音依次为：[i]、[e]、[a]、[u]、[y]。

比较显示，[i]是汉藏语 Vn 韵中出现频次最高的元音。据罗常培、王均（2004）的研究，"发前高不圆唇元音时舌尖抵住下齿背，舌面前部向前硬腭提升。发齿/龈鼻音时舌头向前平伸，舌尖与上门齿龈相接触"。[①]前高不圆唇元音与齿/龈鼻音的组合比其他元音与齿/龈鼻音的组合舌体的动程要短一些，因而发音时更为连贯，兼容性更强。另外，在 Vn 韵中，前不圆唇元音比后圆唇元音、央元音、前圆唇元音、后不圆唇元音更占优势。在上述汉藏语高频元音中，前不圆唇元音[i]、[a]、[e]的占比高达 55%。因此，在苗瑶语等汉藏语的 Vn 韵中，更倾向于选择前不圆唇元音与齿/龈鼻音组合。

Vm 韵的分布率在 3 种 VN 韵中最低。在 30 种苗瑶语采样中，包含 Vm 韵的语言或方言仅有 5 种，其分布率为 16.7%。其中，苗语支为 2 种，瑶语支为 3 种。

苗瑶语各代表点 Vm 韵数量差异较大，从 2—9 个不等。最少的是尧告苗语、西山布努语，Vm 韵库存仅有 2 个。最多的是梁子勉语，Vm 韵库存多达 9 个。瑶语支代表点 Vm 韵较为发达，其平均值为 5.3 个。其中，江底勉语、梁子勉语拥有[a:m]、[i:m]、[e:m]、[o:m] 4 个长元音 Vm 韵。苗语支代表点 Vm 韵相对较少，其平均值只有 0.2 个。Vm 韵仅在西山布努语、尧告苗语中出现，其中，西山布努语 Vm 韵仅拼壮语借词。

苗瑶语 Vm 韵种类有限，共 12 种。分布较为广泛的前 5 种 Vm 韵的出现频率如表 2.4.4 所示：

表 2.4.4　　　　　　　　　苗瑶语高频 Vm 韵

	im	am	um	om	ɔm
苗语支（26 种）	1	1	1	0	0
瑶语支（4 种）	3	3	2	2	2
频次	4	4	3	2	2
比率（%）	13.3	13.3	10	6.7	6.7

---

① 罗常培、王均：《普通语音学纲要》，商务印书馆 2004 年版，第 69、100 页。

上述数据显示，Vm 韵中最常见的元音为[i]、[a]、[u]、[o]、[ɔ]。除[ɔ]之外，其他都是高频元音。

下面我们将进一步通过观察 Vm 韵系统的构成来考察其中元音的分布特征：

"二 Vm 韵"系统：尧告苗语——/im am/

西山布努语——/*um *əm/

"五 Vm 韵"系统：大坪勉语——/im am um ɔm ɛm/

"七 Vm 韵"系统：江底勉语——/im iːm am aːm eːm om oːm/

"九 Vm 韵"系统：梁子勉语——/im am aːm um ɔm eːm em om ɛm/

上述 Vm 韵系统的构成显示，其元音的舌位高低以及前后处于有序分布状态。苗语支代表点 Vm 韵系统构成简单，在其仅有的"二 Vm 韵"系统中，元音全部是前元音，借词除外。瑶语支代表点 Vm 韵系统中的元音较为丰富，其"五 Vm 韵"系统中的元音有前元音、后元音，以前者占优势。自"七 Vm 韵"系统起，元音出现长短对立，其前元音的数量仍然多于后元音的数量。

除包含借词的系统之外，Vm 韵系统中不可或缺的成员为[im]、[am]。[um]、[om]、[ɔm]的出现频率也相对较高。[i]、[a]、[u]、[o]、[ɔ]在 Vm 韵中的分布构成了较为明显的蕴含关系。在瑶语支 Vm 韵系统中，凡出现了[um]韵的代表点，一定会出现[im]、[am]韵，反之则不然；凡出现了[om]韵的代表点，一定会出现[im]、[am]韵，反之则不然；凡出现了[ɔm]韵的代表点，一定会出现[im]、[am]韵，反之则不然。

我们再来看其他汉藏语 Vm 韵中核心元音的分布情况。汉语 Vm 韵中高频元音依次为：[a]、[i]、[ɐ]、[ɛ]、[ɔ]，藏缅语为：[a]、[o]、[u]、[e]、[i]，侗台语为：[i]、[a]、[u]、[o]、[e]。苗瑶语 Vm 韵中高频元音依次为：[i]、[a]、[u]、[o]、[ɔ]。

跨语言比较显示，汉藏语 Vm 韵中前不圆唇元音比后圆唇元音更占优势。双唇鼻音发音时双唇闭合，后圆唇元音发音时双唇向外扩展，撮敛成圆形，因此两者的组合兼容性不高，苗瑶语等汉藏语的 Vm 韵史倾向于选择前不圆唇元音与双唇鼻音组合。

二　VC 韵中的元音

本节主要考察苗瑶语 VC 韵即塞音韵中元音的分布情况。苗瑶语塞音韵尾的种类有-p、-t、-k、-ʔ四种，元音与之构成的塞音韵也相应有 Vp 韵、Vt 韵、Vk 韵、Vʔ韵四种[①]。

---

① 苗语支龙华炯奈语的喉塞韵尾与声调共同区别意义，它作为声调的伴随特征，未在音系中标出。在语言样本之外，长坪勉语不带韵尾的单元音促声韵都以喉塞音收尾，但未在音系中标出。长坪勉语-k尾处于消变的过程之中，其中绝大多数演变为-ʔ尾。

　　苗语支代表点 VC 韵较少，仅有西山布努语、龙华炯奈语、嶂背畲语出现了 Vp 韵、Vt 韵、Vk 韵、Vʔ韵四种 VC 韵，这些 VC 韵大都只出现在借词之中。其中，西山布努语受壮语的影响，VC 韵中的元音组出现长短对立。龙华炯奈语的 Vp 韵、Vt 韵、Vk 韵只拼汉语或瑶语借词，Vʔ韵仅见于固有词。其 Vʔ韵中出现了构成较为特殊的元音带复合韵尾韵，其韵腹后有元音韵尾，元音韵尾后还有喉塞音。嶂背畲语的 VC 韵只有 Vt 韵、Vk 韵两种，它们只拼客家话借词。其他代表点的 VC 韵全部阙如。

　　瑶语支代表点 VC 韵较为丰富。江底勉语、梁子勉语 Vp 韵、Vt 韵、Vk 韵齐全，其 VC 韵中出现了元音长短对立的现象，导致 VC 韵数量激增。大坪勉语仅有 Vp 韵、Vt 韵。东山勉语的 -p、-t、-k 韵尾消失殆尽，喉塞音韵尾 -ʔ未在音系中标出。其 Vp 韵、Vt 韵大都变为 Vn 韵，由入声韵演变为阳声韵，还有一些则变为 Vʔ韵；Vk 韵绝大多数变为 Vʔ韵，极少数变为 Vn 韵。

　　苗瑶语语言或方言样本中共出现 58 种 VC 韵，其中包括龙华炯奈语、东山勉语未在音系中标明的 Vʔ韵。VC 韵的种类略少于 VN 韵（64 种），其出现频次如表 2.4.5 所示：

表 2.4.5　　　　　　　　　苗瑶语 VC 韵的频次

VC 韵	ut	at	it	ap	ek	ak	et	ot	ip	op
频次	6	6	6	5	5	5	4	4	3	2
VC 韵	ep	ɔp	ɔt	ɛ	ik	ok	uk	ɔk	aːp	iːp
频次	2	2	2	2	2	2	2	2	2	2
VC 韵	eːp	aːt	aːk	aʔ	ɔʔ	ɛp	up	ɔːp	oːp	ət
频次	2	2	2	2	2	1	1	1	1	1
VC 韵	ɒt	oːt	uːt	eːt	iːt	ɛːt	ɔːt	iːk	uːk	oːk
频次	1	1	1	1	1	1	1	1	1	1
VC 韵	ɔːk	ɛːk	iat	iet	uət	uak	uək	iek	iʔ	eʔ
频次	1	1	1	1	1	1	1	1	1	1
VC 韵	oʔ	uʔ	ɒʔ	auʔ	aiʔ	eiʔ	ʔuɛ	ɒiʔ		
频次	1	1	1	1	1	1	1	1		

　　从表 2.4.5 中数据可以发现，苗瑶语 VC 韵的出现频次普遍较低。其中，[ut]、[at]、[it]的出现频次为最高，但也只有 6 次。各代表点 VC 韵的数量也相差甚远，从 8 个到 29 个不等。VC 韵库存最少的是嶂背畲语，仅有 8 个 VC 韵，库存最多的为梁子勉语，VC 韵多达 29 个。

　　苗瑶语 VC 韵中的元音以单元音为主，"介音+韵腹+塞音韵尾"的组合较为罕见，仅有[iat]、[iet]、[uət]、[uak]、[uək]、[iek]六例。与 VN 韵一样，其 VC 韵中的元音也出现了发声附加特征，即元音长短的对立。

苗瑶语中何种 VC 韵分布更为广泛呢？我们首先观察其 VC 韵的分布状况。如表 2.4.6 所示，30 种语言或方言样本中共出现了 4 种 VC 韵：

表 2.4.6　　　　　　　　　　　苗瑶语 VC 韵的种类及其频数

VC 韵种类	Vt 韵	Vp 韵	Vk 韵	Vʔ韵
频次	6	5	5	2
比率（%）	20	16.7	16.7	6.7

由表 2.4.6 可知，苗瑶语中的 VC 韵以 Vt 韵的出现频次最高，其次是 Vp 韵、Vk 韵，Vʔ韵的出现频次最低。由于 Vʔ韵仅见于龙华炯奈语、东山勉语，且均未在音系中标明，我们主要讨论 Vp、Vt、Vk 韵的分布情况。我们首先观察分布最为广泛的 Vt 韵的特征。

苗瑶语中出现 Vt 韵的代表点共有 6 个，其分布率为 20%。其中，苗语支、瑶语支各有 3 个。Vt 韵覆盖了大多数瑶语支代表点，在苗语支代表点中相对少见。

苗瑶语各代表点 Vt 韵数量差异较大，从 4 个到 13 个不等。库存最少的是嶂背畬语，仅有 4 个 Vt 韵。库存最多的是梁子勉语，Vt 韵高达 13 个。瑶语支代表点 Vt 韵较为发达，其平均值高达 6.5 个。其中，江底勉语、梁子勉语拥有[a:t]、[i:t]、[e:t]、[ɔ:t]、[u:t]、[ɛ:t]、[o:t] 7 个长元音 Vt 韵。苗语支代表点 Vt 韵相对较少，其平均值只有 0.7 个。Vt 韵仅见于西山布努语、龙华炯奈语、嶂背畬语，且全都出现在借词中。其中，西山布努语 Vt 韵库存高达 10 个，拥有苗语支中唯一的[a:t]韵，还出现了"介音+韵腹+齿/龈塞音韵尾"的组合。其余代表点 Vt 韵阙如，因此，其 Vt 韵平均值较低。

Vt 韵种类在 VC 韵中数量最多，共计 19 种。其分布最为广泛的前 5 种 Vt 韵的出现频率如表 2.4.7 所示：

表 2.4.7　　　　　　　　　　　苗瑶语高频 Vt 韵

	at	ut	it	et	ot
苗语支（26 种）	3	3	3	2	2
瑶语支（4 种）	3	3	3	2	2
频次	6	6	6	4	4
比率（%）	20	20	20	13.3	13.3

表 2.4.7 显示，苗瑶语 Vt 韵中最常见的元音为[a]、[u]、[i]、[e]、[o]这五个基本元音。下面我们具体观察 Vt 韵中元音的分布特征：

"四 Vt 韵"系统：嶂背畲语——/*at *it *ut *et/

"五 Vt 韵"系统：龙华炯奈语——/at it ut ot ɒt/

　　　　　　　　大坪勉语——/at it ut ɔt ɛt/

"八 Vt 韵"系统：江底勉语——/at aːt it ut et eːt ot oːt/

"十 Vt 韵"系统：西山布努语——/at aːt iat it ut et iet ot ət uət/

"十三 Vt 韵"系统：梁子勉语——/at aːt it iːt ut uːt et eːt ot oːt ɔt ɛt ɛːt/

苗瑶语 Vt 韵系统的构成显示，包括嶂背畲语汉语借词中的 Vt 韵在内，其元音的舌位高低以及前后基本上处于有序分布状态。在"四 Vt 韵"系统中，前元音的数量为 3 个，后元音只有 1 个。在"五 Vt 韵"系统中，大坪勉语前元音数量多于后元音，但龙华炯奈语以后元音居多，其 Vt 韵均来自壮语和瑶语借词。自"八 Vt 韵"系统起，系统无一例外，出现了元音的长短对立，其中，梁子勉语元音长短对立较为工整。另外，西山布努语的长元音是受壮语影响而产生的，其 Vt 韵中还出现了"介音+韵腹+齿/龈塞音韵尾"的组合。苗瑶语 Vt 韵无论数量多少，更倾向于选择"前元音+齿/龈塞音韵尾"的组合，仅有龙华炯奈语来自借词的 Vt 韵中以后元音占优势。

有趣的是，在拥有 4 个及 4 个以上 Vt 韵的系统中，几乎全部出现了[at]、[it]、[ut]。自"八 Vt 韵"系统起，[et]、[ot]往往同时出现。5 个基本元音[a]、[i]、[u]、[e]、[o]在这些 Vt 韵中的分布表现出较为明显的蕴含倾向。凡出现了[et]、[ot]韵的代表点，则会出现[at]、[it]、[ut]韵，反之则不然，即[et]、[ot]韵的存在蕴含着[at]、[it]、[ut]韵的存在。

我们再来看其他汉藏语 Vt 韵中核心元音的分布情况。汉语 Vt 韵中高频元音依次为：[i]、[a]、[u]、[ɔ]、[ɛ]，藏缅语为：[i]、[e]、[a]、[u]、[o]，侗台语为：[i]、[a]、[u]、[e]、[o]。苗瑶语 Vt 韵中高频元音依次为：[a]、[u]、[i]、[e]、[o]。

比较显示，除汉语之外，汉藏语 Vt 韵中的高频元音均为五个基本元音，其中，[i]、[a]、[u]是汉藏语共同选择的最优元音。另外，在 Vt 韵中，前不圆唇元音比后圆唇元音更占优势。在上述汉藏语高频元音中，前不圆唇元音[a]、[i]、[e]占六成，后圆唇元音只有四成。因此，苗瑶语等汉藏语的 Vt 韵更偏爱前不圆唇元音与齿/龈塞音的组合。

苗瑶语 Vp 韵的分布率与 Vk 韵持平。我们先看 Vp 韵的分布情况。在 30 种苗瑶语采样中，包含 Vp 韵的语言或方言仅有 5 种，其分布率为 16.7%。其中，苗语支为 2 种，瑶语支为 3 种。

苗瑶语各代表点 Vp 韵数量差异较大，从 1—9 个不等。库存最少的是西山布努语、龙华炯奈语，Vp 韵仅有 1 个。库存最多的是梁子勉语，Vp 韵多达 9 个。瑶语支代表点 Vp 韵较为发达，其平均值为 5.5 个。其中，江底勉语、梁子勉语拥有[a:p]、[i:p]、[e:p]、[ɔ:p]、[o:p] 5 个长元音 Vp 韵。苗语支代表点 Vp 韵相对较少，其平均值只有 0.1 个。其中，西山布努语、龙华炯奈语都只出现[ap]韵，前者的[ap]韵只拼壮语借词，后者的[ap]韵则仅见于壮语或瑶语借词。

苗瑶语 Vp 韵种类少于 Vt 韵，共 12 种。表 2.4.8 呈现了出现频率排在前 5 位的 Vp 韵。

表 2.4.8 苗瑶语高频 Vp 韵

	ap	ip	ep	op	ɔp
苗语支（26 种）	2	0	0	0	0
瑶语支（4 种）	3	3	2	2	2
频次	5	3	2	2	2
比率（%）	16.7	10	6.7	6.7	6.7

表 2.4.8 数据显示，Vp 韵中最常见的元音为[a]、[i]、[e]、[o]、[ɔ]。除[ɔ]之外，其余均为高频元音。

下面我们进一步观察 Vp 韵中元音的分布特征：

"一 Vp 韵"系统：西山布努语、龙华炯奈语——/ap/

"五 Vp 韵"系统：大坪勉语——/ap ip up ɔp ɛp/

"八 Vp 韵"系统：江底勉语——/ap a:p ip i:p ep e:p op o:p/

"九 Vp 韵"系统：梁子勉语——/ap a:p ip i:p ep e:p op ɔp ɔ:p/

上述 Vp 韵系统中元音的舌位高低以及前后处于有序分布状态。苗语支代表点 Vp 韵系统构成极为简单，仅含[ap]韵，它们只拼借词。瑶语支代表点 Vp 韵系统中的元音较为丰富，其"五 Vp 韵"系统中的元音有前元音、后元音，以前者占优势。自"八 Vp 韵"系统起，元音出现长短对立，其中，江底勉语元音的长短对立最为完整，系统中前元音的数量仍然多于后元音的数量。

[ap]韵是各种 Vp 韵中不可或缺的成员。自"五 Vp 韵"系统起，[ip]韵在系统中全程出现。[a]、[i]在 Vp 韵中的分布构成了较为明显的蕴含关系。凡出现了[ip]韵的代表点，一定会出现[ap]韵，反之则不然，即[ip]韵的存在蕴含着[ap]韵的存在。

我们再来看其他汉藏语 Vp 韵中核心元音的分布情况。汉语 Vp 韵中高频元音依次为：[a]、[i]、[ε]、[ɐ]、[o]，藏缅语为：[a]、[o]、[e]、[u]、[i]，侗台语为：[a]、[i]、[o]、[e]、[u]。苗瑶语 Vp 韵中的高频元音依次为：[a]、[i]、[e]、[o]、[ɔ]。

比较显示，[a]、[i]为汉藏语 Vp 韵中出现频次最高的元音，汉藏语更倾向于选择前不圆唇元音与双唇塞音组合。

最后看 Vk 韵的分布情况。在 30 种苗瑶语采样中，出现 Vk 韵的语言或方言有 5 种，其分布率为 16.7%。其中，苗语支为 3 种，瑶语支为两种。Vk 韵覆盖了五成瑶语支代表点和约一成苗语支代表点。

苗瑶语各代表点 Vk 韵数量差异较大，从 2—9 个不等。库存最少的是龙华炯奈语，仅有 2 个 Vk 韵。库存最多的是西山布努语，Vk 韵数量高达 9 个。瑶语支代表点 Vk 韵较多，其平均值为 2.5 个。其中，江底勉语、梁子勉语拥有[a:k]、[ɔ:k]、[o:k] 3 个长元音 Vk 韵。苗语支代表点 Vk 韵较少，仅在西山布努语、龙华炯奈语、嶂背畲语中出现 Vk 韵。其中，西山布努语中还出现[iek]、[uak]、[uək]等"介音+韵腹+软腭塞音韵尾"的组合，但其 9 个 Vk 韵均为专拼壮语借词的韵母。龙华炯奈语的两个 Vk 韵为拼壮语和瑶语借词的韵母。嶂背畲语的 Vk 韵也只出现在汉语借词中。由于九成代表点 Vk 韵阙如，其平均值较低，只有 0.6 个。

苗瑶语 Vk 韵种类较多，共计 15 种，出现频率较高的前 5 种 Vk 韵如表 2.4.9 所示：

表 2.4.9　　　　　　　　　　　苗瑶语高频 Vk 韵

	ak	ek	ik	uk	ok
苗语支（26 种）	3	3	1	2	1
瑶语支（4 种）	2	2	1	0	1
频次	5	5	2	2	2
比率（%）	16.7	16.7	6.7	6.7	6.7

如表 2.4.9 所示，苗瑶语 Vk 韵中最常见的元音为[a]、[e]、[i]、[u]、[o]这 5 个基本元音。

Vk 韵中元音的分布呈现怎样的特征呢？请看以下 Vk 韵中元音的分布状况：

二 Vk 韵系统：龙华炯奈语——/ak ek/

三 Vk 韵系统：江底勉语——/ak ek o:k/

四 Vk 韵系统：嶂背畲语——/*ak *ek *ɔk *uk/

七 Vk 韵系统：梁子勉语——/ak aːk ek ok ik ɔk ɔːk/

九 Vk 韵系统：西山布努语——/ak aːk uak ek iek ok ik uk uək/

从上述苗瑶语 Vk 韵系统的构成中可以发现，其元音的舌位高低以及前后处于一种平衡状态。当 Vk 韵数目为奇数时，前元音多于后元音；当 Vk 韵数目为偶数时，则前后元音平分秋色。自"七 Vk 韵"系统起，元音长短对立大量出现。在 Vk 韵库存最多的西山布努语中，不仅出现苗语支中罕见的来自壮语借词的长元音 Vk 韵，且出现"介音+韵腹+软腭塞音韵尾"的组合。

值得注意的是，[a]、[e]出现在所有的 Vk 韵中。与[ak]韵、[ek]韵的分布密切相关的是[ok]韵或[oːk]韵。在苗瑶语 Vk 韵系统中，凡出现了[ok]韵或[oːk]韵的代表点，一定会出现[ak]韵和[ek]韵，反之则不然，无一例外，即[ok]韵或[oːk]韵的存在蕴含[ak]韵和[ek]韵的存在。

在其他汉藏语中，汉语 Vk 韵中高频元音依次为：[a]、[ɔ]、[o]、[u]、[e]，藏缅语为：[a]、[i]、[u]、[o]、[e]，侗台语为：[a]、[o]、[i]、[u]、[e]。苗瑶语 Vk 韵中高频元音依次为：[a]、[e]、[i]、[u]、[o]。

跨语言比较显示，汉藏语 Vk 韵中最倾向于选择[a]、[e]、[o]、[u]这 4 个元音，前元音与软腭塞音的组合仍然比后元音与软腭塞音的组合多。

三　VN 韵、VC 韵及其中元音的总体特征

在以上部分，我们讨论了苗瑶语中 VN 韵、VC 韵的类型以及系统中元音的分布特征。总的来说，苗瑶语不同调音方式的辅音韵尾之间的分布差别较大，VN 韵的分布比 VC 韵要广得多。从 VN 韵、VC 韵的分布特征来看，元音与鼻音韵尾的搭配能力更强，与塞音韵尾的搭配能力相对较弱。

我们再来观察苗瑶语两个语支中辅音韵尾与系统中声母、元音的相关关系。在辅音韵尾较为丰富的瑶语支代表点中，其 VN 韵、VC 韵分布广、种类多，系统中的元音数目处于中等水平，出现了大量带附加特征的长元音。其中，VN 韵中元音的出现频次比 VC 韵中元音的出现频次高。

苗语支代表点辅音韵尾较为欠缺，其 VN 韵中的 Vm 韵仅在尧告苗语、西山布努语中存留，高坡苗语、石门坎苗语、文界巴哼语鼻音韵尾阙如。不仅如此，其 VC 韵几乎消失殆尽，仅在龙华炯奈语的固有词中保存了一些Vʔ韵。另外，西山布努语、龙华炯奈语、嶂背畲语的借词中出现少量 Vp 韵、Vt 韵、Vk 韵。其中，西山布努语、龙华炯奈语的 Vp 韵、Vt 韵、Vk 韵全部来自壮语或瑶语借词，嶂背畲语通过客家话借词引进了 Vt 韵、Vk 韵。苗语支代表点单元音数目在整个语族中居于前列，还出现了一些复合元音以及少量鼻化元音。与此同时，苗语支代表点单辅音声母、复辅音声母的库存量在整个语族中也是最多的。因此，我们推测，苗语支语音系统

中辅音韵尾的简化和脱落是其元音数量增多的重要原因。

由此可见，在苗语支代表点、瑶语支代表点中，当声母库存量、元音库存量较多时，其辅音韵尾数量相对较少。当声母库存量、元音库存量较少时，其元音倾向于增加长短对立特征，辅音韵尾数量相对较多。正是这种调节机制使音节整体结构处于较为平衡的状态。值得注意的是，苗语支中的嶂背畲语比较特殊，其声母库存、元音库存、韵尾库存均处于数量不多的状态，其平衡机制尚待进一步探讨。

在苗瑶语等汉藏语的 VN 韵、VC 韵中，以前不圆唇元音、后圆唇元音最为常见，前不圆唇元音的数量一般多于后圆唇元音的数量。前圆唇元音、后不圆唇元音、央元音、复合元音的数量相对较少。

关于汉藏语各种 VN 韵、VC 韵中核心元音的分布情况，我们已经在前面分别加以探讨、总结。那么，总体而言，汉藏语 VN 韵、VC 韵中核心元音到底呈现怎样的分布特征呢？请看表 2.4.10。

表 2.4.10　　　　　　　汉藏语 VN 韵、VC 韵中的高频元音

	Vm 韵					Vn 韵					Vŋ 韵				
苗瑶语	i	a	u	o	ɔ	i	e	a	u	y	a	u	i	o	e
汉语	a	i	ɿ	ɛ	ɔ	i	a	ə	y	u	a	o	ɔ	i	u
藏缅语	a	o	u	e	i	i	u	a	e	o	u	i	o	a	e
侗台语	i	a	u	o	e	a	u	i	e	o	u	a	i	o	e

	Vp 韵					Vt 韵					Vk 韵				
苗瑶语	a	i	e	o	ɔ	a	u	i	e	o	a	e	i	u	o
汉语	a	i	ɛ	ɐ	ɔ	i	a	u	ə	ɛ	ɔ	a	o	u	e
藏缅语	a	o	e	u	i	i	a	u	o	e	a	i	u	o	e
侗台语	a	i	o	e	u	i	a	u	e	o	a	o	i	u	e

表 2.4.10 中数据显示，除汉语 Vm 韵，汉语、苗瑶语 Vp 韵之外，VN 韵、VC 韵中的核心元音均选择了[a]、[i]、[u]。关于排在前 5 位的核心元音，藏缅语、侗台语的 VN 韵、VC 韵中均为[a]、[i]、[u]、[e]、[o]，苗瑶语则仅有 Vŋ 韵、Vt 韵、Vk 韵中为[a]、[i]、[u]、[e]、[o]。综合考量各语族核心元音的排序，除 Vm 韵之外，汉藏语倾向于选择[a]、[i]、[u]、[e]、[o]这五个基本元音来构成 VN 韵、VC 韵。Vm 韵与 Vp 韵、Vn 韵与 Vt 韵、Vŋ 韵

与 Vk 韵中的核心元音并非平行分布，但选择倾向大致相同。

关于苗瑶语 VN 韵、VC 韵内部的相关关系，首先看 VN 韵中的蕴含倾向。在苗瑶语 VN 韵中，如果出现了 Vm 韵的话，则一定会出现 Vn 韵，反之则不然；如果出现了 Vn 韵的话，则一定会出现 Vŋ 韵，反之则不然。这三种鼻音韵尾韵的蕴含关系为：Vm 韵⊃Vn 韵⊃Vŋ 韵。再来看 VC 韵中的蕴含倾向。由于苗语支 VC 韵仅在借词中出现，我们仅讨论瑶语支的情况。在瑶语支代表点中，如果出现了 Vk 韵的话，则一定会出现 Vt 韵，反之则不然；如果出现了 Vt 韵的话，则一定会出现 Vp 韵，反之则不然。这三种塞音韵尾韵的蕴含关系为：Vk 韵⊃Vt 韵⊃Vp 韵。

再来看苗瑶语 VN 韵、VC 韵之间的相关关系。在苗瑶语中，如果没有出现 Vm 韵的话，也不会出现 Vp 韵。与此同时，Vt 韵或者 Vk 韵也不会出现，仅有嶂背畬语出现在借词中的 VC 韵例外。若出现 Vp 韵的话，那么 Vm 韵也一定会出现，反之则不然，仅有西山布努语、龙华炯奈语出现在借词中的 VC 韵例外，即在苗瑶语中，Vp 韵的存在蕴含 Vm 韵的存在。同样地，出现 Vn 韵的代表点不一定拥有 Vt 韵，但出现 Vt 韵的代表点，一定会同时出现 Vn 韵，也就是说，Vt 韵的存在蕴含 Vn 韵的存在。Vŋ 韵和 Vk 韵也表现出类似的蕴含倾向，即 Vk 韵的存在蕴含 Vŋ 韵的存在。

第三章　苗瑶语声调的类型学研究

关于声调的类型学特征，国外学者自 20 世纪 70 年代起就进行了诸多有益的探索。麦迪森（1978）在其经典论文 *Universals of Tone* 之中深入探讨了声调的 14 条共性特征[①]。桥本万太郎（1985）通过对大量汉语方言材料的考察，提出地理波浪说。他从描写类型和地理变体的一致性中归纳出调值变化的规律[②]。平山久雄（1998）通过对汉语声调历时演变的研究，提出了著名的"调值演变的环流"之说[③]。

近年来，国内学者也开始关注声调的类型学研究，其中尤以汉语官话研究成果颇丰。朱晓农（2011）初步提出了声调类型学的研究设想[④]。他（2014）进一步搭建了声调类型学的框架，并创建了普适调型库[⑤]。此后，他依据该框架考察了一些官话的声调类型特征。如朱晓农、衣莉（2015）发现西北官话声调分布最基本的格局是中段出现两声系统，周边三声系统，再往外四声系统，其声调衰减现象较为明显[⑥]。再如朱晓农、张瀛月（2016）指出东部中原官话的调系以单域四声为主，拱度组合以多降模式为主，比其他官话调系更为多样化[⑦]。其他方言声调类型研究成果尚不多见，如林春雨、甘于恩（2016）从地理语言学的角度考察了粤东闽语声调调值类型[⑧]。

关于汉藏语声调的研究，黄行（2005）考察了汉藏语系中民族语言声调的分合类型，探讨了四声八调型声调的语言发生学机制以及语言接触机

---

① Maddieson, Ian. Universals of Tone in Greenberg, Joseph H. (ed.). *Universals of Human Language*. Stanford: Stanford University Press, 1978: 335−365.

② [日] 桥本万太郎：《汉语调值纵横两个角度的研究》，《青海师大学报》1985 年第 1 期，第 82−90 页。

③ [日] 平山久雄：《从声调调值演变史的观点论山东方言的轻声前变调》，《方言》1998 年第 1 期，第 7−13 页。

④ 朱晓农：《语言语音学和音法学：理论新框架》，《语言研究》2011 年第 1 期，第 85 页。

⑤ 朱晓农：《声调类型学大要》，《方言》2014 年第 3 期，第 193−205 页。

⑥ 朱晓农、衣莉：《西北地区官话声调的类型》，《语文研究》2015 年第 3 期，第 1−11 页。

⑦ 朱晓农、张瀛月：《东部中原官话的声调类型》，《语言研究》2016 年第 3 期，第 1−15 页。

⑧ 林春雨、甘于恩：《粤东闽语声调的地理类型学研究》，《学术研究》2016 年第 5 期，第 160−165 页。

制[1]。石锋（2009）全面比较了汉语方言、藏缅语、侗台语、苗瑶语的声调格局，其结论颇具类型学意义[2]。李云兵（2015）探索了苗瑶语连读变调语音变化现象的类型与功能，通过分析连读变调与语序类型、音步重音韵律结构的关系，对变调的原因做出了具体的论述和较有力度的解释[3]。

目前声调类型学的考察多集中在汉语方言中较为简单的声调系统，类似苗瑶语中较为复杂的声调系统的研究成果尚不多见。本章尝试在较大语言样本的基础上考察苗瑶语声调的类型学特征。

第一节　声调库存

本节主要考察 30 种苗瑶语语言样本的声调库存及其地理分布状况，在此基础上与世界语言的声调库存特征进行对比，以期发现苗瑶语声调库存与语音系统中其他库存之间的相关关系。

冉启斌（2012）认为，"按照从声调角度对语言类型所作的划分，语言通常可以划分为声调语言、音高重音语言、重音语言三类"。[4]亚洲的汉藏语系语言以及一些东南亚语言、非洲大多数班图语言、美洲的部分印第安语言为声调语言（石锋 2009）[5]。中国境内汉藏语系语言大都属于声调语言，如汉语、苗瑶语、侗台语以及大部分藏缅语中的语言。日语处于重音语言、声调语言之间，属于音高重音语言。印欧语系语言、阿尔泰语系语言、南岛语系语言大都属重音语言。例如英语对音强敏感、具有词重音，是较为典型的重音语言。

苗瑶语族语言对音高敏感，属于较为典型的声调语言。正如派克（1946）的定义，声调语言的每一个音节都拥有带词汇性意义的、对比性的相对音高[6]。在声调功能方面，苗瑶语族语言与世界语言中拥有声调的其他语言大不相同，而与汉藏语系中的声调语言一样，以词汇性声调（lexical tone）居多，语法性声调（grammatical tone）和形态性声调（morphemic tone）较为少见。与藏缅语相对较为简单的声调情况不同，苗瑶语与汉语、侗台语一样，声调情况较为复杂。我们首先观察苗瑶语语言样本的声调库存。

---

[1] 黄行：《汉藏民族语言声调的分合类型》，《语言教学与研究》2005 年第 5 期，第 1–10 页。

[2] 石锋：《实验音系学探索》，北京大学出版社 2009 年版，第 47–55 页。

[3] 李云兵：《论苗瑶语的连读变调》，《民族语文》2015 年第 3 期，第 23–40 页。

[4] 冉启斌：《汉语语音新探》，中国社会科学出版社 2012 年版，第 284 页。

[5] 石锋：《实验音系学探索》，北京大学出版社 2009 年版，第 47 页。

[6] Pike, Kenith L. *Tone Languages*. Michigan: The University of Michigan Press, 1946。

苗语支	声调数目	平均数	优诺语	小寨 6 黄落 7	6.5
罗泊河苗语	石板寨 4 高寨 3	3.5	炯奈语	龙华 8 六巷 8	8
川黔滇苗语	上坝 8 高坡 6 宗地 11 石门坎 7	8	巴那语	中排 8	8
湘西苗语	吉卫 6 下坳 6 腊乙坪 6 小章 6	6	畲语	嶂背 9	9
黔东苗语	凯棠 8 菜地湾 8 尧告 8 河坝 8	8			**6.2**
巴哼语	文界 6 滚董 7 虎形山 7	6.7	**瑶语支**	声调数目	平均数
布努语	七百弄 8 西山 6 瑶麓 7	7	勉语	江底 8 梁子 12 东山 6 大坪 6	**8**

表 3.1.1 的标题行：表 3.1.1　　　苗瑶语声调的数量

　　苗语支代表点声调平均数量较少，其平均值为 6.2 个。声调库存最小的高寨苗语目前还只有 3 个声调，石板寨苗语的声调库存也只有 4 个，声调库存最大的是宗地苗语，高达 11 个。瑶语支代表点声调平均数量多于苗语支代表点，其平均值为 8 个，其中梁子勉语声调库存数目多达 12 个，库存最少的东山勉语、大坪勉语只有 6 个。苗瑶语语言样本声调数量的地理分布如图 3.1.1 所示：

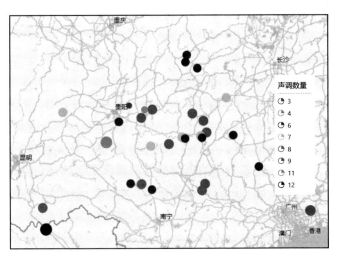

图 3.1.1　苗瑶语声调数量的地理分布

　　图 3.1.1 显示，苗瑶语中拥有 6 个、8 个声调的代表点数量最多，其分布遍及两个语支，各有 10 个代表点，占样本总数的 66.7%。声调数量为 6—8 个的代表点高达 25 个，占样本总数的 83.3%。从地理分布形态来看，

苗瑶语的声调数量大致呈由北向南、从东往西逐渐增多之势。

从声调的起源来看，长短元音、松紧元音、元音固有音高等对声调产生有一定的影响。此外，声母、辅音韵尾也同样影响声调的产生。从共时语音系统的角度来看，声母、元音、辅音韵尾的数量也与声调的数量有一定的关联。麦迪森（2005）分别探讨了世界语言声调系统复杂程度与辅音数量、元音数量之间的相关性，发现"随着声调系统复杂度的增加，辅音的平均数量也呈逐渐增加之势。与此一致的是，随着声调系统复杂度的增加，元音的平均数量也逐渐增加"[①]。总之，声调系统的复杂程度与元音、辅音的复杂程度呈现出正相关关系。那么，苗瑶语的情况是否与麦迪森的研究结论一致呢？

苗瑶语与汉语、侗台语的声调同属"四声"类型。石板寨苗语、高寨苗语至今仍保留"平、上、去、入"的四声格局，我们将其归入"简单"型声调系统[②]。大多数代表点因声母清浊经历了第一次分化，变为"四声八调"格局。其中有一些代表点，如文界巴哼语、滚董巴哼语的古上声没有分化。其后，这类标准的 8 类声调又产生一些合并现象。如吉卫苗语大多数阴入字并入阴上调，阳入字并入阳上调。我们将其纳入"适中"型声调系统。少数代表点还有过第二次或多次的分化。宗地苗语、梁子勉语因声母送气与否、元音长短等分为更多的调类。它们的阴类调依声母送气和不送气各分化为两个调，梁子勉语分化后的第 7 调字和第 8 调字一起受长短元音的制约再次分化。另外，嶂背畲语客家话入声韵借词的调值与其固有词中的入声韵词不同，其声调数目为 9 个。我们将以上 3 个代表点归入"复杂"型声调系统。表 3.1.2 是 3 类声调系统与单辅音数量的关系。

表 3.1.2　　　　苗瑶语声调系统复杂程度与单辅音数量的关系

声调系统类型（声调数目）	语言或方言数量	单辅音平均数量
"复杂"型（9—12）	3	23.3
"适中"型（5—8）	25	34.7
"简单"型（3—4）	2	35.5

---

① Maddieson, Ian. Tone in Haspelmath, Martin & Dryer, Matthew S. et al (eds.). *The World Atlas of Language Structures*. Oxford: Oxford University Press, 2005:58−59.

② 麦迪森按照声调的复杂程度将世界语言分成三类：（1）无声调；（2）简单声调系统，即只有两种对立的语言，通常是高低对立；（3）复杂声调系统，指具有两种以上声调的语言。按此分类标准，苗瑶语复杂的声调系统将难以区分，因此，此处的分类仅就苗瑶语内部而言，与麦迪森的分类有所不同。

　　表3.1.2中苗瑶语声调的复杂程度与单辅音平均数量之间表现出较为明显的相关性，单辅音平均数量随着声调系统复杂程度的增加而减少。3种声调系统复杂的语言，其单辅音平均数量较少，两种声调系统较为简单的语言，其单辅音的平均数量则较高。

　　再来看声调系统复杂程度与单元音数量的关系，如表3.1.3所示：

表 3.1.3　　　　　　苗瑶语声调系统复杂程度与单元音数量的关系

声调系统类型（声调数目）	语言或方言数量	单元音平均数量
"复杂"型（9—12）	3	8
"适中"型（5—8）	25	8.7
"简单"型（3—4）	2	10

　　表3.1.3数据显示，声调系统简单的语言，其单元音平均数量较多，声调系统复杂的语言，其单元音平均数量则较少。元音平均数量随着声调系统复杂程度的增加而减少。

　　总而言之，无论是从单辅音库存的情况看，还是从单元音库存的角度看，苗瑶语声调的复杂程度与音段库存相关。两者与声调的复杂程度存在负相关关系。这与麦迪森研究的世界语言的趋势相反。究其原因，是因为麦迪森的研究对象涵括无声调语言、"简单"型声调语言、"复杂"型声调语言，而我们统计的苗瑶语均属麦迪森定义的"复杂"型声调系统。从苗瑶语内部来看，其单辅音、单元音的简化导致语音系统的区别度降低，因而通过增加声调系统的复杂程度来维持语音系统的区别度。

　　下面我们探讨苗瑶语声调与辅音韵尾之间的关系。我们主要观察苗瑶语塞音韵尾的情况，统计结果如表3.1.4所示：

表 3.1.4　　　　　　苗瑶语声调系统复杂程度与塞音韵尾数量的关系

声调系统类型（声调数目）	语言或方言数量	塞音韵尾平均数量
"复杂"型（9—12）	3	0.7
"适中"型（5—8）	25	0.2
"简单"型（3—4）	2	0

　　表3.1.4中数据表现出了较为明显的正相关关系，声调数目较多的语言，其塞音韵尾的数量相对较多，声调数目较少的语言，其塞音韵尾数量则相

对较少。

苗瑶语入声韵在其塞音韵尾未曾消失之前拥有自身的调型与调值，但当塞音韵尾消失之后，会出现两种不同的情况。一种是保留入声调。如果入声调调型、调值和原来的平声、上声、去声中的某一类一致或相近的话，就会派入其他的调。在"简单"型声调系统中，石板寨苗语、高寨苗语的塞音韵尾已经脱落，石板寨苗语入声调与其他调都不一致，仍保留独立的入声调，但高寨苗语的入声因与平声调型、调值一致而并入平声。在"适中"型声调系统中，小章苗语阴入、阳入合并，瑶麓布努语阴入并入阴去，小寨优诺语阳入并入阳上，东山勉语的阳入与阳上、阳去为一个调值，高坡苗语、吉卫苗语、腊乙坪苗语、西山布努语等代表点的入声也都已经并入其他各调。上述各代表点的塞音韵尾都已经脱落。塞音韵尾的失落导致声调数量减少。

与此同时，在一些保留塞音韵尾的"适中"型、"复杂"型声调系统中，如嶂背畲语、江底勉语、梁子勉语、大坪勉语，存在由元音带上无爆破段的塞音韵尾所形成的"促声调"。这种带塞音韵尾的韵母显得相当短促，汉藏语系学者传统上把这种现象算作声调。在声调系统较为复杂的梁子勉语中，它的"促声调"还因古声母的全清、次清而分调，且依元音长短进一步分化，其"促声调"数量高达 6 个，从而使其声调系统中的声调数量大幅度上升。由此可见，苗瑶语复杂塞音韵所形成的多种"促声调"使声调数量增加。

第二节　声调的普遍特征

声调类型的研究包括"类""值""型"三个部分（朱晓农 2014）[1]。由于苗瑶语声调与发声态关系密切，我们参照朱晓农由发声态定义的高中低三个调域[2]，考察其调域情况。下面我们就从"类""域""值"以及"型"这四个角度探讨苗语声调的普遍特征。

一　声调的"类"

我们基于苗瑶语古调来探讨各代表点声调的分合情况。苗瑶语的声调比较发达，在其发生、发展的过程中，各代表点呈现出不同的分合变化。现

---

① 朱晓农：《声调类型学大要》，《方言》2014 年第 4 期，第 193–205 页。

② 朱晓农：《发声态的语言学功能》，载《音法演化——发声活动》，商务印书馆 2012 年版，第 125–168 页。

代苗瑶语与古调的分合关系比较明确。其分合变化的条件涉及声母的清浊、声母的送气与否、元音的长短等。如上节所述，苗瑶语与汉语、侗台语的声调格局同属"四声"类型，其声调系统可以进一步分为五种类型。

第一种是"四声"型，代表点为石板寨苗语、高寨苗语。石板寨苗语至今仍只拥有相当于古苗瑶语"平、上、去、入"四声的 4 个声调，较好地保留了古苗瑶语"四声"格局。高寨苗语塞音韵尾脱落，其入声和平声调值相同，它仅有 3 个声调，是苗瑶语语言样本中声调数量最少的语言。

第二种是"四声八调"型，代表点为上坝苗语、凯棠苗语、菜地湾苗语、尧告苗语、河坝苗语、七百弄布努语、中排巴那语、龙华炯奈语、六巷炯奈语、嶂背畲语以及江底勉语[①]。其"平、上、去、入"四声根据古声类声母清浊分化为两两平行而不等高的 8 个声调，变为"四声八调"格局。上述各代表点的古浊声母除次浊之外均已清化，中排巴那语、江底勉语现有的浊声母来自古鼻冠塞音、塞擦音。因此，陈其光（2013）认为清浊声母合并是"平、上、去、入"各分阴阳的条件[②]。在上坝苗语、凯棠苗语、尧告苗语、河坝苗语、七百弄布努语、中排巴那语中，我们可以找到古浊声母清化的痕迹。上述代表点阳上、阳去、阳入等阳调类声母带有弛声伴随特征。弛声无疑是这些阳调类声母古浊声母来源性质的标志。

第三种是"四声八调"型的亚型，其声调数量一般从 5 个到 7 个不等。该类型一共有 16 个代表点，即高坡苗语、石门坎苗语、吉卫苗语、下坳苗语、腊乙坪苗语、小章苗语、文界巴哼语、滚董巴哼语、虎形山巴哼语、西山布努语、瑶麓布努语、小寨优诺语、黄落优诺语、六巷炯奈语、东山勉语、大坪勉语。在该类型中，文界巴哼语、滚董巴哼语等代表点的古上声尚未分化，其余代表点"平、上、去、入"各分阴阳后所产生的标准的八类声调则有所合并。其中，因入声韵尾脱落而使入声调类并入舒声调类的现象较为普遍。高坡苗语、吉卫苗语、下坳苗语、腊乙坪苗语、西山布努语[③]等代表点因其入声韵尾全部脱落而使整个入声调类系统并入舒声调类系统，如高坡苗语阴入并入阳去，阳入并入阳平。还有一些代表点部分入声调并入舒声调，如虎形山巴哼语阳入并入阳去，瑶麓布努语阴入并入阴去。

石门坎苗语较为特别，其阴上并入阴平，其阳上、阳入为了区别词汇的语法意义而各分化为两个调。凡动词、形容词均有浊送气，是一个调，

---

① 嶂背畲语调类为 8 个，调值为 9 个。由于第 7、8 两个促声调或带塞音韵尾，或塞音韵尾脱落，其调值分别为 32/35、54/35。

② 陈其光：《苗瑶语文》，中央民族大学出版社 2013 年版，第 529 页。

③ 西山布努语带-p、-t、-k 尾的韵母只拼壮语借词，其调值为 35 或 44，调类为阴上或阳上。

非动词、形容词的阳上调以及词性为名词、量词的阳入调为浊不送气，属于另一个调。另外，其方位词位于句法结构不同位置表示不同语法范畴之时，声调按类推原则裂变为两种不同的调类。这种因区分词汇的语法意义、类推变调而产生的声调分化，可称之为声调的裂变（李云兵 2018）①。

第四种是"四声十二调"型。该类型出现在宗地苗语中②。宗地苗语的古四声各一分为三，即"平、上、去、入"各分阴阳之后，阴类调又依声母送气和不送气各分化为两个调类，其送气音与清音合并是阴调各分甲乙的条件（汉语借词除外）。宗地苗语的乙类阴调全部带有弛化成分，弛声可以显示其古次清声母来源。

第五种是"四声十五调"型。该类型仅分布在梁子勉语中③。在其舒声调中，单数调依古全清、次清分化为两个调。在其促声调中，阴入仍然依古全清、次清分化为两个调，然后与阳入一起，因韵母中元音长短的制约而再次分化。它是苗瑶语语言样本中声调数量最多、层次最为复杂的语言。

二　声调的"域"

苗瑶语中有近半数的语言或方言属于口鼻调音和喉部发声并重的类型。在其共时声调系统中，发声态扮演了较为重要的角色，很多语言或方言属于带有各种发声态的复杂声调系统，其中，弛声尤为发达。由于其声调早已经根深蒂固，大多数情况下将弛声处理为声调伴随特征，一般标记为阳调类或阴调类中乙调的伴随特征。

在苗瑶语"四声"型声调系统中，去声韵尾失落喉开态、上声丢失韵尾喉闭态是产生对立声调的重要原因（朱晓农 2012）④。其擦音、鼻音、边音、近音系统中张声（先喉塞浊声）、清声、常态浊声的发声组合类型在某种程度上起到维持音高差别的作用。如石板寨苗语边音、高寨苗语鼻音均为先喉塞浊声、清声、浊声三套。发张声时声带纵向紧张，声带拉紧从而使调头很高，其相对较高的音高可与清声中等的音高、常态浊声较低的音高形成音高区别。

---

① 李云兵：《苗瑶语比较研究》，商务印书馆 2018 年版，第 238—240 页。

② 在语言样本之外，瑶语支也有属"四声十二调"的代表点，如长坪勉语、滩散勉语、览金勉语、牛尾寨勉语。在滩散勉语、览金勉语中，其古四声各一分为三。在长坪勉语、牛尾寨勉语中，仅有部分阴调分化。长坪勉语有阴去甲和阴去乙、阴入甲和阴入乙，牛尾寨勉语仅有阴去甲和阴去乙。在这两个代表点中，送气音的送气成分并未消失。

③ 梁子勉语的声调为 15 个，调值为 12 个，1'调与 7'a 调的调值均为 31，4 调与 7'b 调的调值均为 32，5'调与 8b 调的调值均为 21，但各促声调均存在塞音韵尾，7'a 调为长元音韵。

④ 朱晓农：《音法演化——发声活动》，商务印书馆 2012 年版，第 412 页。

在苗瑶语"四声八调"型及其亚型声调系统中，发声态起着更为重要的作用。在上坝苗语、高坡苗语、宗地苗语、吉卫苗语、下坳苗语、腊乙坪苗语、小章苗语、凯棠苗语、尧告苗语、河坝苗语、七百弄布努语、中排巴那语、黄落优诺语中，均存在处理为阳调伴随特征的弛声。上述各代表点大都有 5—8 个不等的声调，其浊塞音、浊塞擦音大都已经清化，先喉塞鼻音、先喉塞擦音、先喉塞边音、先喉塞近音中的先喉塞成分失落，塞音韵尾基本已经脱落。语音系统的演变使原有的声调配列关系难以维系，声调系统不堪重负，很难全部依靠音高来加以区分，因而伴随有发声态区别。弛声属于非冽嗓发声态，它与低频相关，其声学特征表现为声母、韵体前段气化和低调头。清声的声学特征表现为清塞音声母为静波以及后接韵体元音中等偏高的调头（朱晓农 2012）[①]。清声为阴调，其音高较高，弛声伴随阳调，其音高较低。这些代表点中的清声、弛声正好与阴阳声调相配，填补了古浊音清化、先喉塞音失落之后留下的空缺。

在苗瑶语"四声十二调"型、"四声十五调"型声调系统中，发声态更是功不可没。宗地苗语、梁子勉语拥有极为繁复的声调系统。宗地苗语不仅古浊声母来源的阳调有弛声伴随特征，其古次清声母来源的阴调乙也有弛声的加持，梁子勉语则仅有源自古次清声母的弛声。在这两个代表中，弛声较低的音高使声母系统内部产生了音高区别。

在苗瑶语发展过程中，发声态的语音性质逐渐弱化，其功能也逐渐衰减。以弛声为例，其强弱程度的表现形态如下：

（1）成为区别特征，这是发声态的最强表现。在少数代表点中，弛声是能够单独辨义的区别特征。即声母、韵母、声调全部相同，仅靠弛声区别词义。例如，在石门坎苗语中，vai[11]"藏"、vɦai[11]"抓"这两个词中的弛声为区别特征且在音位系统中标明。又如在河坝苗语中，ɬa[22]"乞讨"、ɬɦa[22]"富"两词仅靠弛声分辨词义。由于河坝苗语弛声仅分布在阳上、阳入中，苗瑶语研究者一般将 ɬɦa[22]"富"的声调标为 22，在其音位系统中则省去了弛声成分[ɦ]。

（2）成为伴随特征。在多数苗瑶语代表点中，弛声是声调的伴随特征。有的代表点，如高坡苗语，只有阳去调有弛声伴随，还有的代表点，如凯棠苗语，阳上、阳去均伴随弛声。在下坳苗语中，阳上、阳去、阳入都有弛声相伴。这类弛声是古浊音清化后阳调的补偿特征，并未形成新的调类。而在宗地苗语、梁子勉语等代表点中，古次清与古全清分调，古次清来源的声母伴随弛声。其弛声虽然没有在音位系统中标出而仅作为阴调乙的伴

---

① 朱晓农：《音法演化——发声活动》，商务印书馆 2012 年版，第 399 页。

随特征，但弛声使新的调类得以产生。

　　作为浊声母清化残存的弛声主要出现在苗语支语言中，而在菜地湾苗语、滚董巴哼语、虎形山巴哼语、西山布努语、瑶麓布努语、小寨优诺语、龙华炯奈语、六巷炯奈语、嶂背畲语等苗语支代表点中，弛声已经完全消失。除梁子勉语之外，弛声在大多数瑶语支语言样本中已经消失殆尽。在语言样本之外，罗香勉语的阴去乙以及长坪勉语的阴去乙、阴入乙尚留有次清分调的痕迹，但与古次清声母相伴的弛声却已经不见踪影。

　　在苗瑶语中，弛声依其强弱在地理分布上有一个推移过程。从北往南，自西向东，弛声的功能逐渐减弱。苗语支代表点主要分布在北，其发声态较为复杂。除了常见的清声及其次声态（送气性）、浊声之外，还有分布较为广泛的弛声以及主要在擦音、鼻音、边音、近音中出现的先喉塞张声。弛声在少数代表点中具有单独区别词义的功能。在多数代表点中，弛声成为阳调伴随特征，少数代表点中也有成为阴调乙伴随特征的弛声，这类代表点以音高为主，弛声为辅。苗语支代表点中的嶂背畲语较为特别，其分布在东。它的发声态最为简单，唯有常见的清声及其次声态（送气性）、浊声，弛声已经消失无踪。瑶语支代表点在南偏西，其发声态有清声及其次声态（送气性）、浊声、弛声[①]。其弛声在少数代表点中成为阴调乙伴随特征，且为语音系统增加了新的调类。

　　声调不仅跟声带振动的快慢即基频相关，而且还与声带振动时伴随的发声状态有关。如前所述，苗瑶语 16 个代表点拥有弛声，4 个代表点拥有张声，即石板寨苗语、高寨苗语、小章苗语、西山布努语，具备分域的条件。根据朱晓农（2010）的研究，调域以发声态定义，其中，高域由假声定义；张声一般不能独自定义一个声域，有时它是清声的一个变体，但如果假声出现，张声就会和假声一起共组一个高域；中域由清声定义；低域由浊声或弛声定义[②]。

　　苗瑶语声调的调域已经引起学界的关注。学者们从实验语音学和音节音系学出发，描写、讨论苗语多声域的声调系统。据朱晓农、石德富、韦名应（2012）[③]，鱼粮苗语具有高域、中域、低域，清江苗语有中域、低域。另据唐留芳、牟飘飘（2019）[④]，安顺大硐口苗语具有高域、中域、低域三个声域。

---

① 语言样本之外，庙子源勉语的近音中有先喉塞张声声母[ʔw]。

② 朱晓农：《语音学》，商务印书馆 2010 年版，第 292 页。

③ 朱晓农、石德富、韦名应：《鱼粮苗语六平调和三域六度标调制》，《民族语文》2012 年第 2 期，第 3 页。

④ 唐留芳、牟飘飘：《安顺大硐口苗语的三域声调系统》，《民族语文》2019 年第 2 期，第 69 页。

目前，由于缺乏苗瑶语 30 种语言样本调域描写的实验语音学证据，我们无法确定其调域的具体情况，只能依据现有调域研究理论及相关研究成果对其进行预测。尚属于"四声"系统的石板寨苗语、高寨苗语仅有常态中域，属于纯音高声调。在其他代表点中，多种声调的对立其实并非单纯音高的不同，而是牵涉调域的区分。苗瑶语语言样本中调类在 8 个及 8 个以上的代表点有 13 个之多，如此多调类如果不分调域的话，调型区别将不堪重负。根据分域四度制的理论预测（朱晓农 2010：300），若多于 4 个平调，则一定有调域对立。河坝苗语共有 8 个声调，其中，平调有 5 个，且拥有弛声，存在发声态对立。因此，我们可以预测河坝苗语有中、低两个调域。在河坝苗语之外的 15 个拥有弛声的代表点中，也可能存在中、低两个调域。小章苗语既有弛声，又有张声，但是否有假声无法知晓。因此，我们尚无法预测苗瑶语语言样本中存在拥有高、中、低三个调域的代表点。需要说明的是，上述预测尚需实验语音学研究加以证实。

三　声调的"值"

在苗瑶语语言或方言样本中，有些代表点只有三到四个调类，有些代表点保留了八个调类，另一些代表点则有所合并或分化。为了探讨其调值特点，本小节仍将其调类分为八个。三到四个调类的按其所属调类一分为二，已经合并的调类依其原调类还原。为了比较不同调类平均调值的高低，我们参照陈其光（1985）的做法，把一个调值的起始音高、终止音高和转折音高简化为一个平均值[①]。例如：

平调 33　　　　平均值：（3＋3）÷2=3

升调 23　　　　平均值：（2＋3）÷2=2.5

降调 43　　　　平均值：（4＋3）÷2=3.5

凹调 435　　　平均值：（4＋3＋5）÷3=4

凸调 231　　　平均值：（2＋3＋1）÷3=2

另外，在宗地苗语中，其阴平、阴上、阴去、阴入各分化为两个调类，其古全清声类为甲类，古次清声类为乙类。在这种情况下，阴调平均值的计算方法如下：

阴入甲 55　　　平均值：（5+5）÷2=5

阴入乙 24　　　平均值：（2+4）÷2=3

阴入　　　　　平均值：（5+3）÷2=4

在梁子勉语中，其阴入甲、阴入乙因元音长短进一步分化。在这种情

---

① 陈其光：《苗瑶语浊声母的演变》，《语言研究》1985 年第 2 期，第 203–212 页。

况下，阴入调平均值的计算方法如下：

阴入甲（长元音韵）24　　　平均值：（2+4）÷2=3

阴入甲（短元音韵）54　　　平均值：（5+4）÷2=4.5

阴入甲　　　　　　　　　　平均值：（3+4.5）÷2=3.75

阴入乙（长元音韵）31　　　平均值：（3+1）÷2=2

阴入乙（短元音韵）32　　　平均值：（3+2）÷2=2.5

阴入乙　　　　　　　　　　平均值：（2+2.5）÷2=2.25

阴入　　　　　　　　　　　平均值：（3.75+2.25）÷2=3

先看声调系统相对简单的苗语支代表点八种调类的调值及其平均值见表 3.2.1：

表 3.2.1　　　　　　　　　　　　**苗语支调值平均值**[①]

	阴平	阳平	阴上	阳上	阴去	阳去	阴入	阳入
石板寨苗语	2	2	5	5	3	3	3	3
高寨苗语	2	2	5	5	4	4	2	2
上坝苗语	4	2	5	2	4	2	3	2
高坡苗语	3	5	2	2	3	2	3	5
宗地苗语	2.25	4	2.67	1	4.5	2	3	1.5
石门坎苗语	5	4	5	2	3	2	1	4
吉卫苗语	4	3	4	2	4.5	2	4	2
下坳苗语	4	2	4	3	3.67	2.33	4	3
腊乙坪苗语	4	2	4	2	4	3	4	2
小章苗语	4	2	5	5	3	4	4	4
凯棠苗语	3	4	4	1		2.5	2	2
菜地湾苗语	3	2	3	1.67	4	4	4	2
尧告苗语	2	2	4	2.33	4	2	4	3
河坝苗语	4	5	2	1.5	3	2	1	4
文界巴哼语	4	3	2	2	5	4	4	2

---

① 吴祥超（《苗语语音的类型学研究》，硕士学位论文，三峡大学，2017 年，第 45—46 页）统计了凯棠、菜地湾、尧告、河坝、石板寨、石门坎、上坝、高坡、宗地、高寨、吉卫、文界、滚董、虎形山、七百弄、西山、瑶麓、小寨、黄落、龙华、六巷、中排 22 个代表点的调值平均值。本书在他的统计基础上有所修改和补充。

续表

	阴平	阳平	阴上	阳上	阴去	阳去	阴入	阳入
滚董巴哼语	4	3	2	2	5	4	4	2
虎形山巴哼语	4	3	2	2	5	2	4	2
七百弄布努语	3	2	4	2	3	2	2	1.5
西山布努语	3	3	4	4	2	2	2	2
瑶麓布努语	3	5	2	4	4	2	4	3
中排巴那语	2	2.33	4	2	4	2	5	4
小寨优诺语	3	2	2	2	4	2	4	2
黄落优诺语	4	2	3	2.5	4.5	2.5	5	1.5
龙华炯奈语	4	3	4	2	4	1	5	1.5
六巷炯奈语	4	2	4	4	2	1.5	3.5	2.5
嶂背畲语	2	4	3	3	2	3.67	3.25	4.25
平均值	3.32	3	3.49	2.58	3.7	2.44	3.38	2.61

再来看声调系统较为复杂的瑶语支代表点的情况，其八种调类的调值及其平均值如表 3.2.2 所示：

表 3.2.2　　　　　　　　　　瑶语支调值平均值

	阴平	阳平	阴上	阳上	阴去	阳去	阴入	阳入
江底勉语	3	2	3.5	2	3	2	5	1.5
梁子勉语	3	3	4.09	2.5	2.75	2	3	2.25
东山勉语	3	2	4	3	3	3	4	3
大坪勉语	4	4	3	4	3	2	4	2
平均值	3.25	2.75	3.65	2.88	2.94	2.25	4	2.19

将两个语支的平均值汇总，其阴平平均值为 3.31，阳平平均值为 2.88，阴上平均值为 3.51，阳上平均值为 2.62，阴去平均值为 3.6，阳去平均值为 2.42，阴入平均值为 3.46，阳入平均值为 2.49。

除此之外，在石板寨苗语、高寨苗语、上坝苗语、高坡苗语、宗地苗语、中排巴那语的前缀、虚词中还存在轻声，上坝苗语汉语借词中的后缀也出现了轻声现象。轻声的主要特征是音长较短，升降不明显。其调值有02、03、04、05四种类型，其中，02、05的出现频次最高。轻声调值的平均值为3.44。苗瑶语轻声调值的情况如表3.2.3所示：

表3.2.3 　　　　　　　　　　　苗瑶语轻声的调值

代表点	石板寨苗语	高寨苗语	上坝苗语	高坡苗语	宗地苗语	中排巴那语
调值	02　05	02　05	03	02	05　03	04

基于上述数据，我们可以从以下几个角度观察苗瑶语调值特征：

首先是苗瑶语调值的总体特征。如果将调值中拥有至少一个大于3的数字的声调看成高调的话，那么，高调在苗瑶语大多数语言或方言中占优势。在所有254个声调中，高调为181个，占声调总数的71.3%[①]。其中，石板寨苗语、高寨苗语、下坳苗语、文界巴哼语、瑶麓布努语以及东山勉语全部都是高调。

其次是各语支的调值特征。从语支的角度看，苗语支代表点的调值相对较低，声调数量较少。瑶语支代表点的调值相对较高，声调数量较多。这种分布情况可能与弛声有关。弛声使基频降低，弛声分布较多的苗语支代表点调值相应较低。

最后是平、上、去、入各调类的调值特征。苗瑶语平、上、去、入四个调类各自的平均音高按降序依次为：平声3.1＞上声3.07＞去声3.01＞入声2.98。由此可见，在苗瑶语中，平声的音高最高，入声的音高最低。

依据上述数据，我们还可以观察阴阳调、阴调甲与阴调乙调值所反映出的与声母之间的关系。苗瑶语阴调调值、阳调调值与声母清浊对立关系密切，呈现出"阴高阳低"的总体特征。其阴调调值高于阳调调值，即：

阴平3.31＞阳平2.88

阴上3.51＞阳上2.62

阴去3.6　＞阳去2.42

阴入3.46＞阳入2.49

上述平均值显示，苗瑶语清声母调值相对较高，浊声母调值相对较低。

各对阴阳调平均值的差数也不相同：

阴平3.31－阳平2.88=0.43

---

① 一些苗瑶语语言样本的声调、调类和调值数量不等，如梁子勉语声调为15个，调类为8个，调值为12个。此处统计的声调总数以语言样本的声调数量为准。

阴上 3.51－阳上 2.62＝0.89

阴去 3.6 －阳去 2.42＝1.18

阴入 3.46－阳入 2.49＝0.97

苗瑶语阴平与阳平平均值的差数不大，这是因为阳平在很多代表点中已经清化，因此调值较高，比较接近阴平的调值。阴上与阳上、阴入与阳入平均值的差数较大。阴去与阳去平均值的差数最大。阳去声母较阳入、阳上声母而言，较多地保留了浊声或弛声，因此其平均调值相对较低，与阴去的调值差距较大。

苗瑶语各阳调的平均值按降序为：阳平 2.88＞阳上 2.62＞阳入 2.49＞阳去 2.42。由此可见，古浊声母阳平字清化步伐较快，古浊声母阳去字清化速度最慢。

苗瑶语阴调内部调值的差别也与声母性质相关。在宗地苗语、梁子勉语中，各类阴调及其相应的阳调的平均值如表 3.2.4 所示：

表 3.2.4　　　　　　　　苗瑶语阴调及相应阳调调值平均值

	阴平甲	阴平乙	阳平	阴上甲	阴上乙	阳上	阴去甲	阴去乙	阳去	阴入甲	阴入乙	阳入
宗地苗语	2.5	2	4	3	2.33	1	5	4	2	4	2	1.5
梁子勉语	5	2	3	4.67	3.5	2.5	4	1.5	2	3.75	2.25	2.25
平均值	3.75	2	3.5	3.84	2.92	1.75	4.5	2.75	2	3.88	2.13	1.88

从表 3.2.4 可以看出阴平甲、阴平乙的调值区别：

阴平甲 3.75＞阴平乙 2

阴上甲 3.84＞阴上乙 2.92

阴去甲 4.5 ＞阴去乙 2.75

阴入甲 3.88＞阴入乙 2.13

以上各阴调均为甲类调高于乙类调的调值。苗瑶语古送气声母来源的次清声母因弛化而使得基频降低，因此，其调值普遍低于源自古全清声母的不送气清声母的调值。

将以上阴调甲、阴调乙及其相应阳调的平均调值相比较，可以看到：

阴平甲 3.75＞阴平乙 2　 ＜阳平 3.5

阴上甲 3.84＞阴上乙 2.92＞阳上 1.75

阴去甲 4.5 ＞阴去乙 2.75＞阳去 2

阴入甲 3.88＞阴入乙 2.13＞阳入 1.88

苗瑶语样本中的阴上、阴去、阴入都是甲类调调值高于乙类调，乙类调调值又高于相应的阳调。唯有阴平例外，阴平甲的调值虽然高于阴平乙，但阴平乙的调值低于阳平，这是因为阳平字较多地发生清化现象，因而其调值也相应变高。

四 声调的"型"

朱晓农（2014）将"型"定义为"从声学材料中测定基频，进行归一化处理，确定声调的基频走向，然后用分域四度制表达，以域度、长度、高度、拱度四个参数取值，在'普适调型库'中确定声调类型"[①]。目前苗瑶语样本中进行过实验语音学研究的代表点不多。因材料所限，我们对调型的考察主要基于传统的研究结果。参照朱晓农建立的普适调型库，我们尝试建立苗瑶语调型库。由于目前缺乏域度、时长以及完整的发声态数据，因此，该调型库还有待进一步修改完善。

据朱晓农（2012）研究，"升调的语言学目标在调尾终点处的峰点，降调的语言学目标是起点，凹调、凸调最主要的语言学目标是拐点，平调从头到尾都是语言学目标"。[②]在表 3.2.5 中，苗瑶语调型库亚型中的高、中、低由不同调型的语言学目标来决定。语言学目标调值是 5 或 4 的为高，是 3 的为中，是 2 或 1 的则为低。

表 3.2.5 苗瑶语调型库[③]

	平	升	降	凹	凸
高	55/44	24/35	54/53/52/43/42	545	241/551
中	33	23/13	32/31	335	232/231
低	22/11	12	21	313/213/212	

[①] 朱晓农：《声调类型学大要》，《方言》2009 年第 3 期，第 193–205 页。

[②] 朱晓农：《音法演化——发声活动》，商务印书馆 2012 年版，第 340 页。

[③] 语言样本之外，出现了 435、434、121 之类的凹调、凸调。一些特殊调型的处理各家有所不同，如朱晓农（《声调类型学大要》，《方言》2014 年第 3 期，第 198 页）将"551"处理为"高弯降"。再如刘伶李（《汉语声调的曲拱特征和降势音高》，《中国语文》2005 年第 3 期，第 257 页）将"335"处理为"中角拱"。本书依据陈其光（《苗瑶语文》，中央民族大学出版社 2013 年版，第 72–73 页）的处理方式，将"551""335"分别归入凸调、凹调。

　　表中调型有平、升、降、凹、凸五种，每种调型下根据语言学目标调值又分为高、中、低三个亚型。关于调型，学界一般按声调表现形式的差异将其分为平阶型声调（level tone）和曲拱形声调（contour tone）。前者只存在固定的音高，既不升也不降，后者在音高上还存在变化走势（冉启斌2012）[1]。苗瑶语属于曲拱形声调，即所谓平仄型声调，拥有系统的升降调形区别。在苗瑶语语言采样中，以降调最为复杂，共出现 8 种降调。凸调的种类最少，仅有 4 种。不同调型在不同语支中的出现频数如表 3.2.6 所示[2]：

表 3.2.6　　　　　　　　　　　　苗瑶语调型频数

	平	升	降	凹	凸
苗语支	88	45	73	4	5
瑶语支	11	8	18	1	1
总数	99	53	91	5	6
占比（%）	39	20.9	35.8	2	2.4

　　表 3.2.6 显示，苗瑶语声调中最常见的调型为平调、降调。其中苗语支以平调最为常见，瑶语支则以降调出现频次最高。其次是升调，苗语支升调的出现频次约为平调的一半，瑶语支升调的出现频次约为降调的一半。和平调、降调、升调相比，凸调和凹调比较罕见，其出现频次呈断崖式下跌。相较之下，4 种瑶语支语言凸调、凹调的分布率略高于 26 种苗语支语言的分布率。苗瑶语各类调型的出现频率按降序依次为：平调＞降调＞升调＞凸调＞凹调。

　　下面我们从调类角度观察不同调型的分布情况。苗瑶语五种调型在八种调类中的分布情况如表 3.2.7 所示：

表 3.2.7　　　　　　　　　　　　苗瑶语调类与调型

	平	升	降	凹	凸
阴平	15	11	6	0	0
阳平	9	4	16	1	0
阴上	13	9	7	1	1

---

[1] 冉启斌：《汉语语音新探》，中国社会科学出版社 2012 年版，第 286 页。

[2] 苗瑶语一些代表点的声调、调类和调值数量不等，如梁子勉语有 15 个声调，其调类为 8 个，调值为 12 个，统计调型时以声调数量为准，因此调型总数大于声调库存表中依据调值数量而计算的声调总数。

续表

	平	升	降	凹	凸
阳上	15	1	11	1	3
阴去	14	8	9	0	1
阳去	11	7	10	1	1
阴入	15	7	13	0	0
阳入	7	6	19	1	0
总数	99	53	91	5	6

观察表 3.2.7 中数据可以发现，阴平、阴上、阳上、阴去、阳去、阴入都是平调所占比重最大，阳平、阳入则降调比重最大。在阴调类中，阴去、阴入中降调的分布率高于升调的分布率。在阳调类中，降调的分布率普遍高于升调的分布率。从出现频次看，阴调类中以平调、降调占优势，阳调类中则以降调、平调排在前列。除阴平、阴上中升调的分布率高于降调之外，其他调类都是升调的分布率不仅低于平调的分布率，也低于降调的分布率。

凹调和凸调主要见于上声调，凸调比重略高于凹调，其中凸调在阴上、阳上、阴去、阳去中都有所分布，在上声中的出现频次最高，凹调则在阳平、阴上、阳上、阳去、阳入中出现，但出现频次都只有一次。出现凹调和凸调的代表点有上坝苗语、宗地苗语、下坳苗语、菜地湾苗语、尧告苗语、七百弄布努语、中排巴那语、嶂背畲语以及江底勉语、梁子勉语。除下坳苗语只有 6 个声调且同时出现了两个凸调之外，这些代表点的调类、调值至少有 8 个，且无凹调和凸调同时出现的情况。它们分布在广西壮族自治区柳州市融水苗族自治县、河池市大化瑶族自治县以及都安县、桂林市龙胜各族自治县，湖南省湘西土家族苗族自治州花垣县、怀化市靖州苗族侗族自治县、邵阳市城步苗族自治县，云南省红河哈尼族彝族自治州屏边苗族自治县、河口瑶族自治县，广东省惠州市博罗县以及贵州省安顺市紫云苗族布依族自治县。据李云兵（2018）的研究，"苗瑶语的凹凸调型具有区域性特征，汉语官话区的苗瑶语一般不具有凹凸调型，汉语非官话区、侗台语区的苗瑶语具有凹凸调型"[1]。上述代表点的分布状况基本符合李云兵的观察。

---

[1] 李云兵：《苗瑶语比较研究》，商务印书馆 2018 年版，第 193 页。

　　下面我们具体探讨各调型在苗瑶语语言样本中的分布特征。

　　首先是降调。在语言样本中，降调最多出现 6 个，如梁子勉语：54、43、42、32、31、21，其中 54、42 仅出现在促声调，43 仅出现在舒声调。六巷炯奈语的降调数目也高达 5 个：53、43、32、31、21。平调最多出现 5 个，如拥有弛声、可能有中低两个声域的河坝苗语出现了 5 种平调：11、22、33、44、55。升调最多出现 3 个，如江底勉语：12、13、24。凹调和凸调不会共现，凹调最多出现一个，凸调最多出现两个。总的来说，苗瑶语调型的复杂度与声调数目之间存在补偿关系，即调型复杂度较高，其可能出现的声调数目就较少，如凹调、凸调，反之，调型复杂度较小，其可能出现的声调数目就较多，如降调、平调。

　　再来单独看促声调中的调型分布情况。短促的入声使调型的复杂度降低。在促声调中，平调最多出现 2 个，如江底勉语：55、33；升调最多出现 1 个，如江底勉语：12[①]；降调最多出现 5 个，如梁子勉语：54、42、32、31、21。语言样本中未出现调型复杂度较高的凹调或凸调。

　　最后看不同调型的匹配情况。所有语言样本都有平调、降调、升调。只有 10 个代表点除平调、降调、升调之外，还拥有凹调或凸调。上坝苗语、菜地湾苗语、中排巴那语、嶂背畲语以及梁子勉语为平调、降调、升调、凹调的组合，宗地苗语、尧告苗语、七百弄布努语、下坳苗语以及江底勉语为平调、降调、升调、凸调的组合。

第三节　连读变调

　　从 30 种苗瑶语语言样本的语料来看，其声调的连读变调现象较为普遍。苗语支石板寨苗语、高寨苗语、上坝苗语、高坡苗语、宗地苗语、石门坎苗语、腊乙坪苗语、河坝苗语、文界巴哼语、虎形山巴哼语、七百弄布努语以及瑶语支江底勉语、梁子勉语、东山勉语、大坪勉语都存在连读变调现象。不同代表点拥有自己独特的连读变调规律。其中，上坝苗语、宗地苗语、石门坎苗语、虎形山巴哼语以及东山勉语、大坪勉语的连读变调较为复杂。苗瑶语中发生变调的语言的比率为 50%，高于 21 种侗台语的变调语言比率 28.8%、46 种藏缅语的变调语言比率 17.4%。

　　陈其光、李云兵都曾对苗瑶语中的连读变调现象进行全面总结，对变调规律有着十分敏锐的观察。陈其光（2013）主要从语音环境层面将字的调值受相邻字影响而产生的连读变调分成"后字变调、前字变调、前字后

---

　　① 在语言样本之外，瑶语支促声调中有出现两个升调的代表点，如滩散勉语：12、35。

字都可以变调"①三种类型，其考察没有纳入派生词和叠音词。李云兵
（2015）基于语音环境和语法结构两个方面的分析，将苗瑶语连读变调分为
"右侧音节连读变调、左侧音节连读变调、左右侧音节连读变调、单音节连
读变调"②四种类型。陈其光的后字变调、前字变调基本上与李云兵的右侧
音节连读变调、左侧音节连读变调对等。但陈其光的前字后字都可以变调
指的是在位置或调类的制约下，前字或者后字发生调值改变的情况，如河
坝苗语，既存在前字变调，又有后字变调，与李云兵左右侧音节都发生调
值改变的左右侧音节连读变调所指不同。在以下的分类中，我们将采用李
云兵的定义。李云兵的单音节连读变调则是基于句法、语用分析的需要而
总结出的新类别。本节着重分析前后音节相互间的影响和制约，在基于变
调发生的位置和引起变调的因素的方向所形成的变调类型中，暂不讨论这
种特殊的变调模式。

一　连读变调的类型

根据产生连读变调的规则中所辖的音节数目，苗瑶语中存在两字组变
调、三字组变调。两字组变调是由两个音节组成的词或词组连读而产生的，
这种变调在苗瑶语中占绝对优势，其变调规则也是最基本的变调规则。三
字组变调是由三个音节组成的词连读而产生的。如东山勉语的 $tha^{53}pəu^{31}$（豆
腐）ta^{33}（渣）"豆腐渣"变读为 $tha^{53}pəu^{42}ta^{33}$，大坪勉语的 $ŋi^{22}$（二）$ba^{44}bɔu^{22}$
（玉米）"晚玉米"变读为 $ŋi^{55}ba^{44}bɔu^{22}$。由于苗瑶语中三音节词的分布率远
低于双音节词，该类变调的出现频率不高。

根据连读变调的产生与语言系统中语音、词汇、语法哪一方面的环境
条件有关，苗瑶语中有 3 类变调：语音性变调、词汇性变调、语法性变调。
值得注意的是，上述 3 类变调的界限有时很难划清，苗瑶语中的语音变调在
很多情况下也同时具有标记词界、词性等功能，成为语音层面、语义层面都
发生变异的音义变调（李小凡 2004）③。下面我们分别讨论这 3 类变调。

1. 语音性变调

苗瑶语连读变调中出现了大量与语音环境相关的语音性变调。语音性
变调的条件主要与语音方面的因素相关。变调可起到调节发音的作用。变
调的限定条件与现代苗瑶语的语音环境、古音来历即古苗瑶语调类相关。
在多数情况下，连字调在单字调的共时调类基础上变化，有时这种变化还

---

① 陈其光：《苗瑶语文》，中央民族大学出版社 2013 年版，第 531–534 页。

② 李云兵：《论苗瑶语的连读变调》，《民族语文》2015 年第 3 期，第 23–40 页。

③ 李小凡：《汉语方言连读变调的层级和类型》，《方言》2004 年第 1 期，第 16 页。

要追溯到其历史调类。如川黔滇苗语上坝、高坡、宗地、石门坎前字为古平声字时，后字发生变调。这是一种具有历时背景的变调。那么，为什么这几个代表点只有古平声字会引起变调呢？我们统计了高坡苗语、宗地苗语888个常用词中双音节词第一音节的调类分布情况[①]，如表3.3.1所示：

表3.3.1　　　　　　高坡苗语、宗地苗语双音节词第一音节调类分布情况

	平	上	去	入
高坡苗语（%）	43.6	42.6	13.8	0
宗地苗语（%）	43.7	20.8	20	15.5

表中显示的情况比较明晰：由平上而去入，其占比呈递降之势，即上述代表点多用平声字为双音节词的第一成分。因此，我们推测，仅在平声字后变调，可最大限度减少变调模式，使少量变调模式的覆盖面最大化。

语音性变调又可分为中和型变调、简化型变调、变异型变调、同化型变调四种。据李小凡（2004）的研究，"中和型变调是为了减少连调式总数从而构建较为简化的连调系统而发生的调类中和，简化型变调是为使发音省力而简化连调式的调型，变异型变调则是为使字组内相邻音节调型有所区别而发生的异化"。[②]除此之外，苗瑶语中还存在同化型变调，即受相邻音节声调的同化，两个音节的声调变得一样。

苗瑶语声调数目较多，因而中和型变调较为常见。声调库存数目较多的上坝苗语、宗地苗语、石门坎苗语、虎形山巴哼语以及江底勉语、东山勉语都存在这类变调。它们变调之时往往发生简化和类合现象。我们先看上坝苗语的变调模式：

单字调：阴平53　阳平31　阴上55　阳上22　阴去44　阳去13　阴入33　阳入213

变调：（1）53+31→53+13　　　（2）53+55→53+44
　　　（3）53+22→53+13　　　（4）53+44→53+33
　　　（5）53+213→53+13　　　（6）31+31→31+13
　　　（7）31+55→31+44　　　（8）31+22→53+13
　　　（9）31+44→31+33　　　（10）31+213→53+13

在上坝苗语的后字变调中，无论是在阴平53还是在阳平31之后，变调模式保持一致。在规则（1）、（3）、（5）、（6）、（8）、（10）中，阳平31、

① 上坝苗语词表阙如，石门坎苗语阴平与阴上的调值均为55，阳上与阴去的调值均为33，阳去与阳入的调值均为31，因此，我们仅统计高坡苗语、宗地苗语的分布情况。

② 李小凡：《汉语方言连读变调的层级和类型》，《方言》2004年第1期，第19页。

阳上 22、阳入 213 统统变为阳去 13，与阳去发生中和，减少了四种变调模式；在规则（2）、（4）、（7）、（9）中，阴上 55 一律变为阴去 44，阴去 44 全部变为阴入 33，减少了两种变调模式。

虎形山巴哼语也存在这种类型的变调。例如：

单字调：阴平 35 阳平 33 阴上 13 阳上 22 阴去 55 阳去 31 阴入 53 阳入 31

变调：（1）35+35→33+35　　　　（2）35+13→33+13

　　　（3）35+55→33+55　　　　（4）13+35→22+35

　　　（5）13+13→22+13　　　　（6）55+33→33+33

　　　（7）55+13→33+13　　　　（8）55+55→33+55

在虎形山巴哼语的固有词中，阴平、阴上、阴去居于前字位置时都会发生变调，其中，阴上 13 一律变为阳上 22，与阳上中和，如规则（4）、（5），阴平 35、阴去 55 全部变为阳平 33，与阳平中和，如规则（1）、（2）、（3）、（6）、（7）、（8）。

再来看江底勉语的变调情况：

单字调：阴平 33 阳平 31 阴上 52 阳上 231 阴去 24 阳去 13 阴入 55 阳入 12

变调：（1）33+33→31+33　　　　（2）52+33→31+33

　　　（3）231+33→31+33　　　　（4）24+33→31+33

　　　（5）13+33→31+33　　　　（6）55+33→12+33

在江底勉语的前字变调中，舒声调阴平 33、阴上 52、阳上 231、阴去 24、阳去 13 统统变为阳平 31，与阳平发生中和，如规则（1）—（5）。促声调阴入 55 则变为阳入 12，与阳入中和，如规则（6）。舒声调、促声调中不同的中和方式使 6 种两字组合合并为两种变调模式。

关于简化型变调，我们以河坝苗语为例。据陈其光（2013），"河坝苗语阴上调（13）的字在阴平（44）、阳平（55）字的后边时变为阴入调（11），阳上调（21）的字位于阳上（21）、阴入（11）、阳平（55）、阳入（53）诸调字后边时变为阳去调（22）"[1]，例如：

mei^{55}（耳）nẽ^{21}（鼠）　　　　　→　　　　mei^{55}nñẽ^{22}　　　　木耳

pjɔ^{44}（毛）hɔ^{13}（头）　　　　　→　　　　pjɔ^{44}hɔ^{11}　　　　头发

河坝苗语阳上变为阳去可能与两者同为带浊送气的低调有关。而这两类变调共同的动因则可能与复杂度相关。复杂度指一个连读组内的几个声调连接在一起所形成的转折点的多少。转折点越多，发音越费力，反之则

---

① 陈其光：《苗瑶语文》，中央民族大学出版社 2013 年版，第 308－309 页。

更省力（石锋 2009）[①]。我们来看河坝苗语变调规则的复杂度情况。规则一为"阳平+阳上→阳平+阳去"，其原调"55+21"的复杂度是 2，变调后，"55+22"的复杂度降至 1。规则二为"阴平+阴上→阴平+阳入"，其原调"44+13"的复杂度是 2，变调后，"44+11"的复杂度降至 1。两者的后字调型都变为平调，无疑是一种简化省力的变调，属于简化型变调。

再来看异化型变调的情况。石板寨苗语、高寨苗语均是在去声之前发生变读，例如：

石板寨　zaŋ^{24}（匠）ło^{24}（铁）　　　→　　　　zaŋ^{31}ło^{24}　　　铁匠

高寨　　za^{35}（枝）ntoŋ^{35}（树）　　　→　　　　za^{31}ntoŋ$^{3\ 5}$　　　树枝

石板寨苗语、高寨苗语两个升调相连，会形成双曲，因此，其变调的动因有两个：一是减少连调式调型的曲折，二是为了使相邻音节的调型有所区别。因此这类变调既是变异型变调，又是简化型变调。

关于同化型变调，我们看石门坎苗语的例子：

ŋu^{55}（日）dɦa^{35}（来）　　　　　　→　　　　ŋu^{55}da^{55}　　　太阳升

tu^{55}（者）ŋgɦau^{33}（歌）　　　　　→　　　　tu^{55}ŋkau^{55}　　　唱歌人

可以看到，在上述变调规则"55（阴平）+35（阳平）→55（阴平）+55（阴平）"中，第二音节的声调被第一音节所同化。不仅如此，换成阴平调的原阳平调的声母也发生相应变化。dɦa^{35}"来"去掉了与阴类调不相配的浊送气，ŋgɦau^{33}"歌"的塞音声母不仅失去浊送气，还发生了清化现象。这种变调打破了苗语支调类转变之时阴调类变为阴调类、阳调类变为阳调类的常规。另外，改变调值后复杂度降低，因此它也是一种简化型变调。

2. 词汇性变调

词汇性变调指变调条件主要与词汇方面的因素相关。如石板寨苗语 qo^{05}no^{24}"鸟"中的前缀 qo^{05} 在去声字前变读为 qo^{02}。另外，石板寨苗语、高寨苗语、上坝苗语、高坡苗语、七百弄布努语、中排巴那语都存在读轻声的前缀。石板寨苗语有 pə^{05}、tə^{02}、ʔa^{02}、qo^{05}，高寨苗语有 pə^{05}、tə^{02}、ʔa^{02}、ə^{02}，上坝苗语有 qo^{03}，高坡苗语有 tə^{02}、qa^{02}，七百弄布努语为 tə^{02}、ʔa^{02}，中排巴那语为 la^{04}、ʔa^{04}。这些前缀丢失了其原有的声调特征，中和为一种无升降、调值短的调子，也可以把它们看作一种词汇性变调。

3. 语法性变调

语法性变调指变调条件与词法、句法方面的因素相关。苗瑶语中存在用声调的曲折变化表达词语不同语法意义的例子。如东山勉语量词变调可

[①] 石锋：《实验音系学探索》，北京大学出版社 2009 年版，第 142 页。

使语气加强，有"小"或"少"的语法意义（毛宗武 2004）[①]。例如：

məi³¹　　　i³³　　tau³¹⁻⁵³　min³¹　　ta³¹　　kjɛ³³　　只来了你一个人嘛。
你　　　　一　　个　　　　人　　来　　（语气词）

ka⁴²dən³¹ ka⁴²su³³ tsi⁵³　ma³¹　i³³　tɕi³³⁻⁵³　djaŋ²⁴ 山上只有一株树。
山　　　上　　　只　　有　　一　　株　　　树

　　苗瑶语部分代表点还将形容词、名词等通过重叠变调的方式，构成表示不同语法、语义范畴的形态。在东山勉语中，形容词变调重叠可以表达一定的语法范畴，如 ɔ⁵³"大"为形容词原型，原调重叠后为 ɔ⁵³ɔ⁵³，意为"大大的"，变调重叠后则为 ɔ⁵³⁻³⁵ɔ⁵³，意为"最大的"。在变调重叠中，第一音节发生变调（毛宗武 2004：242–243）。

　　根据连读变调发生的位置和引起连读变调的因素的方向，我们将这些变调分为 3 种基本类型：后字变调式、前字变调式、前后字变调式。下面我们将重点讨论这三种变调类型。

　　1. 后字变调式

　　根据陈其光（2013）的定义，后字变调指两字连读之时，前字的声调不变，后字的调值随前字的调类而发生变化[②]。这种变调是由前字所引起的，在后字发生变调现象。后字变调主要分布在石板寨苗语、高寨苗语、腊乙坪苗语、上坝苗语、高坡苗语、宗地苗语、石门坎苗语、河坝苗语、虎形山巴哼语以及梁子勉语中。

　　在大多数代表点中，对后字变调起影响作用的调类限于阴平、阳平。这类变调分布在上坝苗语、高坡苗语、宗地苗语、石门坎苗语、腊乙坪苗语、梁子勉语 6 个代表点中。例如：

上坝	no⁵³（日） na⁵⁵（这）	→	no⁵³na⁴⁴	今天
	sa⁵³（初） kou²¹³（十）	→	sa⁵³kɦou¹³	初十
高坡	mɛ⁵⁵（雌） ŋɔ̃⁵⁵（牛）	→	mɛ⁵⁵ŋɦɔ̃²²	母牛
宗地	toŋ³²（崽） men¹¹（马）	→	toŋ³²mɦen¹³	马驹
石门坎	qai⁵⁵（鸡） da³¹（死）	→	qai⁵⁵dɦa¹³	死鸡
腊乙坪	pə³¹（打） nɯ³¹（稻）	→	pə³¹nɯ¹³	打稻
梁子	tθei³⁵（棕） laŋ³¹（绳）	→	tθei³⁵laŋ⁵³	棕绳

上坝苗语、高坡苗语、宗地苗语、石门坎苗语的变调模式未产生新的调值，腊乙坪苗语、梁子勉语的变调模式与上述其他代表点的不同之处在于其后字变调各产生了新的调值 13、53。

① 毛宗武：《瑶族勉语方言研究》，民族出版社 2004 年版，第 221–222 页。
② 陈其光：《苗瑶语文》，中央民族大学出版社 2013 年版，第 531 页。

　　与大多数代表点平声字之后变调不同，河坝苗语、虎形山巴哼语的变调规则比较特别。河坝苗语的阳上在阳上、阴入、阳平、阳入后变为阳去，阴上在阴平、阳平后变为阴入。虎形山巴哼语在阴平、阳平、阴上、阴去、阴入之后都会发生变调。虎形山巴哼语发生变调的不仅有少量固有词，还有大量汉语借词。例如：

河坝	mei^{55}（耳）nẽ^{21}（鼠）	→	mei^{55}nfẽ^{22}	木耳
	mjaŋ^{55}（龈）me^{13}（牙）	→	mjaŋ^{55}me^{11}	牙龈
	pjɔ^{44}（毛）hɔ^{13}（头）	→	pjɔ^{44}hɔ^{11}	头发
虎形山	ɴqai^{33}（肉）mpe^{55}（猪）	→	ɴqai^{33}mpe^{33}	猪肉
	phjei^{53}（女儿）mpe^{55}（猪）	→	phjei^{53}mpe^{33}	小母猪
	he^{35}（黑）pai^{13}（板）	→	he^{35}pai^{22}	黑板
	mo^{33}（芒）tɕuŋ^{55}（种）	→	mo^{33}tɕuŋ^{33}	芒种
	thai^{13}（毯）tsi^{13}（子）	→	thai^{13}tsi^{22}	毯子
	tjei^{53}（电）hwa^{55}（话）	→	tjei^{53}hwa^{33}	电话

　　石板寨苗语、高寨苗语的变调规则更为与众不同，读作轻声的前缀也可引起充当词根的后字发生连读变调。例如：

| 石板寨 | ʔa^{02}（前缀）mbju^{24}（鼻子） | → | ʔa^{02}mbju^{55} | 鼻子 |
| 高寨 | ʔa^{02}（前缀）ɬa^{35}（月） | → | ʔa^{02}ɬa^{13} | 月亮 |

　2. 前字变调式

　　前字变调指的是，当两字连读之时，后字无论是什么调类都不变，前字都变调，即后字声调调类限制前字的声调调类并使其产生变调。这种变调是由后字所引起的，在前字发生变调现象。这种类型的变调分布在石板寨苗语、高寨苗语、腊乙坪苗语、河坝苗语、文界巴哼语、虎形山巴哼语、七百弄布努语、江底勉语、东山勉语、大坪勉语中。

　　首先看苗语支的情况。虽然都是前字变调，但变读规则各不相同。在石板寨苗语、高寨苗语中，均是在去声之前发生变读。例如：

石板寨	zaŋ^{24}（匠）ɬo^{24}（铁）	→	zaŋ^{31}ɬo^{24}	铁匠
	qa^{05}（前缀）no^{24}（鸟）	→	qo^{02}no^{24}	鸟
高寨	ʑa^{35}（枝）ntoŋ^{35}（树）	→	ʑa^{31}ntoŋ^{35}	树枝

在腊乙坪苗语中，阴平字在阴平字之前时变读为阳平。例如：

| | prɑ^{35}（五）le^{35}（个） | → | prɑ^{31}le^{35} | 五个 |

在河坝苗语中，阴上字在其他声调字之前时变读为阴入。例如：

	pa^{13}（雄）qæ^{44}（鸡）	→	pa^{11}qæ^{44}	公鸡
	pei^{13}（果）ɬue^{55}（桃）	→	pei^{11}ɬue^{55}	桃
	pei^{13}（果）mja^{53}（辣）	→	pei^{11}mja^{53}	辣椒

qa^{13}（屎）mja^{22}（鼻）　　　→　　　qa^{11}mjɦa^{22}　　鼻涕

在文界巴哼语中，变调现象限于数词与量词的组合，当阴平数词出现在阴平、阳平量词之前时，变读为阴入。例如：

pɤ^{35}（三）tfiɤ^{33}（条）cho^{35}（桌子）　　→　　pɤ^{53}tfiɤ^{33}tho^{35}　三张桌子

pja^{35}（五）kõ^{35}（斤）tɕɤ^{31}（酒）　　→　　pja^{53}kõ^{35}tɕɤ^{31}　五斤酒

虎形山巴哼语的固有词中存在复杂的前字变调。阴平、阳平、阴上、阴去字之前的字都会发生变调，阴平、阴去变为阳平，阴上变为阳上。例如：

mphai^{55}（墙壁）pjo^{13}（木板）　　→　　mphai^{33}pjo^{13}　　板壁

thei^{55}（梯）po^{33}（竹）　　　　　→　　thei^{33}po^{33}　　竹梯

pjo^{13}（房子）ntshau^{35}（草）　　→　　pjo^{22}ntshau^{35}　草房

mpo^{35}（雷）ntjei^{35}（劈）　　　→　　mpo^{33}ntjei^{35}　　雷击

七百弄布努语双音节词前字为33（阴平）、13（阳平）时，轻读，调值变为31（阴入）。量词重叠时，前字同样轻读，调值也变为31。例如：

toŋ^{33}ŋoŋ^{13}　　　　　　　→　　toŋ^{31}ŋoŋ^{13}　　水牛崽

mplau^{13}ntau^{42}　　　　　→　　mplau^{31}ntau^{42}　树叶

toŋ^{231}toŋ^{231}　　　　　　→　　toŋ^{31}tɦoŋ^{231}　只只

再来看瑶语支的情况。陈其光（2013）认为瑶语支的连读变调是轻声性质的变调[1]。瑶语支各方言变调格局各不相同。在勉方言江底勉语中，无论是构词变调还是形容词重叠构形变调，都按照舒声类、促声类变化。江底勉语除阳平、阳入不发生变调之外，阴平、阴上、阳上、阴去、阳去一律变为阳平，阴入变为阳入[2]。

在标敏方言东山勉语中，变调规则复杂，其塞音韵尾消失殆尽，变调调值突破了舒促界限。东山勉语阴平（33）、阴上（35）、阴去（24）变为53，调值与阴入（53）相同，阳平（31）变为42，调值与阳上（42）、阳去（42）、阳入（42）相同[3]，阳上、阳去、阳入变为53，调值也与阴入相同。其部分塞音声母阳上字在变调过程中发生了发声态中次声态变化，由不送气清声变为送气清声[4]。例如：

---

① 陈其光：《苗瑶语文》，中央民族大学出版社2013年版，第25页。

② 在语言样本之外的勉方言罗香、长坪勉语中，其舒声类中只有阴类调变调，阴平、阴上、阴去变为阳去或阳平，阴入也变为阳入。

③ 东山勉语阳上、阳去、阳入调值相同。

④ 在语言样本之外的标敏方言牛尾寨勉语中，其阴平、阳上变为阳平，阳平变为阴上，阴入变为阴平。其部分塞音声母阳上字在变调过程中也发生了发声态中次声态变化，与东山勉语相反，由送气清声变为不送气清声，个别词的韵母也发生了变化，由二合元音[əu]变为单元音[u]。例如：

thjɯ^{433}（猪）koŋ^{33}（种）　→ tjɯ^{53}koŋ^{33} 种猪　　thu^{433}（火）than^{44}（炭）→ tu^{53}than^{44}　　火炭

phəu^{433}（手）to^{55}（指）　→ phu^{53}to^{55} 手指

tɕi³³（鸡）klau²⁴（蛋）　　　　→　　　tɕi⁵³klau²⁴　　　　鸡蛋

ma⁴²（马）tsɔŋ³³（鬃）　　　　→　　　ma⁵³tsɔŋ³³　　　　马鬃

twə⁴²（猪）kau³⁵（母）　　　　→　　　thwə⁵³kau³⁵　　　母猪

təu⁴²（火）blin⁴²（苗）　　　　→　　　thəu⁵³blin⁴²　　　火苗

藻敏方言的变调格局与勉方言、标敏方言大相径庭。藻敏方言大坪勉语阴上变为阴入或新调值，阴去变为阴入，阳平、阳上变为新的调值[①]。例如：

pjaŋ⁵³（花）sjɛ⁴⁴（红）　　　　→　　　pjaŋ⁵⁵sjɛ⁴⁴　　　红花

kai²⁴（屎）sjɛ⁴⁴（红）　　　　→　　　kai⁴⁴sjɛ⁴⁴　　　痢疾

tiŋ⁴⁴（猪）kuŋ⁴⁴（公）　　　　→　　　tiŋ⁴⁵kuŋ⁴⁴　　　种猪

diŋ⁴²（上面）diu²⁴（坡）　　　→　　　diŋ⁴⁴diu²⁴　　　坡上面

3. 前后字变调式

前后字变调式指的是前后两个字的调值在连读时都发生变化。这种双向变调产生的原因不明，可能与变调之前前后两字调值相同有关。在现有的语言样本中，连读时前后字的调值均发生变化的现象比较罕见，其分布的范围十分狭窄。该变调模式仅见于高寨苗语、大坪勉语、梁子勉语。例如：

高寨　　zaŋ³⁵（匠）ntoŋ³⁵（木）　　→　　zaŋ³¹ntoŋ¹³　　木匠

大坪　　kjaŋ⁵³（男）min⁵³（人）　　→　　kjaŋ⁴⁴min⁵⁵　　男人

梁子　　dau⁵⁴⁵（长）dau⁵⁴⁵（长）　→　　dau⁴⁴dau⁵³　　长长（的）

　　上述三种变调方式也可以共存于一种语言或方言。如高寨苗语同时拥有前字变调式、后字变调式、前后字变调式。石板寨苗语、腊乙坪苗语、河坝苗语、虎形山巴哼语前字变调式、后字变调式并存，梁子勉语同时使用后字变调式、前后字变调式，大坪勉语则并用前字变调式、前后字变调式。

　　从音节的前后看，前字变调式、后字变调式在分布上较为广泛，前后字变调式则比较罕见，仅在苗语支、瑶语支的少数代表点中出现。后字变调式为苗语支主要变调类型，其前字以平声字为多。前字变调式为瑶语支主要变调类型。

---

① 语言样本之外的油岭勉语也属于勉语藻敏方言，它的前字除阳去、阳入外，其他调都变调，且衍生出新调值。例如：

　　ma⁴⁴（马）kuŋ⁴⁴（公）　　　　→　　　ma⁵³kuŋ⁴⁴　　　　公马

　　lau²⁴（竹）ma⁴⁴（马）　　　　→　　　lau⁴⁴ma⁴⁴　　　　竹马

金门方言滩散、览金勉语在语言样本之外，它们存在少量重叠构形前字变调，滩散勉语前面的音节一律变为阴平，览金勉语阳平、阴上、阴去乙变为阴平。例如：

　　滩散　　lu³¹（大）lu³¹（大）　　　　→　　　lu³⁵lu³¹　　　　大大（的）

　　　　　klun³³（圆）klun³³（圆）　　　→　　　klun³⁵klun³³　　圆圆（的）

　　览金　　saŋ²²（新）saŋ²²（新）　　　→　　　saŋ⁴⁴saŋ²²　　　很新

　　　　　nɔi³¹（天）nɔi³¹（天）　　　　→　　　nɔi⁴⁴nɔi³¹　　　每天

从变调的方式来看，苗瑶语变调往往受到以下条件的制约：音节的前后、调类的归属。音节的前后不再赘述。苗瑶语变调模式、变调规则的繁简与调类之间的关系密切。在瑶语支代表点中，舒声调、促声调往往导致不同的变调模式。在苗语支代表点中，虽然变调现象的发生并非由调类的分化与合并引起，但变调规则的繁简与调类是否分化及其分化与合并的程度有一定的关联。如宗地苗语古四声各一分为三，其变调规则多达 20 条，石板寨苗语保留古平上去入四声，变调规则只有简单的 3 条。

从变调模式激发的原因来看，苗瑶语变调大多数是构词层面的，少数属于构形层面、语音层面。构词层面的变调属于"词内型"，即主要出现在复合词中，这种构词连读现象以瑶语支代表点更为明显。此外，苗瑶语中的一些词组也出现了变调现象。

从连读变调中声调的活动能力来看，在后字变调式中，引起变调的往往是平声，上声、去声、入声引起变调的频率较低；在前字变调式中，引起变调的以舒声调居多，促声调引起变调的频率相对较低。

二　连读变调的语音特点

在连读语流中，变调现象发生之时，变调音节也发生相应的变化。李云兵（2015）较为全面地概述了苗瑶语连读变调的语音特点：调值衍生、调类转换、声母清浊交替和元音交互[①]。考虑到发声态在苗瑶语连读变调之时的活跃表现，我们将声母清浊交替改为声母发声态交替。

调值衍生现象在两个语支中都有所分布。苗瑶语变调调值多数在声调系统中原有的调值之间变化，一般不产生新的调值。但是在高寨苗语、宗地苗语、腊乙坪苗语、梁子勉语、大坪勉语等少数代表点中，变调之时衍生出少数原声调系统中所不具有的新的调值。这类新调值一般不具备调类价值[②]。例如：

高寨	ʔa^{02}（前缀）ɬa^{35}（月）	→	ʔa^{02}ɬa^{31}	月亮
宗地	məŋ^{22}（人）ŋkɦə^{13}（勤）	→	mɦɛŋ^{22}ŋka^{33}	勤快人

---

① 李云兵：《论苗瑶语的连读变调》，《民族语文》2015 年第 3 期，第 24 页。

② 在语言样本之外的下水村畲语中，也存在调值衍生现象。下水村畲语调值衍生现象较为明显，其连读语流中的变调值均为新生调值。其阴去（33）、阴入、阳入调（35）处在前字位置时，变为较低的新调值 11 或 21。例如：

pi^{33}（猪）taŋ^{22}（后缀）	→	pi^{11}taŋ^{22}	猪崽
pi^{33}（猪）kwe^{31}（肉）	→	pi^{11}kwe^{31}	猪肉
mak^{35}（麦）taŋ^{22}（后缀）	→	mak^{21}taŋ^{22}	麦子
tshat^{35}（刷）taŋ^{22}（后缀）	→	tshat^{21}taŋ^{22}	刷子

腊乙坪	pə³¹（打）nɯ³¹（稻）	→	pə³¹nɯ¹³	打稻
梁子	tθei³⁵（棕）laŋ³¹（绳）	→	tθei³⁵laŋ⁵³	棕绳
大坪	bɛi²²（竹笋）fɔu⁴⁴（壳）	→	bɛi⁵⁵fɔu⁴⁴	笋壳
大坪	tau²⁴（脚）man⁴⁴（痛）	→	tau³¹man⁴⁴	脚痛

调类转换现象涉及两个语支的代表点。苗语支代表点基本遵循阴调类变为阴调类、阳调类变为阳调类的规则。由于其入声韵尾大量失落，变调之时，不存在舒声调与促声调之间的界限。调类转变之时，大多数情况下都是阴调类变为阴调类、阳调类变为阳调类，仅在石门坎苗语中出现极个别阴类调与阳类调相互变读的情况。即使是在声调的分化和合并较为复杂的代表点中，阴阳调类也一般不会发生混淆。例如：

宗地	ka³²（药）saŋ⁵⁵（阴去甲）（铳）	→ka³² saŋ⁴⁴（阴入甲）		火药
石门坎	ŋɢɦai³⁵（肉）mpa³³（阴去）（猪）	→ŋɢɦai³⁵mpa¹¹（阴入）		猪肉
	dzɦaɯ³⁵（床）mbə³³（阳上）（鱼）	→dzɦaɯ³⁵mpə⁵³（阳入）		鱼网

宗地苗语的阴调分为甲乙两类，变调之时，阴调甲乙之间井然有序，未出现甲乙调混淆的情形。石门坎苗语的阳上、阴去调值都是33，它们的变调形式与声调的阴阳密切相关。同在阳平调之后，阴去调的"猪"变为阴入调，阳上调的"鱼"变为阳入调。由此可见，两种不同的变调形式反映了调类之间的搭配关系。即使阴去、阳上调值相同，两者仍保留不同的变调模式。这种共时变调模式无疑反映了历时变化的踪迹。

瑶语支代表点调类转换的特点与苗语支代表点有别。在较为完好地保留塞音韵尾的瑶语支代表点中，变调之时阴调类、阳调类经常交替，但一般不突破舒声调与促声调之间的界限，除非该代表点已经不存在塞音韵尾，如东山勉语。

声母发声态交替现象主要见于川黔滇苗语、勉语标敏方言。在川黔滇苗语所辖的上坝苗语、高坡苗语、石门坎苗语、宗地苗语中，声母发声态交替现象较为普遍。其较为常见的弛声在变调中非常活跃，它的隐现能提高或降低基频，使调值发生变化。除此之外，还有少量不涉及弛声的发声态交替现象，即声母的清浊交替。例如：

上坝	ŋkua³¹（圈）ŋo̰³¹（牛）	→	ŋkua³¹ŋɦo¹³	牛圈
高坡	mɛ⁵⁵（雌）ŋə̃⁵⁵（牛）	→	mɛ⁵⁵ŋɦə̃²²	雌牛
宗地	so²²（雷）ha⁵³（叫）	→	sɦo²² hɦə¹³	打雷
	po⁵²（婆）mpzɦə¹³（独）	→	po⁵²mpza̰³³	寡妇
石门坎	tu⁵⁵（者）ŋɦau³⁵（歌）	→	tu⁵⁵ŋkau⁵⁵	唱歌人
	dzɦaɯ³⁵（床）mbə³³（鱼）	→	dzɦaɯ³⁵mpə⁵³	鱼网
	ŋɢɦai³⁵（肉）ŋɦu³⁵（牛）	→	ŋɢɦai³⁵ŋu⁵⁵	牛肉

瑶语支声母发声态交替现象体现在发声态中次声态的变化。在标敏方言东山勉语中，送气清声与不送气清声之间发生互换①。例如：

twə⁴²（猪）kau³⁵（母）	→	thwə⁵³kau³⁵	母猪
təu⁴²（火）blin⁴²（苗）	→	thəu⁵³blin⁴²	火苗

总体而言，声母发声态交替现象包括以下 4 种情况：

（1）弛声与浊声之间的交替。变调音节的浊声母失去浊送气，由弛声变为浊声，如石门坎苗语例词"牛肉"；变调音节的浊声母增加浊送气，由浊声变为弛声，如上坝苗语例词"牛圈"；

（2）弛声与清声之间的交替。变调音节的浊弛声声母失去浊送气且清化，由弛声变为清声，如石门坎苗语"唱歌人"一词；变调音节的清弛声声母失去浊送气，变为清声，如宗地苗语"寡妇"一词。变调音节的清声母增加浊送气，变为弛声，如宗地苗语的"打雷"一词；

（3）不送气清声母与送气清声母之间的交替。变调音节的不送气清声母增加送气成分，变为送气清声母，如东山勉语的"火苗"一词；变调音节的送气清声母失去送气成分，变为不送气清声母，如牛尾寨勉语的"火炭"一词。

（4）浊声变为清声。变调音节的全浊声母清化，由浊声变为清声，如石门坎苗语例词"鱼网"。尚未发现清声变为浊声的情况。

元音交互现象只在川黔滇苗语、勉语标敏方言中出现②。川黔滇苗语中出现大量元音舌位高低的变化。在宗地苗语中，后字的调值及部分声母的发声态发生变化的同时，一些后字韵母中的元音也会发生舌位高低的变化。如 a↔ə、u↔o、ɯ→ə、aŋ→əŋ、en→æn。一般情况下，失去浊送气时，元音舌位变低，而增加浊送气时，元音舌位会相应变高。例如：

məŋ²²（人）mpjaŋ⁵³（疯）	→	mɦiəŋ²²mpjɦəŋ¹³	疯子
məŋ²²（人）ŋkɦə¹³（勤）	→	mɦiəŋ²²ŋka³³	勤快人
ʈoŋ⁵³（筒）ʈɦɯ¹³（箸）	→	ʈoŋ⁵³ʈə³³	筷筒

三　连读变调的产生机制

关于苗瑶语连读变调产生的原因，应该说，连读变调在很大程度上是苗瑶语中多音词的大量产生所引发的现象。多音词将多个语素意义重新组

---

① 语言样本之外的牛尾寨勉语也属于标敏方言，其发声态中次声态的变化如下：

thjɯ⁴³³（猪）kɔŋ³³（种）	→	tjɯ⁵³kɔŋ³³	种猪
thu⁴³³（火）than⁴⁴（炭）	→	tu⁵³than⁴⁴	火炭

② 语言样本之外的牛尾寨勉语也属于标敏方言，它出现了二合元音与单元音之间的转换。例如：

phəu⁴³³（手）tɔ⁵⁵（指）	→	phu⁵³tɔ⁵⁵	手指

合，形成一个新的完整的意义单位，这就要求这几个音节在语音上也能融合为一个整体。连读变调正是一种将几个音节合成一个新的语音单位的组织方式。以瑶语支双龙勉语为例，连读变调可以区别复合词和词组。例如 tɕi³³klau²⁴ 为"名词+名词"并列词组"鸡和蛋"，如果将前音节改为 53 调，则 tɕi⁵³klau²⁴ 变成"名词+名词"复合词"鸡蛋"。又如 bla⁴²tai⁴² 为"名词+动词"主谓词组"鱼死"，如果将前音节改为 53 调，则 bla⁵³tai⁴² 变成"名词+动词"复合词"死鱼"（陈其光 2013）[①]。而在瑶语支东山勉语中，变调范围更为广泛，单音节词构成复合词或组成词组基本上都产生变调现象。由上可见，苗瑶语倾向于使用连读变调将词根语素按照适当的组合规则构成具有意义的复合词或词组。

　　变调范围更为宽泛的有布努语梅珠话、瑶语藻敏话，其变调既不按构词法，又不按句法结构规则，只要处在变调的位置上，都发生变调，形成连读变调链（李云兵 2013）[②]。这种超越了构词法限制的变调方式产生的原因尚待进一步探讨。

　　李云兵（2013：38）探讨了苗瑶语连读变调的音系理据，认为"苗语支语言的声调应该是左音节比右音节调值高或不低于右音节或变调的右音节的调值相对变低，瑶语支语言的声调应该是右音节比左音节调值高或不低于左音节或变调的左音节的调值相对变低"。但李云兵也指出，事实是否如此尚需声学分析实证和进一步研究。我们以变调规则为单位，统计了苗语支、瑶语支代表点后字变调式、前字变调式中调值变化的情况。表 3.3.2 为后字变调式的情况，"↑"表示变调平均值高于原调值平均值，"↓"表示变调平均值低于原调值平均值，"="表示变调平均值等于原调值平均值。

表 3.3.2　　　　　　　　　　苗瑶语后字变调式调值变化情况

石板寨苗语	高寨苗语	上坝苗语	高坡苗语	宗地苗语
1↑	1↓	7↓ 3=	2↓	12↑ 8↓
石门坎苗语	腊乙坪苗语	河坝苗语	虎形山巴哼语	梁子勉语
6↑ 6↓ 2=	1=	4↑ 2↓	11↓ 3=	1↑

　　在 70 条后字变调规则中，37 条调值平均值降低，9 条相等，24 条变高。再来看苗瑶语前字变调式中平均调值的变化情况见表 3.3.3：

[①] 陈其光：《苗瑶语文》，中央民族大学出版社 2013 年版，第 206 页。
[②] 李云兵：《论苗瑶语的连读变调》，《民族语文》2015 年第 3 期，第 36 页。

表 3.3.3　　　　　　　　　　苗瑶语前字变调式调值变化情况

石板寨苗语	高寨苗语	腊乙坪苗语	河坝苗语	文界巴哼语
1↓	1↓	1↓	6↓	16↓ 4=
虎形山巴哼语	七百弄布努语	江底勉语	东山勉语	大坪勉语
7↓ 2=	1↓ 1=	4↓ 2=	6↑ 1=	5↑ 1↓ 1=

在 60 条前字变调规则中，38 条调值平均值降低，11 条相等，11 条变高。

综上，在 130 条变调规则中，调值平均值降低的为 75 条，其占比为 57.7%，相等的为 20 条，其占比为 15.4%，变高的为 35 条，其占比为 26.9%。因此，变调并非总是起到使调值变低的作用。

我们推测，重音对声调的影响是苗瑶语决定前字变调、后字变调的重要原因。重音往往决定双音节词的变调位置，重读音节一般很难发生变调。在后字变调居多的苗语支语言中，重读音节一般落在第一音节上，而在以前字变调为主的瑶语支语言中，重读音节一般落在第二音节上，因而非重读的第一音节往往发生陈其光称之为"轻声性质"的变调。

我们还发现，无词缀或词缀较少的语言倾向于有较为复杂的变调，如上坝苗语、宗地苗语、石门坎苗语等苗语支语言及大多数瑶语支语言。词缀多的语言则倾向于不变调或仅有寥寥几条变调规则，如石板寨苗语、高寨苗语、高坡苗语、吉卫苗语、小章苗语、尧告苗语、滚董巴哼语、七百弄布努语、中排巴那语、黄落优诺语。究其原因，可能在于词缀起到了标记词界的作用，因而无须再启用或少量启用变调标明词界的功能。需要指出的是，我们也发现一些例外情况，如虎形山巴哼语词缀较多，其变调规则也相当复杂。

第四节　声调特征的跨语言对比

麦迪森（1978）提出了 14 条声调共性[①]。本节将以此为依据，观察、检验苗瑶语等汉藏语声调特征是否与之相符，我们撷取的实例以苗瑶语为主。

麦迪森（1978）的共性 1—6 探讨的是平调系统的特征。首先看共性 1："一种语言的声调可能有多至五个调级的对立，但不可能再多了（廖荣蓉、

---

① Maddieson, Ian. Universals of Tone in Greenberg, Joseph H. (ed.). *Universals of Human Language.* Stanford: Stanford University Press, 1978.

石锋 2012)。"①从声调的表现形式来看，苗瑶语属于曲拱型声调，但其语言样本声调系统中皆包含平调。由于苗瑶语是有发声态的复杂声调系统，一些代表点有中域、低域两个调域，因此，在曲拱型声调格局中，其平调最多出现了5种。如河坝苗语拥有弛声，共有8个声调，除2个降调（53、21）、1个升调（13）之外，还出现了5种平调：11、22、33、44、55。另外，上坝苗语、宗地苗语、滚董巴哼语、龙华炯奈语都拥有升调、降调，上坝苗语、宗地苗语还拥有凹调或凸调，除此之外，这4个代表点中还出现了4种平调。据分域四度制的理论预测（朱晓农 2010)②，在苗瑶语中，若只有一个声域，平调的最大数目为4个。若平调数目多于4个，则一定有两个声域。若有两个声域的话，平调的最大数目为5个。若出现5个平调的话，则一定有中低两个声域。在其他汉藏语中，目前仅发现高坝侗语中存在5平调，其55调在假声域中，其他4个在普通声域中（朱晓农 2012)③。因此，在苗瑶语、侗台语中，如果出现5个平调的话，那么除了中域以外，一定会出现高域或者低域，即一定会有两个声域。

再来看共性2："具有较多调级的声调系统所占据的音高范围较大（廖荣蓉、石锋 2012)。"④苗瑶语等汉藏语完全符合该共性。在平调数量为两个的尧告苗语中，其调值分别为44、22，仅使用了高（4）、低（2）两个调级用于对比。平调数量为3个的菜地湾苗语，其调值分别为44、33、22，音高范围已经扩大到高（4）、中（3）、低（2）三个调级。平调数量为4个的上坝苗语，其调值分别为55、44、33、22，音高范围已经扩大到四个调级。在拥有5种平调的河坝苗语中，音高范围已经扩大到所有调级，5个调级均用于对比。再来看藏缅语的例子。在平调数量为两个的尔苏语中，其调值分别为55、33，使用的调级只有超高（5）、中（3）。平调数量为3个的彝语，其调值分别为55、44、33，音高范围扩大到3个调级。最后看侗台语的例子。平调数量为两个的蔡家话，其调值为55、33，音高范围涵括超高、中两个调级。平调数量为三个的仫佬语，其调值为55、44、33，音高范围扩展到超高、高、中三个调级。随着平调数量的增多，使用的音高级数也会随之增加，调级的对比变得更加复杂。总之，在声调数量较多的

①　[美] 伊恩·麦迪森：《声调的共性》，廖荣蓉译、石锋校，载石锋《语音平面实验录》，北京语言大学出版社 2012 年版，第 352 页。

②　朱晓农：《语音学》，商务印书馆 2010 年版，第 300 页。

③　朱晓农：《高坝侗语五平调和分域四度制》，载《音法演化——发声活动》，商务印书馆 2012 年版，第 348 页。

④　[美] 伊恩·麦迪森：《声调的共性》，廖荣蓉译、石锋校，载石锋《语音平面实验录》，北京语言大学出版社 2012 年版，第 352 页。

情况下，往往难以在较窄的音高范围之内变化，因为较为狭窄的音高范围很难帮助人们区分音高的细微差别。

共性 3、4 涉及声调系统中平调出现的限制条件。汉藏语的情况与这两个共性相符。先看共性 3："语音上的中调是无标记的，两极的声调标记程度高（廖荣蓉、石锋 2012：354）。"从发音生理上看，音高过高或者过低都不太适合声带发声，因此中调一般是无标记的。苗瑶语中共出现 13 个拥有 2 个平调的代表点，即石板寨苗语、小章苗语、江底勉语（55、33），吉卫苗语、腊乙坪苗语、尧告苗语、六巷炯奈语、大坪勉语（44、22），七百弄布努语、小寨优诺语、嶂背畲语（33、22），高坡苗语（55、22），下坳苗语（44、33）。其中有 7 个代表点出现了中平调，未发现超高调与超低调的组合，即未出现声调位于音高范围两端的情况。拥有 3 个平调的代表点共有 10 个，即石门坎苗语（55、33、11），凯棠苗语（44、33、11），菜地湾苗语、西山布努语、梁子勉语（44、33、22），文界巴哼语、瑶麓布努语、黄落优诺语（55、44、33），虎形山巴哼语（55、33、22），中排巴那语（55、44、22）。上述代表点中出现了中平调的有 9 个，其中有 6 个代表点均为无标记中调加有标记高调、低调，3 个代表点为中调加两个高调。在 4 个 4 平调、1 个 5 平调的代表点中，即上坝苗语、滚董巴哼语（55、44、33、22），宗地苗语（55、44、22、11），龙华炯奈语（55、44、33、11）以及河坝苗语（55、44、33、22、11），4 个代表点都有中平调，仅有宗地苗语例外。由此可见，在苗瑶语平调系统中，中平调占优势地位。在拥有 3—5 个平调的系统中，如果该语言有低平调的话，那么它一定也有中平调；如果该语言有中平调的话，那么它不一定有低平调。如果该语言有高平调的话，那么它一定也有中平调；如果该语言有中平调的话，那么它不一定有高平调。上述蕴含规则仅有宗地苗语例外。

藏缅语、侗台语代表点的平调数目少于苗瑶语。藏缅语平调系统全部拥有中平调，如彝语、傈僳语、基诺语、堂郎语、白语（55、44、33），毕苏语（55、33、22），拉祜语（33、11），哈尼语、纳西语、末昂语、桑孔语、卡卓语、柔若语、景颇语、勒期语、羌语、木雅语、尔苏语、史兴语、扎坝语、贵琼语、却域语（55、33）。侗台语中略有例外，但仍以中平调居多。

再来看共性 4："高调有标记的系统比低调有标记的系统更为常见（廖荣蓉、石锋 2012）。"[①]先观察苗瑶语的情况。在出现了中平调的拥有 2 个平调的 7 个代表点中，即石板寨苗语、小章苗语、七百弄布努语、小寨优

---

① [美] 伊恩·麦迪森：《声调的共性》，廖荣蓉译、石锋校，载石锋《语音平面实验录》，北京语言大学出版社 2012 年版，第 355 页。

诺语、下坳苗语、嶂背畲语、江底勉语，高平调的出现频率略高于低平调。在出现了中平调的 10 个拥有 3 个平调的代表点中，即石门坎苗语、凯棠苗语、菜地湾苗语、西山布努语、文界巴哼语、瑶麓布努语、黄落优诺语、虎形山巴哼语、中排巴那语、梁子勉语，都出现了有标记的高平调。在 3 种出现了中平调的拥有 4 个平调的代表点中，即上坝苗语、滚董巴哼语、龙华炯奈语，都是两个高平调、一个中平调和低平调的组合。因此，苗瑶语中具有有标记的高平调的系统出现频率较高，高平调比低平调更为常见。

我们再来看藏缅语的情况。在出现了中平调的 16 个拥有 2 个平调的系统中，即拉祜语、哈尼语、纳西语、末昂语、桑孔语、卡卓语、柔若语、景颇语、勒期语、羌语、木雅语、尔苏语、史兴语、扎坝语、贵琼语、却域语，除拉祜语之外，第二个平调都是高平调。在出现了中平调的 6 个拥有 3 个平调的系统中，即彝语、傈僳语、基诺语、堂郎语、毕苏语、白语，高平调占绝对优势。侗台语中高平调也比低平调更为常见。

共性 5、6 讨论的是平调序列中双音节、三音节词的声调构成及其转换模式。先看共性 5："允许在一个词或语素中出现不同声调序列的语言也会允许其中出现相同声调的序列（廖荣蓉、石锋 2012：356）。"苗瑶语等汉藏语平调的分布趋势与此共性相符。以双音节词为例，如石板寨苗语既允许不同平调的序列，如 ka^{33}ŋi^{55}"奶汁"，也有如 ntshaŋ^{55}mi^{55}"粟"之类的相同平调的组合。藏缅语中白语的例词为 mɯ^{55}kua^{44}"本钱"、ji^{44}ɕɛ^{44}"日子"，侗台语中毛南语的例词为 ma:k^{44}mɔk^{55}"随便劈"、ta^{44}ŋam^{44}"夜里"。再来看共性 6："如果一种语言在一个词中允许调级向相反的方向连续转变，那么也就只允许有一次这样的转变（廖荣蓉、石锋 2012）。"[1]由于苗瑶语等汉藏语绝大多数属于曲拱型声调，仅有藏缅语中的尔苏语为平阶型声调，其连读变调的方式往往受到调类的归属、声调的舒促等条件的制约，并非仅仅是音高的变化，因此难以用这条共性规则加以验证。

麦迪森（1978）在共性 7、8 之中，归纳了拱度声调的普遍特征。苗瑶语的情况无疑符合共性 7："一种语言如果有拱度声调，那么它也会就有平调（廖荣蓉、石锋 2012：358）。"相对于平调来说，拱度声调需要在调级之间游动，因此更为复杂。在苗瑶语中，凡是出现了比较复杂的拱度声调模式，都会出现较为简单的平调模式。除石板寨苗语、东山勉语只出现一个平调外，其他代表点的平调数目都在两个以上。河坝苗语、滚董巴哼语的平调数目大于拱度声调数目。如河坝苗语有 5 个平调、2 个降调和 1 个升

---

① [美] 伊恩·麦迪森：《声调的共性》，廖荣蓉译、石锋校，载石锋《语音平面实验录》，北京语言大学出版社 2012 年版，第 357 页。

调。其他代表点平调数目小于或等于拱度声调数目。由此可见，声调系统并非是在平调用完所有的有效声调空间之后才开始采用升、降、凹、凸等各种拱调。在藏缅语、侗台语中，共性规则 7 同样有效。凡出现了升调、降调的语言，则一定会出现平调。

共性 8 为："一种语言如果有复杂的拱度，也就会有简单的拱度（廖荣蓉、石锋 2012：359）。"苗瑶语也与此共性相符，即符合不同拱度声调内部的普遍限制。在上坝苗语、宗地苗语、菜地湾苗语、下坳苗语、尧告苗语、七百弄布努语、中排巴那语、嶂背畲语、江底勉语、梁子勉语等代表点中，出现了较为复杂的拱度，即凸调或凹调，其中，下坳苗语出现了两个凸调。与此同时，它们都出现了较为简单的拱度，即升调和降调。也就是说，在苗瑶语中，如果出现了一个凸调或凹调，那么必然会出现升调和降调。藏缅语也基本符合共性规则 8。如白马语的声调为：53、35、13、341，它出现了一个凸调，同时也出现了升调、降调。再如羌语的声调为：55、33、31、51、13、241，它出现了一个凸调，同时也出现了升调、降调。侗台语同样完全符合共性规则 8。在出现凸调或凹调的标话、仫佬语、佯僙语、拉伽语、普标语中，均出现了升调和降调。

麦迪森（1978）的共性 9 为："由声调的异化规则决定的语素比由其他音系特征以异化规则决定的语素更为常见（廖荣蓉、石锋 2012：364）。"即相较于别的音系特征的异化现象，声调特征的异化现象更为普遍。麦迪森撷取的实例主要涉及语法性声调，苗瑶语等汉藏语以词汇性声调为主，目前难以找到相关例子验证这条共性规则。

麦迪森（1978）的共性 10、11 探讨了声调和其他因素之间的相互作用。其共性 10 为："清塞音的后面是下降的音调，而浊塞音的后面是上升的音调（廖荣蓉、石锋 2012）。"[1]该共性考虑到了塞音清浊对声调的影响。在苗瑶语中，塞音清浊的确影响了声调：清塞音造成高调，其调值较高，浊塞音造成低调，其调值较低，即所谓"清高浊低"。在本章第二节讨论苗瑶语调值时，我们得出的平均值显示，清声母调值较高，浊声母调值相对较低。基于语音现象的复杂性，麦迪森（1978）更全面地指出塞音清浊影响声调所可能产生的两种结果："清塞音造成后接元音开头的高调，开头的高调不能维持就变为降调；浊塞音造成后接元音开头的低调，开头的低调不能维持就变为升调。"[2]苗瑶语少数代表点中也出现了麦迪森描述的情况：

---

① [美] 伊恩·麦迪森：《声调的共性》，廖荣蓉译、石锋校，载石锋《语音平面实验录》，北京语言大学出版社 2012 年版，第 364 页。

② 这段译文引自冉启斌《汉语语音新探》（中国社会科学出版社 2012 年版，第 291 页）。

小章苗语清塞音声母可以搭配降调，如 pu⁵³ "三"，浊塞音声母可以搭配升调，如 bo¹³ "脓"。

共性 11 为："在其他条件相同时，低元音比高元音音调低（廖荣蓉、石锋 2012：365）。"在苗瑶语中，其元音的高度并没有直接影响声调，苗瑶语高元音并非仅与调值较高的调类搭配，如西山布努语的 tu³³ "菜刀"、tɕu⁴² "九"、tu³⁵ "春"、thu⁴⁴ "只"、tɕu¹³ "六"、thu²² "裂"。其低元音也并非仅与调值较低的调类搭配，如石门坎苗语的 la⁵⁵ "兔子"、lɦa¹³ "伸入"、la³¹ "快乐"、la⁵³ "别人"、lɦa³⁵ "投"、la³³ "骂"、la¹¹ "劈"。

麦迪森（1978）的共性 12、13 揭示了声调高低、调型升降与元音长短的关系。这两条共性在苗瑶语中的表现都不明显。共性 12 为："其他条件相同时，低调的元音比高调的元音长（廖荣蓉、石锋 2012：365）。"就声调高低与元音长短的关系而言，在拥有长元音的瑶语支语言中，确实有低调的元音比高调的元音长的例子，如梁子勉语的 daːt²⁴ "翅膀"、dat⁵⁴ "翅膀"，但同时也有反例，如梁子勉语的 taːp⁴² "穿"、tap²¹ "豆子"。在其他拥有长元音的瑶语支代表点中，长元音和短元音一样可能高也可能低。共性 13 为："其他条件相同时，升调的元音比降调的元音长（廖荣蓉、石锋 2012：365）。"就苗瑶语调型升降与元音长短之间的关联而言，在拥有长元音的瑶语支语言中，升调的元音并非总是长于降调的元音，如江底勉语的 lai¹³ "锋利"、laːi³¹ "笋筐"。

共性 14 探讨的是发声类型的分布与声调之间的关联，即"如果有标记的发声类型的分布只限于某些声调，那么，这些声调处在这种语言的调域中最高或最低部分（廖荣蓉、石锋 2012：366）"。在苗瑶语中，正如该共性所言，在分布上受到一定程度限制的张声正是出现在高调中，弛声则是出现在低调中。张声、弛声这两种有标记的发声类型所涉及的声调均处于苗瑶语调域中最高或最低的部分。

苗瑶语等汉藏语声调的复杂程度在世界语言中属于何种类型呢？根据麦迪森（2005）对 WALS 中 526 种语言的考察，世界语言按照声调的复杂程度可以分成三类："第一类为非声调语言，有 306 种之多，其占比高达58.2%；第二类为属于简单声调系统的语言，其声调只有两种对立，常常为高低对立，有 132 种，其占比为 25.1%；第三类为属于复杂声调系统的语言，其声调对立在两种以上，仅有 88 种，其占比低至 16.7%。"①

① Maddieson, Ian. Tone in Haspelmath, Martin & Dryer, Matthew S. et al (eds.). *The World Atlas of Language Structures*. Oxford: Oxford University Press, 2005: 58。从声调角度来划分，语言可分为声调语言、音高重音语言以及重音语言。麦迪森所统计的声调语言包括了声调语言、音高重音语言。

按照麦迪森的分类，苗瑶语、汉语、侗台语全部属于复杂声调系统。在46种藏缅语中，仓洛语、崩尼—博嘎尔语、苏龙语、崩如语、嘉戎语、尔龚语属无声调语言，尔苏语属简单声调语言，其余皆属复杂声调语言。因此，在世界范围来看，苗瑶语等汉藏语以复杂声调语言为主。其中，苗瑶语的声调数量是相对较多的。我们的统计证实了这一点。30种苗瑶语声调的平均数量为7.1个，930种汉语方言的平均值为5.8个①，46种藏缅语的平均值为3.8个，21种侗台语的平均值为7.8个。在汉藏语中，苗瑶语声调平均数量仅次于侗台语。

关于苗瑶语调类格局在汉藏语系中的情况。据黄行（2005）的研究，"汉语、侗台语、苗瑶语声调的形成一般认为都是先由通音（元音和鼻音）、喉塞音ʔ、擦音s或h、塞音p、t、k韵尾产生平上去入的调型，再由声母清浊产生高低，因此表现为相当一致的四声八调的类型"。②由上可见，苗瑶语与汉语、侗台语声调形成、分化的机制相同，具有统一的调类机制，即主要由韵尾定起源，再由声母的清浊定其发展。在藏缅语诸语言中，声调的起源、分化进度不一，多的已经分化三次，有的语言声调尚未音位化，其音位功能远逊于苗瑶语、汉语、侗台语。分化的条件则分别与声母清浊消失、韵尾的演变与脱落、复辅音前置辅音的弱化和消失等因素相关，因此难以产生统一的调类。

苗瑶语调类格局不同于藏缅语而与汉语、侗台语相同，三者同属"四声八调"声调体系阵营。相较而言，苗瑶语与侗台语的调类格局相似度更高。在标准的八类声调的分化中，苗瑶语、侗台语、汉语也有诸多相同之处。首先是入声引起的分化。侗台语近六成语言的入声因元音长短分为更多调类，这种现象出现在壮语、布依语、傣语、标话、侗语、水语、仫佬语、毛南语、莫语、佯僙语、拉珈语、茶洞语中。在苗瑶语语言样本中，仅有梁子勉语的入声各调字因韵母中元音长短的制约再次分化。在汉语方言中，粤方言仅有阴入分长调、短调。其次是送气声母导致的分化。在宗地苗语、梁子勉语中，其阴类调依声母送气和不送气各分化为两个调类。在汉语方言中，吴语、湘语、粤语、赣语也存在送气分调现象。在侗台语采样中，仅有侗语出现送气分调现象。在标准的八类声调的合并中，汉语的步伐最快，如官话促声派入舒声，阳上、阴去、阳去合并。苗瑶语次之，合并之后一般仍有5—7个声调，如虎形山巴哼语阳入字并入阳去调。侗台

---

① 叶晓锋在考察140种汉语方言时，并未收集声调信息。汉语方言声调数据来自我们对曹志耘《汉语方言地图集·语音卷》（商务印书馆2008年版）中相关材料的统计。

② 黄行：《汉藏民族语言声调的分合类型》，《语言教学与研究》2005年第5期，第1页。

语排在最后。在其分平上去入且有阴阳调类的 13 种语言样本中，即壮语、布依语、傣语、临高语、标话、侗语、水语、仫佬语、毛南语、莫语、佯僙语、拉珈语、茶洞语，除临高语舒声调合并为 4 个之外，其他语言均未出现声调合并现象。

　　下面观察苗瑶语调域格局在汉藏语系中的情况。在苗瑶语语言样本中，可能存在单调域语言，也可能存在拥有中、低两个调域的语言，在语言样本之外，也发现了分中低两域以及分高中低三域的语言。在汉语方言中，官话、粤语、客家话为单声域，吴语、湘语的一些方言有两个调域，如吴语分中域和低域，湘语中的岳阳话分中域和高域。分高中低三个域的语言很少见，如温州及周遭一带的吴语（朱晓农 2012）[①]。在侗台语语言样本之外，拥有假声的高坝侗语存在高域、中域两个调域（朱晓农 2012：348）。总之，苗瑶语调域组合类型较为复杂，其调域格局尚待进一步研究。

　　关于苗瑶语调值格局在汉藏语系中的情况，如果将调值中拥有至少一个大于 3 的数字的声调看成高调的话，那么苗瑶语与汉语、藏缅语、侗台语一样，均为高调占据优势地位。从具体调值看，汉语方言位居前五的调值是 55、53、31、213、33[②]，藏缅语为 55、31、33、53、35，侗台语为 55、33、35、24、11，苗瑶语为 31、33、53、35、44。它们的优势调值各有不同，但大都是高调，仅在侗台语中出现一个低调 11。其中，除苗瑶语外，排在前列的调值都是语音外形较为突出、更易于听辨的 55。

　　关于调值与阴阳调的关系以及四个调类的平均音高，由于藏缅语目前尚未形成统一的调类，我们主要比较同属四声八调格局的汉语、苗瑶语、侗台语的情况。据焦立为（2003）的研究，"汉语方言各调平均值为：阴平 3.2、阳平 2.68、阴上 3.53、阳上 2.54、阴去 2.95、阳去 2.48、阴入 3.33、阳入 2.65"[③]，其平、上、去、入四个调类的平均音高为：上声 3.04、入声 2.99、平声 2.94、去声 2.72。苗瑶语各调平均值为：阴平 3.31、阳平 2.88、阴上 3.51、阳上 2.62、阴去 3.6、阳去 2.42、阴入 3.46、阳入 2.49，其四个调类的平均音高为：平声 3.1、上声 3.07、去声 3.01、入声 2.98。在我们所统计的侗台语采样中[④]，各调平均值为：阴平 3.15、阳平 2.55、阴上 3.14、阳上 2.58、

---

　　① 朱晓农：《音法演化——发声活动》，商务印书馆 2012 年版，第 19、136、160 页。

　　② 汉语方言声调数据来自刘伶李（《汉语声调的曲拱特征和降势音高》，《中国语文》2005 年第 3 期，第 255–268 页）对 1178 个汉语方言声调系统的统计。

　　③ 汉语声调数据来自焦立为（《汉语方言声调的类型学研究》，博士学位论文，南开大学，2003 年）对 1377 个汉语方言点的统计，转引自冉启斌《汉语语音新探》，中国社会科学出版社 2012 年版，第 296–297 页。

　　④ 在 21 种侗台语中，我们仅统计分平、上、去、入且有阴阳调类的 13 种侗台语。它们是壮语、布依语、傣语、临高语、标话、侗语、水语、仫佬语、毛南语、莫语、佯僙语、拉珈语、茶洞语。

阴去 3.5、阳去 2.79、阴入 3.73、阳入 2.69，四个调类的平均音高为：入声 3.21、去声 3.15、上声 2.86、平声 2.85。从上述数据中可以发现，苗瑶语与汉语、侗台语一样，阴调调值高于阳调调值。这是因为它们的阴调、阳调皆源于声母清浊产生的高低，即所谓"清高浊低"。三者平上去入调值排序各不相同，位于四声调值之首的调类也不尽一致。

关于苗瑶语调型格局在汉藏语系中的情况，我们首先看各语族调型的分布序列。汉语各类调型按降序依次为：降调（34.1%）＞平调（27.2%）＞升调（22.1%）＞凹调（15.3%）＞凸调（1.2%）[①]，藏缅语为：平调（38.5%）＞降调（37.9%）＞升调（17.4%）＞凸调（1.1%），侗台语为：平调（37.4%）＞降调（28.2%）＞升调（26.4%）＞凹调（4.9%）＞凸调（3.1%），苗瑶语为：平调（39%）＞降调（35.8%）＞升调（20.9%）＞凸调（2.4%）＞凹调（2%）。

调型跨语言分布的不对称性具有普遍性。平调、降调、升调为汉藏语优势调型，其中又以平调、降调出现频率最高。在同时拥有凹调与凸调的语言中，除苗瑶语之外，凹调出现频率高于凸调。据刘伶李（2005）的研究，平调、降调、凹调的优势均与语言最小作用力原理与发声动力衰减趋势相互协和所导致的音高属性，即降势音高相关[②]。

相较之下，苗瑶语与藏缅语、侗台语调型格局类似，都是平调＞降调＞升调的格局，其中，苗瑶语、藏缅语中的平调、降调为最突出的调型，两者的占比相加分别为 76.4%、74.8%。苗瑶语、藏缅语、侗台语中的凹调、凸调较为罕见，藏缅语中甚至没有出现凹调，不同于汉语降调居首、凹调占比相对较高的调型格局。在汉语方言中，即使是 3 调方言也可出现凹调，在侗台语、苗瑶语中，凹调出现在 6 调以上的系统中。

[①] 汉语方言声调数据来自我们对刘伶李（《汉语声调的曲拱特征和降势音高》，《中国语文》2005 年第 3 期，第 255–268 页）基于 1178 个汉语方言声调系统的统计。统计数字不包含专用于入声的短调，即所谓"零拱"，其中的"角拱"我们分别并入升调或降调。

[②] 刘伶李：《汉语声调的曲拱特征和降势音高》，《中国语文》2005 年第 3 期，第 265 页。

第四章　苗瑶语音节的类型学研究

在音段组合成语音序列时，音节是音系单位层级中非常重要的一级。目前学界对音节的定义争议颇多，尤其是在西方的语音学、音系学理论中，音节或为"一个两侧带有若干辅音的元音（霍尔 2006）"①，或是一个神经程序单位（特拉斯克 2000）②，或如心理学家斯特森（Stetson 1928）所提出的音节产生的"脉冲"理论所述，作为动力单位，每个音节对应于一次气压的增强，其发出在生理上均与一次呼吸运动相关③。他们都尝试给音节下一个具有普适性的精确的定义。对音节的描写，西方学界一般采用平铺的元辅音系列 CCVC 之类，直到 20 世纪 70 年代，非线性音系学受中国音韵学的启发，设立了声韵双分的音节层级结构，并指出声韵双分的音节结构是人类语言的普遍特点。另外，西方学者达成共识的一个发现是，从响度来进行判断，音节中心的响度最大，向两端逐渐减弱。

汉藏语中音节的概念是在反切注音产生之后才具备的。中国传统音韵学、等韵学提出了字音（音节）声韵双分的思想，将音节分为声母、韵头、韵腹、韵尾。王洪君（2008）吸取非线性音系学研究成果，将其表示为 IMNE 结构：I（声母）、M（介音）、N（韵核）、E（韵尾）④。朱晓农（2010）认为："音节是由声母和韵母组成的音节学的核心结构单位。声母和韵母是音节的两大直接构成成分。其他音节成分包括介音、韵体、韵腹、韵尾等线性（音段）成分，以及声域、声调等非线性成分。"⑤陈其光（2013）也给音节下了定义，认为它是由声母、韵母、声调组合而成的表示意义的最小

---

① Hall, T. Alan. Syllable: Phonology in Keith Brown(ed.). *Encyclopedia of Language and Linguistics* (2nd),Volume 12. Oxford: Elsevier, 2006: 329.

② [英] 特拉斯克：《语音学和音系学词典》，《语音学和音系学词典》编译组译，语文出版社 2000 年版，第 255 页。

③ Stetson, Raymond H. *Motor Phonetics: A Study of Speech Movements in Action*. Amsterdam: North Holland Publishing Co., 1951.

④ 王洪君：《汉语非线性音系学》，北京大学出版社 2008 年版，第 113 页。

⑤ 朱晓农：《语音学》，商务印书馆 2010 年版，第 323 页。

单位，苗瑶语的语素绝大多数是一个音节[1]。

音节是苗瑶语中最自然的单位，也是苗瑶语共时语音分析中最为核心的概念。苗瑶语与汉语同属单音节词根语言，因此，在以下对苗瑶语音节类型特征的分析中，我们主要采用朱晓农、陈其光的分析模式。

第一节　音节的构成成分与结构类型

苗瑶语音节结构种类较为繁复。如果以 C 表示辅音，G 表示滑音（-j、-w、-ɹ、-r、-l、-ɭ），V 表示元音，苗瑶语利用辅音、滑音、元音材料，按照线性方式交替排列所形成的音节结构多达 29 种，每种形式都伴随声调。以首音丛中辅音、滑音的数量为基准，这 29 种音节结构又可以分为 9 种类型（括号中是可省成分），具体如表 4.1.1 所示：

表 4.1.1　　　　　　　　　苗瑶语的音节结构类型

CCCV(V/C)型	CCCV	CCCVV	CCCVC		
CCGV(V)(V/C)型	CCGV	CCGVV	CCGVC	CCGVVC	
CGGV(V/C)型	CGGV	CGGVV	CGGVC		
CCV(V/C)型	CCV	CCVV	CCVC		
CGV(V)(V/C)型	CGV	CGVV	CGVC	CGVVC	
CV(V)(V/C)型	CV	CVV	CVC	CVVC	CVVV
V(V)(V/C)型	V	VV	VC	VVC	VVV
CÇ 型	CÇ				
Ç 型	Ç				

从表 4.1.1 音节结构的构成中可以看到，苗瑶语声母辅音丛最多可以出现 3 个辅音，有 CCCV(V/C)型、CCGV(V)(V/C)型、CGGV(V/C)型 3 种类型，它们在苗语支、瑶语支中均有分布。其中，CCGVVC 型为苗瑶语最大音节结构，例如龙华炯奈语的 ntjauʔ[55] “啄”。

音节中元音最多可以出现 3 个，有 CVVV 型、VVV 型两种类型，如宗地苗语的 huei[32] “瓜”，再如尧告苗语中的汉语借词 uai[35] “外（国）”。

语言样本中韵尾最多出现 1 种辅音[2]。韵尾出现的元音最多也只有一种，一般是-i 或-u，少数情况下为-ɯ。元音韵尾后出现喉塞音韵尾的情况比较少见，元音加喉塞音构成的复合韵尾仅见于龙华炯奈语，如 phaiʔ[55] “女儿”。

---

① 陈其光：《苗瑶语文》，中央民族大学出版社 2013 年版，第 98 页。

② 在语言样本之外，据陈其光（《苗瑶语文》，中央民族大学出版社 2013 年版，第 68 页）的研究，广西贺县里头村出现 dimp[11] “闭”之类的复辅音韵尾。

　　音节结构的分析主要有传统的神韵式分析法、结构派的两分式分析法以及朱晓农（2010）结合两者所长所创设的多维分析法[①]。我们采用朱晓农的多维分析法，将苗瑶语音节分为声母、介音、韵体三个部分，声调作为超音段成分附丽于韵体，声域则附丽于整个音节。介音之所以与声母、韵体并列，是为了照顾音韵配列。在苗语支语言的固有词中，本来就存在 i-、u-、y-、ɯ-四个介音，如石板寨苗语、石门坎苗语、菜地湾苗语、尧告苗语、河坝苗语以及西山布努语，其中，河坝苗语有 ue、uæ、ua、ye、ya、uẽ、uæ̃、yẽ、yæ̃ 9 个带 u-、y-介音的韵母，西山布努语带 i-、u-、y-、ɯ-介音的韵母多达 25 个。随着汉语带介音的韵母进入苗瑶语音系，高寨苗语、上坝苗语、高坡苗语、宗地苗语、下坳苗语、小章苗语、凯棠苗语、七百弄布努语、瑶麓布努语、中排巴那语、黄落优诺语等代表点均出现了介音。在上述代表点中，石板寨苗语、高寨苗语、宗地苗语、下坳苗语、凯棠苗语、菜地湾苗语、尧告苗语、河坝苗语、瑶麓布努语、中排巴那语、黄落优诺语都有带-j、-w 等的腭化或唇化声母，石板寨苗语、高寨苗语、上坝苗语、高坡苗语、宗地苗语、石门坎苗语、七百弄布努语出现-l、-ɭ、z-、z̩-等后置辅音，宗地苗语还出现了 mpʐua53 "哼" 之类后置辅音与介音共现的音节。鉴于以上分布特征，不宜将介音归入声母。

　　另外，苗瑶语语言样本中可能存在中域、低域两个声域的区别，中域由清声定义，低域由浊声或弛声定义。因此，声域层级的设置是必要的。苗瑶语的音节结构如图 4.1.1 所示：

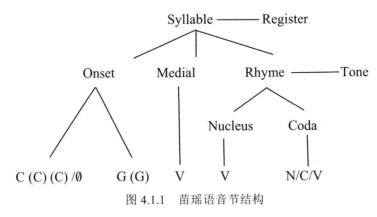

图 4.1.1　苗瑶语音节结构

　　在上图中，Syllable 为音节，Register 为声域。Onset 为声母，声母中的 C 指辅音，　指零声母，G 指滑音。Medial 为介音，Rhyme 为韵体，Tone 为声调。Nucleus 为韵腹，Coda 为韵尾。韵尾处的 N 指鼻音韵尾，C 指-p、

[①] 朱晓农：《语音学》，商务印书馆 2010 年版，第 305 页。

-t、-k、-ʔ等塞音韵尾，V 为元音韵尾。-j-、-w-、-r-、-ɹ-、-l-、-ɭ 等滑音归于声母，从不与上述滑音对立区别意义的 i-、u-等归为介音。由于苗瑶语里缺乏真性复合元音，i-、u-等介音的性质接近 j-、w-等滑音（gliding sounds），其元音韵尾的性质也接近 j-、w-等滑音。为简化音节种类分析模式，i-、u-等介音与韵尾仍标作 V。

在苗瑶语音节中，声母部分辅音可以不出现，在多数情况下零声母语音上实现为喉塞音。声母中辅音最多可以出现 3 个，可以不出现滑音，有滑音时，-r-、-ɹ-、-l-、-ɭ 等滑音最多出现一次，-j-、-w 等滑音可以置于-l-、-ɭ 之后，且可以同时出现，其组合模式为-wj。

苗瑶语介音一般由高元音 i-、u-、y-、ɯ-充填，也可以不出现。其性质是介乎元音、辅音之间的滑音。介音出现时，声母不会有滑音成分。声母中的滑音从不与介音对立区分意义。苗瑶语音节的韵腹不可或缺，一般为元音，有时也可以是成音节鼻音[①]。在苗瑶语音节中，韵尾也可以不出现，如果出现的话，则有 3 种选择，可以是元音、鼻音、喉塞音或不爆破的塞音，且最多只能出现 1 个。元音韵尾有-i、-u、-ɯ 3 种，其中-ɯ 比较少见。鼻音韵尾、除喉塞音之外的塞音韵尾都只有双唇、齿/龈、软腭 3 个部位。只有极个别语言突破了这一限制，如龙华炯奈语 pjəuʔ[55] "暗"，其元音韵尾后又出现了喉塞音韵尾，又如语言样本之外的广西贺县里头村 dimp[11] "闭"之类的音节，出现了鼻音韵尾后有同部位塞音这样的复辅音韵尾。苗瑶语介音 i-、u-一般和韵-i、-u 成互补分布，即 i-介音与-u 韵尾相配，u-介音与-i 韵尾相配。

表 4.1.2 展示了苗瑶语各代表点的音节种类数目及其平均数。

表 4.1.2	苗瑶语音节种类数目					
苗语支	音节种类数目	平均数	优诺语	小寨 12 黄落 10		11
罗泊河苗语	石板寨 16 高寨 14	15	炯奈语	龙华 17 六巷 17		17
川黔滇苗语	上坝 14 高坡 9 宗地 15 石门坎 9	11.8	巴那语	中排 12		12
湘西苗语	吉卫 7 下坳 12 腊乙坪 9 小章 17	11.3	畲语	嶂背 10		10
黔东苗语	凯棠 7 菜地湾 8 尧告 12 河坝 6	8.3				**11.7**
巴哼语	文界 7 滚董 10 虎形山 16	11	瑶语支	音节种类数目		平均数
布努语	七百弄 13 西山 9 瑶麓 15	12.3	勉语	江底 13 梁子 9 东山 13 大坪 7		**10.5**

[①] 语言样本之外，据陈其光《苗瑶语文》（中央民族大学出版社 2013 年版，第 69 页）的记载，出现了成音节擦音，如 ɣ[13] "水"，还出现了成音节边音，如 pl[33] "野猫"。

　　表 4.1.2 中数据显示，苗瑶语的音节种类从 6 个到 17 个不等。音节种类库存最少的是河坝苗语，仅有 6 种音节类型。库存最多的是小章苗语、龙华炯奈语、六巷炯奈语，其音节结构类型高达 17 种。整体来看，苗瑶语音节种类数量在 11 个左右，其平均值为 11.5。苗语支语言的音节种类较为丰富，瑶语支音节种类相对较少。音节种类在各语支中的分布情况如表 4.1.3 所示。

表 4.1.3　　　　　　　　　苗瑶语音节种类在各语支中的分布

音节种类数量	6	7	8	9	10	12	13	14	15	16	17
苗语支（26 种）	1	3	1	4	3	4	1	2	2	2	3
瑶语支（4 种）		1		1			2				
总计	1	4	1	5	3	4	3	2	2	2	3
比率（%）	3.3	13.3	3.3	16.7	10	13.3	10	6.7	6.7	6.7	10

　　纵观音节种类在不同语支中的分布，可以发现，苗瑶语音节种类集中在 7—12 种。苗语支不同代表点音节种类的差异较大。同为苗语支语言，河坝的音节结构仅有 6 种，而小章苗语、龙华炯奈语、六巷炯奈语的音节结构则多达 17 种。苗语支音节种类平均值高达 11.7 种。究其原因，在于其较为丰富的复辅音、先喉塞、鼻冠声母使复杂音节出现的概率加大。

　　瑶语支代表点音节种类平均数量少于苗语支，各代表点之间的差异相对较小，音节种类为 7—13 种，其平均值为 10.5 种，略低于苗语支。瑶语支语言虽然韵尾比苗语支语言复杂，但复辅音、先喉塞声母较少，鼻冠声母消失，因此复杂音节出现的概率降低。

　　苗瑶语音节种类数目呈交错分布之态，如图 4.1.2 所示，图中圆点面积越大代表音节种类数目越多。

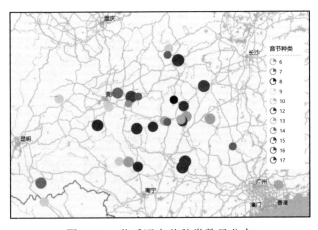

图 4.1.2　苗瑶语音节种类数目分布

下面我们将分别讨论苗瑶语九大类型音节。

一　CCCV(V/C)型音节

该类音节首音丛中出现了 3 个辅音，第一和第二辅音构成了鼻冠塞音，调音部位仅限双唇，第三辅音只有擦音-z 或-ʐ。首音丛的性质由第二辅音决定。介音仅有 u-，元音韵尾也只有-u，辅音韵尾仅限软腭鼻音。具体有以下 3 种类型：

1. CCCV 型：mpzɿ[55]"抿"（石板寨苗语）、mbzɿ[31]"拍"（石板寨苗语）、mpzu[13]"鼻子"（宗地苗语）

2. CCCVV 型：mpʐəu[55]"肺"（宗地苗语）、mpʐua[53]"哼"（宗地苗语）

3. CCCVC 型：mpʐaŋ[232]"稀疏"（宗地苗语）

苗瑶语 CCCV(V/C)型音节的出现频数如表 4.1.4 所示：

表 4.1.4　　　　　　　　苗瑶语 CCCV(V/C)型音节频数

	CCCV	CCCVV	CCCVC
苗语支（26 种）	2	1	1
瑶语支（4 种）	0	0	0
总计	2	1	1
比率（%）	6.7	3.3	3.3

上述 3 种类型的出现频率都较低，其中，CCCV 型的出现频率略高于 CCCVV 型、CCCVC 型。该类音节仅在石板寨苗语、宗地苗语中出现。随着苗瑶语鼻冠音声母、后置辅音-z 或-ʐ 的进一步消变，此类音节结构的出现频率会更低。

二　CCGV(V)(C)型音节

该类音节首音丛中出现了 3 个辅音，第一辅音为鼻冠音或先喉塞音，第三辅音为滑音-l、-ʎ、-r 或-j。首音丛的性质主要由第二辅音决定。一般无介音，元音韵尾有-u、-i，辅音韵尾齿/龈、软腭鼻音俱全，还有喉塞音。其中 CCGVVC 型为苗瑶语语言样本中最大的音节结构。具体有以下 4 种：

1. CCGV 型：mplə[21]"鞭子"（宗地苗语）、mpro[35]"绿"（腊乙坪苗语）、ʔmje[55]"浅"（小章苗语）、ntje[55]"草"（瑶麓布努语）

2. CCGVV 型：mphlai[53]"戒指"（上坝苗语）、ʔa[55]ndɦlai[11]"舌"（石门坎苗语）、ŋkjou[55]"叶子"（瑶麓布努语）

3. CCGVC 型：mphlen[31]"戒指"（石板寨苗语）、mbjoŋ[31]"疯"（高寨苗语）、ntjaŋ[53]"中间"（瑶麓布努语）、mpliʔ[12]"舌"（龙华炯奈语）

4. CCGVVC 型：ntjauʔ[55]"啄"（龙华炯奈语）

苗瑶语 CCGV(V)(C)型音节的出现频数如表 4.1.5 所示：

表 4.1.5　　　　　　　　　　苗瑶语 CCGV(V)(C)型音节频数

	CCGV	CCGVV	CCGVC	CCGVVC
苗语支（26 种）	11	11	10	1
瑶语支（4 种）	0	0	0	0
总计	11	11	10	1
比率（%）	36.7	36.7	33.3	3.3

CCGV 型、CCGVV 型、CCGVC 型的出现频率均在 33.3% 以上。CCGVVC 型甚为罕见，仅在龙华炯奈语中出现。上述各类音节仅分布在苗语支语言中，瑶语支语言中没有出现该类音节。

三　CGGV(V/C)型音节

该类音节首音丛中出现了 3 个辅音，第二、第三辅音均为滑音，其性质由第一辅音决定。一般无介音，元音韵尾为 -i，辅音韵尾有齿/龈、软腭鼻音。具体有以下 3 种类型：

1. CGGV 型：gwje[231]"姑父"（江底勉语）、hwjə[33]"蚯蚓"（东山勉语）

2. CGGVV 型：klwei[31]"圆"（六巷炯奈语）、hwjəi[53]"小孩"（东山勉语）

3. CGGVC 型：dljuŋ[313]"叶子"（中排巴那语）、kwjaŋ[52]"宽"（江底勉语）、dzwjɛn[42]"全"（东山勉语）

苗瑶语 CGGV(V/C)型音节的出现频数如表 4.1.6 所示：

表 4.1.6　　　　　　　　　　苗瑶语 CGGV(V/C)型音节频数

	CGGV	CGGVV	CGGVC
苗语支（26 种）	0	1	1
瑶语支（4 种）	2	1	2
总计	2	2	3
比率（%）	6.7	6.7	10

该类型多数为既唇化又腭化的音节,少数为带-1 后置辅音且腭化或唇化的音节。CGGVC 型的出现频率略高。CGGV 型、CGGVV 型的出现频率均为 6.7%。该类音节主要见于瑶语支语言,苗语支语言中较为少见。

四　CCV(V/C)型音节

该类音节首音丛中出现了 2 个辅音。多数音节的第一辅音为鼻冠音或先喉塞音,其性质主要由第二辅音决定,少数音节的第二辅音为-z 或-z̩,其性质由第一辅音决定。介音仅有 u-,元音韵尾有-i、-u,辅音韵尾齿/龈、软腭鼻音俱全。具体有以下 3 种类型:

1. CCV 型:$pz\eta^{31}$ "三"(石板寨苗语)、$\text{?}zo^{24}$ "小"(石板寨苗语)、mpi^{35} "猪"(高寨苗语)

2. CCVV 型:$mpua^{44}$ "猪"(上坝苗语)、$\text{?}leu^{33}$ "脚"(西山布努语)、$\text{?}nei^{53}$ "蛇"(小章苗语)

3. CCVC 型:$vza\eta^{31}$ "齐"(石板寨苗语)、$\eta qhen^{24}$ "烤"(石板寨苗语)、$mz\partial\eta^{13}$ "听"(宗地苗语)、$\text{?}\eta a\eta^{35}$ "幼"(小章苗语)、$\text{N}qu\eta^{13}$ "姜"(虎形山巴哼语)

苗瑶语 CCV(V/C)型音节的出现频数如表 4.1.7 所示:

表 4.1.7　　　　　　　　苗瑶语 CCV(V/C)型音节频数

	CCV	CCVV	CCVC
苗语支(26 种)	13	11	13
瑶语支(4 种)	0	0	0
总计	13	11	13
比率(%)	43.3	36.7	43.3

CCV 型、CCVC 型的出现频率略高于 CCVV 型。上述 3 种类型仅见于苗语支语言,瑶语支语言中未见分布。

五　CGV(V)(V/C)型音节

该类音节首音丛中出现了两个辅音,其中,第二辅音为滑音-j、-w、-r、-ɹ、-l。介音没有出现,元音韵尾有-i、-u。辅音韵尾齿/龈、软腭鼻音或塞音俱全,还有喉塞韵尾。具体有以下 4 种类型:

1. CGV 型:pra^{35} "五"(腊乙坪苗语)、pli^{44} "竹子"(六巷炯奈语)、bwo^{24} "告诉"(江底勉语)、hju^{22} "凿子"(大坪勉语)

2. CGVV 型：pɹei⁴⁴"头"（吉卫苗语）、bjau³¹"稻子"（江底勉语）、pjeːu³⁵"包"（梁子勉语）

3. CGVC 型：njan²¹²"薄"（菜地湾苗语）、thjaŋ²²"秤"（嶂背畲语）、ɬwat⁵⁵"退"（江底勉语）、phlən³³"揉"（东山勉语）、kjaŋ⁵³"男人"（大坪勉语）、tlik⁵⁴"打嗝"（梁子勉语）

4. CGVVC 型：pjəuʔ⁵⁵"暗"（龙华炯奈语）

苗瑶语 CGV(V)(V/C)型音节的出现频数如表 4.1.8 所示：

表 4.1.8　　　　　　　苗瑶语 CGV(V)(V/C)型音节频数

	CGV	CGVV	CGVC	CGVVC
苗语支（26 种）	25	20	22	1
瑶语支（4 种）	4	4	4	0
总计	29	24	26	1
比率（%）	96.7	80	86.7	3.3

该类音节两个语支皆有分布。CGV 型、CGVV 型、CGVC 型的分布率均在 80% 以上。CGVVC 型的韵尾较为特殊，元音韵尾后还有喉塞音辅音，其分布率只有 3.3%，仅在龙华炯奈语中出现。

六　CV(V)(V/C)型音节

该类音节的介音较为丰富，拥有 i-、u-、y-、ɯ-四种，元音韵尾则有-i、-u、-ɯ 三种。CVC 型辅音韵尾双唇、齿/龈、软腭鼻音或塞音俱全，还有喉塞韵尾。CVVC 型辅音韵尾仅有齿/龈、软腭鼻音或塞音，也有喉塞韵尾。具体有以下 5 种类型：

1. CV 型：ma⁵⁵"买"（石板寨苗语）、no³⁵"雨"（高寨苗语）、phɔ⁴²"萝卜"（东山勉语）

2. CVV 型：pau⁵⁵"知道"（石门坎苗语）、pia³⁵"房子"（西山布努语）、seɯ¹³"早"（河坝苗语）、sua¹³"刷子"（黄落优诺语）、bei²⁴"梦"（江底勉语）

3. CVC 型：nam²²"雨"（尧告苗语）、phuŋ¹³"尘"（中排巴那语）、ŋaʔ⁵⁵"咬"（龙华炯奈语）、zak⁴⁴"根"（西山布努语）、tek³²"贴"（嶂背畲语）、hep¹²"窄"（江底勉语）、nit⁵⁵"贴"（江底勉语）、dzan⁵³"跑"（东山勉语）

4. CVVV 型：huei³²"瓜"（宗地苗语）、mieu⁵³"庙"（菜地湾苗语）、tiau³¹"条"（七百弄布努语）

5. CVVC 型：mien²²"棉"（菜地湾苗语）、suen⁴⁴"猜"（尧告苗语）、

pieŋ⁴² "瓶"（西山布努语）、vɯɯŋ³³ "补锅"（西山布努语）、siet³⁵ "头虱"（西山布努语）、piek³⁵ "撕"（西山布努语）、nei?¹² "母亲"（龙华炯奈语）、tyan⁴⁴ "啄"（黄落优诺语）

表 4.1.9 展示了苗瑶语 CV(V)(V/C)型音节的出现频数。

表 4.1.9　　　　　　　　　苗瑶语 CV(V)(V/C)型音节频数

	CV	CVV	CVC	CVVV	CVVC
苗语支	26	25	23	9	11
瑶语支	4	4	4	0	0
总计	30	29	27	9	11
比率（%）	100	96.7	90	30	36.7

CV 型、CVV 型、CVC 型两个语支皆有分布。其中 CV 型分布率为 100%。CVV 型、CVC 型的分布率均在 90%以上。CVVV 型、CVVC 型只见于苗语支，其分布率在 30%以上。CVVV 型以汉语借词居多，CVVC 型多有介音，其中也有部分为汉语借词。

七　V(V) (V/C)型音节

该类音节多来自汉语借词，其介音有 u-、y-两种。VC 型中的辅音韵尾齿/龈、软腭鼻音俱全，塞音韵尾仅有双唇部位，在吉卫苗语的汉语借词中还出现了-ɹ 韵尾。VVC 型的辅音韵尾仅有齿/龈鼻音。VV 型、VVV 型的元音韵尾有-i、-u 两种。具体有以下 5 种类型：

1. V 型：ə⁵⁵ "耳"（石板寨苗语）、y¹³ "鱼"（龙华炯奈语）、ʒ³⁵ "雾"（滚董巴哼语）、e³³ "病"（嶂背畲语）、o⁵² "肉"（江底勉语）

2. VV 型：ou⁵³ "画眉鸟"（滚董巴哼语）、au⁵² "妻子"（江底勉语）、ai⁴² "做"（大坪勉语）

3. VC 型：aŋ⁵⁴ "浮肿"（吉卫苗语）、eɹ³¹ "儿（童）"（吉卫苗语）、yn³¹³ "云"（中排巴那语）、ɔŋ²² "水"（嶂背畲语）、in³³ "烟叶"（江底勉语）、a:p⁵⁵ "鸭"（江底勉语）

4. VVV 型：uai³⁵ "外（国）"（尧告苗语）

5. VVC 型：yen¹³¹ "原（因）"（中排巴那语）、yan⁴² "原（因）"（西山布努语）

苗瑶语 V(V)(V/C)型音节的出现频数如表 4.1.10 所示：

表 4.1.10　　　　　　　　　　苗瑶语 V(V)(V/C)型音节频数

	V	VV	VC	VVV	VVC
苗语支	14	4	5	1	2
瑶语支	3	4	4	0	0
总计	17	8	9	1	2
比率（%）	56.7	26.7	30	3.3	6.7

V 型、VV 型、VC 型分布率均大于 26%。其中单元音 V 型自成音节的情况最为常见，其次是 VC 型，再次是二合元音 VV 型。VC 型、VV 型多见于瑶语支语言，苗语支语言相对少见。VVV 型、VVC 型甚为少见，目前仅在苗语支语言中发现少量实例，且全部是汉语借词。

八　CC̣ 型音节

该类音节的第一辅音为双唇、齿/龈、龈腭、软腭清鼻音，第二辅音为同部位常态浊鼻音，它们能构成无元音音节。当清鼻音与浊鼻音相拼之时，清鼻音声带不振动，没有除阻，充当声母，浊鼻音声带振动，没有成阻，充当韵母。从历史来源来看，部分代表点的第一辅音来自音节缩减，音质上与苗瑶语无共同来源，如小寨优诺语的 ŋ̊ŋ̣^{33} "醉"、ŋ̊ŋ̣^{22} "肠子"（李云兵 2007）[1]。以下为 CC̣ 型例词：

qa^{53}m̥ṃ^{55} "昨晚"（虎形山巴哼语）、naŋ^{35}ṇṇ̣^{13} "肚子"（虎形山巴哼语）、ŋ̊ŋ̣^{55} "重"（小章苗语）、ŋ̊ŋ̣^{231} "五"（江底勉语）

该类音节在苗语支中较为常见，共有 11 个代表点，即下坳苗语、尧告苗语、文界巴哼语、滚董巴哼语、虎形山巴哼语、中排巴那语、小寨优诺语、黄落优诺语、龙华炯奈语、六巷炯奈语、嶂背畲语，其分布率为 36.7%。该类音节在瑶语支中仅见于江底勉语，其分布率 3.3%。

在少数代表点中，如中排巴那语、黄落优诺语，浊鼻音能与不同调音部位的清塞音或清擦音声母相拼。例如：

pṇ^{313} "沸"（中排巴那语）、tŋ̣^{55} "桶"（中排巴那语）、fŋ̣^{13} "方"（中排巴那语）、ʔŋ̣^{44} "疼"（黄落优诺语）

九　C̣ 型音节

该类音节中的双唇、齿/龈、龈腭、软腭鼻音声母能自成音节。其中，

---

① 李云兵：《优诺语研究》，民族出版社 2007 年版，第 15 页。

软腭鼻音自成音节的现象最为普遍。该类音节以否定副词"不""没"居多，还有一部分为名词、数词或代词。例如：

m̩^{35}"麦子"（小章苗语）、m̩^{31}"不"（尧告苗语）、n̩^{33}"银子"（虎形山巴哼语）、n̩^{24}"不"（东山勉语）、ŋ̍^{31}"水牛"（小章苗语）、ŋ^{24}"我"（高坡苗语）、ŋɦ^{31}"水牛"（文界巴哼语）、ŋ̍^{44}sjɛp^{22}"五十"（大坪勉语）

C̩型音节的分布较CC̩型音节更为普遍，50%的苗语支代表点、75%的瑶语支代表点均出现该类音节。苗语支代表点为高坡苗语、小章苗语、下坳苗语、尧告苗语、文界巴哼语、滚董巴哼语、虎形山巴哼语、瑶麓布努语、中排巴那语、小寨优诺语、黄落优诺语、龙华炯奈语、六巷炯奈语，瑶语支代表点为江底勉语、东山勉语、大坪勉语。

纵观上述 9 种类型音节，可以发现，"辅音+元音"型音节分布广泛，在种类和出现频率上均处于优势地位。

下面我们将观察这种优势类型的内部构成情况。其 13 种次类型的出现频率如表 4.1.11 所示：

表 4.1.11　　　　　　苗瑶语"辅音+元音"型音节频率

音节类型	CCCV	CCCVV	CCGV	CCGVV	CGGV
比率（%）	6.7	3.3	36.7	36.7	6.7
音节类型	CGGVV	CCV	CCVV	CGV	CGVV
比率（%）	6.7	43.3	36.7	96.7	80
音节类型	CV	CVV	CVVV		
比率（%）	100	96.7	30		

CV 型、CVV 型、CGV 型、CGVV 型的出现频率在 80%以上，遍布两个语支。CV 型出现频次最高（100%）。苗瑶语倾向于使用一个辅音加上一个元音构成音节，辅音和元音可以较为稳定、频繁地构成辅音在前、元音在后的声韵组合关系。我们统计了滚董巴哼语中的 638 个单音节词，CV 型音节为 349 个，其占比高达 54.7%。出现频率位居第二的是 CVV 型，再次为 CGV 型，最后是 CGVV 型。这 3 种类型一般以扩展元音、增加滑音的方式使音节结构复杂化。CCGV 型、CCV 型、CCGVV 型、CCVV 型、CCGV 型、CVVV 型的出现频率均在 30%以上，主要见于苗语支，其音节结构复杂化的方式为增加辅音、滑音，扩展元音。

"辅音+元音"型音节的平均长度为 3.85 个音段，即一般不超过 4 个音段。CCCV 型、CCCVV 型、CGGV 型、CGGVV 型这 4 种首音丛较为复杂的类型出现频率相对较低。由此可见，该类音节倾向于选择一个较为适中的长度，随着辅音、元音数量的增加，该类音节的数量呈下降趋势。

从苗瑶语"辅音+元音"型音节结构所呈现的蕴含关系来看，辅音数量多的音节结构一般蕴含辅音数量少的音节结构，如 CGGVV∩CGGVV⊃CGVV⊃CVV、CCCVV⊃CCVV⊃CVV。再来看元音的情况。如果存在元音音段多的音节结构的话，则必存在元音音段少的音节结构，反之则不然，具体有以下几种蕴含规则：CCCVV⊃CCCV、CCGVV⊃CCGV、CCVV⊃CCV、CGVV⊃CGV、CVVV⊃CVV⊃CV，其中，蕴含规则 CCGVV⊃CCGV 仅有石门坎苗语例外。

"辅音+元音+辅音"型音节分布较为广泛，其 9 种次类型的出现频率如表 4.1.2 所示：

表 4.1.12   苗瑶语"辅音+元音+辅音"型音节频率

音节类型	CVC	CVVC	CGVC	CGVVC	CCVC
比率（%）	90	36.7	86.7	3.3	43.3
音节类型	CGGVC	CCGVC	CCGVVC	CCCVC	
比率（%）	10	33.3	3.3	3.3	

苗瑶语中瑶语支代表点鼻音、塞音韵尾发达，苗语支代表点大都保留了鼻音韵尾，因此，其"辅音+元音+辅音"型音节数量同样较多。

CVC 型、CGVC 型的分布率都在 86.7% 以上。CCVC 型、CCGVC 型、CVVC 型、CGVC 型的出现频率陡降至 10%—43.3%。在这 4 种类型中，相较于增加元音数量使音节复杂化的方式，增加声母辅音或滑音数量的方式更为普遍。CCCVC 型、CCGVVC 型、CGVVC 型较为罕见，仅见于 1 种语言样本。其中，CCGVVC 型、CGVVC 型为元音带复合韵尾，即元音韵尾后还有喉塞音。这种趋向显示，声母或韵母越长，其出现频率越低，也就是说，随着音节长度的增加，其分布率呈递减之势。当声母较为复杂时，韵母趋于简单。辅音更多地出现在首音的位置且最多允许出现 3 个辅音，韵母最多出现两个元音，韵尾位置最多只能出现一个辅音。

在苗瑶语"辅音+元音+辅音"型音节中，同样存在两种蕴含关系。苗瑶语首辅音音段多的音节结构的存在一般蕴含着首辅音音段少的音节结构的存在，即 CCCVC⊃CCVC⊃CVC、CCGVC∩CGGVC⊃CGVC⊃CVC。苗瑶语元音音段多的音节结构蕴含元音音段少的音节结构。出现 CVVC 型音节的语言，也一定会出现 CVC 型音节，反之则不然，即 CVVC⊃CVC。除此之外，还存在 CGVVC⊃CGVC、CCGVVC⊃CCGVC 两种蕴含关系。

"元音"型音节纯粹由元音构成、没有首辅音也没有辅音韵尾。它有 3 种次类：V 型、VV 型、VVV 型，其分布率分别为 56.7%、26.7%、3.3%。其中，仅见于尧告苗语的 VVV 型是通过汉语借词引进的音节类型。单元音音节比复合元音音节更加常见。值得注意的是，吉卫苗语、文界巴哼语、六巷炯奈语、嶂背畲语、江底勉语、梁子勉语、东山勉语等代表点以元音开头的音节都带喉塞音。可见，苗瑶语较为排斥以元音开头的音节。依据统计结果，可以在这类音节中找到一条明显的蕴含规则：在苗瑶语中，出现自成音节二合元音的语言也一定会出现自成音节单元音，反之则不然，即 VV⊃V。

"辅音自成音节"型（Ç 型）、"辅音+辅音韵母"型（CÇ 型）也较为常见。在我们的语言样本中，上述类型中的辅音全部是鼻音，且 Ç 型中自成音节的辅音、CÇ 型中充当韵母的辅音全部都是常态浊鼻音。Ç 型的分布率（53.3%）高于 CÇ 型（40%）。除嶂背畲语之外，凡有 CÇ 型的代表点，一定会出现 Ç 型，反之则不然，即 CÇ 型蕴含 Ç 型的存在。

"元音+辅音"型音节分布率最低。由于发元音时通畅的气流被其后辅音的持阻段分割，它不如"辅音+元音"型、"辅音+元音+辅音"型音节自然，其分布率下降。它只有两种次类：VC 型和 VVC 型，前者占多数，分布率为 30%，以辅音韵尾发达的瑶语支代表点居多。后者数量不多，分布率为 6.7%，仅见于苗语支中排巴那语、西山布努语的汉语借词。VC 型、VVC 型音节以鼻音韵尾居多。该类型在苗瑶语音节中不占优势，种类少，分布率甚至低于辅音自成音节型。如上所述，在苗语支吉卫苗语、文界巴哼语、六巷炯奈语、嶂背畲语以及瑶语支江底勉语、梁子勉语、东山勉语中，以元音开头的音节都带喉塞音。由此可见，该类音节对音首的需求度较高。在这一类型的音节中也有一条蕴含规则，即出现 VVC 型音节的代表点也一定会出现 VC 型音节，反之则不然，即 VVC⊃VC。

从苗瑶语的音节总体情况来看，音节结构类型按"辅音+元音"型、"辅音+元音+辅音"型、"元音"型、"辅音自成音节"型、"辅音+辅音韵母"型、"元音+辅音"型的顺序，其分布率呈现逐渐降低之势。

第二节　音节中音素配列的规则

早在 20 世纪初，西方语音学家就提出了音节内部音素排列的主要原则："响度顺序原则"，即一个音节的响度以韵核为中心，韵核前面的各音素响度逐渐增加或者相等，韵核后面的各音素响度则逐渐降低或者相等。据王洪君（2008）的研究，音素的响度层级为：元音＞半元音＞流音＞鼻音＞擦音（＞塞擦音）＞塞音，其中，低元音＞高元音；浊擦音＞清擦音；浊塞音＞清塞音；送气音＞不送气音[1]。

在苗瑶语音节的组构中，响度扮演了十分重要的角色。苗瑶语音节的韵核主要由响度最大的元音充当，部分代表点响度次于元音、流音的鼻音也可充当韵核。相较于音峰必须是元音的响度阈值（sonority threshold）最高的语言，以及音峰可由塞音充当的响度阈值最低的语言，苗瑶语音节的响度阈值处于中间水平。

从辅音的线性组合关系来看，无论是辅音与元音的接面，还是辅音在音节中出现的位置，都受到"响度顺序原则"的制约。

首先看苗瑶语复杂音首内部存在的响度制约。除包含鼻冠音的首音丛之外，各类结合形式均符合语音线性关系中的"响度顺序原则"。先看双辅音首音系统。

"塞音/塞擦音/擦音/鼻音/边音＋近音"首音丛的分布最为广泛，其分布率高达 86.7%。它们的第二辅音为响度高于其他辅音的近音。因此，起首的形式无论是 5 种辅音中的哪一类，响度都低于近音。带近音-j 的首音丛的分布更为常见，其中，"塞音/鼻音/边音＋近音-j"首音丛的分布率尤高。pj-、mj- 的分布率为 70%，lj- 为 66.7%，sj- 则只有 26.7%，tsj- 为 20%。带近音-w 的首音丛的分布率相对较低。其中，kw- 的分布率最高，为 66.7%，ŋj- 次之，其出现频率跌至 30%，再次为 hw-，其出现频率是 26.7%，lw-（10%）、tsw-（6.7%）的出现频率都较低。许多语言中存在一条非常适用的组合规则：若第一辅音为双唇音或唇齿音的话，第二辅音不能再是唇音，即不允许 pw-、bw-、fw- 之类的组合。苗语支中仅有六巷炯奈语出现 pw-，瑶语支中只有江底勉语出现了 pw-、bw-、fw- 等首音丛。在上述辅音与近音-j、-w 构成的响度差较大的首音丛中，以 pj-、kw- 之类的"清塞音＋近音"首音丛响度距离最大。

"鼻冠音＋塞音/塞擦音/擦音"首音丛位列第二，其分布率为 46.7%。它们是苗瑶语最具特色的首音丛类型，只在苗语支中出现。其中，鼻冠塞音最为常见，鼻冠塞擦音次之，鼻冠擦音较为罕见，仅见于高坡苗语。"鼻冠音＋清塞音"首音丛的分布率依次为：mp-/nt-/ŋk-（46.7%）＞ɳʈ-/ɴq-（26.7%），"鼻冠音＋送气清塞音"首音丛为：mph-/nth-/ŋkh-（36.7%）＞ɴqh-（26.7%）＞ɳʈh-（23.3%）。"鼻冠音＋浊塞音"首音丛的分布率大幅度下降，

① 王洪君：《汉语非线性音系学》，北京大学出版社 2008 年版，第 99 页。

mb-、nd-、ɳɖ-、ŋg-、ɴɢ-的分布率均为 10%。"鼻冠音+清塞擦音"首音丛的分布率依次为：ɳʨ-（36.7%）>nts-（33.3%）>ntʂ-（10%）>ntʃ-（6.7%），"鼻冠音+送气清塞擦音"首音丛为：ɳʨʰ-（33.3%）>ntsʰ-（30%）。"鼻冠音+浊塞擦音"首音丛的分布率较低，ndz-、ɳdʐ-的分布率均为 10%。上述各类组合中决定首音丛性质的塞音、塞擦音的分布依照清声、送气清声、浊声的顺序，分布率渐次降低。这些组合均不符合"响度顺序原则"。朱晓农（2010）认为鼻冠音和塞音组成的是同部位不同调音方式的复合辅音[①]。这类复合辅音不符合"响度顺序原则"的原因尚待进一步探讨。

　　"塞音/鼻音/擦音+边音/擦音/颤音 r/近音 ɻ"首音丛的分布率与含鼻冠音的双辅音首音丛一样，为 46.7%。46.2%的苗语支代表点、50%的瑶语支代表点都有这种首音丛，以"塞音+边音"的组合最为常见。在 pl-、tl-、kl-、ql-之类的"清塞音+边音"序列中，pl-的分布率最高，为 33.3%。kl-的分布率次之，为 10%，出现在龙华、六巷炯奈语与东山勉语中。再次为 ql-，分布率是 6.7%，仅见于石板寨苗语、高寨苗语。tl-的分布率最低，为 3.3%，仅在梁子勉语中出现。另外，颇具特色的 pl-的分布率也只有 3.3%，只在宗地苗语中出现。在 phl-、khl-、qhl-之类的"送气清塞音+边音"序列中，phl-的分布率为 23.3%，khl-为 10%，qhl-为 6.7%。代表点中未出现 thl-首音丛。bl-、dl-、gl-之类的"浊塞音+边音"序列的出现频率低于"送气清塞音+边音"序列，主要分布在瑶语支代表点中。bl-的分布率为 6.7%，出现在梁子、东山勉语中。dl-的分布率为 10%，见于石门坎苗语、中排巴那语、梁子勉语。gl-为 3.3%，仅分布在东山勉语中。代表点中尚未发现 ɢl-之类的首音丛。总的来说，在"塞音+边音"首音丛中，发音部位靠前的双唇塞音为出现频次较高的辅音。"齿/龈、软腭塞音+齿/龈边音"首音丛 tl-、ɡl-的出现频率最低，其较低的占比有着发音生理方面的原由。从发声类型来看，塞音复辅音中塞音的分布依照清塞音、送气塞音、浊塞音的顺序，分布率渐次降低，即塞音的响度越低，与边音的响度距离则越大，其分布率越高，塞音的响度越高，与边音的响度距离则越小，其分布率越低。

　　"塞音+边音"之外的其他类型的首音丛出现频率较低。"鼻音+边音 l/颤音 r/近音 ɻ"首音丛仅见于高坡苗语、腊乙坪苗语、吉卫苗语。这 3 个代表点允许像 ml-、mr-、mɻ-等少数响度距离只有一个大类的响音音串出现。"塞音+颤音 r/近音 ɻ"首音丛只在石板寨苗语、吉卫苗语、腊乙坪苗语中出现，如 pr-、pɻ-、qɻ-，其响度级差较大。"擦音+边音"首音丛如 vl-，仅见于石板寨苗语、高寨苗语。"塞音+擦音"首音丛如 pz-、pʐ-，出现在石板寨

[①] 朱晓农：《语音学》，商务印书馆 2010 年版，第 207 页。

苗语、宗地苗语中。"擦音+擦音"首音丛仅见于石板寨苗语。vz-首音丛的构成成分均为浊擦音，响度属于同一大类，构成了所谓的"响度平台"（sonority plateau）。

　　排在最后的是"先喉塞音+塞音/鼻音/边音/擦音/近音"首音丛，其分布率为13.3%。这类首音丛仅见于苗语支石板寨苗语、高寨苗语、小章苗语、西山布努语。在石板寨苗语、高寨苗语、小章苗语中，喉塞音可与鼻音（m、n、ŋ̩）、边音（l）、浊擦音（z、v）、近音（w、ɥ）组合，其中，鼻音调音部位较为丰富，有双唇、齿/龈、腭前3个部位。在西山布努语中，喉塞音可与边音（l）、浊擦音（z、v）组合。喉塞音与塞音的组合（ʔp-、ʔph-、ʔt-）仅见于西山布努语，其构成成分均为清塞音，响度属于同一大类，构成了"响度平台"。

　　由上可见，苗瑶语两个辅音音素之间的响度距离差一般在两个大类以上，但也允许响度级差只有一个大类甚至处于同一响度级别的首音丛存在，其响度级差较为宽泛。从上述种类繁多的双辅音首音丛内部的组合特征中可发现一个规律：出现在首音丛中的第一个位置的往往是塞音，塞音出现在该位置比其他辅音更自然是因为它处于响度层级的底部，易于与其他辅音构成响度距离较大的首音丛。由于清塞音的响度层级比浊塞音低，因此苗瑶语倾向使用清塞音与其他辅音构成首音丛，bl-、dl-、gl-之类的序列出现频率远低于pl-、tl-、kl-之类的序列。元音是音节的核心，即音节中最响亮的部分，把塞音放在首音丛的最外部，让响度比塞音高、更具有响音性质的其他辅音靠近元音，可使音节中的响音部分和噪声部分之间的区别更为显著，更易被人类听觉器官识别。与此同时，出现在首音丛中的第二个位置的往往是近音，近音比其他辅音的响度高，可与其他辅音组成响度级差较大的序列，其中以"塞音+近音"组合的响度级差最大。因此，近音出现在第二辅音位置的频率大大高于边音等其他辅音。

　　再来看三辅音首音系统。位列第一的是"鼻冠音+塞音+近音"首音丛，其分布率为30%。其中，"鼻音+塞音+近音-j"首音丛的分布率最高，出现在石板寨苗语、高寨苗语、下坳苗语、文界巴哼语、虎形山巴哼语、七百弄布努语、瑶麓布努语、龙华炯奈语、六巷炯奈语中，其出现频次依次为：mpj-（30%）、mphj-/ntj-（各16.7%）、ŋkj-（13.3%）、nthj-（10%）、mbj-/ŋkhj-（各6.7%）、mpɦj-（3.3%）。"鼻音+塞音+近音-w"首音丛的出现频率次之，分布在石板寨苗语、高寨苗语、宗地苗语、虎形山巴哼语、七百弄布努语、瑶麓布努语、龙华炯奈语、六巷炯奈语中，以ŋkw-（23.3%）的出现频次最高。

　　"鼻冠音+塞音+边音"首音丛位列第二，其分布率为26.7%。其中，"鼻冠音+清塞音+边音"首音丛的分布率依次为：mpl-（26.7%）＞ŋkl-（6.7%）＞mpl-（3.3%），"鼻冠音+送气清塞音+边音"首音丛唯有mphl-（13.3%），

"鼻音+浊塞音+边音"首音丛的分布率依次为：mbl-/ŋɡl-（6.7%）＞ndl-/ɴql-（3.3%）。另外，石门坎苗语中还出现了十分罕见的"鼻冠音+浊送气浊塞音+边音"首音丛 ndɦil-。

"鼻音+塞音+擦音"、"鼻冠音+塞音+颤音"首音丛都比较少见。前者见于石板寨苗语、宗地苗语，如 mpz-、mbz-、mpʐ-，后者仅在腊乙坪苗语中出现，如 mpr-。

上述三辅音首音系统的第一辅音均为鼻冠音，第二辅音均为塞音。第二辅音按清塞音、送气塞音、浊塞音的顺序，出现频率逐渐下降。这类首音丛的组合普遍偏离了"响度顺序原则"。

除此之外，苗瑶语中还存在 3 种较为少见的三辅音首音丛。第一种是kwj-、khwj-、gwj-、hwj-等首音丛，它们分布在江底勉语、东山勉语中，其第一辅音为响度较小的塞音或擦音，第二、第三辅音皆为响度较高的近音。第二种是 dlj-、klw-等首音丛，它们分布在中排巴那语、六巷炯奈语中，其第一辅音为响度较小的塞音，第二辅音响度增加，第三辅音响度更高。第三种是ʔmj-首音丛，它仅见于小章苗语，其第一辅音为响度较小的塞音，第二辅音是响度较高的鼻音，第三辅音为响度更高的近音。上述 3 类首音丛的组合均符合"响度顺序原则"。

从历时演变的角度来观察，苗瑶语首音系统中的辅音丛在"响度顺序原则"的制约下，大致有两种演化路径。一是含鼻冠音的首音丛中鼻冠音或塞音的脱落。多数代表点中塞音前的鼻冠音脱落，少数代表点中塞音丢失而保留鼻音，从而使与"响度顺序原则"不符的音节大量地减少。二是古苗瑶语"塞音/鼻音+后置辅音-l/-r"音节的"趋响化"。其后置辅音-l、-r 经常演化为响度等级更高的-j、-w。上述两种演化使得首音丛更符合音节响度等级的结构形式。

再来看介音和韵腹系统。在 CCCVV 型、CCGVV 型、CGGVV 型、CCVV型、CGVV 型、CVV 型以及 CCGVVC 型、CGVVC 型、CVVC 型等含有双元音的音节结构中，由于苗瑶语中不存在不分强弱的真性二合元音，从元音的响度来看，第一元音的响度要明显比第二元音大，一般属于前响复合元音。VVC 型音节以及某些 CVV 型音节略有不同，例如 pie²⁴¹ "网"（尧告苗语）、tua²¹ "袋"（尧告苗语）、yan⁴² "原（因）"（西山布努语）、puua³³ "五"（西山布努语），这类音节部分来自汉语借词，第一元音为介音，性质接近 j-、w-、ɥ-、ɰ-等滑音，因此属于后响复元音。音节的响度一般以韵核为中心，因此，无论是前响二合元音还是后响二合元音，都符合"响度顺序原则"。

最后是韵尾系统。先来看元音韵尾，元音韵尾出现在 CVVV 型、VVV型中，如 mieu⁵³ "庙"（菜地湾苗语）、ŋuai³⁵ "嚼"（西山布努语）。这两种音节也大都借自汉语，其第一元音为介音，第三元音为韵尾，介音、韵尾的性质均接近 j-、w-等滑音。总之，三合元音中介音、韵腹、韵尾的组合完全符合"响度顺序原则"。再来看辅音韵尾。我们的语言样本中未出现拥有双辅音韵尾的代表点，语言样本之外的复辅音韵尾，如 dimp[11]"闭"（里头村），响度较大的鼻音比塞音更靠近音峰，因此未曾违反"响度顺序原则"。在十分罕见的 CCGVVC 型音节中，例如 ntjau?[55]"啄"（龙华炯奈语），其元音韵尾后还带了一个塞音韵尾，由于元音的响度大于塞音，因此这种特殊的韵尾组合依旧符合"响度顺序原则"。总而言之，苗瑶语韵尾系统全部符合响度顺序原则。

第三节　音节的复杂程度

在音节结构的复杂度方面，不同语言的变异范围较大。据麦迪森对音节结构的考察，485 种世界语言的音节结构按照其复杂程度可以分为三个等级：简单、适中、复杂。"'简单'型指仅包含(C)V 型音节，其声母也可以不出现；'适中'型指在元音之后可出现一个辅音，且（或）在第一辅音后出现-l、-r、-w、-j 之类的音，其最长音节结构为 CCVC 型，如/bwak/；'复杂'型指音首可出现三个或者更多的辅音、元音之后可出现两个或以上辅音，以英语为例，其较为典型的复杂音节结构的模式一般概括为：(C)(C)(C)V(C)(C)(C)(C)，如读作/stɹɛŋkθs/的 strengths。其统计结果显示，世界语言的音节结构以'适中'型居多，其占比高达 56.5%；'复杂'型的分布率次之，其占比为 30.9%；'简单'型的分布率最少，其占比仅有 12.6%（麦迪森 2005）。"[①]

依据麦迪森的标准，苗瑶语 30 个代表点不同类型音节结构的分布情况如表 4.3.1 所示：

表 4.3.1　　　　　　　　苗瑶语音节结构类型

	"简单"型	"适中"型	"复杂"型
苗语支（26 种）	0	10	16
瑶语支（4 种）	0	2	2
总计	0	12	18
比率（%）	0	40	60

① Maddieson,Ian. Syllable Structure in Haspelmath, Martin & Dryer, Matthew S. (eds.). *The World Atlas of Language Structures*, Oxford University Press, 2005: 54-57.

表 4.3.1 显示，苗瑶语音节类型主要为"复杂"型，该类音节的占比为
60%，大大高于世界平均水平。"适中"型音节的占比为 40%，低于世界平
均水平。苗瑶语中未出现"简单"型音节。整体来看，苗瑶语音节种类为
"复杂"偏"适中"型，"复杂"型音节结构最为常见，但"适中"型音节
结构的占比也不低。从各语支的情况来看，两个语支"适中"型、"复杂"
型齐全。苗语支约六成代表点的音节种类属于"复杂"型，其他四成代表
点的音节种类属于"适中"型。苗瑶语 88.9%的"复杂"型音节都出现在苗
语支中。瑶语支中音节种类属于"适中"型、"复杂"型的代表点各占一半。
苗瑶语各代表点的音节结构类型如表 4.3.2 所示：

表 4.3.2　　　　　　　　　　苗瑶语音节结构类型

苗语支	音节结构类型	优诺语	小寨、黄落："适中"型
罗泊河苗语	石板寨、高寨："复杂"型	炯奈语	龙华、六巷："复杂"型
川黔滇苗语	上坝、高坡、宗地、石门坎："复杂"型	巴那语	中排："复杂"型
湘西苗语	吉卫："适中"型 下坳、腊乙坪、小章："复杂"型	畲语	嶂背："适中"型
黔东苗语	凯棠、菜地湾、尧告、河坝："适中"型		
巴哼语	文界、虎形山："复杂"型 滚董："适中"型	**瑶语支**	音节结构类型
布努语	七百弄、瑶麓："复杂"型 西山："适中"型	勉语	江底、东山："复杂"型 梁子、大坪："适中"型

关于音节结构的复杂程度与辅音、元音、声调之间的关系，苗瑶语音
节结构的区别主要体现在音首辅音丛而不是韵尾，因此，辅音数量较多、
音首辅音丛复杂的语言，音节结构较为复杂，而辅音数量较少、音首辅音
丛简单的语言，音节结构则较为简单。与此同时，元音数量较多的语言，
一般有较复杂的音节结构，元音数量较少的语言，音节结构也相应简单。
复杂音节结构语言如苗语支语言，一般分布在辅音系统、元音系统较为复
杂的区域，也就是说，音节结构的复杂程度与辅音、元音系统的复杂程度
在地域上是重叠的，简单音节结构语言分布的区域与简单辅音、元音系统
的分布区域也是一致的，如辅音系统、元音系统都较为简单的嶂背畲语，
其音节类型属于"适中"型。

除了音节结构与元音、辅音之间的关系，我们还可考察音节结构与声调之间的关系。我们发现，在苗瑶语中，音节结构较为复杂的语言，其声调相对简单。复杂音节结构语言的比例随着声调复杂度的降低而升高。这种趋势与麦迪森的统计结果是一致的。如苗语支语言音节结构类型多于瑶语支语言，但其声调数目则少于瑶语支语言。因此，我们可以发现，复杂的音节结构更倾向于使用较为简单的声调系统。如果一种语言的音节结构和声调系统都较为复杂的话，那么其经济性一定是较为低下的。

除了音节结构影响声调之外，与音节结构相关的基本的音节量、音节组配的限制也可能影响声调的数量。我们撷取音节结构种类相近的高寨苗语（14 种）、宗地苗语（15 种）为例。高寨苗语拥有 85 个声母，27 个韵母，3 个声调，3 种变调规则。据我们对《苗瑶语文》中 888 个常用词的统计，其单音节词为 347 个。宗地苗语的声母为 49 个，韵母为 29 个，声调为 11 个，变调规则多达 20 条，单音节词为 603 个。以其[ha]音节为例，它可以通过声调的变化区别出 7 种意义：ha^{53} "哭"、ha^{232} "干"、ha^{55} "啼"、ha^{22} "教"、ha^{42} "屎"、ha^{35} "客"、ha^{44} "青菜"。相较之下，宗地苗语的音节组配方式少于高寨苗语，较多的单音节词也表明其语素的独立性更强，因而其复杂的声调系统成为区别意义的重要手段。

苗语支中的畲语较为特别，其音节结构、基本的音节量、音节组配的限制、声调均比苗瑶语其他语言简单。如下水村畲语声母为 32 个，韵母为 29 个，声调为 6 个，变调规则仅有 2 条，单音节词为 486 个，音节种类为 8 种[①]。它较少的音节结构类型、音节量以及较为独立的语素并未使声调种类变得庞杂起来。这说明声调的复杂程度跟 "复杂" 型音节结构的关系更密切，在 "适中" 型音节结构中两者的相关关系不明显。

苗瑶语音节数量的复杂度如何呢？我们以养蒿苗语为代表来说明。据陈其光（2013）的统计，养蒿苗语拥有 40 个声母、20 个韵母、8 个声调，带声调的音节数目为 1563 个[②]。我们依据陈其光先生的养蒿声韵调配合表进行了补充统计，发现不分声调的音节为 388 个。

在苗瑶语语言样本中，由音节组合而成的词的复杂程度如何呢？我们根据《苗瑶语文》中拥有 888 个常用词的词表，观察 8 个代表点不同数量音节的分布情况[③]。由于某些代表点个别例词阙如，我们将各类词的数目换

---

① 《中国的语言》中撷取的嶂背畲语没有相应词表，我们选取《苗瑶语文》中附有词表的下水村畲语为例说明音节的复杂程度。

② 陈其光：《苗瑶语文》，中央民族大学出版社 2013 年版，第 99 页。

③ 《瑶族勉语方言研究》中的词表与《苗瑶语文》不同，因此选择《苗瑶语文》中的油岭为勉语代表点。

算为百分比。统计结果如表 4.3.3 所示：

表 4.3.3　　　　　　　　　　苗瑶语常用词的音节数量

	单音节（%）	双音节（%）	三音节（%）	四音节（%）	五音节（%）
高寨苗语	46.7	38.8	14	0.4	0.1
宗地苗语	69.2	28	2.5	0.1	0
石门坎苗语	57.7	32.8	8	1.3	0.2
河坝苗语	59.7	37.2	2.6	0.3	0.1
小章苗语	52.8	40.4	6.4	0.5	0
龙华炯奈语	70.8	26.6	2.5	0.1	0
下水村畲语	55.1	33.8	10	1	0.1
油岭勉语	73.8	22.6	3.4	0	0

表 4.3.3 显示，苗瑶语最短的词由一个音节构成，最长的词有 5 个音节。如高寨苗语的 $ʔə^{02}qo^{05}laŋ^{55}qo^{05}læ^{35}$ “燕子”，石门坎苗语的 $tʂho^{33}ʔa^{33}bɦaɯ^{35}su^{11}$ $lɦiu^{11}$ “棉衣”、$phai^{55}ʔa^{33}bɦaɯ^{35}su^{11}lɦiu^{11}$ “棉絮”，河坝苗语的 $nei^{55}ʔa^{44}po^{44}$ $næ^{53}she^{11}$ “哑巴”、下水村畲语的 $ka^{03}khɔ^{55}mɔ^{35}ʔa^{55}phu^{35}$ “瞎子”。

苗瑶语常用词的音节数量呈现以下特征：单音节词占比最大，其次是双音节词。单音节词、双音节词在苗瑶语词汇中占据优势地位。三音节词占比陡降，呈断崖式下跌。四音节和五音节词的占比几乎可以忽略不计。苗瑶语常用词汇中词的长度受到一定限制，具有较大信息量和较重记忆负担的多音节词出现频率较低。随着音节长度的增加，相应词的出现频率随之降低。

第四节　音节显赫性的外在表征

音节在苗瑶语音系中有着十分重要的地位，它是母语者心目中分界明确的、现成的单位。下面我们参照孙克敏、刘丹青（2020）对音节凸显的库藏类型学考察模式①，从音节的标记度、稳定度、封闭度三个方面观察、探讨苗瑶语音节显赫性的外在表征。

苗瑶语音节的标记度首先体现在音节结构对无标记 CV 模式的偏离程

---

① 孙克敏、刘丹青：《藏语音节凸显的库藏类型学考察》，《民族语文》2020 年第 2 期，第 44–52 页。

度。音节偏离度的计算方式为：音节在 CV 模式基础上向两边扩展，每增加一个元音则偏离度加 1 度，每增加一个音节首辅音则偏离度加 2 度，每增加一个音节尾辅音则偏离度加 3 度。增加元音的赋值最低，是因为它对音节结构的影响度低于辅音。增加音节尾辅音的赋值大于音节首辅音，是因为其分布所受的限制比音节首辅音大。CCGVVC 型为现代苗瑶语最大音节结构，例如龙华炯奈语的 ntjauʔ⁵⁵ "啄"，其偏离度为 2*2+1+3=8。CCCVC 型、CCGVC 型、CGGVC 型音节分布在苗语支石板寨苗语、高寨苗语、上坝苗语、宗地苗语、下坳苗语、腊乙坪苗语、小章苗语、七百弄布努语、瑶鹿布努语、虎形山巴哼语、中排巴那语、六巷炯奈语以及瑶语支江底勉语、东山勉语，其偏离度为 2*2+3=7。CCGVV 型音节仅见于石门坎苗语，其偏离度为 2*2+1=5。CGVC 型、CCVC 型音节分布在苗语支吉卫苗语、凯棠苗语、菜地湾苗语、尧告苗语、河坝苗语、滚董巴哼语、西山布努语、小寨优诺语、黄落优诺语、嶂背畲语，瑶语支梁子勉语、大坪勉语，其偏离度为 2+3=5。CCGV 型音节仅分布在高坡苗语、文界巴哼语中，其偏离度为 2*2=4。总的来说，苗瑶语各代表点最大音节结构对 CV 模式的偏离度差别不大，偏离度在 4 度到 8 度之间。

从历时演化的角度来看，苗瑶语在音节结构简化过程中存在大量由非 CV 型模式向 CV 型模式转化的实例。其复杂首音丛一直处于简化进程之中，有 CCCV→CCGV/CCV/CV、CCV→CGV/CV 等变化。古苗瑶语复杂首音丛中的 -r、-l 等成分在众多代表点中演变为 -j、-w，鼻冠成分在 46.2% 的苗语支代表点中，在瑶语支的全部代表点中都已经失落，先喉塞成分的演变步伐尤为迅捷，在将近 90% 的代表点中已经消失殆尽。

苗瑶语韵尾系统也一直处于简化进程中，有 CCVC→CCV/CGV、CVC→CV 等变化。首先看鼻音韵尾。苗语支双唇鼻音韵尾仅存于尧告苗语、西山布努语，西山布努语的双唇鼻音韵尾只拼壮语借词。大部分代表点虽然尚存齿/龈、软腭鼻音韵尾，但前者一般只出现在前高元音之后，后者则只出现在后低元音之后。虎形山巴哼语、七百弄布努语仅存软腭鼻音韵尾。高坡苗语、石门坎苗语、文界巴哼语无鼻音韵尾。其中，高坡苗语、文界巴哼语鼻音韵尾的痕迹仅可在鼻化韵中寻觅。在瑶语支代表点中，仅有东山勉语失落了双唇鼻音韵尾①。再来看塞音韵尾。苗语支仅有西山布努语、龙华炯奈语保留双唇、齿/龈、软腭塞音韵尾，但只拼壮语或瑶语借词。嶂背畲语的齿/龈、软腭塞音韵尾 "死灰复燃"，用来拼读汉语借词。瑶语支大

---

① 语言样本之外的庙子源勉语仅存软腭鼻音韵尾。

坪勉语无软腭塞音韵尾[①]，东山勉语塞音韵尾演变为喉塞音韵尾或齿/龈鼻音韵尾。总而言之，韵尾简化最为彻底的是苗语支中的高坡苗语、石门坎苗语、文界巴哼语。由于鼻音、塞音韵尾全部脱落，它们成为所谓开音节语言。

音节的标记度其次体现在对"响度顺序原则"的偏离度。从音段组合来观察，除包含鼻冠音的首音丛之外，苗瑶语首音丛全部符合"响度顺序原则"，音节尾也未出现违背"响度顺序原则"的音丛。由于鼻冠音的消变，这种有悖于"响度顺序原则"的音节将逐渐减少，苗瑶语首音丛将大部分回归无标记模式。

音节的标记度还体现在音节对元音起始音节的排斥性。首先，苗瑶语中零声母音节的两种类型："元音"型、"元音+辅音"型的出现频率均大大低于"辅音+元音"型、"辅音+元音+辅音"型。其中，"元音+辅音"型的比率甚至低于"辅音自成音节"型。其次，在出现这两种音节的 17 个代表点中，有 7 个代表点元音前有喉塞音。综上，苗瑶语中存在对辅音声母的强制性需求的倾向。

从音节的稳定度来看，苗瑶语音节之间的离散程度较大，音节中音素总是归属于一定的音节。即使是零声母音节也不会和前面的音节发生音节连读（resyllabication）现象。如瑶语支江底勉语 $dau^{33}o^{52}$ "沃地"之类的音节，其中第一音节的韵尾音素不会转入第二音节。零声母音节前的喉塞音起到了与前面音节隔开的作用。再如在连读变调中，苗瑶语的零声母音节位于多音节词的后音节位置时，由于喉塞音的屏障作用，仍然保持零声母，未曾接受前音节尾音作为其首音。例如江底勉语 $tu\eta^{231}o^{52}$ "猪肉"变调读为 $tu\eta^{21}o^{52}$，变调之时，前音节韵尾-ŋ 并未后移为第二音节声母。

在没有喉塞音的屏障作用的情况下，苗瑶语中也很少出现音节连读现象。究其原因，在于苗瑶语音节的韵律特征和声调有着密切的关系。据陆丙甫、金立鑫（2015）的研究，根据基本单位的时间属性，可将语言分为 3 种类型。第一类是莫拉（mora）节拍语言，如日语为典型的以莫拉为基本单位编码的语言，一个词由几个莫拉组合而成；第二类是重音节拍语言，如英语为较为典型的重音节拍语言，一个词至少拥有一个重音音节；第三类是音节节拍语言，如汉语为较为典型的音节节拍语言，音节是音系中较为显赫的基本单位，每个音节具有大致相等的时长[②]。苗瑶语与汉语同属音节节拍语言，它的每一个音节的时长大致相同。苗瑶语的每个音节都有声

---

① 在语言样本之外的长坪勉语中，软腭塞音韵尾演变为喉塞音韵尾。

② 陆丙甫、金立鑫：《语言类型学教程》，北京大学出版社 2015 年版，第 42—43 页。

调，而每个声调都有一定的长度，因此，不管音节的长度如何，只要带上声调，它们的长度均趋于相同。如上坝苗语的凹调可同时落在这 3 种音节上：na^{213} "母亲"、kou^{213} "十"、kuai^{213} "怪"。从这 3 个例词中可以看出声调的长度抵消了音节的长短。即在声调的实现过程中，音节的长短之差被声调的长度所取代。正是声调的这种作用使得苗瑶语的带调音节彼此独立，较难发生音节连读现象。目前，我们只发现个别音变范围超出了音节的特例。如没有鼻音韵尾的石门坎苗语常把汉语借词 "中国" 读作 tʂu^{55}ŋkue^{31}，把 "工作" 读作 ku^{55}ntsuo^{31}，其前音节辅音在音节边界处发生重新音节化的现象。但这些词中的鼻音韵尾并非简单地移往后一音节，而是根据复声母的结构规律调整发音部位的（陈其光 2003）[①]。

　　我们再来看苗瑶语音节的封闭度。封闭度指音段配列、音变的制约因素是否限制在音节之内。与此同时，音节内音段的融合性也是封闭度的体现。首先观察音段配列的封闭度。苗瑶语音段配列的范域是音节，例如其复辅音只能出现在音节之首。音段配列基本不受词的影响，语言样本中未见音段配列受词范域限制的报道。

　　再来观察音变的制约因素是否限制在音节之内。苗瑶语音变的制约因素大都限制在音节之内，音变范域一般未超出音节。我们仅在石板寨苗语中发现一个特例，其 tə^{33}mphje^{33} "女儿" 读作 tən^{33}phje^{33}，其 mo^{31}ntsha^{24} "不洗" 读作 muŋ^{31}tsha^{24}。在这两个词中，第二音节的鼻冠音前移至第一音节充当鼻音韵尾，其调音部位也因前面的元音而异（陈其光 2013）[②]。

　　苗瑶语音节的封闭度还体现在其音节内音段的融合度。苗瑶语的音节不像英语的音节那样有明显的拼合过程，其元音、辅音不是慢慢地拼合，而是像一个共生的板块。其复元音韵母并非由几个独立的元音组合而成，而是发元音时舌位由某一部位向另一部位滑动，声带不停止振动（陈其光 2013：242）。再来看带辅音韵尾的音节的封闭性。苗瑶语鼻音韵尾仅限于 -m、-n、-ŋ，它们不是典型的鼻塞音，与纯粹的鼻音不同，只有成阻而无除阻，塞音韵尾同样只有成阻而无除阻（陈其光 2013：64）。辅音韵尾这种只闭不破的特性保证了音节的封闭性。有趣的是，以鼻音为声母的音节，在苗

---

　　① 陈其光：《苗瑶语篇》，载马学良主编《汉藏语概论》，民族出版社 2003 年版，第 646 页。在语言样本之外的下水村畲语 "VⁿV" 式重叠中，虚语素与前音节发生融合而产生音节重组的现象。该式由谓词性成分变调重叠的形式构成。这种变调重叠是否定副词ʔa^{35}弱化后与前面的词合并后形成的，否定词在其声母、韵母消失之后，声调嫁接到前一词身上。例如：

　　　mɔ^{35} mɔ^{53} ← mɔ^{53}　ʔa^{35}　mɔ^{53}　　　vɔŋ^{35} vɔŋ^{31} ← vɔŋ^{31}　ʔa^{35}　vɔŋ^{31}
　　　买　　不　　买　　　　　　　　　　大　　不　　大

　　② 陈其光：《苗瑶语文》，中央民族大学出版社 2013 年版，第 62 页。

语支的一些语言中，其韵母常常出现鼻音偶化现象，这种新生鼻韵尾的屏蔽作用增加了苗语支相关语言音节的封闭性。

第五节　音节特征的跨语言对比

从词根的音节构成来看，语言有单音节词根语言、多音节词根语言两种类型。在中国境内的语言中，汉藏语系语言中的苗瑶语、侗台语、汉语、部分南亚语大都为单音节词根语言。南岛语系语言以及阿尔泰语系语言中的突厥语、蒙古语、满—通古斯语属于多音节词根语言。汉藏语系语言中的藏缅语处于单音节词根语言、多音节词根语言两种类型之间。下面我们主要观察苗瑶语、汉语、藏缅语、侗台语的音节特征[①]。

关于音节的构成成分与结构类型，我们首先看藏缅语音节的构成要素。藏缅语声母系统是汉藏语中最复杂的，如拉坞戎语的复辅音声母为 393 个，嘉戎语为 201 个，尔龚语为 196 个[②]。首音丛最多可出现 5 个辅音，如拉坞戎语 ʁvrdzɣə[55] "出芽儿、孵出"。其介音也颇为丰富。仓洛语、白马语、彝语、仙岛语无介音，哈尼语、桑孔语、毕苏语、景颇语、崩尼—博嘎尔语、载瓦语、浪速语、波拉语虽无介音，但有带-j 的腭化声母或带-w 的唇化声母。除以上语言之外，藏缅语均有 i-、u-、y-、ɯ-等介音，介音的分布率为 73.9%。音节中元音最多可以出现 3 个，如彝语支拉祜语 xuai[11] "孙子"。藏缅语的韵尾系统也是汉藏语中最为复杂的，如拉坞戎语在构词和构形中出现 12 个单辅音韵尾（-m、-n、-ŋ、-ŋ、-t、-v、-s、-χ、-ɣ、-l、-r、-j），21 个复辅音韵尾，3 个元音韵尾（-i、-u、-ɯ）。音节中辅音韵尾最多为两个，如拉坞戎语 skærn[55] "称"。综上，我们将其音节结构概括为 OMNC 型[③]。

藏缅语利用辅音、滑音、元音材料，按照线性方式交替排列所形成的音节结构最为复杂。以嘉戎语为例，它的音节结构为 12 种，有 khanthalolo "谜语"之类的多音节词。再如拉坞戎语，其音节结构在 22 种以上，最复杂单音节词的音节结构为 CCCVCC 型，如 nscçərn[53] "害怕"，仅比英语最大单音节词音段配列 CCCVVCCCC 型少 3 个音段，它也拥有如 fkræmɛɛɛ[53] "调皮、淘气"之类较为复杂的多音节词。46 种藏缅语音节结构的平均值为 8 种，并非每种形式都伴随声调。其音节结构类型按"辅音+元音"型、"元音"型、"辅音+元音+辅音"型、"元音+辅音"型、"辅音自成音节"型、

---

① 麦迪森《语音格局》一书未详细辑录世界语言音节结构资料，因此，本节的跨语言比较以汉藏语内部比较为主。

② 统计藏缅语、苗瑶语、侗台语复辅音声母时，计入了带鼻冠音、先喉塞音的复杂声母。

③ Onset 为声母，Medial 为介音，Nucleus 为韵腹，Coda 为韵尾。

"辅音+辅音韵母"型的顺序分布率逐渐降低。

　　苗瑶语音节的构成成分与结构类型的复杂度仅次于藏缅语。我们先看苗瑶语音节的构成要素。其声母系统的复杂度在汉藏语中仅次于藏缅语，如石板寨苗语的复辅音声母为 52 个，高寨苗语为 41 个。首音丛最多可出现 3 个辅音，如宗地苗语 mpʑæ⁵³ "耳"。其介音有 i-、u-、y-、ɯ- 4 个，介音的分布率为 56.7%。由于瑶语支语言样本往往缺乏介音 i-、u-，苗瑶语介音的数量比侗台语、藏缅语少。苗瑶语音节中元音最多可以出现 3 个，如菜地湾苗语 mieu⁵³ "庙"。其韵尾系统的复杂程度不如藏缅语，元音韵尾最多有 3 种（-i、-u、-ɯ），如石门坎苗语，辅音韵尾最多为 6 种（-m、-n、-ŋ、-p、-t、-k），如江底勉语。语言样本的音节中最多出现一个辅音韵尾。综上，其音节结构可以概括为 OMNC 型。

　　苗瑶语以小章苗语、龙华炯奈语、六巷炯奈语音节结构类型最多，为 17 种。最大音节结构为 CCGVVC 型，例如龙华炯奈语 ntjauʔ⁵⁵ "啄"。30 种苗瑶语音节结构的平均值为 11.5 种，且每种形式都伴随声调。从分布率来看，其音节结构类型按降序依次为："辅音+元音"型 > "辅音+元音+辅音"型 > "元音"型 > "辅音自成音节"型 > "辅音+辅音韵母"型 > "元音+辅音"型。

　　侗台语音节的构成成分与结构类型的复杂度低于苗瑶语。先看音节的构成要素。其声母系统的复杂度不如苗瑶语，如毛南语的复辅音声母为 16 个，水语为 14 个。首音丛最多可出现 3 个辅音，如莫语 ʔɖwəi¹² "口水"。侗台语一些语言有 i-、u-、y-、ɯ-等介音，介音的分布率为 61.9%。另一些语言的介音 i-、u-一般处理为带-j 的腭化声母、带-w 的唇化声母（黄行 2007）[①]，因此介音的实际数量比语料显示的要多。音节中元音最多可以出现 3 个，如临高话 liau¹¹ "多"。其韵尾系统的复杂程度不如藏缅语，未出现复辅音韵尾，最多可出现 8 个单辅音韵尾（-m、-n、-ȵ、-ŋ、-p、-t、-ȶ、-k），4 个元音韵尾（-i、-u、-ɯ、-a），如黎语。音节中最多出现一个辅音韵尾。侗台语音节结构也可概括为 OMNC 型。

　　侗台语以拉珈语音节结构最多，为 15 种。最大音节结构为 CCGVC 型，如水语 ʔnjem⁴⁵ "跟"。21 种侗台语音节结构的平均值为 8.2 种，且每种形式都伴随声调。其音节结构类型按 "辅音+元音"型、"辅音+元音+辅音"型、"元音"型、"元音+辅音"型、"辅音自成音节"型、"辅音+辅音韵母"型的顺序分布率逐渐降低。

　　相较之下，汉语音节的构成成分与结构类型的复杂度最低。我们先看

---

　　① 黄行：《中国语言的类型》，载孙宏开、黄行、胡增益主编《中国的语言》，商务印书馆 2007 年版，第 48 页。

汉语音节的构成要素。其声母系统的复杂度在汉藏语中是最低的，无复辅音。汉语有 i-、u-、y-、ɯ-等介音，属介音较为丰富的语言，少数方言，如粤语，其介音 u-一般处理为带-w 的唇化声母。音节中元音最多可以出现 3 个，如北京话 xuei^{35} "回"。其韵尾系统复杂程度与苗瑶语相仿，最多出现 6 个单辅音韵尾（-m、-n、-ŋ、-p、-t、-k），如广州话、梅县话，元音韵尾一般为-i、-u，少数为-i、-ɯ，如扬州话。语言样本音节中最多出现一个辅音韵尾。汉语音节结构亦可概括为 OMNC 型。

汉语普通话单音节字最大音节结构为 CVVC 型，如 tɕian^{55} "江"。汉语方言的音节结构更为复杂，建瓯话有 CVVVC 型音节，如 xuaiŋ^{21} "反"[①]。汉语每种音节形式都伴随声调。汉语以"辅音+元音"型分布率最高，"辅音+元音+辅音"型次之，再次是"元音"型、"元音+辅音"型，"辅音自成音节"型分布率最低。

苗瑶语等汉藏语有着大致相同的音节结构：OMNC 型，即声母在前，介音紧随其后，然后是韵腹，最后是韵尾。除少数藏缅语之外，每种音节形式都伴随声调。作为音节结构类型中的重要组成部分，汉藏语介音均为 i-、u-、y-、ɯ-等高元音，其历史来源也有诸多相似之处；复合元音分布广泛，它们是汉藏语的共同创新；辅音韵尾普遍存在，以鼻音韵尾（-m、-n、-ŋ）、塞音韵尾（-p、-t、-k）最为常见；元音韵尾也较为常见，以-i、-u 居多。以上构成成分与结构类型的特点是汉藏语音节显赫的区域特征。

关于苗瑶语等汉藏语音节类型的特点，在汉藏诸语中，"辅音+元音"型音节均处于领先地位。该特征符合中国境内其他非汉藏语及世界语言的共性。至于其余音节类型，苗瑶语更接近侗台语、汉语，不像藏缅语那样，"元音"型音节排在"辅音+元音+辅音"型前面。不过藏缅语元音开头的音节有喉塞音的占比高达 35%。因此，在苗瑶语等汉藏语中，"辅音+元音+辅音"型是仅次于"辅音+元音"型的优势音节类型。

关于不同类型音节结构之间的蕴含关系，第一看"辅音+元音"型结构。在苗瑶语、藏缅语、侗台语中，辅音数量多的音节结构蕴含辅音数量少的音节结构，例如 CCCCCV⊃CCCCV⊃CCCV⊃CCV⊃CV、CCGVV∩CGGVV⊃CGVV⊃CVV、CCCVV⊃CCVV⊃CVV。在汉藏语中，元音音段多的音节结构的存在一般蕴含着元音音段少的音节结构的存在，例如 CCGVV⊃CCGV、CCCVV⊃CCCV、CVV⊃CCV、CGVV⊃CGV、CVVV⊃CVV⊃CV，例外情况不多。

[①] 在 140 种语言样本之外，据林焘、王理嘉《语音学教程》，北京大学出版社 1992 年版，第 103 页）的研究，海南的一些方言有带双辅音韵尾的 CVVCC 型音节，如 "ŋianʔ" "tsienʔ"。

第二"辅音+元音+辅音"型音节结构的蕴含倾向。在苗瑶语、藏缅语、侗台语中，辅音首音音段多的音节结构蕴含辅音首音音段少的音节结构，例如 CCGVC∩CGGVC⊃CGVC⊃CVC、CCCVC⊃CCVC⊃CVC。在汉藏语中，元音音段多的音节结构蕴含元音音段少的音节结构，如 CCVVC⊃CCVC、CVVC⊃CVC。在藏缅语中，双辅音韵尾音节结构蕴含单辅音韵尾音节结构，如 CVVCC⊃CVVC、CVCC⊃CVC。

第三是元音自成音节结构。在汉藏语中，出现自成音节三合元音的语言也一定会出现自成音节二合元音，反之则不然，出现自成音节二合元音的语言也一定会出现自成音节单元音，反之则不然，即 VVV⊃VV⊃V。

第四是辅音自成音节型结构。在苗瑶语、藏缅语、侗台语中，出现了 CC̣ 型的语言，则会出现 C̣ 型，反之则不然，即 CC̣⊃C̣，仅有少数例外情况。

最后是"元音+辅音"型音节结构。在汉藏语中，如果出现了 VVC 型音节结构的话，一定会出现 VC 型音节结构，反之则不然，即 VVC⊃VC。

值得注意的是，汉藏语言普遍存在成音节鼻音。它们出现在 C̣ 型、CC̣ 型音节中，以 C̣ 型为主。苗瑶语、藏缅语 C̣ 型、CC̣ 型音节中还出现了罕见的成音节擦音、边音，但其出现频率非常之低，几乎可以忽略不计。

汉语成音节鼻音的分布率为 75.7%，南方方言相对较多，各调音部位出现频率由高到低依次为：双唇（40.4%）＞软腭（39.4%）＞齿/龈（20.2%），双唇、软腭鼻音的占比远远高于齿/龈鼻音[①]。从历史来源来看，汉语成音节鼻音大多数都是后起的，主要由古鼻音声母或鼻音韵尾演变而来。

藏缅语成音节鼻音的分布率为 43.5%，见于彝语、基诺语、纳西语、堂郎语、卡卓语、柔若语、怒苏语、土家语、达让语、景颇语、义都语、阿侬语、浪速语、载瓦语、波拉语、勒期语、仙岛语、羌语、尔苏语、纳木依语。各调音部位出现频次由高到低依次为：双唇（26.1%）＞软腭（21.7%）＞齿/龈（15.2%）＞龈腭/卷舌/硬腭/小舌（各 0.02%），以双唇、软腭、齿/龈为主，其中双唇为优势调音部位。藏缅语中的彝语还存在一种由鼻音与舌尖自然元音或某些高元音构成的类似成音节鼻音的"无缓和音节"。藏缅语成音节鼻音较为复杂，其中相当一部分出现在前缀中，如基诺语双唇成音节鼻音用作前缀表使动：m⁴²tsɯ⁴² "弄痒"，其历史来源有待进一步研究。还有一些来自声母，如景颇语中的 n̩³¹puŋ³³ "风"与独龙语 nam³¹buŋ⁵³ "风"对应，它的成音节鼻音为构词词头，或称弱化音节。

侗台语成音节鼻音出现在傣语、标话、仫佬语、毛南语、拉珈语、茶洞语、普标语、拉基语中，其分布率为 38.1%，各调音部位按降序依次为：

---

① 叶晓锋：《汉语方言语音的类型学研究》，博士学位论文，复旦大学，2011 年，第 36–41 页。

软腭（33.3%）＞双唇（19.1%）＞齿/龈（9.5%），其中软腭鼻音自成音节的数量遥遥领先于其他部位鼻音自成音节的数量。侗台语成音节鼻音词以否定副词"不"居多，其历史来源尚待探讨。

苗瑶语成音节鼻音见于高坡苗语、小章苗语、下坳苗语、尧告苗语、文界巴哼语、瑶麓布努语、滚董巴哼语、虎形山巴哼语、中排巴那语、小寨优诺语、黄落优诺语、龙华炯奈语、六巷炯奈语、嶂背畲语、江底勉语、东山勉语、大坪勉语，其分布率高达 56.7%，在汉藏语中仅次于汉语。各调音部位的出现频率由高到低依次为：软腭（50%）＞双唇（23.3%）＞齿/龈（20%）＞龈腭（3.3%），以软腭鼻音自成音节的现象最为普遍，成音节龈腭鼻音较为罕见。成音节鼻音既有来自鼻音声母的，也有源于鼻音韵尾的[1]。

苗瑶语等汉藏语的成音节鼻音共性在于软腭部位占比均较高。苗瑶语成音节鼻音格局靠近侗台语，以软腭鼻音居多，不同于汉语方言、藏缅语成音节双唇鼻音占比略高于成音节软腭鼻音的分布趋势。在鼻音调音部位方面，藏缅语、苗瑶语比汉语、侗台语更为丰富。从历史来源来看，苗瑶语与汉语一样，成音节鼻音大都源自古鼻音声母或鼻音韵尾。

纵观中国境内语言，在属于多音节词根语的阿尔泰语系语言、南岛语系语言、汉藏语系藏缅语族中的少数语言中，都没有发现成音节鼻音的踪迹。部分南亚语属于单音节词根语言，如克木语、克蔑语、布兴语，在它们的次要音节中也出现了成音节鼻音。它们居于主要音节之前的非重读、弱化的音节，与藏缅语中景颇语、阿侬语弱化音节中出现的成音节鼻音性质相同，与其他汉藏语成音节鼻音的性质则有所不同。首先，大多数汉藏语成音节鼻音所在的音节不是弱化音节。其次，它既可单独出现，又可分布在双音节及多音节词的不同位置上。综上，分布较为自由、非弱化的成音节鼻音是大多数汉藏语系单音节词根语言的区域特征。

关于音节中音素配列的规则，在出现首音丛的藏缅语、苗瑶语、侗台语中，以"基本辅音+后置辅音"型二合复辅音最为普遍。其中，"塞音+流音"型二合复辅音（如 pl-、kl-、pr-、kr-）出现频率最高，它们的构成完全符合"响度顺序原则"。"先喉塞音+辅音"的组合在侗台语、苗瑶语中也有一定的分布，如ʔp-、ʔb-、ʔl-、ʔw-、ʔz-。除ʔp-之类的组合响度属于同一大类之外，其余组合也与"响度顺序原则"相符。仅有一种类型的组合有悖于"响度顺序原则"，即前置辅音为续音的首音丛。其中，各类包含鼻冠塞音的音丛，如 mp-、nt-、ŋk-、mpl、mpz-、ŋkl-、ŋmphr-，出现在藏缅语、

---

① 语言样本之外的下水村畲语中还有由否定词 aʔ³⁵ "不" 弱化而来的成音节鼻音，如 aʔ³⁵ma³¹ "没有" 读作 m̩³⁵ma³¹。

苗瑶语和少数侗台语中。另外，藏缅语中还出现了除鼻冠塞音之外的续音前置型首音丛。其二合复辅音的构成为"前置辅音+基本辅音"，主要包括"擦音+塞音/塞擦音"型（如 sp-、ʂp-、xp-、ftɕ-）、"边音/边擦音/颤音+塞音/鼻音/塞擦音"型（如 lp-、rp-、ɬk-、ɬts-、lm-、rm-、ltsh-、rdz-）。三合复辅音的构成为"前置辅音+基本辅音+后置辅音"型，如 zbl-、ɕkr-、spr-。四合复辅音的构成为"重前置辅音+前置辅音+基本辅音+后置辅音"型，如 nspr-、ŋvsr-、ʁvgr-。五合复辅音的构成更为复杂，如 ʁvrdzɣ-，其响度曲线出现了三个拐点。上述各类首音丛的前置辅音为鼻音、擦音、边音、颤音等续音，其响度往往高于基本辅音，难以符合"响度顺序原则"。

从历时演变的角度来观察音节中音素配列的特点，可以发现，苗瑶语、藏缅语、侗台语首音系统中的辅音丛在"响度顺序原则"的制约下，主要有两种演化路径。一是"续音性前置辅音+基本辅音（塞音、鼻音等）"首音丛的演变。一部分前置辅音脱落，如包含鼻冠音的首音丛中鼻冠音的脱落，再如藏缅语中 rm->m-之类的消变（江荻 2002）[1]。还有一部分前置辅音在演变中取代了消失的基本辅音的地位。藏缅语中景颇语就产生了这种特殊的变化，其弱化音节来自古复辅音声母的前一音节，如 ʃã³¹ʒo³³ "虎"源自古藏语 stag（戴庆厦 1984）[2]。这种演变无疑减少了 st-之类不符合"响度顺序原则"的首音丛。再如苗瑶语鼻冠塞音首音丛中塞音脱落而演变为鼻音，或鼻音脱落而演变为塞音。上述演变均减少了与响度规则不符的组合。二是带-l、-r 后置辅音的首音丛的"趋响化"。后置辅音-l、-r 往往演化为响度等级更高的-j、-w，从而使响度级差加大。

汉藏语中双辅音韵尾的排列大多符合响度顺序原则。如藏缅语中拉坞戎语双辅音韵尾词 nscçɚrn⁵³ "害怕"，其鼻音的响度低于靠近元音的流音的响度。也有一些不符合响度顺序原则的双韵尾词，如拉坞戎语 ɬtɛvn⁵³ "叠"。

总的来说，汉藏语中复辅音的分布与阿尔泰语、南岛语等多音节词根语言有着本质的不同。多音节词根语言的辅音在音节首尾的分布毫无区别，而汉藏语中的复辅音主要出现在音节之首，只有极少数语言在音节尾出现两个辅音。汉藏语"辅音+元音+辅音"型音节的分布特点为：首辅音的分布较为自由，更无标记，相较之下，尾辅音的分布较为受限，因而是有标记的。与其他汉藏语相比，苗瑶语语言样本中的复辅音只能分布在音节之首，复辅音的构成不如藏缅语复杂，其符合"响度顺序原则"的音节占比

---

① 江荻：《汉藏语言演化的历史音变模型——历史语言学的理论与方法探索》，民族出版社 2002 年版，第 537 页。

② 戴庆厦：《藏缅语族某些语言弱化音节探源》，《民族语文》1984 年第 2 期，第 43 页。

高于藏缅语，低于汉语、侗台语。

关于音节的复杂程度，先看汉语的情况。汉语无复辅音声母，140 个代表点中只有西宁音系无辅音韵尾[①]。99.3%的汉语为"适中"型，其占比远远高于世界平均水平（56.5%），0.7%为"简单"型，其占比远低于世界平均水平（12.6%）。汉语以"适中"型占绝对优势。藏缅语音节类型主要为"适中"型（54.3%），其占比略低于世界平均水平，"复杂"型（26.1%）次之，其占比低于世界平均水平，"简单"型（19.6%）最少，其占比略高于世界平均水平。侗台语音节类型主要为"适中"型（95.2%），其占比远高于世界平均水平，"复杂"型很少（4.8%），其占比远低于世界平均水平。苗瑶语音节类型主要为"复杂"型（60%），其占比远远高于世界平均水平，其次是"适中"型，其占比为 40%，低于世界平均水平。

苗瑶语等汉藏语言音节结构的复杂程度各不相同，苗瑶语、藏缅语的音节结构较为复杂。苗瑶语不像藏缅语那样出现了"简单"型，其"复杂"型的占比高于藏缅语，"适中"型的占比少于藏缅语，在汉藏语中音节结构最为复杂。藏缅语在世界范围内属"适中"偏"复杂"型，虽然其"复杂"型音节的内部构成非常繁复，但其占比低于苗瑶语。侗台语、汉语均以"适中"型音节为主。其中，侗台语相对复杂，出现了少量"复杂"型音节。汉语音节结构实属汉藏语中最为简单的类型。

在音节数量的复杂度方面，不同语言的差距较大。麦迪森（1984）统计了 9 种世界语言的音节数目[②]，如表 4.5.1 所示：

表 4.5.1　　　　　　　　　9 种世界语言音节数目表

语言	夏威夷语（Hawaiian）	Rotokas 语	约鲁巴语（Yoruba）	Tsou 语	Gã语
音节数目	162	350	582	968	2331
语言	粤语（Cantonese）	盖丘亚语（Quechua）	越南语（Vietnamese）	泰语（Thai）	
音节数目	3456	4068	14430	23638	

除了表 4.5.1 中的 9 种语言以外，口语东京话的音节数目为 400 个，英语实际使用的音节数目保守的估计在 5000 种以上，较高的估计甚至达到

① 叶晓锋：《汉语方言语音的类型学研究》，博士学位论文，复旦大学，2011 年，第 179 页。

② Maddieson, Ian. *Patterns of Sounds*. Cambridge: Cambridge University Press, 1984: 22.

10000 种（潘文国 2008）[①]。

　　再来看几种汉藏语系语言的情况。汉语北京话声母为 22 个，韵母为 38 个，声调为 4 个。据刘泽先（1980）的统计，除儿化音和轻声外，不分声调的音节为 432 个，带声调的音节数目为 1367 个[②]。我们再来看 3 种藏缅语族语言的情况。喜德彝语有 43 个辅音，10 个元音，声调为 3 个，不计舒唇元音、声调和重音，共有 351 个音节；如果加上高平、中平、低降 3 个声调的全部音节，共有 800 多个音节；如果加上带次高调和中音的音节，共有 1102 个音节。景颇语恩昆土语固有词声母为 27 个，韵母为 89 个，声调为 3 个，音节数目为 2628 个。载瓦语西山载瓦话声母为 28 个，韵母为 86 个，声调为 3 个，音节数目为 2091 个（孙宏开等 2007）[③]。最后看苗瑶语音节情况。据陈其光（2013）的统计，养蒿苗语拥有 40 个声母、20 个韵母、8 个声调，带声调的音节数目为 1563 个[④]，不分声调的音为 388 个。与世界语言和其他汉藏语言相比，苗瑶语的音节数量属于中等偏少的一类。较少的音节数量可能是包含苗瑶语在内的汉藏语单音节词根语言不得不使用声调来区分意义的原因之一。

　　关于由音节组合而成的词的复杂程度，首先看汉语的情况。据孔江平（2000）的统计，双音节词占汉语词汇的 80% 以上[⑤]。汉语中有丰富的以四字成语为代表的四音格词。再来看《中国的语言》中有关藏缅语、侗台语的材料。据相关统计，藏语、柔若语、嘉戎语以双音节词为主，仓洛语双音节词多于单音节词，单音节词多于多音节词，景颇语、独龙语、阿侬语、格曼语、达让语、义都语、崩尼—博嘎尔语、崩如语、苏龙语以双音节或多音节词为主，浪速语、普米语则以单音节词占优势。藏缅语双音节或多音节词为主与弱化音节密切相关。弱化音节，又称半个音节、次要音节，即部分双音节词的前一个音节出现弱化现象。这种现象出现在缅语支阿昌语、载瓦语、浪速语、勒期语，景颇语支景颇语、独龙语、阿侬语、格曼语、达让语、义都语、崩尼—博嘎尔语、崩如语、苏龙语中。其中景颇语支的弱化音节为使双音节词和多音节词数量得以增加的构词词头。藏缅语中还有丰富的四音连绵词，以 ABAC、ABCB、ABCD、AABB 的结合形式最为常见。有四音连绵词的语言占 39.1%，它们是白马语、仓洛语、傈僳语、

　　① 潘文国：《汉英语对比纲要》，北京语言大学出版社 2008 年版，第 151 页。

　　② 刘泽先：《北京话里究竟有多少音节》，载胡裕树主编《现代汉语参考资料》（上册），上海教育出版社 1980 年版，第 459 页。

　　③ 孙宏开、胡增益、黄行主编：《中国的语言》，商务印书馆 2007 年版，第 257、549、756 页。

　　④ 陈其光：《苗瑶语文》，中央民族大学出版社 2013 年版，第 99 页。

　　⑤ 孔江平：《汉语双音节调位的矢量量化研究》，《声学学报》2000 年第 2 期，第 166 页。

拉祜语、怒苏语、土家语、景颇语、独龙语、格曼语、达让语、阿侬语、载瓦语、浪速语、勒期语、尔龚语、尔苏语、贵琼语、却域语。在侗台语中，傣语、黎语单音节词多于双音节词，双音节词多于三音节词，村语、木佬语、蔡家话单音节词居多。傣语、侗语、拉伽语、仡佬语拥有四音格词，结合形式为 AABB、ABAC。

苗瑶语单音节词占比最大，其次是双音节词。单音节词、双音节词在苗瑶语词汇中占据优势地位，三音节、四音节、五音节词的占比较少。据陈其光（2013）的研究，四音格词以 ABAD、ABCD 型较为常见[①]。苗瑶语的情况接近上述 5 种侗台语，以单音节词居多，不像汉语以及上述 13 种藏缅语那样倾向于以双音节词为主。

总的来说，由于人类记忆和发音生理的限制，常用词的音节长度受到一定限制，苗瑶语等汉藏语倾向于选择单音节词以及具有时效性信息表达功能的双音节词。信息量较大、记忆负担较重的多音节词出现频率相对较低。另外，值得注意的是，苗瑶语与其他汉藏语一样，都有四音格词的分布，四音格词为汉藏语的区域性特征。出现四音格词的大都是单音节词根。藏缅语、侗台语主要是四音联绵词，汉语、苗瑶语则以四字成语居多。

关于音节显赫性的外在表征，我们主要从音节的标记度、稳定度、封闭度来比较。从音节的标记度来看，第一是音节结构对无标记 CV 模式的偏离程度。汉语最大音节结构为 CVVVC 型，如建瓯话 xuaiŋ²¹ "反"，各代表点最大音节结构与 CV 模式的偏离度在 1 度到 5 度之间，其内部差异不大。藏缅语最复杂的音节结构为 CCCVCC 型，如拉坞戎语 nscçərn⁵³ "害怕"，各代表点最大音节结构与 CV 模式的偏离度在 0 度到 10 度之间，其内部差异最大。侗台语最复杂的音节结构为 CCGVC 型，如水语 ʔnjɐm⁴⁵ "跟"，各代表点最大音节结构与 CV 模式的偏离度在 3 度到 7 度之间，其内部差异不大。苗瑶语最大音节结构为 CCGVVC 型，例如龙华炯奈语 ntjauʔ⁵⁵ "啄"，各代表点最大音节与 CV 模式的偏离度在 4 度到 8 度之间，其内部差异较小。总的来说，苗瑶语、汉语、侗台语音节结构对无标记 CV 模式的偏离程度不如藏缅语高。在苗瑶语等汉藏语言中，复杂首音丛的演变趋势均为向单辅音简化。

第二是音节对响度顺序原则的偏离度。汉藏语音节尾很少出现违背"响度顺序原则"的音丛。音节首音丛较为复杂的藏缅语、苗瑶语、侗台语出现了一些偏离响度顺序原则的首音丛。首先是三者均有的包含鼻冠音的首音丛，

[①] 陈其光：《苗瑶语文》，中央民族大学出版社 2013 年版，第 152 页。

其次是藏缅语中前置辅音为擦音、边音、颤音等续音的首音丛往往有悖于"响度顺序原则"。苗瑶语对"响度顺序原则"的偏离度仅次于藏缅语。

第三是音节对元音起始音节的排斥性。首先，除藏缅语元音起始音节占比仅低于"辅音+元音"型之外，苗瑶语等其他汉藏语零声母音节的占比均低于"辅音+元音"型、"辅音+元音+辅音"型音节，其中，苗瑶语"元音+辅音"型音节的比率甚至低于"辅音自成音节"型音节。其次，汉藏语零声母音节前普遍有喉塞音。在汉语中，一般认为，汉语音节的起首即使是零声母，也有喉塞音等辅音性成分（冉启斌 2012）[1]。在拥有零声母音节的 40 种藏缅语中，14 种元音前有喉塞音，其占比为 35%。在拥有零声母音节的 19 种侗台语中，14 种元音前有喉塞音，其占比为 73.7%。在苗瑶语出现零声母音节的 17 个代表点中，有 7 个代表点元音前有喉塞音，其占比为 41.2%。综上，汉藏语中普遍存在对辅音声母的强制性需求的倾向，这种倾向在汉语、侗台语中的表现尤为突出，而苗瑶语、藏缅语的表现稍弱。

从音节的稳定度来看，汉语鲜有音节连读（resyllabication）现象。一般音节连读仅发生在没有声调的轻读音节之上，如 tian^{55} a "天啊"连读为 "tian^{55} na"。在藏语方言的双音节词中，若首音节为开音节，末音节古有复辅音声母的话，那么，末音节的第一个辅音可能会变成首音节的韵尾，例如安多藏语阿柔话 rgja.mtsho→rɟjam.tsho "大海"（邵明园 2011）[2]。藏缅语中还有一种特殊的音变现象，崩尼—博嘎尔语的辅音韵尾一般不除阻，但韵尾-ŋ、-k 在连读时有时带有轻微的除阻，并加上原来音节的元音，合成一个很轻的音节，如 taŋpu "猫头鹰"变读为 "taŋapu"，ɕakram "感冒"变读为 "ɕakaram"（孙宏开等 2007）[3]。在侗台语中，莫语出现了较为突出的"连音变读"现象，主要发生在第一音节的鼻音尾和第二音节主要是元音开头的音节里，连读时第二音节前的喉塞音消失了。如 "mi^{12}（手）ʔe^{31}（我）"变读为 mje^{31} "我的手"，"za:n^{12}（家）ʔe^{31}（我）"变读为 za:ne^{31} "我家"（孙宏开等 2007：1280）。苗瑶语中也有个别音变的范围超出了音节的特例，如辅音在音节边界处发生重新音节化的现象。总的来说，汉藏语中音节重组现象并不多见。

从音节的封闭度来看，藏缅语中的藏语音段配列一般以音节为范域，除独龙语、拉坞戎语的形态变化中出现双辅音韵尾之外，复辅音一般只能分布在首音丛中。其音段配列有时也受词的影响，如拉萨话-k 韵尾一般仅

---

　　① 冉启斌：《汉语语音新探》，中国社会科学出版社 2012 年版，第 162 页。

　　② 转引自孙克敏、刘丹青《藏语音节凸显的库藏类型学考察》，《民族语文》2020 年第 2 期，第 48 页。

　　③ 孙宏开、胡增益、黄行主编：《中国的语言》，商务印书馆 2007 年版，第 668 页。

见于双音节词第一音节（金鹏 2009）[①]。在苗瑶语、侗台语中，其复辅音一般只能在音节之首出现。苗瑶语、侗台语、汉语均为单音节词根语，音段配列不受词范围之限。

再来看音变的制约因素是否限制在音节之内。汉语中有少量跨音节同化现象，如广州话 $ma^{13}\eta ei^{31}$ "蚂蚁"变读为 $ma\eta^{13}\eta ei^{31}$。藏缅语中也有类似现象，主要体现在元音的后退同化。如在崩尼—博嘎尔语中，两音节相连，前一音节元音的舌位被后一音节的元音同化而变高，如 jokt ɕik "小刀"变读为 jukt ɕik，taruk "蚂蚁"变读为 təruk。再如在彝语中，"凡紧接着的两个音节，如果后一音节的韵母为紧元音，则前一音节的松元音变为相当的紧元音，如 $o^{33}\eta e^{33}$ "头发"变读为 $ɔ^{33}\eta e^{33}$，$zi^{33}ka^{33}$ "旱烟袋"变读为 $ze^{33}ka^{33}$（孙宏开等 2007）"[②]。侗台语、苗瑶语中也存在跨音节同化现象，前者如普标语 $pit^{33}liu^{213}$ "大碗"读作 $pit^{33}tiu^{213}$，后音节边音声母被前音节的塞音韵尾同化（孙宏开等 2007：1416），后者如石板寨苗语 $tə^{33}mphje^{33}$ "女儿"读作 $tən^{33}phje^{33}$。总的来说，汉藏语中音变范域一般未超出音节，跨音节同化现象比较罕见。音节的封闭性以汉语为最高，苗瑶语、侗台语次之，藏缅语音节封闭性略低。

关于音节内音段的融合度，藏缅语音节的融合度低于其他汉藏语言。首先是因为它有少量介于多音节词根语和单音节词根语之间的语言，其音节有较为明显的拼合过程。其次是因为藏语中出现了与其他汉藏语言中假性复合元音有本质区别的真性复合元音，其构成元音并立、不分主次、有几个响点（孙宏开等 2007：171），不如只有一个响点的假性复合元音向心性强。在多数属单音节词根语的藏缅语及其他汉藏语言中，元辅音大都像一个共生的板块。其假性复合元音是一种向心结构，主元音发音清晰，为响点所在，另一个元音为介音或韵尾，发音模糊，近似滑音，仅仅显示发音器官的起始和移动方向。在韵母发音过程中，舌位由某一部位向另一部位滑动，声带不停止振动。如果出现辅音韵尾的话，无论是鼻音韵尾，还是塞音韵尾，均有只闭不破的特性，从而保证了音节的封闭性。总之，声母与韵母排列位置的恒定性以及声母、韵母各成分的发音特征使得音节成为一个整体，声韵紧密拼合，其叠置状态往往可以在实验语音学的语图中观察得到。

总体而言，苗瑶语等汉藏语虽然标记度、稳定度、封闭度有程度的不同，但仍同属音节凸显性语言。苗瑶语等汉藏语言音节凸显的共同的特点

[①] 转引自孙克敏、刘丹青《藏语音节凸显的库藏类型学考察》，《民族语文》2020 年第 2 期，第 49 页。

[②] 孙宏开、胡增益、黄行主编：《中国的语言》，商务印书馆 2007 年版，第 259 页。

是：除藏缅语之外，苗瑶语等其他汉藏语最大音节结构对 CV 模式的偏离度差别不大，声母位置一般都有一个辅音，音段组合基本符合响度顺序原则。加上每个音节都有声调，一般不会出现音节界限的变化。零声母音节由于有喉塞音的屏蔽作用，一般不会和前面的音节发生音节连读。零声母音节即使前面没有喉塞音，声调也使带调音节彼此独立，很少发生音节连读现象，音节的稳定度较高。音节是限制音段配列的音系结构单位，音变的制约因素往往限制在音节之内，音变范域一般没有超出音节。韵尾辅音只闭不破，与韵腹协同发音，音节内部各音段结合紧密，在听觉上难以察觉到线性语流的感受。

综上所述，苗瑶语、汉语、侗台语属于较为典型的单音节词根语言。汉语的单音节性体现在一音节为一义，汉字的音、形、义合而为一，即所谓"字音"。苗瑶语、侗台语虽然没有发达的文字系统，但本质上仍具有类似于汉语的单音节特征。单音节特征成为声调产生的基础要素，且它们的声调系统均为四声八调的格局。音节内部辅音、元音的配合整齐有序，其音节结构便于用声韵调来描述。苗瑶语、汉语、侗台语音节结构对无标记的 CV 模式的偏离度较低，声母形式相对藏缅语要简单得多。在"辅音+元音+辅音"音节结构中，相较于音节尾辅音，音节首辅音的分布更为自由。音节之间的界限分明，虽然音节之间缺乏语音和谐，但音节的稳定度、封闭度较高。

藏缅语处于单音节词根语和多音节词根语的中间状态。声调为非四声格局。彝语有的音节既有声调，又有重音。在音节配合方面，少数语言元音、辅音的搭配较为自由，音节结构对无标记的 CV 模式的偏离度稍高。多数语言音节首辅音丰富，比音节尾辅音的分布更为自由，不像多音节词根语言那样辅音在词首和词尾的分布没有太大区别。藏缅语音节之间的界限稍显模糊，音节的稳定度、封闭度不如其他汉藏语。在藏语、彝语、哈尼语、景颇语、独龙语、羌语、贵琼语等语言中，词根元音与词缀元音存在元音和谐现象，其元音和谐的类型不同于中国境内属多音节词根语的阿尔泰语系语言。

结　　语

　　本书从语音类型学角度对 30 种苗瑶语语言样本的语音系统进行了考察，对其语音共性特征、个性差异及内在规律进行了宏观的理论总结，以此验证和补充麦迪森等学者所总结的人类语言的语音共性。我们还尝试归纳其音变的基本类型，探讨其语音演化方式和演变趋势。

　　我们在对苗瑶语辅音、元音、声调以及音节系统的语音类型特征及其语音演变类型进行类型学考察时，首先穷尽统计其 30 种语言采样中各种音段特征以及超音段特征的构成、数量与组合以及音节的构成特征，分析、归纳其地理分布特征、类型特点以及演变趋势。其次，将苗瑶语与汉语、藏缅语、侗台语等汉藏语言进行对比，必要时还将比较范围拓展到中国境内的非汉藏语系语言，在跨语言分布模式中考察其共性与个性。最后，将苗瑶语等汉藏语的语音格局与世界语言相观照，探寻其与世界语言的共同之处与差别所在。

　　下面我们将以汉藏语言、世界语言为参照，梳理、分析苗瑶语的语音格局，总结其语音类型特征，进而讨论研究中的新探讨以及疏漏所在。

第一节　苗瑶语语音系统在汉藏语言、世界语言中的地位

　　与汉语、藏缅语、侗台语等汉藏语言相比较，以麦迪森等学者依据 UPSID、WALS 等数据库所总结的语音类型或共性特征为参照，苗瑶语语音系统与其他汉藏语以及世界语言相同或相近的特征及其在汉藏语言、世界语言中所处的位置可以总结如下：

　　1. 辅音

　　（1）辅音库存

　　苗瑶语辅音库存数量大大超过藏缅语、侗台语，两倍于汉语，在汉藏语言中处于领先地位。世界语言辅音库存以"平均"类占优势。按照麦迪森根据 WALS 设置的标准，苗瑶语七成代表点辅音库存属于"多"类、"偏多"类，其辅音库存平均值接近世界语言"多"类的标准。

（2）塞音

在塞音的高频调音部位上，苗瑶语与其他汉藏语言、世界语言吻合，为双唇、齿/龈以及软腭部位。在其他部位中，苗瑶语小舌塞音的出现频率为世界语言的 3.6 倍，也高于拥有小舌塞音的藏缅语、侗台语。苗瑶语卷舌塞音的出现频率也大大超过世界语言、藏缅语、汉语，为世界语言的 2.6 倍。

在出现频次最高的调音部位组合系列方面，世界语言、汉语为［双唇+齿/龈+软腭+硬腭或龈腭］，藏缅语、侗台语为［双唇+齿/龈+软腭］，苗瑶语则为［双唇+齿/龈+软腭+小舌+喉］，有别于其他汉藏语言以及世界语言。

从塞音的发声类型来看，汉藏语言清送气塞音的比重普遍高于世界语言，其中，苗瑶语清送气塞音是普遍共性的 3.3 倍。汉藏语言清塞音的频次也略高于世界语言，但浊塞音占比普遍较低，其中，苗瑶语浊塞音比重不仅低于其他汉藏语言，也低于世界语言。

在发声类型组合系列方面，苗瑶语［不送气清声+送气清声］比重超过其他汉藏语言和世界语言，［不送气清声+送气清声+浊声］比重低于其他汉藏语，较为接近世界语言，［清声+浊声］比重高于藏缅语、汉语，略低于侗台语，远远低于世界语言。苗瑶语、汉语以［不送气清声+送气清声］对立为主，有别于藏缅语［不送气清声+送气清声+浊声］占优势、侗台语［不送气清声+送气清声+浊声］、［不送气清声+送气清声］出现频率对等的格局，也与世界语言［清声+浊声］占优势的格局有所不同。总的来说，苗瑶语塞音格局与汉语较为一致。

从常见塞音的组合模式来看，世界语言以"其他"类、"/p t k b d g/俱全"类为主，苗瑶语、汉语、藏缅语也与这一大势相符，其中，苗瑶语、藏缅语语言样本中仅有这两种模式。汉语中还存在"缺/p/"类、"缺/g/"类，侗台语中还有"缺/g/"类、"缺/p/及/g/"类。苗瑶语常见塞音组合模式和藏缅语比较接近。

（3）塞擦音

世界语言中塞擦音的常见调音部位是龈后、齿/龈，汉藏语言高频塞擦音调音部位则为齿/龈、腭前，龈后部位的出现频率远低于普遍共性。世界语言中较为少见的腭前塞擦音在苗瑶语等汉藏语中出现频率也很高，其高频出现为汉藏语言的区域特征。

世界语言、汉藏语言调音组合系列差别较大。世界语言以仅有一套龈后部位的系统居多，苗瑶语、汉语出现频率最高的组合为［齿/龈+腭前］，藏缅语为［齿/龈+腭前+卷舌］，侗台语为仅有一套齿/龈部位的系统。苗瑶语的组合系列与汉语相仿。

世界语言塞擦音发声类型出现频次最高的是清声、浊声，苗瑶语等汉藏语言则为不送气清声、清送气清声,其共性在于不送气清声的高频出现,其差别在于汉藏语言清送气清声取代浊声而成为高频发声类型。

世界语言中以一套清塞擦音系统的出现频率为最高,汉藏语言发声态组合格局与世界语言迥异。在汉藏语言中,苗瑶语、汉语、侗台语排在前列的组合为[不送气清声+清送气清声],唯有藏缅语为[不送气清声+清送气清声+浊声]。苗瑶语[不送气清声+清送气清声]、[不送气清声+清送气清声+浊声]的比重与汉语相近,其塞擦音格局比较接近汉语。

(4)擦音

在世界语言和汉藏语言中,齿/龈、龈后、腭前等部位的出现频率普遍较高,其中,龈后为世界语言常见部位,腭前则为汉藏语言高频部位,体现了汉藏语言的区域特征。苗瑶语腭前擦音比重超过其他汉藏语言,卷舌擦音的出现频率是世界语言的3.2倍,在汉藏语言中仅次于藏缅语,喉擦音出现频率高于世界语言、藏缅语、汉语,仅次于侗台语。苗瑶语还拥有未见于世界语言和其他汉藏语言样本的唇—软腭擦音。

从调音部位的组合系列来看,世界语言以[齿/龈+喉]的组合出现频率为最高,汉语出现频次最高的是[唇齿+齿/龈+喉]的组合,苗瑶语、侗台语为[唇齿+齿/龈+腭前+喉]的组合,藏缅语则为[唇齿+齿/龈+腭前+软腭]的组合。苗瑶语的组合系列与侗台语相近。

从擦音发声类型的出现频率看,世界语言以不送气清擦音、浊擦音占优势,苗瑶语等汉藏语言与此分布趋势相同。苗瑶语送气清擦音的出现频率为世界语言的7.7倍、藏缅语的1.2倍。苗瑶语先喉塞擦音比重高于侗台语、藏缅语,先喉塞擦音未见于世界语言样本,为中国西南少数民族语言区域特征。苗瑶语还拥有未见于世界语言和其他汉藏语言样本的弛化擦音。

世界语言发声类型的组合系列以清浊二分对立以及仅有一套清擦音系统的出现频率为最高,苗瑶语等汉藏语与之相近,以清浊二分对立的系统为主。在汉藏语言中,苗瑶语发声类型格局与藏缅语相仿。

(5)鼻音

世界语言以齿/龈、双唇、软腭、硬腭部位出现频率为最高,苗瑶语等汉藏语言则为双唇、齿/龈、软腭、龈腭。龈腭鼻音取代硬腭鼻音,成为汉藏语言的区域特征。其中,苗瑶语龈腭鼻音的出现频率高于汉语、藏缅语,略低于侗台语,为普遍共性的14.8倍。汉藏语言软腭部位的出现频率普遍高于世界语言,苗瑶语、藏缅语、侗台语同为100%,几乎是普遍共性的两倍,汉语为85.6%,也远超世界平均水平。苗瑶语卷舌鼻音的出现频率为普遍共性的3.2倍、藏缅语的9.1倍。汉语、侗台语中则未见卷舌鼻音。

从调音部位主要的组合系列来看,世界语言以[双唇+齿/龈]组合的出现频率为最高，苗瑶语等汉藏语言则为[双唇+齿/龈+软腭+龈腭]的组合。与世界语言由双唇、齿/龈、软腭、硬腭部位所构成的4部位型不同，汉藏语言的4部位型中出现了体现了汉藏语言区域特征的龈腭部位。

世界语言鼻音发声类型以常态浊声为主，苗瑶语等汉藏语言最常见的发声类型与之相同。苗瑶语、藏缅语、侗台语的区域特征为清鼻音、先喉塞鼻音的高频出现，其中，苗瑶语的清鼻音的出现频率尤高。在汉藏语言中，唯有苗瑶语拥有弛化鼻音，其实际分布率高达53.3%，远超世界语言的出现频率。

从发声类型的组合系列来看，世界语言、汉语、藏缅语、侗台语中仅有一套浊鼻音系统的出现频率为最高，苗瑶语出现频率最高的是清浊二分对立的系统。苗瑶语仅有一套浊鼻音系统的比重远低于世界语言与其他汉藏语，但清浊二分系统的比重大大高于世界语言，是藏缅语、侗台语的两倍多，其清浊对立模式排在首位的鼻音格局与世界语言、其他汉藏语言皆不相同。

（6）边音

从边音的调音方式看，世界语言中的边音以边近音、边擦音为主。在汉藏语言中，仅有苗瑶语边音以边近音、边擦音为主，其他汉藏语言均只有边近音、边擦音分布。汉藏语言的区域特征为边擦音的高频出现，其中，苗瑶语边擦音的出现频率高于其他汉藏语，为普遍共性的3.2倍。除此之外，世界语言中还有少量边塞擦音、边闪音分布，苗瑶语与世界语言的分布趋势类似，其调音方式比其他汉藏语言丰富，其边塞擦音的出现频率远远高于普遍共性。

从调音方式的组合模式来看，世界语言以有边近音，但无边擦音、边塞擦音的类型出现频率最高。汉语、藏缅语、侗台语与此分布模式相同，唯有苗瑶语既有边近音、也有边擦音或边塞擦音的类型排在首位，这种分布倾向与其拥有丰富的边塞擦音、边擦音库存相关。

世界语言的调音部位以齿/龈部位出现频率为最高，苗瑶语等汉藏语言齿/龈部位亦排在前列，且其占比均高于世界语言。在汉藏语言中，唯有苗瑶语和世界语言一样，出现了卷舌、硬腭部位边音。从汉藏语言内部来看，苗瑶语边音调音部位格局接近藏缅语。

从调音部位的组合系列来看，世界语言以仅有一套齿/龈部位的系统为主。苗瑶语等汉藏语言仅有一套齿/龈部位的组合也占有明显优势，且其占比均高于普遍共性。在其他组合类型中，汉藏语言中唯有苗瑶语与世界语言一样，出现了[齿/龈+硬腭]以及[齿/龈+卷舌]两种组合类型，其[齿/龈+硬腭]组合的占比略高于世界语言。

从边音发声类型的出现频率看，世界语言以常态浊声为主，汉藏语常态浊声的出现频次也排在前列。其中唯有苗瑶语与世界语言一样，在常态浊声中出现弛化成分。高频出现的不送气清边音为苗瑶语、藏缅语、侗台语等汉藏语言的区域特征。苗瑶语还和藏缅语一样拥有先喉塞边音。

从发声类型的组合系列来看，世界语言出现频率最高的是仅有一套常态浊声边音的系统，汉语、藏缅语、侗台语与此分布倾向如出一辙，唯有苗瑶语清浊两分系统的出现频率超过了仅有一套常态浊声边音的系统，清浊两分系统的出现频率高达世界语言的 8.2 倍。苗瑶语发声类型组合的种类与世界语言持平，组合种类的复杂程度远高于其他汉藏语言，其清浊两分占主导地位的边音系统与世界语言、其他汉藏语言皆不相同。

（7）近音

世界语言调音部位以硬腭、唇—软腭为主，汉藏语言也是硬腭、唇—软腭部位近音占优势。苗瑶语近音调音部位格局的特点在于其硬腭近音的出现频率低于唇—软腭近音。汉藏语中唯有苗瑶语和世界语言一样，出现了唇—腭部位近音，且其占比略高于世界语言。在汉藏语言内部，苗瑶语近音调音部位格局与藏缅语最为接近。

从调音部位的组合系列来看，世界语言以[硬腭+唇—软腭]组合的出现频率最高。除苗瑶语之外，汉藏语言[硬腭+唇—软腭]组合也居于领先地位，但其出现频率普遍偏低。苗瑶语排在首位的是仅有一套唇—软腭近音系统，位居第二的是[硬腭+唇—软腭]组合，[硬腭+唇—软腭]组合的出现频率低于其他汉藏语，也远低于世界平均水平。

世界语言近音的发声类型以浊声为主，汉藏语言完全符合这一分布倾向。在汉藏语言中，苗瑶语与侗台语一样，拥有颇具特色的先喉塞浊近音，且拥有弛声近音，这两种发声类型均未见于世界语言样本。

从发声类型的组合系列来看，世界语言仅有一套常态浊声近音系统的出现频率为最高，汉藏语言与此分布趋势吻合。在汉藏语言中，苗瑶语、侗台语发声类型组合种类的复杂程度接近世界语言。苗瑶语仅有一套常态浊声近音系统的出现频率低于其他汉藏语言，也低于世界平均水平，其原因在于它还有[先喉塞浊声+浊声]、[浊声+弛声]、[先喉塞浊声+清声+浊声]的组合。

2. 元音

（1）元音库存

从基本元音库存中的元音数目来看，汉语最多，藏缅语次之，苗瑶语第三，侗台语排在最后。苗瑶语基本元音的平均值较为接近汉语。依据麦迪森（2005）元音库存的标准，世界语言元音数量以"平均"类占优势，汉藏语言的元音数量普遍大于世界元音平均库存。苗瑶语仅有"多"类、"平均"类两种类型，其中"多"类占绝对优势，其占比为世界语言"多"类占比的 2.5 倍。

（2）元音类型

在世界语言中，5—6 元音型占优势，苗瑶语等汉藏语言占优势的元音类型则为 7—9 元音型。苗瑶语元音系统中出现频率最高的是七元音型和九元音型，其最常见元音系统类型与侗台语一致。

（3）复合元音

世界语言采样中二合元音出现频率极低，汉藏语言二合元音的分布远比世界语言丰富，其中，苗瑶语的丰富程度不及汉语、侗台语、藏缅语。苗瑶语高频二合元音与世界语言、其他汉藏语一样，倾向于包含[i]、[u]等高元音成分。

世界语言中未见三合元音分布，汉藏语言中三合元音也不多见。汉藏语言三合元音的组合都是"介音（高元音）+韵腹（非高元音）+韵尾（高元音）"。苗瑶语三合元音主要出现在汉语借词中，从中可以窥见语言接触对苗瑶语的深刻影响。

（4）特殊元音

世界语言中出现元音长短对立的语言的占比为 18%，有常态元音与长元音、常态元音与短元音两种对立，以第一种类型占优势。苗瑶语的比率低于世界平均状况，也低于侗台语、藏缅语。苗瑶语长短元音的对立出现在二合元音以及"元音+辅音韵尾"的组合中，其类型与侗台语相同，和世界语言以及藏缅语中的类型有别。

世界语言鼻化元音的出现频率为 22.4%，汉语为 35%，藏缅语高达 41.3%，侗台语仅有 9.5%，苗瑶语为 13.3%。苗瑶语的出现频率略高于侗台语，远低于藏缅语、汉语，也低于世界平均水平。在世界语言中，鼻化元音以高元音占优势。在苗瑶语、汉语中，中低元音比高元音更易鼻化。

3. 声调

从世界范围来看，非声调语言占主流，简单声调系统语言次之，复杂声调系统语言的占比最少。依据麦迪森（2005）的分类标准，苗瑶语、汉语、侗台语全部属于复杂声调系统语言，藏缅语则三种类型俱全。汉藏语言以复杂声调系统为主。其中，苗瑶语的声调数量是相对较多的，其平均数量仅次于侗台语。

4. 音节

世界语言的音节结构有简单、适中、复杂三个等级，以"适中"型居多。苗瑶语音节类型主要为"复杂"型，该类音节的占比为 60%，大大高于世界平均水平，"适中"型音节的占比为40%，低于世界平均水平。在汉藏语言中，苗瑶语"复杂"型音节的内部构成虽然不如藏缅语繁复，但其占比高于藏缅语，"适中"型音节占比则比藏缅语要少，且不像藏缅语那样出现了"简单"型音节，其音节结构在汉藏语中最为复杂。

第二节　苗瑶语的语音类型特征

基于上述与世界语言、其他汉藏语言相比较而得出的共性或类型，苗瑶语语音类型、语音演变类型呈现出一些自身的特点，主要如下：

1. 辅音

（1）塞音

调音部位以3—6个为主，最常见的组合模式是［双唇+齿/龈+软腭+小舌+喉］；调音部位的数量由北到南、从西往东渐次减少；其发声类型组合以［不送气清声+清送气清声］为主，其次是［不送气清声+清送气清声+浊声］组合；单塞音音位的平均数目为9.8个，是普遍共性8.1个的1.2倍；出现频率最高的是双唇、齿/龈、软腭塞音，其次是喉塞音、小舌塞音；小舌塞音、鼻冠塞音的高频出现为其显著类型特征；弛声塞音的实际分布率高达53.3%，远超世界语言和其他汉藏语言，在其历时演变和共时分布上具有重要的类型学价值。

基于以上分析，其塞音系统的格局可归纳为三大类型：（1）有鼻冠塞音、小舌塞音、弛声塞音与少量浊塞音，主要分布在除畲语之外的苗语支语言中；（2）无鼻冠塞音、小舌塞音，有浊塞音与少量弛声塞音，主要分布在瑶语支语言中；（3）无鼻冠塞音、小舌塞音、浊塞音、弛声塞音，主要分布在苗语支畲语中。

从其塞音系统的共时分布中，可以发现以下演变规律：（1）浊塞音清化，其演变过程中伴随着大量弛声；（2）鼻冠塞音、带-l、-ʎ、-r、-ɹ、-z、-ʐ等后置辅音的塞音向单辅音简化；（3）一些双唇、齿/龈、小舌塞音擦化，变为擦音；（4）一些带-l、-r、-j等后置辅音的双唇、齿/龈、软腭、小舌塞音耦化为塞擦音。

（2）塞擦音

调音部位以两个为主，最常见的组合模式是［齿/龈+腭前］；调音部位数量在地理分布上表现较为明显，由北到南、从西往东渐次减少；其发声类型组合以［不送气清声+清送气清声］为主，其次是［不送气清声+清送气清声+浊声］组合；塞擦音的平均数目为5.5个，是普遍共性2.1个的2.6倍，在汉藏语言中仅次于藏缅语；出现频率最高的是齿/龈、腭前塞擦音；腭前塞擦音、鼻冠塞擦音、弛声塞擦音、清送气塞擦音的高频出现是其显著类型特征。

基于以上分析，其塞擦音系统的格局可归纳为三大类型：（1）有鼻冠塞擦音、卷舌塞擦音、弛声塞擦音与少量浊塞擦音，主要分布在除畲语之外的苗语支语言中；（2）无鼻冠塞擦音、卷舌塞擦音，有浊塞擦音与少量弛声塞擦音，主要分布在瑶语支语言中；（3）无鼻冠塞擦音、卷舌塞擦音、浊塞擦音、弛声塞擦音，主要分布在苗语支畲语中。

从其塞擦音系统的共时分布中，可以发现以下演变规律：（1）古浊塞擦音、鼻冠浊塞擦音趋于清化，其演变过程中伴随着大量弛声；（2）古鼻冠塞擦音趋于单化，约五成语言失去鼻冠音成分而演变为塞擦音、擦音或塞音，或失去塞擦音成分而演变为鼻音。

（3）擦音

调音部位的组合以 4—5 个为主，其中以［唇齿+齿/龈+腭前+喉］的组合出现频率为最高；调音部位数量以苗语支居多，瑶语支次之，大致呈从西往东、由北到南逐步递减的趋势；擦音数量在 6—10 个的语言较多，其平均数目为 9.1 个，两倍于平均数目为 4.6 个的普遍共性，也高于其他汉藏语言；擦音系统以清浊两分的格局为主；出现频率较高的是齿/龈、喉、腭前、唇齿擦音；弛声擦音、送气擦音、先喉塞擦音、腭前擦音的高频出现是其显著类型特征。

基于以上分析，其擦音系统的格局可归纳为三大类型：（1）有鼻冠擦音、卷舌擦音、弛声擦音、清送气清擦音与先喉塞擦音，主要分布在除畲语之外的苗语支语言中；（2）无鼻冠擦音、卷舌擦音、清送气清擦音与先喉塞擦音，有少量弛声擦音，主要分布在瑶语支语言中；（3）无鼻冠擦音、卷舌擦音、清送气清擦音、先喉塞擦音与弛声擦音，主要分布在苗语支畲语中。

苗瑶语古浊擦音在演变过程大多清化。为了应对这种变化，系统增加了弛声、送气等诸多创新成分，同时也增加了调音部位，以扩展发声类型、调音部位的方式来平衡不同类型擦音在共时和历时层面的演变。

（4）鼻音

调音部位以 3—4 个为主，其中出现频率最高的是［双唇+齿/龈+软腭+龈腭］的组合；鼻音调音部位数量大致呈现中间偏少、外围偏多的分布之态；鼻音系统的发声类型组合以清浊两分的格局为主，其次是仅有一套浊鼻音的系统；鼻音的平均数目为 8.9 个，是普遍共性 3.3 个的 2.7 倍，也高于其他汉藏语言；出现频率最高的是双唇、齿/龈、软腭鼻音，其次是龈腭鼻音；弛声鼻音、清鼻音、龈腭鼻音、卷舌鼻音以及软腭鼻音的高频出现是其显著类型特征。

基于以上分析，其鼻音系统的格局可归纳为三大类型：（1）有卷舌鼻音、硬腭鼻音、弛声鼻音、先喉塞鼻音、清鼻音与少量清送气清鼻音，主要分布在除畲语之外的苗语支语言中；（2）无卷舌鼻音、硬腭鼻音、先喉塞鼻音与清送气清鼻音，有清鼻音与少量弛声鼻音，主要分布在瑶语支语言中；（3）无卷舌鼻音、硬腭鼻音、先喉塞鼻音、清送气清鼻音与弛声鼻音，有清鼻音，主要分布在苗语支畲语中。

从其鼻音系统的共时分布中，可以发现以下演变规律：（1）近半数古清鼻音浊化，部分代表点在清化成分消失的过程中产生弛声；（2）先喉塞鼻音大多丢失先喉塞成分，变为浊鼻音，少数保留先喉塞成分，或演变为先喉塞边音或擦音。

（5）边音

出现 4 种调音方式的边音：边近音、边擦音、边塞擦音、边闪音，以边近音、边擦音为主；调音部位为1—3 个，以一套齿/龈边音的系统为主；边音调音部位数量呈现由北到南、从西往东逐渐减少之势；边音系统的发声类型组合以清浊两分的格局为主；边音的平均数目为 4.3 个，是普遍共性1.3 个的 3.3 倍，也高于其他汉藏语言；出现频率最高的是齿/龈边音；边擦音、边塞擦音、清边近音、弛化边近音以及先喉塞边音的高频出现是其显著类型特征。

依据以上分析，其边音系统的格局可归纳为两大类型：（1）有硬腭边近音、卷舌边近音、边塞擦音、边闪音、弛声边近音与少量先喉塞边近音，主要分布在苗语支语言中，其中不包括边近音与鼻音自由变读、一般标为鼻音的畲语；（2）无硬腭边近音、卷舌边近音、边塞擦音、边闪音、先喉塞边近音，有少量弛声边近音，主要分布在瑶语支语言中。

从其边音系统的共时分布中，可以发现以下演变规律：（1）部分来源于古浊边近音的相关音节的起音降低，演变为弛声边近音；（2）部分代表点古清边擦音浊化，其送气成分产生弛化现象，演变为弛声边近音；（3）古先喉塞边音大都丢失先喉塞成分，变为常态浊声边近音，或保留先喉塞成分，或演变为齿/龈鼻音。

（6）近音

出现频率最高的是唇—软腭、硬腭近音；调音部位以一到两个为主，仅有一套唇—软腭近音系统的出现频率最高，其次是[硬腭+唇—软腭]的组合；近音调音部位数量的分布特征为中间偏少、外围偏多；近音系统以仅有一套常态浊声近音的格局为主；近音的平均值为 1.2 个，略低于普遍共性1.9 个，也低于其他汉藏语言；弛声近音、先喉塞近音是其显著类型特征。

根据以上分析，其近音系统的格局可归纳为两大类型：（1）有齿/龈近音、唇—腭近音、弛声近音、先喉塞近音与清近音，主要见于苗语支语言，其中不包括无近音分布的优诺语、巴那语、畲语；（2）无齿/龈近音、唇—腭近音、弛声近音、先喉塞近音与清近音，主要分布在瑶语支语言中。

从其近音系统的共时分布中，可以发现以下演变规律：（1）古唇—软腭浊近音声类大都擦化，演变为唇齿浊擦音或清喉擦音，古硬腭浊近音声类也大都擦化，演变为腭前浊擦音；（2）古先喉塞近音大都擦化，演变为浊擦音，其次是丢失先喉塞成分，变为常态浊声近音，还有少数保留先喉塞成分，但发生擦化，演变为先喉塞浊擦音。

2. 元音

元音系统以七到十元音型为主，其中七元音型和九元音型最多；元音音位的平均数目为 8.4 个，较为接近汉语方言的元音音位平均值；从地理分布上来看，元音系统类型数目、元音平均数目由北到南、从西往东大致呈现逐步递减之势；元音系统的构型以三角形为主，只有 7 个代表点属于四边形；元音分布以高低维度为主，前后维度为辅，前后均为 3 层、4 层高度的格局最为常见；出现频率较高的元音音位是[i a u e o ə ɛ ɣ ɔ ɯ y w]；[e]、[o]与前响二合元音的高频出现是苗瑶语的显著类型特点；[ŋ]、[y]成为常见音素体现了汉语对苗瑶语元音系统的深刻影响。

基于以上分析，其元音系统的格局可归纳为三大类型：（1）元音选择等级为 i a e o u/ə o y γ//ɔ ɯ ɛ，其元音最为丰富，系统倾向于在 5 个基本元音的构架上优先采用央元音[ə]与有标记元音[y]、[ŋ]，主要分布在除畲语之外的苗语支语言中；（2）元音选择等级为 i a u e ɛ/ɔ//e o ə ŋ，其元音较为丰富，系统往往在元音三角的基础上选择前展、后圆等无标记特征前后均衡扩展并加入央元音[ə]、舌尖元音[ŋ]，主要分布在瑶语支语言中；（3）元音系统为/i a u e ə/，其元音较少，只有[i]、[u]两个高元音，虽然缺乏较为常见的半高元音[o]，但系统中不存在[o]、[ɔ]的对立，实际上比较靠近 5 个基本元音的系统，该类型分布在苗语支畲语中。

从其元音系统的共时分布中，可以发现三种不同类型的演变态势：（1）除畲语之外的大多数苗语支语言声调数目相对较少，声调分担元音信息负担的能力较弱，其辅音韵尾也大量失落，失去辅音韵尾屏蔽的元音极易受到干扰而产生激烈变化，如产生鼻化等附加特征，增加不同舌位或唇状的标记性元音，出现元音的高化或复化，从而形成最为复杂的元音系统；（2）瑶语支语言有发达的声调系统分担元音的信息负担，辅音韵尾相对保存得较为完整，在辅音韵尾的屏蔽作用下，元音系统比较稳定，较少增加不同舌位或唇状的标记性元音，但也产生了元音的长短对立等附加特征，其元音系统不如苗语支语言复杂；（3）苗语支中的畲语演变规律较为特殊，其辅音韵尾也大量失落，缺少了辅音韵尾的屏蔽，元音系统同样产生了激烈的变化，但其演变方向与其他苗语支语言相反，在语言接触等因素的影响下朝着极简的方向发展，其元音系统最为简单。

3. 声调

苗瑶语在世界范围内属于"复杂声调系统"语言，其声调的平均数量为 7.1 个，在汉藏语言中仅次于侗台语；声调数量为 6—8 个的代表点分布最广，从地理分布形态来看，声调数量依地域而不同，由北向南、从东往西逐渐增多；调类格局为"四声八调"型；一些代表点可能属于分域声调语言，有中域、低域两个声域；高调占据优势地位，优势调值为 31，阴调调值高于阳调调值；平调、降调为最突出的调型；声调的连读变调现象较为普遍，也较为复杂，其功能主要为构词、构形。

综合以上分析，其声调系统的格局可归纳为三大类型：（1）调类分化程度最高，出现"四声十五调"型语言，声调平均数量最多，少数语言可能有中域、低域两个声域，调值相对较高，降调最多，主要出现在瑶语支语言中；（2）"四声八调"格局中的调类有所合并或四声并未分化，声调平均数量最少，可能有中域、低域两个声域的语言的数量较多，调值相对较低，平调最多，主要出现在除畲语之外的大部分苗语支语言中；（3）较好地维持"四声八调"格局，声调平均数量居中，可能仅有中域，调值为中等水平，降调最多，主要见于苗语支畲语。

从其声调系统的共时分布中，可以发现 3 种不同的演变类型：（1）在"四声八调"的基础上进一步分化。在四声系统因声母清浊产生第一次分化之后，宗地苗语依声母送气与否各分为两个调类，梁子勉语再因入声调中元音的长短进一步分化为更多的调类；（2）在"四声八调"的基础上有所合并。在四声系统因声母清浊产生第一次分化之后，标准的八类声调有所合并，如高坡苗语、吉卫苗语、虎形山巴哼语、西山布努语、瑶麓布努语、小寨优诺语等代表点在入声韵尾失落后，入声字并入其他调；（3）声调为了区别词汇意义以及类推变调而发生裂变，如石门坎苗语。

4. 音节

苗瑶语是音节显赫性语言。音节是基本的韵律单位，音节内部辅音元音有序配合，音素配列稳定，遵循"响度顺序原则"，构成相对完整的声韵结构；音节结构较为复杂，音质成分的组合位置最多为六个，其中韵腹不可或缺；音节可分为声母、韵母两大部分；声母最多有三个位置，滑音可出现在第二、第三位置，有复辅音；辅音韵尾较多，但分布受到严格限制，音节末尾只有部分辅音出现；音首辅音相较于音节尾辅音所受的分布限制更少；每个音节均有一个声调，声母位置一般有一个必有的辅音成分，因而音节界限清晰固定，语素在组词中一般不会出现音节界限变动的情况。

综合以上分析，其音节系统的格局可归纳为三大类型：（1）音节结构复杂度最高，音节首辅音丛较为发达，音节尾以鼻音韵尾为主，最大音节结构为CCGVVC型，音节界限出现少量变动现象，主要出现在除畲语之外的苗语支语言中；（2）音节结构复杂度中等，有少量音节首辅音丛，音节尾鼻音、塞音韵尾俱全，最大音节结构为CGGVC型，音节界限未出现变动现象，主要出现在瑶语支语言中；（3）音节结构简单，无音节首辅音丛，音节尾以鼻音韵尾为主，最大音节结构为CVC型，音节界限很少出现变动现象，主要见于苗语支畲语。

从其音节系统的共时分布中，可以发现两种演变倾向：（1）复杂首音丛单化。如在"塞音+后置辅音"首音丛中，一部分-l、-r、-j后置辅音消失，还有部分塞音与后置辅音耦化为塞擦音。再如先喉塞成分丢失，含鼻冠音的首音丛中鼻冠音或塞音失落；（2）音节尾辅音趋于合并、脱落。如苗语支语言的塞音韵尾消失殆尽，多数代表点双唇鼻音韵尾并入齿/龈鼻音韵尾，虎形山巴哼语、七百弄布努语的双唇、齿/龈鼻音韵尾并入软腭鼻音韵尾，高坡苗语、文界巴哼语的鼻音韵尾转为元音的鼻化成分，石门坎苗语的鼻音韵尾完全消失。

第三节　本书新的探索及疏漏之处

苗瑶语是较为典型的单音节语，其分布地域广阔，语言内部差异甚大，但我们依然可发现其鲜明的语音特征和语音自身的发展演变规律。由于与汉族及其他少数民族交错聚居和杂居，在汉唐千余年文化的持续影响下，苗瑶语语音系统也产生了一定的语音变异。基于上述原因，其语音类型、语音演化有一些不同于其他汉藏语言的特点，可为语音类型学研究提供新的资料。

本书在以下三个方面做出了新的探讨：

第一，运用语音类型学的理论与方法全面考察苗瑶语语音特征，分析其语音共性，拓展了现有苗瑶语语音研究框架的视野；将苗瑶语语音研究直接置于人类语言多样性和共性的背景之下，特别关注苗瑶语与汉藏语系其他语言的比较，借此发掘出了更多的语音事实并深化了苗瑶语语音研究，为苗瑶语语音调查和研究提供了更具开放性、包容性的框架。

第二，在跨语言比较的大背景下从共时比较、历时演变、语言接触三个维度全面观照苗瑶语语音类型特征，并参照历史语言学、实验语音学、接触语言学成果佐证研究结论；从新的角度重新审视苗瑶语语音演变这一传统课题。这些具有理论价值的材料为苗瑶语语言（方言）之间的比较研究提供了更加客观、丰富的观察视角。

第三，采用多种统计分析方法来多角度阐释苗瑶语各种音段、超音段特征以及音节构成成分之间的关系；运用语言地理学的方法制作了大量数据地图，以分析、展示相关音段、超音段特征以及音节种类的地理分布特征。这些将体现不同语言之间的共性与个性的抽象语音特征较为直观、清晰、形象地表达出来的方法，是一种新的研究模式和探索。

研究发现，苗瑶语语音类型考察需要考虑语言接触和语言影响的因素。苗瑶语深受汉语的影响，来自不同汉语方言的借词可能影响了其语音系统构成要素的变化，以致同一语族内部不同语支的语言在语音类型特征上出现一定的差异。这些发现有助于得出一些更深入、更本源性的结论。

我们在探讨世界语言、苗瑶语等汉藏语言擦音调音部位的蕴含关系时，发现龈后、腭前、卷舌擦音的命名在现有辅音框架中的种种不当之处，以致蕴含规则例外率大幅攀升，因此，这些擦音调音部位的命名尚需实验语音学的探索与深入的跨语言比较研究。在进行跨语言分布模式的比较时，也发现即使是在修订至 2018 年的最新国际音标表中，汉藏语中的送气音、塞擦音、腭前音等也未正式收入，仅在"其他符号""变音符号"中有所体现。因此，为了便于汉藏语言的田野调查，我们尚需探讨、完善汉藏语辅音表。

语音类型学研究需要处理海量音系数据，因此材料选择的问题尤为重要。语言的取样需要有代表性、均衡性。本书在材料的选取方面还有所欠缺，我们也在处理语言样本的过程中发现一些值得深入探讨的问题。

首先，虽然我们尽可能保持苗瑶语两个语支中 11 个语言取样的平衡，但囿于语言内部分支的不平衡性以及现有的田野调查材料，难以完全按照配额原则选择代表点，如罗泊河苗语的样本数量只有两个、巴那语的样本数量仅有 1 个。

其次，在现有依据语言分布均衡性的采样方式中，我们发现，由于瑶语支只有 1 种语言，即勉语，按照均衡原则，最多只能选 4 个点。瑶语支语言声调、韵母系统特征比苗语支语言更加突出，仅依靠寥寥 4 个点，无法完整承载、诠释苗瑶语声调、韵母系统特征。如果我们扩大瑶语支语言样本数目的话，虽然声调、韵母系统特征得到更充分的展示，但又会降低苗语支声母系统特征的典型性。

最后，不同采样方式所呈现的地理分布趋势也有所不同。以鼻音系统为例，在 40 种语言样本（含 28 个苗语支代表点，其中，畲语代表点为 3

个，另有 12 个瑶语支代表点）中，其调音部位数目由北到南、从西往东逐步递减的趋势较为明显。而在 30 种语言样本（含 26 个苗语支代表点，其中，畲语代表点为 1 个，另有 4 个瑶语支代表点）中，其调音部位数目的分布趋势发生改变，大致呈现中间偏少、外围偏多的分布之态，如图 1、图 2 所示：

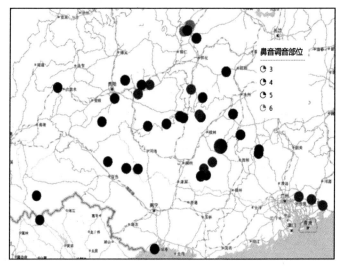

图 1　苗瑶语 40 样本鼻音调音部位数目的地理分布

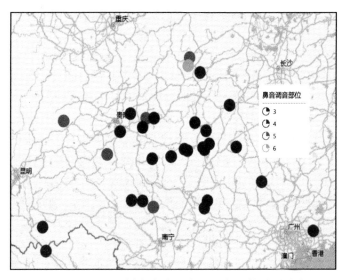

图 2　苗瑶语 30 样本鼻音调音部位数目的地理分布

再来看苗瑶语擦音系统。在 40 种语言样本中，其调音部位数目由北到南、从西往东逐步递减的趋势较为明显。而在 30 种语言样本中，其调音部位数目由北到南、从西往东逐步递减的分布趋势的显著度降低，如图3、图4所示：

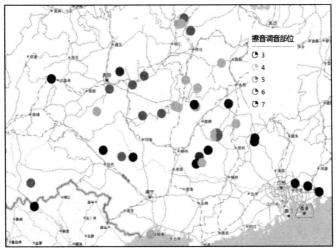

图3　苗瑶语40样本擦音调音部位数目的地理分布

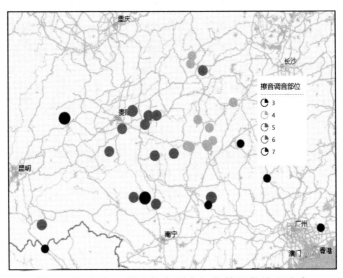

图4　苗瑶语30样本擦音调音部位数目的地理分布

实际上，苗瑶语各语支的地理分布特征为：除畲语之外的苗语支语言大体在北，苗语支中的畲语居东，瑶语支语言在南偏西。瑶语支代表点偏多的40种语言样本能较好地呈现辅音库存数量、辅音调音部位数量、单元音数量、音节数量由北到南、从西往东逐步减少之势，声调数量由北向南、从东往西逐渐增多之势，但更符合均衡性、代表性的30种语言样本所展示的语音特征分布趋势发生变化。鼻音、近音调音部位数目的分布特征为中间偏少、外围偏多，与其他辅音所呈现的由北到南、从西往东渐次减少的分布趋势有别。音节种类则呈交错分布之态。由此可见，我们需要进一步探讨更好地兼顾均衡性与代表性的采样方式。

本书在材料处理方面也有所疏漏之处。本书选取的语料来自不同专家学者的田野调查报告，不同学者在记音习惯、音位处理方面都存在差别，对某些语音结构特征的描述具有强调或忽略的差别，我们很难判别它们在相关语言中的分布的确有所不同，还是描述有所差别。语音结构特征之间往往互为伴随或蕴含关系，学者们确定它们孰为区别性特征孰为羡余性特征有时会因语言而异。这就给跨语言类型比较带来了困扰。在跨语言比较中处理语音材料之时，虽然我们尽力进行了调整、转写和补充，但仍难以避免材料精确性方面的不足之处，有时也因无法转写而失去一些有趣的比较项。与此同时，由于本人时间、精力以及认知水平的限制，难以对每种语言的特点都有较深入的了解，对纷繁复杂的汉藏语言、世界语言音系特征的解读、阐释还不够细致、深入、到位，难以保证比较结果不具备一定倾向性。就这一点而言，本书尚有许多值得进一步改进的地方。

我们虽然较为全面地探讨了苗瑶语辅音、元音、声调以及音节系统的类型学特征，但这四个方面的研究内容尚待进一步拓展、深化，研究过程中也存在一些疏漏之处。

就苗瑶语辅音系统研究而言，我们虽然考察了塞音、塞擦音、擦音、鼻音、边音、近音系统的类型学特征并分别探讨了其演变类型，但尚未总结整个辅音系统的演变特征。此外，苗瑶语中是否有颤音、其发声态的产生机制及其对辅音系统的影响、鼻冠音及先喉塞音的性质、复辅音的类型学特征等问题都有待更深入的理论探索与个案分析。

在苗瑶语元音系统研究方面，我们仅就元音演变的大势进行了粗略的描述，尚待开展对其元音系统具体演变路径的探讨。对苗瑶语颇具特色的长短元音、弛化元音的探讨也相当有限。

在苗瑶语声调系统研究方面，虽然涉及连读变调问题，但其分类方式、产生机制、与汉藏语系其他语言的比较尚待进一步开展。苗瑶语声调与发声态之间的关系、声域的具体表现等也尚需实验语音学的探索。

苗瑶语音节系统的研究也还不够充分。苗瑶语音段成分的内部结构层次、腭化以及唇化成分在音节中的地位、音节结构的演变、音节显赫性的表征等问题都还有待进一步考察。

附录　苗瑶语 30 个代表点的音系

石板寨苗语音系①

声母：

p	ph	v	mp	mph	mb	ʔm	m	ʔw	*f	w
pz	phz	vz	mpz		mbz					
pj	phj	vj	mpj	mphj	mbj		mj			
pl	phl	vl	mpl	mphl	mbl					
ts	tsh		nts	ntsh	ndz				s	
t	th	z	nt	nth	nd	ʔn	n	ʔl	ɬ	l
tɕ	tɕh	ʑ	ȵtɕ	ȵtɕh	ȵdʑ	ʔȵ	ȵ	ʔʑ	*ɕ	
ʈ	ʈh	ʐ	ɳʈ	ɳʈh	ɳɖ		ɳ		ʂ	
k	kh	ɥ	ŋk	ŋkh	ŋg		ŋ	ʔɥ		
q	qh	ʁ	ŋq	ŋqh	ŋɢ			χ		
qw	qhw	ʁw	ŋqw		ŋɢw			χw		
ql	qhl	ʁl	ŋql		ŋɢl					
qɹ	qhɹ	ʁɹ								
ʔ										

韵母：

i	e	ə	ɛ	a	ʊ	u	y		ɿ
ie	ei	*ai	əu	*au	in	en	*ɛn	aŋ	uŋ
*ɚ	*iəu	*iau	*iaŋ	*uei	*uɛ	*ua	*uaŋ		

声调：

平声 31　上声 55　去声 24　入声 33

---

① 带*号的韵母只出现在汉语借词中。

高寨苗语音系

声母：

p	ph	v	mp	mph	mb	ʔm	m̥	m	ʔw	*f	w
pj		vj	mpj	mphj	mbj						
pl	phl	vl	mpl	mphl	mbl						
ts	tsh	z	nts	ntsh	ndz					s	
t	th	ð	nt	nth	nd	ʔn	n̥	n	ʔl	ɬ	l
ʈ	ʈh	ʐ	ɳʈ	ɳʈh	ɳɖ						
tɕ	tɕh	ʑ	ɳtɕ	ɳtɕh	ɳdʑ	ʔɲ	ɲ̥	ɲ	ʔʑ	ɕ	
k	kh	ɥ	ŋk	ŋkh	ŋg			ŋ	ʔɥ	ɥ	
q	qh	ʁ	ŋq	ŋqh	ŋɢ					χ	
qw	qhw	ʁw			ŋɢw					χw	
ql	qhl	ʁl			ŋɢl						
ʔ											

韵母：

i	e	æ	a	ɑ	o	u	y	ø
ə	ei	əu	ɑu	in	en	ɑŋ	oŋ	ɿ
*ie	*iəu	*iau	*iẽ	*iaŋ	*ua	*ui	*uã	*ɚ

声调：

平声、入声 31　　上声 55　　去声 35

上坝苗语音系

声母：

p	ph	mp	mph	m	f	v	*w
pl	phl	mpl	mphl				
ts	tsh	nts	ntsh		s		
t	th	nt	nth	n	ɬ	l	
tɬ	tɬh	ntɬ					
ʈ	ʈh	ɳʈ	ɳʈh				
tʂ	tʂh	ntʂ	ntʂh		ʂ	ʐ	
tɕ	tɕh	ɳtɕ	ɳtɕh	ɲ	ɕ	ʑ	
k	kh	ŋk	ŋkh	ŋ			

| q | qh | ŋq | ŋqh | |
| ʔ | | | h | |

韵母：

i	e	a	y	ua	o	u	*ɚ
ei	ai	eu	au	ou	in	en	aŋ	oŋ
*ieu	*iau	*iaŋ	*uei	*uai	*uaŋ	*uen	

声调：

阴平 53　阳平 31　阴上 55　阳上 22

阴去 44　阳去 13　阴入 33　阳入 213

高坡苗语音系

声母：

p	ph	mp	mph	m	m̥	v	*f
pl	phl	mpl	mphl	ml	m̥l		
ts	tsh	nz	nsh			s	sh
t	th	nt	nth	n	n̥		
tɬ	tɬh	ntɬ				l	ɬ
tʂ	tʂh	ntʂ	ntʂh			ʐ	ʂ
tɕ	tɕh	ɳtɕ	ɳtɕh	ɲ	ɲ̥	z	*ɕ
k	kh	ŋk	ŋkh	ŋ			
q	qh	ŋq	ŋqh				
ʔ						h	

韵母：

i	e	ɛ	æ	a	o	u	ɯ	ə
ĩ	ẽ			ã	õ			ɔ̃
*ɿ	*ɚ	*iẽ	*io	*ʅ				

声调：

阴平 24　　阳平、阳入 55　　阴上 13　　阳上 31

阴去、阴入 42　　阳去 22

宗地苗语音系

声母：

p	*ph	mp	m	w
pj	*phj	mpj	mj	
pl		mpl		
pʐ		mpʐ	mʐ	
*ts	*tsh	nts	*z	s
t	*th	nt	n	l	ɬ
pl		mpl	l	l̥
ʈ		ɳʈ	ɳ	ʐ	ʂ
tɕ	*tɕh	ɳtɕ	ȵ	ʑ	*ɕ
k		ŋk	ŋ	
kw		ŋkw		xw
ʔ			ɦ	h

韵母：

i	ɪ	e	æ	a	ɔ	u	o	ə	ɯ
ei	əu	ua	in	en	æn	aŋ	oŋ	əŋ	
*ɿ	*ʅ	*iɔ	*iu	*iæn	*iaŋ	*ui	*un	*uæn	*uaŋ
*uæ									

声调：

阴平甲 32　　阴平乙 22　　阳平 53　　阴上甲 42　　阴上乙 232

阳上 11　　阴去甲 55　　阴去乙 35　　阳去、阴入乙 13

阴入甲 44　　阳入 21

石门坎苗语音系

声母：

p	ts	t	tɬ	ʈ	tʂ	tɕ	k	q	ʔ
ph	tsh	th	tɬh	ʈh	tʂh	tɕh	kh	qh	
b	dz	d	dl	ɖ	dʐ	dʑ	g	ɢ	
bɦ	dzɦ	dɦ	dɦl	ɖɦ	dʐɦ	dʑɦ	gɦ	ɢɦ	
mp	nts	nt	ntɬ	ɳʈ	ntʂ	ntɕ	ŋk	ŋq	
mph	ntsh	nth	ntɬh	ɳʈh	ntʂh	ntɕh	ŋkh	ŋqh	

mb	ndz	nd	ndl	ɳɖ	ndʐ	ȵdʑ	ŋg	ŋɢ
mbɦ	ndzɦ	ndɦ	ndɦl	ɳɖɦ	ndʐɦ	ȵdʑɦ	ŋgɦ	ŋɢɦ
m̥		n̥				ȵ̥		ŋ̊
m		n		ɳ		ȵ		ŋ
mɦ		nɦ		ɳɦ		ȵɦ		ŋɦ
f	s	ɬ			ʂ	ɕ	x	χ	h
v	z	l			ʐ	ʑ	ɣ		ɦ
vɦ	zɦ	lɦ			ʐɦ	ʑɦ	ɣɦ	
w								

韵母：

i	*e	a	o	u	ɯ	y	ə	*ɚ
ie	*iu	*ei	ey	ai	au	aɯ	*ua	*ye
iau	*iaɯ	*uei	*uai					

声调：

阴平、阴上 55	阳平 35	阳上 13	阳上、阴去 33
阳去、阳入 31	阴入 11	阳入 53	

吉卫苗语音系

声母：

p	ph	b	bh	m	m̥h	w
pj	phj	bj		mj		
pɹ	phɹ	bɹ	bhɹ	mɹ		
ts	tsh	dz	dzh			s
t	th	d	dh	n	n̥h	l	l̥h
ʈ	ʈh	ɖ	ɖh	ɳ		ʐ	ʂ
tɕ	tɕh	dʑ	dʑh	ȵ		z	ɕ
c	ch	ɟ	ɟh	ɲ		ʎ	ʎ̥
k	kh	g	gh	ŋ		x
kw	khw	gw	ghw	ŋw		xw
q	qh	ɢ	ɢh			
qw	qhw	ɢw	ɢhw			

韵母：

i	e	ɛ	a	u	ɯ	o	ɤ	ɔ	ɑ
ei	*ɿ	in	en	oŋ	ɑŋ				

声调：

阴平 35　阳平 42　阴上 44　阳上 22　阴去 54　阳去 31

小章苗语音系

声母：

p	ph	b	ʔm	m̥	m	ʔw			w
pj	phj	bj	ʔmj		mj		f		v
ts	tsh	dz					s		z
t	th	d	ʔn	n̥	n	ʔl	ɬ		l
tj	thj	dj					ɬj		lj
tɕ	tɕh	dʑ	ʔȵ	ȵ̥	ȵ	ʔʑ	ɕ		ʑ
k	kh	g			ŋ		x		
kw	khw	gw							
q	qh	ɢ							
qw		ɢw					hw		
ʔ							h		

韵母：

i	e	a	o	u	ɯ	ɿ	*ə	
ei	ai	əɯ	aɯ	au	əu			
in	en	aŋ	uŋ	uaŋ	m̩	n̩	ņ̩	ŋ̩
*y	*ye	*ua	*an	*un	*yn	*yan	*uei	*uan

声调：

阴平 53　　阳平 31　　阴上、阳上 55　　阴去 33　阳去 13
阴入、阳入 35

下坳苗语音系

声母：

p	ph	mp	mph	m	m̥	w	
pj	phj		mphj	mj		f	
ts	tsh	nts	ntsh			s	
t	th	nt	nth	n	n̥	l	ɬ
tj	thj	ntj				lj	ɬj
ʈ	ʈh	nʈ	nʈh	ɳ	ʐ	ʂ	

tɕ	tɕh	ɳtɕ	ɳtɕh	ȵ̥		ʑ		ɕ
k	kh	ŋk	ŋkh	ŋ	ŋ̊			
kw	khw			ŋw				
q	qh	ŋq	ŋqh					
qw	qhw	ŋqw						
ʔ							h	

韵母：

i	e	ɛ		a	ɑ	o		u	ə		ɯ
ei	ai	au		əu	ɯu						
in	en	an		ɑŋ	uŋ	əŋ					
m̩	n̩	ŋ̍		*y	*yn	*ien		*uan	*iaŋ		

声调：

阴平 35　　阳平 31　　阴上、阴入 44　　阳上、阳入 33　　阴去 551

阳去 241

腊乙坪苗语音系

声母：

p	ph	mp	mph	m	m̥	w	
pj	phj			mj			
pr	phr	mpr	mphr	mr		r	
ts	tsh	nts	ntsh			s	
t	th	nt	nth	n	n̥	l	ɬ
ʈ	ʈh	ɳʈ	ɳʈh	ɳ		ʂ	
tɕ	tɕh	ɳtɕ	ɳtɕh	ȵ		ʑ	ɕ
c	ch	ŋc	ŋch			lj	ɬj
k	kh	ŋk	ŋkh	ŋ			
kw	khw	ŋkw	ŋkhw	ŋw			
q	qh	ŋq	ŋqh				
qw	qhw	ŋqw	ŋqhw			hw	
ʔ						h	

韵母：

i	e	ɛ	a	u	o	ɔ	ɑ	ɯ	ə	*ɚ
	ei									
*in	*en				oŋ		ɑŋ			

声调：

阴平 35　　阳平 31　　阴上、阴入 44　　阳上、阳入 22　　阴去 53

阳去 42

凯棠苗语音系

声母：

p	ph	m	m̥h	f		fh	v
ts	tsh			s		sh	z
t	th	n	n̥h	ɬ		ɬh	l
tj	thj	nj	n̥hj	ɬj		ɬhj	lj
tɕ	tɕh			ɕ		ɕh	ʑ
k	kh	ŋ				xh	ɣ
q	qh						
ʔ				h			

韵母：

i		e		ɛ		a		ɔ		o		u
ei		əu		in		en		aŋ		uŋ		
*iɔ		*uɛ		*ua		*uei		*uen		*uaŋ		

声调：

阴平 33　　阳平 53　　阴上 35　　阳上 11　　阴去 44　　阳去 23

阴入 13　　阳入 31

菜地湾苗语音系

声母：

p		ph		m		f		v
ts		tsh				s		
t		th		n				l
tj		thj		nj		ɬj		lj
tɕ		tɕh				ɕ		ʑ
k		kh		ŋ				
q		qh						
ʔ						h		

韵母：

i	e	ɛ	a	o	u	y
ei	ue	*uɛ	*ua	eu	au	ou
in	en	an	un	eŋ	aŋ	uŋ
*ɿ	*ien	*uan	*uaŋ	*ieu		

声调：

阴平 24　阳平 22　阴上 33　阳上 212　阴去 44　阳去 53
阴入 35　阳入 13

尧告苗语音系

声母：

p	ph	m	m̥	f	v
ts	*tsh			s	
t	th	n	n̥		
tj	thj	nj	n̥j		
tɬ				ɬ	l
tɬj				ɬj	lj
tɕ	*tɕh	ȵ̥	ȵ̥	ɕ	ʑ
k	kh	ŋ	ŋ̥	x	ɣ
kw	khw	ŋw			
q	qh				
ʔ				h	

韵母：

i	ie	ia	im	in	iŋ	*iau
e	ei	eu		en	eŋ	
a	ai	au	am	an	aŋ	
o					oŋ	
u	*uei	*uai	*uan	*uen	ua	
ɛ	ɔ	*ə	*y	*ɿ	m̩	ŋ̩

声调：

阴平 13　阳平 31　阴上 53　阳上 241　阴去 44　阳去 22
阴入 35　阳入 24

河坝苗语音系

声母：

p	ph	m				w
pj	phj	mj	*f	fɦ	v	
*ts	*tsh		s	sh		
t	th	n	ɬ		l	
tj	thj	nj	ɬj	ɬhj	lj	
tɕ	tɕh	ɕ	ɕh	ʐ		
k	kh	ŋ	x	xh	ɣ	
q	qh					
ʔ				h		

韵母：

i	e	æ	a	ɔ	o	u	y
ei	oi	ui	eu	au	eɯ		
ue	uæ·	ua	ye	ya			
ẽ	æ̃	uẽ	uæ̃	yẽ	yæ̃		
in	en	un	yn	aŋ	uŋ		

声调：

阴平 44　阳平 55　阴上 13　阳上 21　阴去 33　阳去 22
阴入 11　阳入 53

文界巴哼语音系

声母：

p	ph	pɦ	mp	mpɦ	m̥p	m	mɦ	m̥	v	vɦ	f
pj	phj	pɦj	mpj	mpɦj		mj	mɦj			
t	th	tɦ	nt	ntɦ		n	nɦ	n̥	l	lɦ	l̥	s
tj	thj								lj	lɦj	l̥j
tw	thw										sw
tɕ	tɕh	tɕɦ	ɲtɕ	ɲtɕɦ	ɲ̥tɕ	ɲ	ɲɦ	ɲ̥	j	jɦ	ɕ
k	kh	kɦ	ŋk	ŋkɦ	ŋ̥k	ŋ	ŋɦ	ŋ̥			h
kw	khw	kɦw								
q	qh	qɦ	ɴq	ɴqɦ						

韵母：

i ɿ ʅ e ɛ a ɔ o ɤ ʉ
ĩ ɿ̃ ẽ ɛ̃ ã ɔ̃ õ

声调：

阴平 35　阳平 33　　阴上 31　阳上 31

阴去 55　阳去 44　　阴入 53　阳入 31

滚董巴哼语音系

声母：

p	ph	m	m̥	v		
t	th	n	n̥	l	l̥	s
tj	thj	nj		lj	l̥j	
tɕ	tɕh	ȵ	ȵ̥	j		ɕ
k	kh	ŋ	ŋ̥		h	hj
kw	khw				hw	
q	qh					

韵母：

i	e	ɛ	a	ɔ	o	u
	ei		ai		ou	
in	en					
iŋ	eŋ		aŋ	ɔŋ	oŋ	

声调：

阴平 35　阳平 33　阴上 22　阳上 22　阴去 55　阳去 44

阴入 53　阳入 31

虎形山巴哼语音系

声母：

p	ph	mp	mph	m	m̥	v	w	f
pj	phj	mpj	mphj	mj	m̥j		wj	
ts	tsh	nts	ntsh				s	sj
t	th	nt	nth	n	n̥	l	l̥	
tj	thj	ntj	nthj			lj	l̥j	
tɕ	tɕh	ȵtɕ	ȵtɕh	ȵ		j		ɕ

k	kh	ŋk	ŋkh	ŋ	ŋ̊		h
kj	khj	ŋkj	ŋkhj				hj
kw	khw	ŋkw	ŋkhw	ŋw			hw
q	qh	ɴq	ɴqh				

韵母:

i		e		a		o		u
		ei		ai		ou		
				au				
iŋ				aŋ		uŋ		ɯŋ

声调:

阴平 35　阳平 33　阴上 13　阳上 22

阴去 55　阳去 31　阴入 53　阳入 31

七百弄布努语音系

声母:

p	ph	mp	mph	m	m̥		
pj	phj	mpj	mphj	mj	m̥j	v	f
pl	phl	mpl					
tθ	tθh	ntθ	ntθh			ð	θ
ts	tsh	nts	ntsh				s
t	th	nt	nth	n	n̥		
tɬ	tɬh	ntɬ				l	ɬ
ʈ	ʈh	nʈ	nʈh			ʐ	ʂ
tɕ	tɕh	nʲtɕ	nʲtɕh	ɲ	ɲ̥	z	ɕ
k	kh	ŋk	ŋkh	ŋ	ŋ̊	ɣ	x
kj	khj	ŋkj					
kw	khw	ŋkw		ŋw			
ʔ							h

韵母[1]:

i	e	ɛ	a	ɔ	o	u	ə	ɯ
*ei	*ai	*əu	au	*ie	*iau	æ	*y	*ʅ
*in	*en	*an	*iŋ	*eŋ	aŋ	oŋ	əŋ	

---

① 带*号的韵母只拼汉语或壮语借词。

声调:

阴平 33　　阳平 13　阴上 53　阳上 231

阴去 42　　阳去 22　阴入 31　阳入 21

西山布努语音系

声母①:

p	ph	ʔp	m	ʔv	*f	v	
ts	tsh			s	z	ð	
t	th	ʔt	n	ʔl	l		
tɕ	tɕh	ȵ	ʔʑ	*ɕ	ʑ		
k	kh	ŋ	x				
ʔ							

韵母:

i			in	iŋ		it	ik
e	ei		en	eŋ		et	ek
ie		ieu	ien	ieŋ		iet	iek
ue	uei		uen				
a	ai	au	an	aŋ	ap	at	ak
ia		iau	ian	iaŋ		iat	
ua	uai		uan	uaŋ			uak
ɯa				ɯaŋ		aːt	aːk
ə		əu	əm	əŋ		ət	
uə				uəŋ		uət	uək
ɯ	ɯə			ɯəŋ			
o	oi		on	oŋ		ot	ɔk
u	ui	um	un	uŋ		ut	uk
*y			*yn	*yan			
*ɿ							

声调:

阴平 33　阳平 42　阴上 35　阳上 44

阴去 13　阳去、阴入、阳入 22

---

① [z]、[ð]只拼壮语借词。

瑶麓布努语音系

声母：

p	ph	mp	mph	m	m̥		w
pj	phj	mpj		mj		f	v
ts	tsh	nts	ntsh			s	
t	th	nt	nth	n	n̥	ɬ	l
tj	thj	ntj	nthj		ɲ̥	ɬj	lj
tɕ	tɕh	ɳtɕ	ɳtɕh	ɳ	ɳ̥	ɕ	ʑ
k	kh	ŋk	ŋkh	ŋ	ŋ̥	x	ɣ
kj	khj	ŋkj					
kw	khw	ŋkw					
ʔ						h	

韵母：

i	e	a	o	u	ø	*y	ɯ	*ɻ	*ə
ŋ̩	ei	ai		*ua	øe				
	eu	au	ou	*uan					
in	en	an		*un		*yn			
iŋ	eŋ	aŋ		uŋ					

声调：

阴平 33　　阳平 55　　阴上 13　　阳上 53

阴去、阴入 44　　　　阳去 31　　阳入 42

小寨优诺语音系

声母：

p		ph		m	f	v
pj		phj		mj	fj	vj
ts		tsh			s	
tsj		tshj			sj	
t		th	n	l̥	l	
tj		thj		l̥j	lj	
tɕ		tɕh	ɳ̩		ɕ	ʑ
k		kh	ŋ	ŋ̥		h

| kj | khj | | | | |
| kw | khw | | | hw | |

韵母：

i		iu	in		
e	ei			eŋ	
a	ai	au	an	aŋ	
ɔ					
o		ou		oŋ	
u	ui		un	uŋ	
ə			ən	əŋ	

声调：

阴平 33　阳平 13　阴上 22　阳上 22　阴去 35　阳去 31
阴入 53　阳入 31

黄落优诺语音系

声母：

p	ph	m	v		f
pj	phj	mj			
ts	tsh				s
*tsj	*tshj				*sj
t	th	n		l	ɬ
tj	thj	nj		lj	ɬj
k	kh	ŋ	ŋ̥		
kj	khj	ŋj		j	xj
kw	khw				xw
ʔ					h

韵母：

i	e	a	ə	o	u	y	ʋ
	ei	ai		oi	ui	*ye	*ɻ
	eu	au	əu		*ua		
in	en	an		*on	un	*yn	
iŋ	eŋ	aŋ		oŋ	*uan	*yan	ŋ̍

声调：

阴平 44　阳平 13　阴上 33　阳上、阳去 32　　阴去 54
阴入 55　阳入 21

龙华炯奈语音系

声母：

p	ph	mp	mph	m	m̥	w	ʍ	*f
pj	phj	mpj		mj		ðj	θj	
pl	phl	mpl						
*ts	*tsh					ð	θ	
tʃ	tʃh	ntʃ	ntʃh				ʃ	
t	th	nt	nth	n	n̥	l	ɫ	
tj	thj	ntj	nthj	nj		lj	ɫj	
k	kh	ŋk	ŋkh	ŋ	ŋ̊			
kj	khj	ŋkj	ŋkhj	ŋj	ŋ̊j	j	ç	
kl	khl	ŋkl						
kw	khw	ŋkw						
ʔ							h	

韵母①：

i	e	a	ə	ɒ	o	u	*y	*ɿ
	ei	ai		ɒi		ui		
	eu	au	əu					
in	en	an	ən	ɒn		un	n̩	
iŋ	eŋ	aŋ	əŋ	ɒŋ		uŋ	ŋ̩	
		ap						
it		at		ɒt	ot	ut		
	ek	ak						

声调：

阴平 44　阳平 33　阴上 53　阳上 31
阴去 35　阳去 11　阴入 55　阳入 12

六巷炯奈语音系

声母：

| p | ph | mp | m | m̥ | | w |

---

① [ap]、[it]、[at]、[ɒt]、[ot]、[ut]、[ek]、[ak]等韵母专拼壮语借词和瑶语借词。

pl	phl	mpl							
tθ	ntθ						θ		
t	th	nt	n	ṇ	l	ḷ			
tʃ	tʃh	ntʃ							
			ŋ̩	ŋ̩̊				ẓ	z̦
k	kh	ŋk	ŋ	ŋ̊			h		
kl	khl	ŋkl							
pj		mpj	mj						
tθj							θj		
tj		ntj			lj	ḷj			
kj	khj						hj		
pw	mpw								
tθw	ntθw						θw		
tw	thw	ntw			lw				
tʃw		ntʃw							
								ʑw	ʑ̊w
kw	khw	ŋkw					hw		
klw									

韵母：

i					in		iŋ
e		ei	ẽi	eu	en		eŋ
ε							εŋ
a	ã	ai		au	an	ãn	aŋ
ɔ							ɔŋ
o	õ						oŋ
u		ui			un		uŋ
				əu	ən	ə̃n	əŋ

声调：

阴平 44　阳平 31　阴上 35　阳上 53

阴去 22　阳去 21　阴入 43　阳入 32

中排巴那语音系

声母：

p　　ph　　b　　m　　v　　f

pj	phj	bj	mj	vj	fj
ts	tsh	dz			s
*tsj	*tshj				*sj
t	th	d	n	l	
tj	thj	dj	nj	lj	
tɬ	tɬh	dl			
tɬj	tɬhj	dlj			
tɕ	tɕh	dʑ	ȵ	ʐ	ɕ
k	kh	g	ŋ		
kj	khj	gj			
kw	khw	gw			
ʔ					h

韵母：

i	e	a	o	u	*y	*ɿ	*ɚ	ŋ̍
	ei	ai						
	eu	au						
in	en	an	on	un	*yn			
iŋ	eŋ	aŋ		uŋ	*yen			

声调：

阴平 13　阳平 313　阴上 44　阳上 31

阴去 35　阳去 22　阴入 55　阳入 53

嶂背畲语音系

声母：

p	ph	m	v	f
pj	phj	mj		
ts	tsh		z	s
tsj	tshj			sj
t	th	n		
tj	thj	nj		
k	kh	ŋ	ŋ̍	h
kj	khj	ŋj		hj
kw	khw	ŋw		

韵母：

i		iu	in		*it
e	ei		en		*et	*ek
a	ai	au	an	aŋ	*at	*ak
ɔ	ɔi		ɔn	ɔŋ		*ɔk
u	ui		un	uŋ	*ut	*uk

声调：

阴平 22　阳平 53　阴上 33　阳上 42　阴去 31　阳去 335

阴入 32（带塞音韵尾）/35　　　阳入 54（带塞音韵尾）/35

江底勉语音系

声母：

p	ph	b	m̥	m	f	w
pw	phw	bw	m̥w	mw	fw	
pj	phj	bj	m̥j	mj	fj	wj
ts	tsh	dz			s	
tsw	tshw	dzw			sw	
tsj	tshj	dzj			sj	
t	th	d	n̥	n	ɬ	l
tw	thw	dw			ɬw	lw
tj	thj	dj	n̥j	nj	ɬj	lj
tɕ	tɕh	dʑ	n̥ʑ	n̥	ɕ	j
tɕw	tɕhw	dʑw	ȵ̥w	ȵw	ɕw	
k	kh	g	ŋ̊	ŋ	h	
kw	khw	gw		ŋw	hw	
kwj	khwj	gwj			hwj	

韵母：

i		i:u	i:m	i:n	i:ŋ	i:p		
		iu	im	in		ip	it	
e			e:m	e:n		e:p	e:t	
	ei	eu		en	eŋ	ep	et	ek
ɛ					ɛ:ŋ			
a	a:i	a:u	a:m	a:n	a:ŋ	a:p	a:t	
	ai	au	am	an	aŋ	ap	at	ak

o	o:i		o:m	o:n	o:ŋ	o:p	o:t	o:k
	ou		om	on	oŋ	op	ot	
u	u:i							
	ui			un	uŋ		ut	
*ə			*ən					
*ɻ								

声调:

阴平 33　阳平 31　阴上 52　阳上 231

阴去 24　阳去 13　阴入 55　阳入 12

梁子勉语音系

声母:

p	b	m	f	v	w
pj	bj	mj			
pl	bl				
tθ	dð				
tθj	dðj				
t	d	n	s	l	
tj	dj	nj	sj	lj	
tl	dl				
ʈ	ɖ	ɳ		j	
k	g	ŋ	h		
kw	gw	ŋw			
kj	gj		hj		

韵母:

i			i:u		i:n		i:p	i:t	
			iu	im	in	iŋ	ip	it	ik
e			e:u	e:m	e:n	e:ŋ	e:p	e:t	
ei	eu		em	en	eŋ	ep	et	ek
ɛ							ɛ:t		
	ɛi		ɛm	ɛn	ɛŋ		ɛt		
a	a:i	a:u	a:m	a:n	a:ŋ	a:p	a:t	a:k
	ai	au	am	an	aŋ	ap	at	ak
ɔ				ɔ:n	ɔ:ŋ	ɔ:p	ɔ:t	ɔ:k

ɔi	ɔu	ɔm	ɔn	ɔŋ	ɔp	ɔt	ɔk
o	ou	om	on		op	ot	ok
u			u:n	u:ŋ		u:t	
	ui	um	un	uŋ		ut	

声调:

阴平甲 35　　　　阴平乙 31　　　　阳平 33　　阴上甲 545　阴上乙 43

阳上 32　阴去甲 44　　　　阴去乙 21　　　　阳去 22

阴入甲 a 24（长元音韵）　阴入甲 b 54（短元音韵）

阴入乙 a 31（长元音韵）　阴入乙 b 32（短元音韵）

阳入 a 42（长元音韵）　阳入 b 21（短元音韵）

东山勉语音系

声母:

p	ph	b				m̥	m		w	
pj	phj	bj				m̥j	mj		wj	
pl	phl	bl								
			ts	tsh	dz				s	
			tsw	tshw	dzw				sw	
t	th	d				n̥	n	ɬ	l	
tw	thw	dw				n̥w	nw	ɬw	lw	
tj	thj	dj					nj	ɬj	lj	
ʈ	ʈh	ɖ	tɕ	tɕh	dʑ	ɳ̥	ɳ	ɕ	j	
ʈw	ʈhw	ɖw	tɕw	tɕhw	dʑw	ɳ̥w	ɳw	ɕw	dʑwj	
k	kh	g				ŋ̥	ŋ	h		
kw	khw	gw						hw	hwj	
kj	khj	gj				ŋj	hj			
kl	khl	gl								

韵母:

i		iu	in	iŋ
ɛ			ɛn	ɛŋ
a	ai	au	an	aŋ
ɔ				ɔŋ
u	ui		un	uŋ
ə	əi	əu	ən	

*ɻ

声调：

阴平 33　阳平 31　阴上 35　阳上 42

阴去 24　阳去 42　阴入 53　阳入 42

大坪勉语音系

声母：

p	b	m	f	v
pj	bj	mj	fj	vj
ts	dz		s	
tsj	dzj		sj	
t	d	n		l
tj	dj	nj		lj
		ȵ		j
k	g	ŋ	h	
kj	gj	ŋj	hj	

韵母：

i		iu	im	in	iŋ	ip	it
ɛ	ɛi	ɛu	ɛm	ɛn	ɛŋ	ɛp	ɛt
a	ai	au	am	an	aŋ	ap	at
ɔ	ɔi	ɔu	ɔm	ɔn	ɔŋ	ɔp	ɔt
u	ui		um	un	uŋ	up	ut

声调：

阴平 44　阳平 53　阴上 24　阳上 44

阴去 42　阳去 22　阴入 44　阳入 22

参考文献

一 著作

中文：

[美] 包拟古：《原始汉语与汉藏语》，潘悟云、冯蒸译，中华书局 1995 年版。

[美] 彼得·赖福吉、伊恩·麦迪森：《世界语音》，张维佳、田飞洋译，商务印书馆 2015 年版。

[美] 彼得·赖福吉：《语音学教程》，张维佳译，北京大学出版社 2011 年版。

[美] 伯纳德·科姆里：《语言共性和语言类型》，沈家煊译，华夏出版社 1989 年版。

[美] 威廉·克罗夫特：《语言类型学与语言共性》，龚群虎译，复旦大学出版社 2009 年版。

[英] 戴维·克里斯特尔：《现代语言学词典》，沈家煊译，商务印书馆 2002 年版。

[英] 特拉斯克：《语音学和音系学词典》，《语音学和音系学词典》编译组译，语文出版社 2000 年版。

曹剑芬：《语言的韵律与语音的变化》，中国社会科学出版社 2016 年版。

曹志耘：《汉语方言地图集·语音卷》，商务印书馆 2008 年版。

岑麒祥：《语音学概论》，商务印书馆 2013 年版。

陈其光：《苗瑶语文》，中央民族大学出版社 2013 年版。

戴庆厦、汪锋主编：《语言类型学的基本方法与理论框架》，商务印书馆 2014 年版。

戴庆厦：《中国少数民族语言研究 60 年》，中央民族大学出版社 2009 年版。

甘春妍：《博罗畲语研究》，南开大学出版社 2011 年版。

国际语音学会编：《国际语音学会手册》，江荻译，上海教育出版社 2008 年版。

胡晓东：《瑶语研究》，西南交通大学出版社 2011 年版。

江荻：《汉藏语言演化的历史音变模型——历史语言学的理论和方法探索》，民族出版社 2002 年版。

金理新：《汉藏语系核心词》，民族出版社 2012 年版。

金立鑫：《什么是语言类型学》，上海外语教育出版社 2011 年版。

孔江平：《论语言发声》，中央民族大学出版社 2001 年版。

孔江平：《实验语音学基础教程》，北京大学出版社 2015 年版。

李锦平、李天翼：《苗语方言比较研究》，西南大学出版社 2012 年版。

李思敬：《汉语"儿"(ᴈ)音史研究》，商务印书馆 1994 年版。

李云兵：《苗瑶语比较研究》，商务印书馆 2018 年版。

李云兵：《中国南方民族语言语序类型研究》，北京大学出版社 2008 年版。

林焘、王理嘉：《语音学教程》，北京大学出版社 1992 年版。

龙国贻：《藻敏瑶语语音研究》，中西书局 2016 年版。

陆丙甫、金立鑫：《语言类型学教程》，北京大学出版社 2015 年版。

罗安源：《中国语言声调概览》，民族出版社 2006 年版。

罗伯特·迪克森：《语言兴衰论》，朱晓农、严至诚、焦磊、张偲偲、洪英
　　译，北京大学出版社 2010 年版。

罗常培、王均：《普通语音学纲要》，商务印书馆 2004 年版。

马学良主编：《汉藏语概论》，民族出版社 2003 年版。

毛宗武、李云兵：《巴哼语研究》，上海远东出版社 1997 年版。

毛宗武、李云兵：《炯奈语研究》，中央民族大学出版社 2002 年版。

毛宗武、李云兵：《优诺语研究》，民族出版社 2007 年版。

毛宗武、蒙朝吉、郑宗泽：《畲语简志》，民族出版社 1986 年版。

毛宗武：《瑶族勉语方言研究》，民族出版社 2004 年版。

潘文国：《汉英语对比纲要》，北京语言大学出版社 2008 年版。

冉启斌：《汉语语音新探》，中国社会科学出版社 2012 年版。

石锋：《实验音系学探索》，北京大学出版社 2009 年版。

石锋：《语音平面实验录》，北京语言大学出版社 2012 年版。

孙宏开、胡增益、黄行主编：《中国的语言》，商务印书馆 2007 年版。

谭晓平：《语言接触与语言演变——湘南瑶族江永勉语个案研究》，华中师
　　范大学出版社 2012 年版。

唐作藩：《音韵学教程》，北京大学出版社 2002 年版。

王福堂：《汉语方言语音的演变和层次》，语文出版社 1999 年版。

王辅世：《苗瑶语古音构拟》，中国社会科学出版社 1995 年版。

王洪君：《汉语非线性音系学》，北京大学出版社 2008 年版。

王洪君：《历史语言学方法论与汉语方言音韵史个案研究》，商务印书馆 2014
　　年版。

王媛媛：《汉语"儿化"研究》，陕西人民教育出版社 2009 年版。

吴安其：《汉藏语同源研究》，中央民族大学出版社 2002 年版。

吴宗济、林茂灿：《实验语音学概要》，高等教育出版社 1989 年版。

鲜松奎：《新苗汉词典》，四川民族出版社 2000 年版。

徐杰：《汉语研究的类型学视角》，北京语言大学出版社 2005 年版。

杨再彪：《苗语东部方言土语比较》，民族出版社 2004 年版。

尹铁超、包丽坤：《普通人类语言学视角下的语音简化性研究》，北京大学出版社 2010 年版。

朱晓农：《音法演化——发声活动》，商务印书馆 2012 年版。

朱晓农：《音韵研究》，商务印书馆 2006 年版。

朱晓农：《语音学》，商务印书馆 2010 年版。

英文：

Benedict, Paul K. *Sino-Tibetan: A Conspectus*. Cambridge: Cambridge University Press, 1972.

Duanmu, San. *Syllable Structure: The Limits of Variation*. Oxford: Oxford University Press, 2009.

Gordon, Matthew. *Syllable Weight: Phonetics, Phonology, Typology*. Newyork & London: Routledge, 2007.

Greenberg, Joseph H. *Universals of Human Language*. Stanford: Stanford University Press, 1978.

Hall, T. Alan. *The Phonology of Coronals*. Amsterdam/Philadelphia: John Benjamins, 1997.

Haspelmath, Martin & Dryer Matthew S. et al (eds.). *The World Atlas of Language Structures*. Oxford: Oxford University Press, 2005.

Hockett,Charles F. *A Manual of Phonology*. Baltimore: Waverly Press, 1955.

Jakobson, Roman, Waugh Linda R. *The Sound Shape of Language*. Berlin: Walter de Gruyter, 2002.

Ladefoged, Peter & Maddieson, Ian. *The Sounds of the World's Languages*. Oxford: Blackwell Publishing, 1996.

Laver, John. *Principles of Phonetics*. Cambridge: Cambridge University Press, 1994.

Maddieson, Ian. *Patterns of Sounds*. Cambridge: Cambridge University Press,1984.

Pike, Kenith L. *Tone Languages*. Michigan: The University of Michigan Press, 1946.

Roger, Lass. *Phonology: An Introduction to Basic Concepts*. Cambridge: Cambridge University Press, 1984.

Song, Jae Jung (ed.). *The Oxford Handbook of Linguistic Typology*. Oxford: Oxford University Press, 2011.

Stetson, Raymond H. *Motor Phonetics: A Study of Speech Movements in Action*. Amsterdam: North Holland Publishing Co., 1951.

Yip, Moria. *Tone*. Cambridge: Cambridge University Press, 2002.

二　期刊

中文：

[法] 沙加尔、谷峰：《中古汉语发音方法类型的来源——透过苗瑶与汉藏语看上古汉语的鼻冠音声母》，《南开语言学刊》2006 年第 2 期。

[美] 雅柯布森：《类型学研究及其对历史语言学的贡献》，载钱军编译《雅柯布森文集》，湖南教育出版社 2001 年版。

[美] 雅柯布森：《语言学的系统》，载钱军编译《雅柯布森文集》，湖南教育出版社 2001 年版。

[美] 伊恩·麦迪森：《声调的共性》，廖荣蓉译，石锋校，载石锋《语音平面实验录》，北京语言大学出版社 2012 年版。

[日] 平山久雄：《从声调调值演变史的观点论山东方言的轻声前变调》，《方言》1998 年第 1 期。

[日] 平山久雄：《汉语声调起源窥探》，《语言研究》1991 年第 1 期。

[日] 桥本万太郎：《汉语调值纵横两个角度的研究》，《青海师大学报》1985 年第 1 期。

曹翠云：《苗语和汉语语音变化的相同点》，《民族语文》1991 年第 3 期。

曾晓渝：《水语浊塞音声母的内部差异及演变》，《民族语文》2013 年第 2 期。

陈保亚、何方：《略说汉藏语系的基本谱系结构》，《云南民族大学学报》2004 年第 1 期。

陈保亚：《从语言接触看历史比较语言学》，《北京大学学报》2006 年第 2 期。

陈保亚：《语势、家庭学习模式与语言传承》，《北京大学学报》2013 年第 3 期。

陈宏：《大兴苗语的鼻冠音》，《民族语文》2013 年第 3 期。

陈其光：《古苗瑶语鼻冠闭塞音声母在现代方言中反映形式的类型》，《民族语文》1984 年第 5 期。

陈其光：《汉藏语声调探源》，《民族语文》1994 年第 6 期。

陈其光：《汉语苗瑶语比较研究》，载丁邦新、孙宏开主编《汉藏语同源词研究（二）》，广西民族出版社 2001 年版。

陈其光：《苗瑶语鼻闭塞音声母的构拟问题》，《民族语文》1998 年第 3 期。

陈其光：《苗瑶语鼻音韵尾的演变》，《民族语文》1988 年第 6 期。

陈其光：《苗瑶语篇》，载马学良主编《汉藏语概论》，民族出版社 2003 年版。

陈其光：《苗瑶语浊声母的演变》，《语言研究》1986 年第 2 期。

陈其光：《苗瑶语族语言的几种调变》，《民族语文》1989 年第 4 期。

陈其光：《音位功能与语音演变》，《民族语文》2019 年第 3 期。

寸熙、朱晓农：《成渝官话的声调类型》，《语言研究》2013 年第 4 期。

代莹莹：《瑶族勉语方言语音类型学研究》，硕士学位论文，三峡大学，2016 年。

戴庆厦、孙艳：《景颇语四音格词产生的机制及其类型学特征》，《中国语文》2005 年第 5 期。

戴庆厦、严木初：《嘉戎语梭磨话有没有声调》，《语言研究》1991 年第 2 期。

戴庆厦、杨再彪、余金枝：《语言接触与语言演变——小陂流苗语为例》，《语言科学》2005 年第 4 期。

戴庆厦、朱艳华：《20 年来汉藏语系的语言类型学研究》，《云南民族大学学报》2011 年第 5 期。

戴庆厦：《藏缅语族某些语言弱化音节探源》，《民族语文》1984 年第 2 期。

戴庆厦：《彝缅语鼻冠声母的来源及发展——兼论彝缅语语音演变的"整化"作用》，《民族语文》1992 年第 1 期。

戴庆厦：《语言接触与浊音恢复——以缅甸语的浊音演变为例》，《民族语文》2011 年第 2 期。

邓晓华：《汉藏语系的语言关系及其分类》，博士学位论文，华中科技大学，2006 年。

杜福起：《论语法的语音和谐》，《郑州工学院学报》1994 年第 1 期。

冯法强：《汉语南方方言韵尾"阳入对应"的类型学分析》，《语言研究》2014 年第 1 期。

傅爱兰：《怒苏语的卷舌化声母》，《语言研究》1995 年第 2 期。

傅定淼：《去声*-s 尾的汉文献遗迹》，《语言研究》2009 年第 3 期。

盖兴之：《藏缅语的松紧元音》，《民族语文》1994 年第 5 期。

黄行：《广西龙胜勉语的语音演变》，《民族语文》1990 年第 1 期。

黄行：《汉藏民族语言声调的分合类型》，《语言教学与研究》2005 年第 5 期。

黄行：《汉藏语系语言区域性特点形成机制初探》，《云南师范大学学报》2014 年第 5 期。

黄行：《内爆音声母探源》，《民族语文》2012 年第 2 期。

黄行：《语言的系统状态和类型》，《民族语文》1998 年第 3 期。

姬安龙：《摆省苗语音系及其语音特点》，《贵州民族研究》1997 年第 4 期。

金理新：《苗瑶语族的划分与"雷母"的构拟》，《民族语文》2013 年第 2 期。

孔江平：《汉语双音节调位的矢量量化研究》，《声学学报》2000 年第 2 期。

孔江平：《现代语音学研究与历史语言学》，《北京大学学报》2006 年第 2 期。

蓝利国：《壮语元音系统的类型学特征》，《民族语文》2013 年第 2 期。

李兵：《元音和谐的类型学问题》，《民族语文》2001 年第 2 期。

李辉：《人类语言基本元音体系的多样性分析》，《现代人类学通报》2008 年第 2 期。

李辉：《世界元音多样性和类型学初探》，复旦大学汉语言文字学科《语言研究集刊》编委会编《语言研究集刊》（第十辑），上海辞书出版社 2013 年版。

李锦平：《六十年来苗族语言文字研究综述》，《贵州民族学院学报》2010 年第 3 期。

李敬忠：《壮语的复辅音》，《贵州民族研究》1994 年第 1 期。

李如龙：《论汉语方言的类型学研究》，《暨南学报》1996 年第 2 期。

李霞：《西南官话语音研究》，硕士学位论文，上海师范大学，2004 年。

李小凡：《汉语方言连读变调的层级和类型》，《方言》2004 年第 1 期。

李永隧：《罗泊河苗语的音韵特点》，《民族语文》1987 年第 4 期。

李永燧：《历史比较法与声调研究》，《民族语文》2003 年第 2 期。

李云兵：《论苗瑶语的连读变调》，《民族语文》2015 年第 3 期。

李云兵：《苗瑶语语音的基本理论和现实研究》，《贵州民族研究》2000 年第 1 期。

李云兵：《苗语方言比较中的几个语音问题》，《贵州民族研究》2001 年第 1 期。

李云兵：《黔西县铁石苗语语音研究》，《民族语文》1993 年第 6 期。

李云兵：《语音变异与音系裂变：对西部苗语的真实时间观察和显象时间观察》，《民族语文》2014 年第 6 期。

栗华益：《谷撒苗语的声调特点》，《中国语文》2011 年第 3 期。

林春雨、甘于恩：《粤东闽语声调的地理类型学研究》，《学术研究》2016 年第 5 期。

刘丹青：《汉藏语言的音节显赫及其词汇语法表征》，《民族语文》2018 年第 2 期。

刘丹青：《语言类型学与汉语研究》，《世界汉语教学》2003 年第 4 期。

刘伶李：《汉语声调的曲拱特征和降势音高》，《中国语文》2005 年第 3 期。

刘泽民：《汉藏语中的小舌音问题》，载纪念李方桂先生中国语言学研究学会、香港科技大学中国语言学研究中心编《中国语言学集刊》（第四卷第一期），中华书局 2010 年版。

刘泽先：《北京话里究竟有多少音节》，载胡裕树主编《现代汉语参考资料（上册）》，上海教育出版社 1980 年版。

龙国贻、龙国莲：《藻敏瑶语的 j-声母》，《民族语文》2016 年第 5 期。

龙国贻：《瑶语中的内爆音》，《民族语文》2009 年第 5 期。

龙国贻：《藻敏瑶语的三种鼻音类型》，《民族语文》2017 年第 5 期。

龙耀宏：《侗语苗语语音的共时比较研究——兼论侗族苗族的历史接触关系》，《贵州民族研究》2012 年第 6 期。

龙宇晓、蒙昌配：《世界苗学谱系中的海外百年苗语研究史》，《黔南民族师范学院学报》2015 年第 5 期。

芦珺：《藏缅语语音的类型学研究》，硕士学位论文，三峡大学，2018 年。

罗兴贵：《贵州省普定县坪上区苗语语音系统》，《贵州民族研究》1987 年第 4 期。

马学良、罗季光：《我国汉藏语系语言元音的长短》，《中国语文》1962 年第 5 期。

梅祖麟：《上古汉语动词浊清别义的来源——再论原始汉藏语 s-前缀的使动化构词功用》，《民族语文》2008 年第 3 期。

蒙有义：《布努语气声分析》，《民族语文》2013 年第 5 期。

欧阳觉亚：《声调与音节的相互制约关系》，《中国语文》1979 年第 5 期。

潘悟云：《喉音考》，《民族语文》1997 年第 5 期。

彭建国：《吴语、湘语主元音链变类型比较》，《中国语文》2009 年第 5 期。

钱虹：《汉藏语系鼻辅音的类型及历史演变》，硕士学位论文，安徽师范大学，2011 年。

瞿霭堂、劲松：《论汉藏语言的共性和类型》，《民族语文》1998 年第 4 期。

瞿霭堂：《藏语韵母的演变》，载朱德熙、周祖谟、王均编《中国语言学报》（第一期），商务印书馆 1983 年版。

瞿霭堂：《汉藏语言声调起源研究中的几个理论问题》，《民族语文》1999 年第 2 期。

瞿霭堂：《汉藏语言调值研究的价值和方法》，《民族语文》1985 年第 6 期。

瞿霭堂：《论汉藏语言的声调》，《民族语文》1993 年第 6 期。

瞿霭堂：《声调起源研究的论证方法》，《民族语文》2003 年第 3 期。

瞿霭堂：《语音演变的理论和类型》，《语言研究》2004 年第 4 期。

瞿建慧：《湘西土家语、苗语与汉语方言浊声母演变》，《民族语文》2012 年第 3 期。

尚新：《语言类型学视野与语言对比研究》，《外语教学与研究》2013 年第 1 期。

沈家煊：《类型学中的标记模式》，《外语教学与研究》1997 年第 1 期。

盛益民、黄河、贾泽林：《汉语方言中古端组声母塞擦化的蕴含共性及解释》，《语言研究》2016 年第 1 期。

施向东：《原始汉藏语的音节结构和构词类型再议》，《天津大学学报》 2004 年第 1 期。

石德富：《排烧苗语的语音特点》，《贵州民族学院学报》2005 年第 6 期。

石德富：《推链与养蒿苗语送气清擦音的产生》，《语言科学》2017 年第 4 期。

石锋、冉启斌、王萍：《论语音格局》，《南开语言学刊》2010 年第 1 期。

石林、黄勇：《论汉藏语系语言鼻音韵尾的发展演变》，《民族语文》1996 年第 6 期。

石林、黄勇：《论汉藏语系语言塞音韵尾的发展演变》，《民族语文》1997 年第 2 期。

时秀娟：《汉语方言元音格局的实验研究》，博士学位论文，南开大学，2005 年。

时秀娟：《论元音格局在汉语方言研究中的运用》，《齐鲁学刊》2016 年第 4 期。

时秀娟：《现代汉语方言元音格局的类型分析》，《南开语言学刊》2007 年第 1 期。

时秀娟：《元音格局研究方法的理解与阐释》，《山东大学学报》2005 年第 3 期。

孙宏开：《藏缅语复辅音的结构特点及其演变方式》，《中国语文》1985 年第 6 期。

孙宏开：《汉藏语系历史类型学研究中的一些问题》，《语言研究》2011 年第 1 期。

孙宏开：《汉藏语系语言的共同创新》，《民族语文》2014 年第 2 期。

孙宏开：《原始汉藏语的复辅音问题——关于原始汉藏语音节结构构拟的理论思考之一》，《民族语文》1999 年第 6 期。

孙宏开：《原始汉藏语辅音系统中的一些问题》，《民族语文》2001 年第 1 期。

孙宏开：《原始汉藏语中的介音问题——关于原始汉藏语音节结构构拟的理论思考之三》，《民族语文》2001 年第 6 期。

孙克敏、刘丹青：《藏语音节凸显的库藏类型学考察》，《民族语文》2020 年第 2 期。

孙仁生：《论音位与语音类型学》，《大连大学学报》1999 年第 5 期。

谭克让：《阿里藏语构词中的音节减缩现象》，《语言研究》1982 年第 1 期。

谭克让：《藏语擦音韵尾的演变》，《民族语文》1985 年第 4 期。

谭晓平：《勉语早期汉语借词全浊声母探源》，《中央民族大学学报》2007 年第 1 期。

谭晓平：《苗瑶语鼻音系统的类型学考察》，《语言研究》2018 年第 4 期。

谭晓平：《苗瑶语擦音系统的类型学考察》，《民族语文》2020 年第 5 期。

谭晓平：《苗瑶语唇齿擦音的来源》，载张玉来主编《汉语史与汉藏语研究》（第五辑），中国社会科学出版社 2019 年版。

谭晓平：《苗瑶语塞擦音的来源与演变》，《中央民族大学学报》2013 年第 1 期。

谭晓平：《苗瑶语塞音系统的类型学考察》，《中央民族大学学报》2017 年第 1 期。

谭晓平：《苗瑶语龈腭鼻音的来源》，《三峡论坛》2014 年第 4 期。

谭晓平：《苗瑶语元音系统的类型学考察》，《语言研究》2016 年第 4 期。

谭晓平：《黔东苗语送气擦音的来源》，《中央民族大学学报》2015 年第 1 期。

谭晓平：《湘南江永勉语中的上古汉语借词》，《语言研究》2009 年第 4 期。

唐留芳、牟飘飘：《安顺大硐口苗语的三域声调系统》，《民族语文》2019 年第 2 期。

田阡子、江荻、孙宏开：《东亚语言常见爆发音的类型学特征》，《语言科学》2009 年第 6 期。

田阡子、孙宏开、江荻：《汉藏语数据与东亚人类的渊源》，《西南民族大学学报》2007 年第 11 期。

田阡子：《东亚语言复合元音的类型及渊源》，博士学位论文，中国社会科学院研究生院，2009 年。

王春德：《苗语黔东方言清鼻音声类的口音化》，《民族语文》1984 年第 3 期。

王辅世、刘援朝：《贵州紫云界牌苗语的语音特点和方言归属》，《语言研究》1993 年第 1 期。

王辅世：《苗语的声类和韵类》，《民族语文》1980 年第 2 期。

王辅世：《苗语古音构拟问题》，《民族语文》1988 年第 2 期。

王茂林、宫齐：《汉语浊塞音声母清化的优选论分析》，《兰州大学学报》2007 年第 3 期。

王双成：《藏语鼻冠音声母的特点及其来源》，《语言研究》2016 年第 3 期。

王贤海：《国内几种少数民族语言擦音送气实验研究》，《民族语文》1988 年第 1 期。

王艳红：《养蒿苗语和开觉苗语见、溪、群母中古汉借词的读音类型及其来源》，《民族语文》2014 年第 2 期。

韦景云、梁敢：《阳朔鹤岭壮话韵尾的创新》，《民族语文》2013 年第 1 期。

吴祥超：《苗语语音的类型学研究》，硕士学位论文，三峡大学，2017 年。

谢志礼、苏连科：《藏缅语清化鼻音、边音的来源》，《民族语文》1990 年第 4 期。

徐云扬、李蕙心：《汉语方言元音的类型学研究》，载鲍怀翘主编《中国语音学报》（第一辑），中国社会科学出版社 2007 年版。

严学宭：《汉语声调的产生和发展》，《人文杂志》1959 年第 1 期。

严学宭、尉迟治平：《汉语"鼻—塞"复辅音声母的模式及其流变》，载中国音韵学研究会编《音韵学研究》（第 2 辑），中华书局 1986 年版。

燕海雄、江荻：《论鼻音在中国语言中的类型与共性》，《语言科学》2015 年第 2 期。

燕海雄、孙宏开、江荻：《中国南方民族语言塞擦音的类型与系属特征》，《语言研究》2010 年第 4 期。

燕海雄：《论擦音在中国语言中的类型及其主要来源》，《民族语文》2020 年第 5 期。

燕海雄：《论汉藏语言擦音的类型和共性》，载《中国民族语言学报》编委会编《中国民族语言学报》（第一辑），商务印书馆 2017 年版。

燕海雄：《论汉藏语言塞音的类型与共性》，《云南师范大学学报》2015 年第 2 期。

燕海雄：《论汉藏语言小舌塞音的音变共性》，《中央民族大学学报》2016 年第 6 期。

燕海雄：《论汉藏语言硬腭塞音的来源》，《民族语文》2011 年第 5 期。

燕海雄：《论前高圆唇元音在中国语言中的类型与主要来源》，《满语研究》2018 年第 1 期。

燕海雄：《中国南方民族语言塞擦音的类型与系属特征》，《语言研究》2010 年第 4 期。

杨勤盛：《试析川黔滇苗语四音格的结构及其变调规律》，《贵州民族研究》1990 年第 4 期。

杨再彪：《现代湘西苗语方言声调演变的几个规律》，《贵州民族研究》1999 年第 4 期。

叶晓锋：《汉语方言语音的类型学研究》，博士学位论文，复旦大学，2011 年。

余金枝：《湘西矮寨苗语四音格词研究》，《中央民族大学学报》2006 年第 3 期。

袁家骅：《汉藏语声调的起源和演变》，《语文研究》1981 年第 2 期。

占升平：《布依语塞音韵尾的演变》，《遵义师范学院学报》2010 年第 6 期。

张光宇：《汉语方言的鼻化运动》，《语言研究》2012 年第 2 期。

张光宇：《汉语方言的鲁奇规律：现代篇》，《语言研究》2008 年第 2 期。

张琨：《古苗瑶语鼻音声母字在现代苗语方言中的演变》，《民族语文》1995 年第 4 期。

张梦翰：《民族语中清鼻音的判断方法》，《民族语文》2011 年第 2 期。

郑伟：《汉语方言语音史研究的若干理论与方法——以吴语为例》，《语言科学》2015 年第 1 期。

郑占国：《语言类型标记性假说与中介语音系习得》，《语言教学与研究》2014 年第 6 期。

朱晓农、刘劲荣、洪英：《拉祜语紧元音：从嘎裂声到喉塞尾》，《民族语文》2011 年第 3 期。

朱晓农、石德富、韦名应：《鱼粮苗语六平调和三域六度标调制》，《民族语文》2012 年第 4 期。

朱晓农、衣莉：《西北地区官话声调的类型》，《语文研究》2015 年第 3 期。

朱晓农、张瀛月：《东部中原官话的声调类型》，《语言研究》2016 年第 3 期。

朱晓农、周学文：《嘎裂化：哈尼语紧元音》，《民族语文》2008 年第 4 期。

朱晓农：《发声态的语言学功能》，《语言研究》2009 年第 3 期。

朱晓农：《降调的种类》，《语言研究》2012 年第 4 期。

朱晓农：《内爆音》，《方言》2006 年第 1 期。

朱晓农：《声调类型学大要——对调型的研究》，《方言》2014 年第 3 期。

朱晓农：《声调起因于发声——兼论汉语四声的发明》，复旦大学汉语言文学学科《语言研究集刊》编委会编《语言研究集刊》（第六辑），上海辞书出版社 2009 年版。

朱晓农：《说鼻音》，《语言研究》2007 年第 3 期。

朱晓农：《语言语音学和音法学：理论新框架》，《语言研究》2011 年第 1 期。

庄初升、张凌：《贺州铺门方言的浊塞音声母》，《暨南学报》2010 年第 1 期。

英文：

Carlisle, Robert S. Syllable Structure Universals and Second Language Acquisition. *International Journal of English Studies*, 2001, (1).

Crothers, John. Typology and Universals of Vowel Systems in Greenberg, Joseph H. & Ferguson, Charles A. et al (eds.). *Universals of Human Language*, vol.2: *Phonology*. Stanford: Stanford University Press, 1978.

Evans, Jonathan P. Contact-induced Tonogenesis in Southern Qiang. *Language and Linguistics*, 2001, (2).

Greenberg, Joseph H. Research on Language Universals. *Annual Review of Anthropology*, 1975, (4).

Hall, T. Alan. Syllable: Phonology in Keith Brown(ed.). *Encyclopedia of Language and Linguistics* (2nd),vol. 12. Oxford: Elsevier, 2006.

Hess,Susan. Universals of Nasalization: Development of Nasal Finals in Wenling. *Journal of Chinese Linguistics*, 1990, (18).

Hyman, Larry M & Russell G Schuh. Universals of Tone Rules: Evidence from West Africa. *Linguistic Inquiry*, 1974, (1).

Hyman, Larry M. Universals in Phonology. *The Linguistic Review*, 2008, (1-2).

Hyman, Larry M. Universals of Tone Rules: 30 Years Later. *Tones and Tunes*, 2007, (1).

Jakobson, Roman. *Kindersprache, Aphasie und Allemeine Lautgesetze*. Uppsala, 1941. Allan R. Keiler (tr.). *Child Language, Aphasia and Phonological Universals.* The Hague, Paris & New York: Mouton,1968.

Jakobson, Roman. Typological Studies and Their Contribution to Historical Comparative Linguistics in Eva Siversten (ed.). *Proceedings of the Eighth International Congress of Linguists*. Oslo: Oslo University Press,1957.

James A. Matisoff. Sino-Tibetan Linguistics: Present State and Future Prospects. *Annual Review of Anthropology*, 1991, (1).

Jean-Luc Schwartz,Louis-Jean Boë,Nathalie Vallée & Christian Abry. Major Trends in Vowel System Inventories. *Journal of Phonetics*, 1997, (25).

Joseph H. Greenberg. Some Universals of Grammar with Particular Reference to the Order of Meaningful Elements. *Universals of Language*, 1963, (2).

Joseph H. Greenberg. Synchronic and Diachronic Universals in Phonology. *Language*, 1966, (2).

Lindau M, Norlin K, Svantesson J-O. Some Cross-linguistic Differences in Diphthongs. *Journal of the International Phonetic Association*, 1990, (1).

Maddieson, Ian. Tone. in Haspelmath, Martin & Dryer Matthew S. (eds.). *The World Atlas of Language Structures*. Oxford: Oxford University Press, 2005.

Ratliff, Martha. Tone Sandhi Compounding in White-Hmong (Miao). *Linguistics of the Tibeto-Burman Area*, 1986, (2).

Robert, Shafer. The Vocalism of Sino-Tibetan. *Journal of the American Oriental Society*, 1940, (3).

Roger, Lass. Vowel System Universals and Typology: Prologue to Theory. *Phonology*, 1984, (1).

Schwartz J-L, Boë L-J, Vallée N, et al. Major Trends in Vowel System Inventories. *Journal of Phonetics*, 1997, (3).

Schwartz J-L, Boë L-J, Vallée N, et al. The Dispersion-Focalization Theory of Vowel Systems. *Journal of Phonetics*, 1997, (3).

Trubetzkoy, N. S. *Grundzüge der Phonologie*,Travaux du Cercle Linguistique de Prague 7,1939. Christiane A. M. Baltaxe (tr.). *Principles of Phonology*. Berkeley & Los Angeles: University of California Press, 1969.

后　记

　　春夏秋冬又一春，不平凡的 2020 年不期而至。在新冠肺炎疫情居家隔离期间，我得以沉心静气，将阶段性研究成果连贯成整体。历经十余次打磨修改，结项书稿在年底如期提交。在 2021 年国际劳动节来临之际，终于迎来全国哲学社会科学规划办公室的结项通知。承蒙匿名评审专家的厚爱，"苗瑶语语音的类型学研究"项目结题书稿获得"优秀"等级。专家们诚恳地提出了一些值得商榷的问题，使书稿得以进一步完善。

　　回想四年前，我幸运地获得课题立项，批准号为 16BMZ029。虽然十余年来一直致力于苗瑶语研究，在其语音特征的探索方面用力颇多，但想要在尚属于处女地的苗瑶语语音类型研究方面有所突破仍颇有难度。面对自建的语料库中八百余种纷至沓来的语音样本，自觉语音类型学研究功底尚待夯实，数理统计分析能力急需提升。我小心翼翼地处理多样、复杂的数据，担心任何微小的疏忽会像蝴蝶扇动的翅膀一样影响总体的结论。千头万绪的困扰尚未解开，又遇眼疾的侵扰。在与眼疾的抗争中，在潜心研究与完成繁重教学任务的平衡中，在脑力、体力与耐力的持久战中，在反复的思考、修改与扩充中，终于完成《苗瑶语语音的类型学研究》书稿。四年的时光如白驹过隙，我收获的不仅仅是能力的提升，更有难忘的情谊。这四年的磨炼无疑是我人生中最浓墨重彩的一笔。

　　在课题研究期间，各位专家的引导奠定了课题书稿的基础。特别感谢苗瑶语研究专家陈其光先生、李云兵先生。陈其光先生耗费一生心血所著的《苗瑶语文》以及李云兵先生的力作《苗瑶语比较研究》等专著始终伴随着我科研的每一步。他们跋涉在穷乡僻壤所调查的翔实语料使我得以坐享其成，书中详尽、精辟的理论阐释使我在困惑之时得以厘清思路。在学术研讨会上，李云兵研究员多次对苗瑶语样本选取、语音类型特征的阐释等关键问题给予指点与帮助。衷心感谢恩师尉迟治平、程邦雄先生多年来对课题研究的垂注和指导，感谢他们对我的勉励和无微不至的关怀。诚挚感谢黄行、朱晓农、曾晓渝、黄成龙、石德富、吴正彪、胡晓东、冉启斌、燕海雄、李一如等先生在学术研讨会上令我受益匪浅的赐教。衷心感谢《中央民族大学学报》《民族语文》《语言研究》编辑宝玉柱、胡鸿雁、吴雅萍、黄仁瑄等先生以及众多匿名审稿专家对课题阶段性成果提出的宝贵意见和修改建议。真诚感谢我的硕士研究生芦珺、吴祥超、代莹莹同学在语料统计方面的大力帮助，特别感谢现就读于上海师范大学的博士研究生芦珺同学在地图绘制时提供的技术支持。诚挚感谢中国社会科学出版社宫京蕾女士、夏慧萍女士为书稿付梓付出的辛劳。衷心感谢支持、关照我课题研究的领导佘丹青先生、贾先文先生、王兴柱先生、陈潇潇女士。最后，真诚感谢家人的护佑与鼓励，我能顺利完成课题研究，离不开他们的默默支持。

　　本书若有可取之处的话，与前面提到的所有人的启迪与帮助密不可分。限于个人的学识，本书的苗瑶语语音类型特征探索多有疏漏。书中错谬不妥之处，恳请各位专家学者、读者不吝批评指正。希望在未来的道路上，我能在汉藏语语音类型研究领域发现更瑰丽的风景。

谭晓平

2021 年 5 月 14 日